제 3 판

한국의 지방재정

이론과 실무

권형신 · 이상용 · 이재성 공저

도서출판 해남

제 3 판 머리말

2003년 참여정부 출범 이후, 지방활력을 통한 분권형 선진국가를 지향하는 지방분권 추진 로드맵의 작성 및 지방분권 과제의 추진이 이루어지고 있다. 특히, 중앙재정의 지방이양을 포함한 지방재정운영의 자율성·책임성·형평성·투명성 강화를 위해 많은 개혁조치들이 입안되어 실행되고 있는데, 그 내용을 살펴보면 다음과 같다.

첫째, 지방분권특별법, 국가균형발전특별법 등이 제정되었고, 지방자치법·지방교부세법 등이 개정되고, 지방양여금법이 폐지되었다. 그리고 지방재정법은 많은 개정과 동시에 지방재정, 지방계약, 지방기금, 공유재산 및 물품의 4개 분야로 분법화되어 지방재정법, 지방자치단체를 당사자로 하는 계약에 관한 법률, 지방자치단체기금관리법, 공유재산 및 물품관리법이 새롭게 제정되었다. 이러한 지방재정관련 법체계에 대한 전면 개편은 지난 1963년에 지방재정법이 제정된 이래 최초로 이루어진 것으로, 중앙통제적인 지방재정관리제도에 대한 총체적 혁신이라는 점에서 민선 지방자치 10주년을 경과하면서, 큰 의미를 가지는 것으로 평가되고 있다. 이번 지방재정관련 법률의 개정 및 제정의 가장 큰 특징 중의 하나는 재정운영과정에 있어 지방의 자율성과 책임성을 강화하고, 지역주민의 참여권리를 대폭 확대했다는 점을 들 수 있다.

둘째, 최근 우리 나라 지방재정조정제도에 큰 변화가 일어나고 있다. 지방교부세의 양적 확충, 보통교부세의 비중확대, 특별교부세의 비중축소, 분권교부세 신설, 부동산교부세 신설, 증액교부금 폐지, 지방양여금 폐지, 국고보조사업의 개편 등이 추진되고 있다. 중앙정부는 국가균형발전을 촉진하여 국가의 균형 있는 발전이 가능하도록, 이를 재정적으로 뒷받침하기 위해 폐지된 지방양여금 재원을 중심으로 국가균형발전특별회계(균특회계)를 설치했다. 또한 중앙정부와 지방자치단체 간 지역개발의 상호 협력체제 구축과 계획적인 추진을 위해 지역발전투자협약제도를 도입하고 있다.

셋째, 지방예산제도도 크게 개편되고 있다. 사업별 예산제도 도입, 지방예산편성기본지침 폐지, 예산총액배분 자율편성제도, 총액인건비제 도입, 계약자율화 범위 확대, 예산편성 및 집행과정에서의 지방의회 및 주민의 참여와 통제강화 등이 추진되고 있다. 2008년 사업별 예산제도 도입이 본격 추진되고 있는데, 지방자치단체의 예산서를 누구나 알기 쉬울 뿐만 아니라, 투입(input)보다 결과(outcome)를 강조하는 프로그램 예산제도로 개편되고 있다. 지방재정운영의 자율성을 확대하기 위해 지방자치단체가 예산편성에 있어 개별 여건과 특성을 반영할 수 있도록, 중앙에서 시달하는 지방예산편성기본지침을 폐지했다. 예산총액배분 자율편성제도는 이른바 Top-down식 사전배분으로서, 각 부처와 지방자치단체에 예산한도를 설정해 주고 그 범위 내에서 예산을 짜도록 하는 형식으로 재정운용방식이 변경되고 있다. 그리고 지방직 공무원의 보수와 정원관리에 큰 변화를 몰고 올 총액인건비제가 도입되고 있다. 또한 지방재정운영의 자율성 확대에 상응하는 책임성 확보를 위하여 예산편성 및 집행과정에서의 지방의회와 주민의 참여 및 통제를 강화해 나가고 있다. 그리고 추진중인 사업을 공개대상에 포함시키고 인터넷을 통한 공개를 제도화하며, 사업의 발주부터 계약이행 완료까지 주민들이 감시·평가할 수 있도록 계약옴부즈만제도, 주민참여감독제도 등 다양한 주민참여방안을 마련하고 있다.

넷째, 지방결산제도도 크게 개편되고 있다. 복식부기회계제도 도입, 통합재정보고서 작성, 지방재정 분석·진단 및 지방재정공시제도 강화, 주민소환제도 및 주민소송제도의 도입방안을 강구하는 등 주민직접참여제도가 강화되고 있다. 1990년대 이후 선진 주요 국가에서 추진하고 있는 정부혁신의 기본 전략 및 핵심 내용은 결과 중심의 관리(results-oriented management)체제를 구축하려는 것으로 볼 수 있는데, 특히 결산을 중시하는 발생주의 복식부기 도입은 현금주의 단식부기방식의 현행 지방자치단체 회계제도의 기본골격을 바꾸는 것으로 지방재정의 일대 변혁이라 볼 수 있다. 지방재정 분석·진단제도를 더욱 강화하고, 지방재정공시제도로 확대·발전시켜 나가기 위해 재정위기 판단기준 설정 및 설정절차 확립, 재정진단, 건전화 계획 권고, 이행점검 등 단계적 조치방안을 정립해 나가고 있다.

다섯째, 참여정부 들어서 부동산관련 세제가 재산가치를 제대로 반영하지 못하고 있고, 지방재정의 확충이나 투기억제 등의 기능이 미흡하다는 주장이 강도 높게 제기되고 있다. 이에 따라 재산관련 세제의 비중강화 주장이 설득력을 얻으면서, 종합부동산세의 신설을 포함한 부동산세제 개편이 강력히 추진되고 있다.

여섯째, 지방재정의 건전성 유지에 중점을 두고 운영해 왔던 지방채발행 개별 승인제는 지방분권화 시대에 맞게 개선하여, 개별 지방자치단체가 재정운영의 건전기조를 해치지 않는 범위 내에서 지방의회의 의결을 받아 자율발행하도록 지방채발행 총액한도제로 전환되었다.

이상에서 보는 것처럼 참여정부 출범 이후, 지방재정분야에서 나타난 많은 개혁조치들은 사전적인 자율성 확대와 사후적인 건전성과 책임성 강화를 요구하고 있는데, 추진성과에 대한 논의가 앞으로 매우 활발해질 전망이다. 따라서 본서의 제3판에서는 최근의 지방재정동향과 개혁논의들을 종합적이고 체계적으로 정리하면서, 이러한 변화가 우리 나라 지방자치발전에 중·장기적으로 어떤 영향을 미칠 것인가 등을 깊이 고민해 보았다. 이 책이 지방재정분야에 관심이 있는 분들께 도움이 되었으면 하는 간절한 마음에서 개정작업을 하게 되었다. 독자 여러분의 지적과 질책을 받아들여 계속하여 수정·보완해 나갈 것을 약속드리면서 비판과 격려를 기대해 본다. 끝으로 제3판의 편집과 교정·출판을 위해 애써 주신 도서출판 해남의 노현철 사장님, 그리고 관계자 여러분께도 진심으로 감사를 드린다.

2006년 4월
공동저자 대표 **권형신** 씀

개정판 머리말

1998년도 본서가 출간된 이후 3년 동안 많은 분들의 관심과 성원에 진심으로 감사드린다. 이러한 격려에 힘입어 초판의 부족한 부분을 보완하고, 관련법령의 개정과 최근 통계를 반영하면서, 지난 3년간 지방재정을 둘러싼 환경변화의 내용을 추가하여 새로운 판을 늦게나마 내게 되었다. 특히, 최근 지방재정에는 다음과 같은 현안사항들이 등장하면서 그 해결방안에 대한 강구가 요구되고 있다.

첫째, 지방세제의 개편에 따른 세목의 신설이 있었다. 2000년도에 주행세, 2001년도에 지방교육세가 신설되어 지방세목이 모두 17개로 증가하였다. 중고승용차에 대한 차등과세를 실시하여 주민의 세금경감이 있었고, 법인의 비업무용 토지에 대한 중과제도 폐지와 함께 농지세를 농업소득세로 전환하였다. 또한 부동산관련 세제가 중기적으로 거래세 위주에서 보유세 위주로 개편될 전망이다.

둘째, 시·군 간의 빈익빈 부익부 재정현상을 심화시켜 제도개선이 필요하다는 논의가 오랫동안 제기되어 왔던 도세징수교부금제도의 개편이 있었는데, 이에 따라 도세징수교부율의 인하조정과 이로 인한 세입보전을 위한 재정보전금제도가 도입되었다. 광역자치단체인 도는 재정보전금제도를 통하여 기초자치단체인 시·군 간의 재정력격차 해소와 지역균형발전을 위한 재정조정기능을 강화할 수 있게 된 것이다.

셋째, 지방자치단체의 재정운영을 엄정히 평가하고, 그 결과에 대해 재정인센티브제, 재정페널티(벌칙)제를 도입·적용하려는 시도가 있는데, 이러한 제도 도입의 타당성 검토와 함께 운영주체에 대한 논의도 활발하게 일어나고 있다.

넷째, 일시적인 지방세수의 감소나 지출증가로 인하여 발생한 재정수지의 악화가 상당 기간 구조적으로 진행되어 자치단체 스스로의 자구노력만으로는 재정수지의 개선이 불가능한 재정상태인 재정위기에 대한 논쟁이 지방자치의 본질과 연관시켜 활발하게 있었다. 이 문제는 일부 자치단체장이 개인의 정치적 입지강화를 위해 업적과시형 사업을 추진하거나 전시성·행사성 경비를 과다하게 지출하고, 지방의회와의 관계 또는 주민의 인기에 영합하기 위한 소규모 분산투자나 무리한 복지사업를 추진하는 사례가 원인이 되었다.

다섯째, 복식부기제도의 도입추진이다. 1990년대 이후 선진 주요 국가에서 추진하고 있는 정부혁신의 기본 전략 및 핵심 내용은 결과 중심의 관리체제를 구축하려는 것으로 볼 수 있다. 이에 따라 지방재정의 패러다임도 변화하고 있는데, 이는 예산(계획)만을 중시하는 관행으로부터 결산(결과, 성과)도 중시하는 관행으로의 일대 변화를 의미한다. 특히, 결산을 중시하는 복식부기제도의 도입은 지방자치단체 회계제도의 기본 골격을 바꾸는 것으로 지방재정의 일대 변혁인데, 공공부문에서 복식부기회계제도의 도입은 이제 선택의 문제가 아니라 필연의 과제로 인식되고 있다. 행정개혁의 도구로서 기업회계방식의 도입이 유효하다고 인식되고 있는 것이다. 즉, 공공회계가 안고 있던 문제의 해결이나 환경의 변화에 대응하기 위한 근본적인 해결책은 당연히 복식부기시스템을 전면적으로 도입해야 한다는 것이다.

여섯째, 주민에게 봉사하고 효율적인 정부를 실천하는 개혁정책의 일환으로 한편으로 정부의 경쟁력 제고를 위해 연봉제, 개방형임용제, 민간위탁, 책임운영기관 등의 제도 도입·확대가 추진되었고, 또 다른 한편으로 성과중심의 재정운영을 위해 예산운영의 자율·책임성 제고, 예산의 탄력적 운용, 공사발주제의 개선, 기금·특별회계의 정비 등의 제도개선이 있었다. 이러한 행정·재정운영의 성과제고를 위한 노력을 둘러싼 폭넓은 논의가 그 부작용에 대한 우려와 함께 있었다.

일곱째, 지방자치단체가 직접 수익사업에 손대는 것이 잘하는 일인가, 잘못하는 일인가에 대한 논란도 있었다. 특히, 일부 경영수익사업의 경우, 민간부문에서 하면 더욱 잘할 수 있는 분야까지도 공공행정에서 담당하는 사례가 있었다. 그 결과 재정확충이라는 목적에 어긋나는 사례들이 적지 않았는데도 그 실태가 투명하게 드러나지 않아 책임규명과 개선노력이 제대로 이루어지지 못한 사례도 있었다. 또한 1999년 이후 설립이 자유로워지면서 우후죽순격으로 많이 생겨난 지방공기업에 대한 평가를 엄정히 하고, 공기업 부실화와 그 폐해를 시정하기 위한 중앙정부 차원의 관리방식이 필요하다는 논의도 있었다.

이상과 같은 현안사항들에 대한 내용을 개정판에서는 다루기 위해 노력했지만, 앞으로도 독자 여러분의 비판과 조언을 받아들여 계속 보완할 것을 약속한다. 개정판의 편집과 교정, 출판을 위해 애써 주신 도서출판 해남의 노현철 사장님, 그리고 관계자 여러분께도 진심으로 감사를 드린다.

2001년 8월

공동저자 대표 **권형신** 씀

머리말

21세기를 바로 앞둔 우리 나라는 엄청난 시련과 도전에 직면해 있다. 1995년도 지방자치의 전면 실시, 1996년 말 OECD에의 가입, 1997년 말의 IMF 구제금융 실시 등 계속적인 도전과 위기상황을 맞고 있다. 새로운 상황과 전례 없는 실험에 전면 노출된 우리 나라는 좌절이냐, 아니면 새로운 기회창출이냐의 벼랑에서 국가의 운명을 헤쳐 나가야 하는 결단의 순간순간을 쉴사이 없이 맞고 있는 것이다.

1995년도 민선자치시대 이후 우리는 지방자치의 밝고 긍정적인 측면과 함께 수많은 시행착오를 목도하고 있다. 봇물터진 주민욕구, 지역 간 갈등·경쟁의 심화, 행정수요의 급증, 장밋빛 투자계획의 홍수, 재정기반 취약의 노정, 경영수익사업에의 몸부림과 민자유치노력, 선심성 예산운영과 소액분산투자 및 행사성 경비급증 등 예산배분순위에 대한 논란, 중앙정부의 지침 무시, 주민의 알 권리와 정보공개 요구, 재정운영의 투명성 요구 등 헤아릴 수 없이 많은 다양한 현상들이 나타나고 있다. 또한 1998년도 새로운 정부의 출범과 함께 행정혁명의 시대를 실감케 하는 거대한 구조조정현상이 나타나고 있다.

여기에 세계화와 지방화가 공존하는 새로운 물결 속에서 전 세계에 전면 노출된 우리 나라는 IMF 구제금융사태와 OECD 가입 등으로 인해 모든 부문에 엄청난 영향이 미치고 있다. 한 마디로 국제적으로 통용되는 기준(global rule)을 즉각적으로 수용하라는 반강제적 주문이 있고, 우물 안 개구리식의 독선적인 한국 방식을 계속 고집한다면 망할 수밖에 없다는 국제적 경고도 있는 것이다. 국제적으로 통용되는 기준으로서 가장 중요한 것을 요약한다면, 행·재정의 개혁 및 기업경영의 투명성 확보와 자유경쟁 시장원리의 존중과 전면적인 개방요구일 것이다.

이와 같이 격변하는 국내외 상황이 우리 지방재정부문에 어떤 영향을 미칠 것인가, 그리고 우리는 어떻게 슬기롭게 이에 대처해야 할 것인가를 심각하게 고민해야 할 시점에 서 있다. 이러한 관점에서 이 책을 저술하면서 그 전제 및 주안점이 되었던 것은 다음과 같다.

첫째, 자본시장의 전면 개방에 따라 투자효율이 높은 지역 위주로 투자격차가 유발되어 결국 지역격차가 심화되고, 이는 지방 간 재정격차로 연결될 전망이다. 따라서 중앙정부로서는 지역 간의 지나친 재정적 불균형을 방치할 수 없기 때문에 중앙정부에 의한 지방재정조정이 더욱 중요시될 전망이다.

둘째, 환경·복지·안전·노동·소비자보호 등의 국제적 기준설정 및 준수의무 부과에 따른 결과로서, '지방자치단체의 몫이 되는 적정재정수요'의 내용변화가 예상된다. 특히, 행정업무의 민간화·전산화에 따른 행정계층 축소 등 행정여건의 대변화가 예상되면서 각종 복지업무와 관련된 주민의 밀착수요가 강화될 것이다.

셋째, 정보 등의 국가 간·지역 간 자유이동에 따른 정보관리시스템의 변화로서 전자결재시스템 구축, 지역정보화 사업 등에 대한 비중이 크게 확대될 것이다.

넷째, 방만한 국가경제 운영이 IMF 구제금융사태를 초래했기 때문에 재정위기에 대비한 효율적인 재정관리시스템의 중요성이 폭넓게 인식되고 있고, 이에 대한 제도적 기반구축이 강화될 전망이다.

다섯째, 급증하는 재정수요와 재원확충의 어려움이라는 상충된 재정환경에 직면한 지방자치단체가 선택할 수 있는 유일한 대안은 재정운영 측면의 비효율성을 과감히 극복하고 재정지출의 성과를 극대화시키는 노력뿐이므로 이 같은 노력이 한층 강화될 것이다.

여섯째, OECD 회원국들은 일종의 표준화된 조세제도와 세무행정을 운영하고 있는데, 지방세제도는 재산과세 위주로 단순화되면서 점진적으로 보유과세율을 높이고 자율신고납부제를 확대하며, 지방자치단체의 실질적인 과세권이 확대될 것이다. 또한 비과세·감면·중과세 등 정부에 의한 시장개입은 일종의 보조금적 성격도 갖고 있기 때문에 점진적인 축소조정이 예상된다.

일곱째, 이른바 '지방재정의 경영화'는 일반회계에 대비한 기업회계의 비중이 증대되는 전 세계적인 경향인데, 지방화 시대에 지방공기업이 주민의 서비스 증대요구에 부응하기 위하여는 지역실정에 맞는 사업선정, 독립채산제 확립, 경영의 합리화, 수익자부담원칙과 요금의 현실화 등 다각적·지속적인 경영합리화 방안을 강구하여야 한다.

이러한 맥락에서 본서는 7편으로 구분하여 이론뿐만 아니라 실무적인 내용이 서술되고 있다. 도입부분인 제1편은 지방자치의 구성요소인 지방재정의 중요성을 규범론적으로 알기 쉽게 설명하였다. 즉, 지방자치와 연계한 지방재정의 의의와 지역경제 활성화의 과제를 살펴보는 동시에 우리 나라 지방재정이 안고 있는 문제점과 함께 그 과제를 조망하였다.

제2편과 제3편은 지방세입과 지방세출을 다루었는데, 제2편에서는 지방자치단체의 알뜰한 재정관리에 부응하는 적정한 재원조달를 위한 제도적 장치로서 자주적인 세입원인 지방세, 세외수입, 지방채에 대해, 그리고 제3편에서는 지방경비를 다양하게 분류하여 경비의 팽창현상을 살펴보는 동시에 지방자치단체의 사무와 연계하여 경비부담방식을 제시하였다.

제4편에서는 지방예산의 원칙과 과정을 이론적·실무적으로 살펴보는 동시에 예산·결산에 대한 지방의회의 심의사례를 다루었다.

제5편에서는 지방자치단체가 최소한의 행정수준을 유지하는 데 필요한 재원을 보장해 주면서 아울러 지방자치단체 간의 재정력격차를 완화하기 위해 국세수입의 일부 또는 기타 자금을 일정 기준에 따라 지방자치단체에 배분하는 지방재정조정제도인 지방교부세, 보조금, 지방양여금에 대한 이론과 실무를 중앙정부와 지방정부 간의 재정관계라는 측면에서 다루었다.

제6편에서는 지방재정지출의 효율성을 제고하기 위해 도입된 지방재정관리제도인 중·장기재정계획제도(지방재정법 제16조), 투·융자심사제도(지방사업투자심사규정), 재정진단제도(지방재정법 제118조), 재정정보공개제도(지방재정법 제118조의 3)의 내용과 발전과제를 다루었다.

마지막 제7편에서는 지역주민의 행정서비스 수요에 적극 대응하고 지방재정의 확충에 기여할 수 있는 지방공기업에 대한 기초이론, 경영형태와 운영, 경영평가, 지방공기업의 운영실태와 경영합리화를 위한 과제 등을 살펴 보았다.

이 책이 나오기까지는 저자들이 10년 전부터 한 사람은 지방재정을 직접 집행하는 내무부 실무과장으로, 한 사람은 한국지방행정연구원에서 지방재정을 연구하는 연구자로, 또 한 사람은 지방행정연수원에서 지방재정 교육을 담당하는 교수로서 뜻을 모으고, 그 경험을 살려 우리 나라의 지방재정에 대한 이론과 실무의 접목을 시도하였다. 이러한 시도의 결과가 지방재정분야에 관심이 있는 분들께 조금이라도 도움이 되었으면 하는 간절한 마음에서 부족한 부문이 많은데도 불구하고 감히 출간의 용기를 내었지만, 독자 여러분의 지적과 질책을 받아들여 계속 수정·보완해 나갈 것을 약속드리면서 독자 여러분의 비판과 격려를 기대한다. 아울러 IMF한파로 어려운 출판사정에도 불구하고 이 책의 출판을 맡아 주시고 편집과 교정을 위해 애써 주신 도서출판 해남의 여러분께도 진심으로 감사를 드린다.

1998년 2월

공동저자 대표 **권형신** 씀

차 례

제1편 지방재정 서설

제 3 편 지방경비

제 6 편 지방재정관리

제 7 편 지방공기업

지방재정 서설

개관

지방재정은 국가재정에 대비하여 사용하는 개념으로서 주로 지방정부가 관할 구역 내에 있는 주민의 복지증진을 위하여 필요한 재화와 서비스를 제공하는 데 소요되는 재원을 조달하고 관리·지출하는 일련의 경제활동을 의미한다. 이는 지방정부의 자치활동을 재정적 측면에서 파악한 것이다.

지방자치란 "일정한 지역의 주민들이 지방공공단체를 구성하여 그 지역 내의 사무나 공동문제를 자기의 책임과 부담하에 스스로 또는 그 대표자를 통하여 처리하는 과정"이라고 할 수 있는데, 이러한 지방자치의 본질적 요소의 하나가 지방재정이므로 바람직한 지방자치는 건실한 지방재정기반을 전제로 할 수밖에 없을 것이다. 이는 주민의 복지욕구 증폭과 그 해결의 어려움에 따른 것이다. 그리고 공공부문을 대표하는 국가재정은 중앙정부와 지방정부 간의 기능분담에 의해 자원배분, 소득재배분, 경제안정화의 경제적 기능을 수행하는데, 이러한 경제적 기능을 효과적으로 수행하기 위해서 지방정부가 어떠한 원리에 의거하여 이 세 가지 기능을 분담하게 되는가를 살펴볼 필요가 있다.

한편, 국제화·지방화·정보화라는 재정환경의 많은 변화로 지방재정의 자율성과 재정분권화의 요구가 증대되었으며, 지방자치제의 실시강화로 주민의 기대욕구의 상승과 자치단체장의 의욕으로 지방재정수요가 급증하였으며, 국가와 지방자치단체 간에 상호 관련이 있는 사무에 대한 경비부담과 정부기능의 이양 또는 조정에 따른 재원재배분에 대한 논의가 고조되고 있다. 이러한 맥락에서 중앙정부와 지방정부 간의 재정관계를 재정기능의 배분(세출기능의 분담), 세입원의 분할 및 재정분권화로 구분하여 그 법적 근거와 제도운영에 대한 현황과 특징을 살펴볼 필요가 있다.

따라서 제1편에서는 지방자치와 연계한 지방재정의 의의와 기능 그리고 지역경제와의 관계를 살펴보는 동시에 우리 나라 지방재정이 안고 있는 문제점 및 재정분권화에 관한 현황과 전망을 조망한다.

① 국가재정과 대비하여 사용되는 지방재정의 의의와 특징 및 재정의 3대 기능(소득재배분, 경제안정화, 자원배분)을 통한 지방재정의 역할을 살펴본다(제1장).

② 재정환경의 변화 속에서 정부 간 재정관계의 현황 및 특징을 세출기능과 세입원의 분할(세원배분)로 구분하여 살펴보는 동시에, 지방에 대해 보다 많은 권한과 재원을 이양하는 지방분권의 추진과 관련하여 재정분권의 원리와 접근 틀을 제시하면서 우리 나라의 재정분권수준과 동향을 고찰한다(제2장).

③ 국민경제를 구성하는 지역단위의 경제인 지역경제의 특징을 통해서 민선자치가 지역경제에 미치는 영향을 고찰한다(제3장).

1

지방재정의 의의와 기능

제 1 절 지방자치의 의의

1. 지방자치의 개념

지방자치란 "일정한 지역의 주민들이 지방공공단체를 구성하여 그 지역 내의 사무나 공동문제를 자기 책임과 부담하에 스스로 또는 그 대표자를 통하여 처리하는 과정"이라고 할 수 있는데, 이에 대한 개념에는 기본적으로 주민자치와 단체자치의 두 가지 요소가 포함되어 있다.

주민자치는 지방주민의 의사와 책임하에 스스로 또는 주민이 선출한 대표자를 통하여 사무를 처리하면서, 주민의 지방정치 참여를 중요시하는 정치적 의미의 자치를 의미하며, 단체자치는 국가와 별개의 법인격을 가진 지방자치단체가 국가로부터 상대적으로 독립된 지위와 권한을 부여받아 일정한 범위 내에서 중앙의 통제를 받지 않고 독자적으로 행정을 펴는 법률적 의미의 자치를 말한다. 이와 같이 지방자치는 민주주의의 이념을 실현하기 위해 지역주민의 참여를 기본 전제로 하고 있으며, 단체자치를 통해 주민자치를 실천하는 데 지방자치의 이상이 있는 것이다.

이러한 지방자치에 대한 필요성은 정치적인 측면과 행정·기술적인 측면으로 구분하여 살펴볼 수 있다. 먼저 정치적인 면에서 지방자치는 민주주의의 훈련장으로, 민주정치의 시험장이자 학교이며, 독재정치에 대한 방파제로서 지역의 민주화를 통하여 국정의 민주화를 실현할 수 있다. 또한 정국의 불안이나 혼란이 지방에까지 파급되는 것을 최소화하며, 주민의사의 반영으로 주민의 자치의식을 함양하게 한다.

다음으로 행정·기술적인 면에서 볼 때, 지방자치는 전문화·기능화된 국가행정을 종합적으로 실시함으로써 종합행정을 가능하게 하고, 지방의 실정과 특수성에 맞는 행정을 가능하게 할 수 있다. 또한 국가정책의 지방적 실시에서 오는 시행착오를 가능한 한 줄여 정책의 지역적 실험을 가능하게 하며, 지방재원의 확보를 위한 지방자치단체의 경영활동 등으로 지방경제의 활성화를 가져올 수 있다.

이러한 지방자치가 원활히 수행되기 위해서는 ① 지방자치단체라는 국가로부터 독립된 법인체를 구성할 수 있는 일정한 지역, ② 국가사무와 구별되는 당해 지역의 자기 사무 또는 고유사무, ③ 지방자치단체의 입법·조직·행정·재정상의 자주성을 확보할 수 있는 자치권, ④ 자치행정에 주민의 참여, ⑤ 지방자치단체의 운영과 지방사무의 원활한 수행을 위한 자주재원 확보 등의 요건이 충족되어야 한다.

2. 지방자치단체의 종류와 계층구조

(1) 지방자치단체의 종류

지방자치단체의 구성은 크게 일반적인 성격의 지방자치단체와 특수목적의 부수적인 지방자치단체로 나누어 볼 수 있다. 여기서 일반적인 지방자치단체란 그 존립의 목적, 조직, 권능 등이 일반적인 성격을 가진 자치단체로서 해당 지역 안에서 종합적인 자치기능을 수행하는 1차적인 자치기관을 뜻한다. 일반적인 지방자치단체에는 광역자치단체인 특별시·광역시·도와 기초자치단체인 시·군·자치구의 두 가지 종류로 분류될 수 있다. 이들 지방자치단체의 기관은 집행기관과 의결기관(지방의회)으로 구성되어 있다.

이러한 일반적 성격의 지방자치단체는 2006년 1월 1일 현재 16개의 광역자치단체와 234개의 기초자치단체를 합하여 총 250개의 지방자치단체로 구성되어 있다. 그리고 광역자치단체에는 특별시·광역시 및 도가 있으며, 기초자치단체로서는 시·군·자치구가 있다([표 1-1] 참조).

한편, 부수적인 지방자치단체는 자치행정상의 특정한 목적이나 특수한 자치사무를 수행하기 위하여 설치되는 2차적인 자치기관으로 특별지방자치단체가 이에 해당한다. 이러한 특별지방자치단체는 지방자치단체의 구역을 넘는 문제를 해결하기 위하여 두 개 이상의 지방자치단체가 특정 사무의 전부 또는 일부를 공동으로 처리하기 위하여 설립되고 있다. 이와 같은 특수목적의 지방자치단체 설치는 일반적인 지방자치단체의 기본 체제를 유지하면서도 특정한 기능과 사무를 효율적으로 제공할 수 있다는 점에서 장점을 지니고 있다. 그러나 아직까지 우리 나라에서는 이와 같은 성격의 특수목적 지방자치단체가 활성화되지 않고 있는 실정인데, 서울, 경기, 인천의 쓰레기

표 1-1 한국의 지방자치단체 종류 및 수

(2006. 1. 1 현재)

구 분	합 계	광역자치단체	기초자치단체			
			소 계	시	군	자 치 구
합 계	250	16	234	77	88	69
서울특별시	26	1	25	–	–	25
부산광역시	17	1	16	–	1	15
대구광역시	9	1	8	–	1	7
인천광역시	11	1	10	–	2	8
광주광역시	6	1	5	–	–	5
대전광역시	6	1	5	–	–	5
울산광역시	6	1	5	–	1	4
경 기 도	32	1	31	27	4	–
강 원 도	19	1	18	7	11	–
충 청 북 도	13	1	12	3	9	–
충 청 남 도	17	1	16	7	9	–
전 라 북 도	15	1	14	6	8	–
전 라 남 도	23	1	22	5	17	–
경 상 북 도	24	1	23	10	13	–
경 상 남 도	21	1	20	10	10	–
제 주 도	5	1	4	2	2	–

처리를 위한 수도권 쓰레기매립지 운영관리조합을 예로 들 수 있다.

(2) 지방자치단체의 계층구조

지방자치단체의 계층구조는 자치계층과 행정계층으로 나누어 볼 수 있다. 자치계층은 동일 지역에서의 자치단체 중첩도를 의미하며, 행정계층은 지방자치단체뿐만 아니라 행정기관을 포함한 중첩도를 의미한다.

우리 나라의 자치계층은 광역자치단체인 특별시 · 광역시·도와 기초자치단체인 시·군·자치구의 2계층구조로 구성되어 있다. 그리고 행정계층구조의 기본 구성은 특별시 · 광역시·도는 광역행정계층을 이루며, 시·군·자치구는 중간행정계층을, 그리고 읍·면·동은 하위행정계층을 이루는 3계층구조로 되어 있다. 다만 도구역 내의 인구 50만 명 이상인 대도시의 경우에는 자치구

그림 1-1 지방자치단체의 계층구조

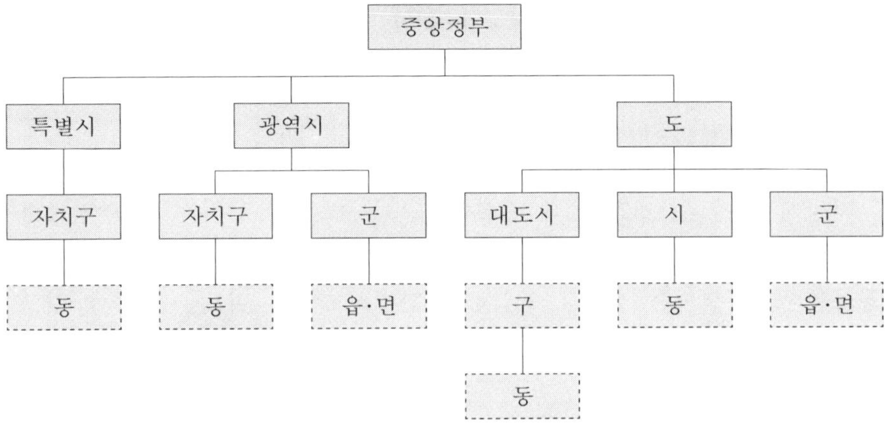

가 아닌 구를 둘 수 있어 4계층을 이루고 있고, 특별시와 광역시의 광역자치단체는 3계층의 행정구조를 이루고 있는 데 비해, 도 자치단체는 3～4계층의 행정구조를 이루고 있다고 볼 수 있다([그림 1-1] 참조).

광역자치단체인 특별시와 광역시는 관할구역 안에 자치구와 군을 두어 2계층의 자치계층을 이루고 있다. 그리고 행정계층면에서 특별시와 광역시는 자치구와 군구역 안에 동이나 읍·면을 두고 있어 3계층구조로 되어 있다.

광역자치단체인 도는 관할구역 안에 시와 군을 포함함으로써 다른 광역자치단체와 마찬가지로 자치계층구조면에서 2계층구조로 되어 있다. 행정계층면에서, 도 관할구역 안에 시와 군을, 시 밑에 하부행정기관인 동을 두고 있으며, 군 밑에는 읍·면을 둠으로써 도-시·군-동·읍·면의 3계층구조를 이루고 있다. 한편, 인구 50만 명 이상의 대도시인 경우에는 행정계층으로 구를 두고 있으며, 구 밑에 동을 둠으로써 도-대도시-구-읍·면·동의 지방행정 4계층구조를 이루고 있다.

제2절 지방재정의 의의와 특성

1. 지방재정의 의의

지방재정은 국가재정에 대비하여 사용하는 개념으로서, 주로 지방정부가 관할구역 내에 있는 주민의 복지증진을 위하여 필요한 재화와 서비스를 제공하는 데 소요되는 재원을 조달하고 관리하는 일련의 경제활동을 의미한다. 이는 지방정부의 자치활동을 재정적 측면에서 파악한 것으로, 당해 지방정부가 집행하는 예산, 결산, 회계 및 기타 재화와 서비스에 관한 활동을 총칭하며, 이와 같은 지방정부의 활동에는 관리작용뿐만 아니라 권력작용도 포함된다.

따라서 지방재정은 지역주민의 생활과 지역경제에 크게 영향을 미치게 되고, 국가적 시책의 지방적 구현과도 밀접한 관계에 있다. 그리고 지방예산의 편성과 운영은 지방자치단체 재정활동의 구체적 표현으로, 그 내용과 절차는 바로 자치단체의 수준과 국가발전에의 기여도를 가늠하는 척도가 되는 것이다.

2. 지방재정의 특성

지방재정은 기본적으로 공공재정(public finance)의 한 분야로서 제도론적 관점에서 볼 때 중앙재정과는 상당히 다르며, 또 국가경제의 한 분야인 지방재정이 차지하는 위치를 기초로 이론이 전개된다. 지방재정이 국가경제나 국가재정에서 차지하는 범위가 확대되고 비중이 커지면서 그 중요성 또한 증대되고 있다. 그런데 지방재정도 기본적으로는 재정학의 일반론적 논리로서 다루어질 수 있지만, 지방재정에는 국가재정과는 다른 특징을 가지고 있다.

경제적 측면에서 지방재정의 내용이 국가재정의 내용과 다른 특성을 보이는 근본적인 원인으로 두 가지를 들 수 있는데, 첫째는 지역경제가 높은 개방성을 띤다는 점이고, 둘째는 지방정부는 국가와는 달리 외부효과가 지역성을 띠는 공공재를 주로 공급한다는 점이다.

국가재정의 3대 기능인 소득재분배·자원배분·경제안정화의 정부기능이 지방정부수준에서 그대로 적용되지 않는 이유는 지역경제가 국가경제와는 달리 높은 개방성(openess)을 띠기 때문이다. 즉, 지방정부가 특정한 재정정책 목표를 실현하기 위해 재정적 수단을 동원한다고 할지라도 지역경제 내에 존재하는 인적·물적 요소의 지역 간 이동성(mobility)[1)]으로 인해 정책집행의 효과가 지역 내에 국한되지 않고 지역 외로 유출되어 완화되거나, 오히려 의도한 것과 정반대의 결과를 초래하기도 하는 것이다. 이러한 이동은 경제활동을 하는 주민이나 기업이 자신의 효용을 극대화하기 위한 과정에서 발생하게 된다.

또한 정부에 의해서 제공되는 공공재는 그 소비자가 자신의 진정한 선호를 표출하지 않고 무임승차(free-riding)하려는 유인을 갖게 됨으로써 공공재의 산출량이 적정수준 이하로 될 가능성이 많은데, 지역 간 이동성을 통해 소비자들로 하여금 자신의 선호를 직접 표출하게 함으로써 공공재의 공급을 효율화하기도 한다.[2)]

1) 지역 간 이동성이라고 할 때에는 주거나 사업장의 위치가 지방정부의 구역을 벗어나는 물리적 이동성(physical mobility)만을 의미할 뿐만 아니고, 소비지와 투자지역의 선택과 같은 경제적 이동성(economic mobility)까지 포함하는 개념이다.

2) 이것은 티부가설(Tiebout hypothesis)에서 잘 설명되고 있다. 티부(C. M. Tiebout)는 지역공공재(local public goods)의 성격을 지닌 서비스는 여러 개의 지역에 존재하고, 발에 의한 투표가 가능할 때 분권화된 지방정부를 통해 보다 효율적으로 공급될 수 있다고 주장한다. 여기서 '발에 의한 투표(voting by feet)'란 의사결정의 한 형태로 어떤 조직에 불만이 있을 때 조직을 떠나는 것을 지칭하는 말인데, 허시맨(A. Hirshman)에 의해 소개되었다(A. Hirshman, 1970 참조).

티부는 ① 상이한 지역공공재를 공급할 수 있는 충분히 많은 지방정부가 존재한다. ② 각 지방정부는 독자적인 지방재정권을 소유하여 세수와 지출에 대해 독립적으로 결정할 수 있어야 한다. ③ 발에 의한 투표가 이루어지기 위해서는 주민의 이동성(mobility)에 제약이 없어야 한다. ④ 각 지방정부에서 제공하는 재정프로그램에 대한 정보가 완전히 공개되어야 한다. ⑤ 공공재를 생산하는 단위당 비용이 동일하게 유지되는 규모수익 불변(constant returns to scale)을 가정한다. ⑥ 지방정부가 공급하는 지역공공재에 외부성이 작용하여 다른 지방정부에 대가 없이 경제적인 영향을 미쳐서는 안 된다. ⑦ 각 지방정부는 배타적 지역설정에 관한 법률(exclusionary zoning laws)을 제정할 수 있어야 한다는 가설의 전제를 제시하였다. 이러한 기본적 전제가 충족된다면 지역공공재에 대한 효율적인 자원배분은 각 지방정부가 독자적으로 조세를 징수하고, 지역공공재를 공급하는 분권화된 체제를 통해 이루어질 수 있다는 것이 티부가설의 결론이다. 이때 주민들은 자신들의 선호에 가장 가까운 지역공공재를 공급하는 지방정부로 이동하게 되고, 결국 비슷한 선호를 가진 집단이 모여 살게 되며, 지방정부의 규모도 주민들

제3절 지방재정의 기능과 역할

경제활동의 3주체는 사경제주체인 가계와 기업, 그리고 공경제주체인 국가로 볼 수 있는데, 이 중 공공부문을 대표하는 국가재정은 중앙정부와 지방정부 간의 기능분담에 의해 자원배분, 소득재배분, 경제안정화의 경제적 기능을 수행한다.

과거 전통적인 입장에 의하면, 소득재분배와 경제안정화 기능은 전국적 차원에서 이루어져야 하므로 중앙정부가 주로 수행하여야 하며, 자원배분기능에서도 적극적인 경제개발 등은 중앙정부가 담당하고 지방정부는 최소한의 공공재를 공급하는 데 그쳐야 한다고 주장되어 왔다.

그러나 지방정부의 규모가 상대적으로 커지면서 지방정부의 경제적 기능을 보다 적극적으로 볼 수밖에 없다. 즉, 지방정부의 재정지출이 차지하는 비중이 증대되고 지역경제와 산업이 국가경제에서 차지하는 영향력이 커지면서, 지방정부는 상당히 포괄적인 경제적 기능을 수행하는 것으로 이해되고 있는 것이다.

정부부문이 담당해야 할 세 가지 경제적 기능을 효과적으로 수행하기 위해서 중앙정부와 지방정부가 어떠한 원리에 의거하여 이 세 가지 기능을 분담하게 되는가를 살펴보기로 한다.

의 선호체계에 따라 적정하게 결정된다는 것이다(Charles M. Tiebout, 1956), pp. 416~424).

그러나 현실적인 측면에서 티부가설은 다음과 같은 비판을 받고 있다. 우선 완전히 자유로운 이동은 사실상 불가능하다는 것이다. 또한 외부성이 발생하지 않는다는 전제에 대한 비판이 가해졌다. 즉, 국가가 공급하는 공공재가 아닌 지역공공재에도 외부효과는 나타난다는 것이다. 그리고 개인이 각 지방정부가 공급하는 지역공공재에 대한 완전한 정보를 소유하고 있다는 가정도 현실적으로는 불가능하다. 마지막으로 지역공공재의 공급에 규모수익 체감의 법칙이 작용한다면 독립된 정부보다 연합정부에 의해 지역공공재를 더 효율적으로 공급할 수 있다. 이러한 비판에도 불구하고 일부 지역공공재에 대해서 티부가설이 적용되는 영역을 찾아볼 수 있는데, 그 대표적인 예로 대도시의 공동화 및 교외화 현상을 들 수 있다(Bruce Hamilton, 1975, pp. 13~30; Truman F. Bewley, 1981, pp. 713~739).

1. 소득재분배기능

소득재분배기능은 정부가 누진세율, 조세감면, 의무교육에 대한 지원, 사회보장적 지출 등을 통해 부유층의 소득을 직접 또는 간접으로 빈곤층에게 이동시켜 사회적으로 바람직한 소득분배를 달성하려는 정부의 기능을 의미한다. 전통적인 견해에 의하면, 특정 지역이 다른 지역에 비해 강력한 소득재분배정책을 시행하면, 다른 지역으로부터 저소득자가 전입하게 되는 데 반해, 고소득자는 다른 지역으로 전출하는 현상이 발생하기 때문에 지방정부의 재분배정책은 한계를 가질 수밖에 없다는 것이다. 따라서 경제적인 측면에서 인적·물적 이동성이 높은 경우를 상정하는 경우 재분배정책은 국가차원에서 수행되어야 하며, 부득이한 경우에는 최소한 인적·물적 이동성을 포괄할 수 있는 광역적 단위에서 추진되어야 한다고 주장한다.

그러나 이러한 전통적인 견해와는 달리 최근의 재정론자는 지방정부의 의사결정에 의해 주요한 소득재분배사업을 추진하는 예가 적지 않으며, 지방정부에 의하여 제공되는 교육, 보건 등과 같은 서비스는 중요한 재분배적 의미를 지니고 있다는 것이다. 물론 지방정부의 소득분배적 정책강도는 지방정부에 따라 아주 상이하지만, 전통적인 견해에도 불구하고 실제에서는 재분배가 지방정부 차원에서 이루어지고 있는 것이 현실이다.

이러한 현실은 두 가지 이유에 기인되는 것으로 생각할 수 있다. 첫째, 전통적인 이론가들이 전제했던 관할구역 간 납세자들의 이동성은 지방정부에 의한 재분배정책 시도를 좌절시킬 정도로 심각하지는 않다는 것이며, 상급정부의 보조금으로 인하여 많은 하급정부들은 매우 낮은 복지지출수준을 채택하고 있다는 것이다. 지방정부에 의한 재분배정책의 정도는 혜택수준에 대한 주민들의 태도에 달려 있다. 혜택수준이 참을 수 있는 정도라면 지방정부에 의한 복지기능은 수용될 것이며, 만약 주어지는 혜택이 지역주민에게 중요한 반면 그 분배 정도가 지나치게 적다면 상급정부에 의한 직접적인 소득재분배정책이나 전국적인 최소한의 혜택기준(minimum bene-fit standard) 등을 요구할 것이다.

둘째, 경제적인 논리에 의하여 지방정부 차원의 재분배정책이 한계를 지닌다고 하더라도, 정치적인 논리에 의하여 어느 수준까지의 재분배정책은 정당화될 수 있다. 그것은 지방정부도 정치적인 힘의 작용에 의하여 움직이는 측면이 강하고, 실제로 선거시에는 주민들의 지지와 동의를 구하지 않으면 안 된다는 점에서 근거를 찾을 수 있다. 이러한 정치적 논리를 인정할 경우, 일정한 복지프로그램을 상급정부가 수행하는 복지정책과 병행하여 보완적으로 채택하지 않는다면 지방정부는 지역주민의 지지를 확장할 수 있는 여지가 줄어들게 된다. 따라서, 지방정치가 실제하고 있는 한, 일정한 복지서비스를 통한 재분배기능의 수행은 지방정부에서도 정당화될 수 있고, 현실적으로 이러한 요구를 반영하여 다양한 복지서비스가 상급정부 프로그램과의 연계 속에서 이루어질 수밖에 없다.

2. 경제안정화 기능

경제안정화 기능이란 재정·금융정책을 통하여 완전고용을 달성하고 물가를 안정시키며 적정한 경제성장을 이룩하려는 정부의 역할을 의미한다. 지방정부는 거시경제적인 수단을 가지고 있지 못할 뿐 아니라 지방정부의 경제활동이 국가 전체 경제에 미치는 영향력은 제한적일 수밖에 없으므로 경제안정화 기능은 주로 중앙정부에 의해 적절하게 수행될 수 있다는 것이다.

즉, 전통적인 견해에 의하면, 지역경제 관할구역 간의 일반적인 개방성(general openness)은 지방정부에 의한 효과적인 재정정책의 사용기회를 제한하며, 지방정부가 독립적인 통화운용권을 갖고 있지 않기 때문에 관할권 내에서 지방정부가 거시적 경제정책을 수행한다는 것은 근본적으로 한계가 있다는 것이다.

그러나 경제적인 이유만으로 주민들이 쉽게 지방정부의 경계를 옮겨다니지 않는다는 점과 또 지방정부에 의하여 공급되는 서비스는 대개 그 지역내에서 소비될 것이라는 점이다. 더 나아가 거시경제적 문제(macroeconomic problems)도 특정 산업에 영향을 미치는 경제적 요인에 의하여 나타나는 것으로서 오히려 국가적인 차원이 아닌 지역적인 차원에서 나오는 문제라고 지적되기도 한다.[3)]

복수지방정부의 총지출은 국가경제에서 중요한 비중을 차지하고, 이들

3) Edward M. Gramlich(1987), pp. 3～27.

은 상급정부의 재정여건과는 다른 여건에 놓여 있기도 하기 때문에 때로는 상급정부의 재정위기나 재정적자 발생시에 지방정부가 재정상의 건전도를 제고하거나 흑자재정을 운용함으로써 국가적인 재정위기를 완화할 수도 있다는 점이다.

그리고 경기침체 또는 상승시기에 지방정부는 국가적 경기순환에 부응한 재정운용을 할 것이라는 예측과는 달리, 지방정부의 재정정책은 오히려 경기에 반순환적(countercyclical)일 수도 있다는 점이다. 즉, 지방정부는 경기침체에 의한 재정수입 감소에 대응하여 예비자원을 소비하거나 낮은 세율과 보다 많은 지출로써 대응해 나가며, 경기확장시기에는 여유자원을 비축하여 총수요의 팽창을 억제시키는 기능을 할 수도 있다는 것이다.[4]

이와 같은 지방정부에 의한 경제안정화 정책이 집합적인 의사결정으로 나타날 때 국가적인 경제상황에 긍적적인 영향을 미치게 되므로, 지방정부 차원의 경제안정화 기능은 중앙정부의 재정활동과 협력적 관계에서 강화되어야 할 것이다.

3. 자원배분기능

자원배분기능이란 재정을 통해 희소한 경제재에 대한 생산과 소비가 사회적으로 최적수준이 이루어지도록 하는, 즉 특정한 재화와 용역이 바람직한 양만큼 생산·소비될 수 있도록 하는 기능이다. 따라서 민간부문에서 시장실패에 의해 효율적으로 공급할 수 없는 재화와 서비스를 정부가 적시에 공급하고, 시장의 경쟁성을 제고할 수 있도록 정부가 기능하여야 되는데, 문제는 시장실패(market failure)를 정부가 어떻게 교정하여 국가적으로 효율적인 자원의 이용을 가능하게 하느냐는 것이다. 이는 ① 정부와 시장 간의 경계문제 또는 정부의 활동영역문제, ② 정부가 사용할 자원을 동원하는 세입문제, ③ 어떠한 서비스를 산출하기 위해서 그러한 자원이 사용되어야 하는가 하는 지출문제 등에 초점이 맞추어져 있다. 정부의 활동을 통해 시장의 실패를 교정하고자 하는 것은 시장이 해당되는 재화와 서비스의 공급을 효율적이고 공평하게 하지 못하기 때문에 정부가 개입하게 된다는 뜻이다.[5]

4) 이러한 연구에 대해서는 Roy W. Bahl(1984), Ch. 2～4 참조.

따라서 시장기능을 보완하기 위해서 개입하는 정부로서는 시장보다 더 효율적으로 재화와 서비스를 공급하여야 하는데, 어떤 수준의 정부가 자원배분기능을 수행할 것인가 하는 문제가 제기된다. 전통적인 입장에 의하면, 중앙정부는 지방정부에 비하여 상대적으로 큰 규모의 자원을 동원하여 국가경제에 영향을 미치고, 경제 및 관련정책을 통하여 국가적 자원의 흐름에 영향을 미친다고 강조한다. 그러나 지방정부도 동원하는 자원의 규모가 상대적으로 커지고, 지역경제관련 정책을 수립하여 지역경쟁력의 강화에 적극 참여하기 때문에 지역경제의 활성화를 도모하기 위해서는 지방정부에 주어진 제한된 재원을 효과적으로 동원하고 사용하는 기능이 보다 강화되어야 할 것이다.

오늘날 지방정부는 지역의 공공재를 효율적으로 공급하여 주민의 행정수요를 충족시키는 동시에, 민간경제에 활력을 불어넣을 수 있는 정책을 수립하고, 민간기업을 직·간접적으로 지원하는 역할을 하기도 한다. 지역의 민간부문이 커지면 자연히 지역공동체의 공익을 확대시킬 수 있기 때문에, 효율성과 공정성이 보장된다면 이러한 민간경제에 대한 지원기능까지도 지방정부가 수행할 수 있는 것이다.

5) 우리 나라와 같이 정부가 처음부터 국가·사회 전반에서 제기되는 문제의 상당 부분을 담당하는 것이 자연스러운 역사적 전통이 있는 사회에서는, 이른바 자유주의 사상에 기초하여 민간부문이 성장한 서구 사회에서 거론되고 있는 '정부의 개입(governmental intervention)'이라는 용어의 사용이 부적절한 경우가 적지 않다. 실제로 우리 나라에서는 정부가 어떤 일에서는 손을 떼고 어떤 부문은 계속 관장을 한다는 의미로 해석되어야 할 것이며, 서구식 개념의 엄밀한 적용은 일단 손을 뗀 영역에 다시 개입하는 경우에 한정된다고 본다.

2

국가재정과 지방재정

제 1 절 재정환경의 변화와 정부 간 재정관계의 의의

1. 정부 간 재정관계의 의의

한 나라의 여러 정부단위 간에 제도상·사실상으로 설정되었거나 발생할 법적·정치적·행정적·재정적 제반 관계를 의미하는 개념인 정부 간 관계(intergovernmental relations)[1]에서 정부라는 의미에는 통치개념을 내포하고 있어, 전통적으로 중앙정부와 지방정부의 관계는 중앙집권과 지방분권의 논리에 의해 설명되고 있다. 따라서 전자의 논리가 우세한 국가나 시대에는 수직적 관계에서, 후자의 논리가 우세할 때에는 수평적 관계에서 중앙정부와 지방정부의 역할정립이 이루어졌다고 볼 수 있다.

이러한 관점에서 볼 때, 중앙정부와 지방정부 간의 재정관계도 그 나라의 통치형태, 정치·경제·사회의 발전 정도, 역사적 특수성 등에 따라 상당한 차이가 있기 마련이다. 따라서 지방자치의 전통이 깊고 연방제도를 채택하고 있는 국가들은 대체로 재정적으로 상호 독립된 고유의 권한을 가지고 있기 때문에 정부 간의 재정관계는 상호 수평적 협력관계에 있게 된다. 이에 반해 지방정부가 자치권을 갖지 못하고 모든 국가정책이 중앙정부에 의해 결정되는 중앙집권적 통치형태의 국가에서는 지방정부는 중앙정부의 일선기관에 불과하여 정부 간의 재정관계는 지배·종속적 관계를 형성한다.

그러나 대부분의 국가는 이러한 양 극단의 중간에 위치하여 중앙집권적이면서도 지방자치단체에 일정한 자치권을 부여하고 있다. 즉, 이 국가들은 중앙정부가 부분적으로는 자치재정권을 지방정부에 부여하고 있으나, 일부는 직접 개입하여 통제하는 형태를 취하고 있다.[2]

그러므로 중앙과 지방 간의 재정관계도 국가 전체의 틀 속에서 일부분을 형성하는 동시에 서로 상당한 자율성을 갖는 데서 찾을 수 있는 것이다. 이러한 양자의 관계를 힉스(U.K. Hicks)[3]는 국가별로 나타내고 있는 통치형

1) 小瀧敏之(1983), p. 40.
2) 이영조(1996), pp. 28～29.

태를 바탕으로 연방정부와 함께 주정부가 광범위한 과세권을 갖는 연방형, 과세권을 포함한 자치권이 중앙정부에 크게 종속되는 단일형, 중앙집권적인 단일국가가 지방정부에 과세권을 어느 정도 부여하여 앞의 두 가지 유형의 절충을 도모하는 절충형의 세 가지로 분류할 수 있다. 따라서 절충형의 국가에서는 헌법상의 국가고권은 중앙정부가 행사하고, 지방정부는 수권된 범위 내에서 과세권과 지출권을 행사하나, 양 정부 간의 기능배분이 명확한 것은 아니다.[4]

한국의 유형은 이러한 절충형에 속하며, 중앙재정은 지방재정에 대해 구체적으로 지방교부세, 국고보조금, 지방채 등 지방세입을 통한 관여와 국가발전목표와 관련한 지방예산의 편성을 유도하는 등 지방세출을 통한 관여를 하게 된다.[5]

2. 재정환경의 변화와 한국의 정부 간 재정관계

1995년 민선단체장 출범 이후 지방재정확충 및 재정자주권 신장과 관련하여 재정환경의 많은 변화와 문제가 제기된 바 있는데, 이를 요약하면 다음과 같다.

첫째, 지방재정의 자율성과 재정분권화의 요구가 증대되었다는 점이다. 이는 지방정부가 그 지역의 행정기능을 수행하는 데 필요한 재원의 조달과 지출에 관한 의사결정을 그 자신의 책임하에서 중앙정부로부터 독립하여 처리할 수 있는 권한의 확대를 요구하는 것과 주민의 선호에 따라 행정서비스

3) U. K. Hicks(1955).

4) 조세에 대한 정부권한은 크게 세율 · 과표 등을 결정할 수 있는 정책결정권, 조세를 징수할 수 있는 부과 · 징수권, 조세수입을 자율적으로 사용할 수 있는 사용권으로 나뉘는데(안종석 · 박정수, 1996), 우리 나라는 중앙정부에서 허용한 법적 범위 내에서 세율을 자율적으로 변경할 수 있는 탄력세율제도의 적용이 가능한 일부 세목을 제외할 경우, 조세법률주의에 의해 지방세의 세율 · 과표에 대한 정책결정권을 지방자치단체가 갖고 있지 않다. 여기서 탄력세율제도란 일부 지방세목에 대하여 지방자치단체가 일정범위 내에서 자율적으로 세율을 정할 수 있도록 하여 지방세수의 확보에 신축성을 부여한 제도인데, 현행 지방세법상 탄력세율의 적용이 가능한 세목으로는 주민세, 자동차세, 담배소비세, 도축세, 도시계획세, 공동시설세, 사업소세, 지역개발세 등 8개 세목이 있으나 아직까지 이 제도를 운용하고 있는 자치단체는 거의 없다(김대영, 1995, pp. 19～21).

5) 이상희(1985), pp. 35～36.

를 제공할 때 그 효율성과 책임성을 확보하는 데 필요한 재정분권화가 요청된다는 점이다.[6)]

둘째, 지방자치제의 실시 강화로 주민의 지역개발과 복지증진에 대한 기대욕구가 더욱 급증하였고, 지방자치단체장, 지방의원 등의 지방선거에 따른 지역주민의 보상심리 작용 및 실현불가능한 지역개발공약의 남발과 개발정책의 빈번한 수정 등의 역작용이 나타나고 있는데, 이는 결국 지방재정수요의 급증을 부채질한다.

셋째, 국가와 지방자치단체 간에 상호 관련이 있는 사무에 대한 경비부담과 정부기능의 이양 또는 조정에 따른 세원재분배 및 지방교부세 재원의 확충과 같은 문제와 관련하여 중앙과 지방 간의 재원배분에 대한 불만이 고조되고 있다. 이 때 중앙정부는 경제적 논리에 입각하여, 지방정부(행정자치부 포함)는 정치적 논리에 입각하여 상호 갈등이 제기되고 있다.

이와 같은 재정환경의 변화 속에서 중앙정부에 대한 자치재정권의 신장에 대한 논의는 크게 세 가지 측면에서 다루어지고 있다. 이러한 논의는 ① 재정자주권의 측면에서 지방정부의 과세권, 기채권, 재정운영권의 신장을 강조하는 시각, ② 재정기능상 측면에서 자원배분기능 외에 경제성장 안정화 및 재분배기능에서도 지방정부의 상당한 역할분담이 있어야 한다는 시각 및 ③ 기능재배분에 따른 중앙·지방 간의 재원재분배를 위해 국세와 지방세의 세원재배분·이양과 지방교부세 등 재정조정수단의 재원확충 및 이들 간의 연계강화대책이 시급히 강구되어야 한다는 시각에서 접근되고 있다.

그런데 한국의 경우에는 비록 지방자치제가 실시되고는 있으나, 그 역사가 일천하고, 중앙집권적인 전통이 역사적으로 강하며, 동질적인 정치·문화·사회구조를 지니고 있기 때문에 중앙정부와 지방정부의 재정관계는 외견상 상호 의존적 관계로 나타나지만, 실제적으로는 중앙정부의 재정집중화로 인해 종속적인 특징이 발견되는 상태에 놓여 있다.

따라서 지방자치의 본지에 따라 중앙정부와 지방정부 간의 바람직한 재정관계 정립을 위하여 세입원의 분할, 세출기능의 분담 및 지방재정의 통제라는 세 가지 측면에서 지방분권적 재정관계로의 제도개선이 요청되고 있는 것이다.

---

6) 원윤희(1994), p. 8.

제2절 중앙·지방정부 간 재정관계의 현황과 특징

1. 재정기능 배분: 세출기능의 분담

(1) 행정사무의 배분

한국의 총재정규모를 중앙재정 중 지방재정에 대한 이전재정은 중앙재정에 포함시켜 세출순계기준으로 살펴보면, [표 2-1]에서 보듯이 2004년도의 경우 266조 2,110억 원의 총재정규모에 대한 중앙재정의 비중은 63%, 지방재정의 비중은 37%로 나타나고 있다. 특히, 지방재정의 규모는 민선자치가 실시된 1995년도를 기준으로 2004년은 2.7배, 연평균신장률 29.9%를 보이고 있다.

표 2-1 중앙·지방재정규모의 비중추이

(단위: 10억 원, %)

구 분	재정규모(억 원)			GDP규모(D) (억 원)	비중(%)		
	총재정규모(A)	중앙재정(B)	지방재정(C)		B/A	C/A	C/D
1995	1,095,793	729,150	366,643	3,773,498	67	33	10
1996	1,281,499	837,052	444,447	4,184,790	65	35	11
1997	1,434,232	924,642	509,590	4,532,764	64	36	11
1998	1,570,552	1,054,505	516,047	4,443,665	67	33	12
1999	1,685,276	1,145,482	539,794	4,827,442	68	32	11
2000	1,889,705	1,239,156	650,549	5,219,592	66	34	12
2001	2,165,907	1,374,808	791,099	5,515,575	63	37	14
2002	2,181,337	1,452,499	728,838	5,963,812	67	33	12
2003	2,603,691	1,628,435	975,256	6,386,466	63	37	15
2004	2,662,110	1,673,186	988,924	7,794,019	63	37	13

주: 1) 1994년 이전은 GDP 대신 GNP규모임.
2) 2002년 이전은 결산, 2003년 이후는 최종예산(순계기준)임.

자료: 기획예산처, 『예산개요』, 각 연도; 행정자치부, 『지방자치단체 예산개요』, 각 연도.

이러한 지방재정의 신장규모는 2004년도의 GDP에서 13.0%에 달하며, 중앙재정과 비교할 경우 1995년 50.3%이던 것이 2004년에는 59.1%로서 이전재원을 포함시킬 경우 중앙재정과 대등한 규모로 나타나게 된다.

여기서 일반행정, 방위, 교육, 사회개발, 경제개발 등의 행정기능별로 정부세출을 분류하는 IMF분류방식[7]에 의거하여 중앙·지방정부 간의 2004년도 세출기능 분담을 살펴보면, [표 2-2]에서 보듯이 일반회계 최종예산 순계기준으로 방위분야(민방위 포함)는 지방정부가 8.6%를 차지하고 있는데, 이에 대한 중앙정부의 비중이 91.4%로 나타나 중앙정부가 전형적으로 방위기능을 전담하고 있음을 알 수 있다. 그리고 교육분야는 국가재정의 15.9%를 차지하는 예산(29조 5,225억 원)에서 지방정부는 24.7%를 분담하고 있는 데 반해, 중앙정부는 75.3%의 교육기능을 수행하고 있다. 24.4%의 예산(45조 3,040억 원)이 소요된 사회개발분야는 주택 및 지역사회 개발에서 중앙·지방정부의 분담 정도가 거의 비슷하나 소득재분배와 밀접한 관련이 있는 사회보장 및 복지분야에는 중앙정부의 기능분담률이 훨씬 높다. 국가재정에서 가장 높은 비중(28.4%, 52조 8,346억 원)을 보이고 있는 경제개발분야는 지역경제에 대한 지방정부의 역할이 미흡하여 아직까지 중앙정부의 역할이 강조되고 있다.

한편, 머스그레이브(R. A. Musgrave)[8]는 정부의 재정 및 예산기능을 재원배분의 조정(allocation), 소득의 재분배(redistribution) 및 경제의 안정화(stabilization)로 구분하고, 지방정부가 주로 독자적인 의사에 의해 수행해야 할 기능은 공공서비스의 공급과 관련한 자원배분기능이라고 제시한 바 있다. 이는 중앙과 지방의 어느 정부가 행정을 실시하는 것이 보다 능률적이고 효과적인가를 행정사무 배분의 기준으로 보는 것과 거의 일치한다.

그러나 규모의 경제의 크기에 따라 중앙 또는 지방기능으로서의 재조정도 가능할 것이므로,[9] 순수공공재 및 외부효과가 큰 재화는 중앙정부가 공

7) IMF분류방식에 의거한 통합예산상 재정지출의 기능별 분류의 대상범위에는 비금융공기업부문을 제외한 모든 지방정부활동, 즉 일반회계, 특별회계 등이 포함되며, 재정지출 중 채무상환, 정부 내 지출과 같은 보전거래항목이 제외된다는 점에서 일반회계를 중심으로 모든 지출항목을 포함하는 현행 한국 정부 예산서상의 기능별 분류와는 구성항목 및 금액규모에서 차이를 나타낸다.

8) R. A. Musgrave and P. B. Musgrave(1984).

9) 노기성(1992), pp. 28~29.

표 2-2 중앙·지방 간 세출기능의 분담비율

(단위: 억 원, %)

구 분	2004년			2005년		
	계	중앙정부	지방정부	계	중앙정부	지방정부
1. 일반행정	273,949 14.7	114,395 41.8	159,554 58.2	305,786 16.2	146,072 47.8	159,714 52.2
2. 방위비 (민방위)	216,480 11.6	197,904 91.4	18,576 8.6	236,121 12.5	217,405 92.1	18,716 7.9
3. 교 육 비	295,225 15.9	222,290 75.3	72,935 24.7	333,605 17.7	274,380 82.2	59,225 17.8
4. 사회개발	453,040 24.4	164,229 36.3	288,811 63.7	448,635 23.8	175,205 39.1	273,430 60.9
5. 경제개발	528,346 28.4	303,271 57.4	225,075 42.6	465,044 24.7	280,605 60.3	184,439 39.7
6. 채무상환 및 기타	92,878 5.0	55,614 59.9	37,264 40.1	95,759 5.1	55,191 57.6	40,568 42.4
합 계	1,859,918 100.0	1,057,703 56.9	802,215 43.1	1,884,950 100.0	1,148,858 60.9	736,092 39.1

주: 1) 일반회계 세출순계기준(2004년 최종예산, 2005년 당초예산).
2) 중앙정부 세출예산은 지방재정지원 예산이 제외된 수치임.
3) 지방정부의 교육예산은 지방자치단체의 지방교육청 지원예산임.
자료: 기획예산처, 『2005년 예산개요』; 행정자치부, 『2005년 지방자치단체 예산개요』.

급하고, 지역공공재 및 외부효과가 작은 재화는 지방정부가 공급하는 것이 바람직하다고 볼 수 있는데, 이는 행정서비스가 미치는 이해의 범위가 행정사무 배분의 기준이 된다는 것이다.

특히, 후자의 기준에 의거할 경우 국방, 외교, 국제무역, 금융, 이민, 항공·철도 등과 같이 그 재화와 서비스의 공급이 전국적으로 영향을 미치는 동시에 규모의 경제도 가능하게 하는 정부기능에 대한 정책수립과 서비스 및 재화의 공급은 중앙정부가 담당하는 것이 바람직하다. 환경과 주택분야에서 중앙정부는 그 정책을 수립하고, 지방정부는 공해규제 또는 공공주택의 공급을 직접 수행하는 것이 바람직하다. 그리고 농수산, 제조업, 교육, 보건, 사회후생, 고속도로, 자연자원, 지역개발 같은 각급 정부의 소관기능에 대해서는 중앙정부가 정책을 수립하고, 지방정부는 그 정책집행을 담당하는 것이 바람직할 것이다.

이러한 행정사무의 배분에 대한 한국의 법적 근거로서 중앙정부의 기능은 정부조직법, 개별행정작용법 및 각 중앙행정부처의 직제에 의거하고 있는 데 비해, 지방정부의 기능은 지방자치법과 조례에 의거하고 있다. 즉, 중앙과 지방의 정부기능을 지방자치법 제9조와 제11조를 통하여 살펴볼 경우, 제9조에서는 지방정부가 처리할 수 있는 57개 사무를 예시적으로 열거하고 있다. 이러한 사무는 ① 자치단체의 구역, 조직 및 행정관리 등에 관한 사무로서 자치단체의 존립과 유지에 관련된 11개 사무, ② 주민의 복지증진에 관한 사무로서 자치단체의 기본적 공공기능에 관련된 10개 사무, ③ 농림·상공업 등 산업진흥에 관한 사무로서 자치단체의 경제성장과 산업발전에 관련된 14개 사무, ④ 지역개발 및 주민의 생활환경시설의 설치·관리에 관한 사무로서 공공편익시설과 공간개발에 관련된 15개 사무, ⑤ 교육·체육·문화·예술의 진흥에 관한 사무로서 지방주민의 정신계발과 지방문화의 창달을 위한 5개 사무, ⑥ 지역민방위 및 소방에 관한 사무로서 민방위·소방 등의 지역안전을 도모하기 위한 2개 사무로 구분된다.[10)]

그리고 국가사무 가운데 지방정부가 처리할 수 없는 사무로서 ① 외교, 국방, 사법, 국세 등 국가의 존립에 필요한 사무, ② 물가·금융·수출입정책 등 전국적으로 통일적 처리를 요하는 사무, ③ 농림·축·수산물 및 양곡의 수급조절과 수출입 등 전국적 규모의 사무, ④ 국가종합경제개발계획, 국가하천, 국유림, 국토종합개발계획, 고속도로 등 전국적 규모의 사무, ⑤ 근로기준, 측량단위 등 전국적으로 기준의 통일·조정을 요하는 사무, ⑥ 우편·철도 등 전국적 규모 또는 이와 비슷한 규모의 사무, ⑦ 항공관리, 원자력개발 등 지방자치단체의 기술 및 재정능력으로는 감당하기 어려운 사무를 열거하고 있다.

이와 같이 제도상으로는 앞에서 제시된 사무배분기준에 의거하여 중앙과 지방정부 간의 사무배분이 이루어져 순수공공재나 전국적 규모의 외부경제를 유발하는 재화나 서비스, 전국적으로 통일을 요하는 서비스 등의 공급

---

10) 지방행정연구소(1995), pp. 83～84.

은 중앙정부가, 나머지는 지방정부가 수행하도록 되어 있다. 그러나 [표 2-2]에서 보듯이 중앙정부와 지방정부 간의 기능이 합리적으로 배분되지 못하여 행정기능별 세출구조는 아직도 안정적인 구조를 형성하지 못하고 있는 실정이다.[11)]

한편, 한국의 중앙·지방정부 간 세출기능의 분담수준을 선진외국과 비교해 보면 나라마다 중앙·지방정부의 기능이 조금씩은 다르지만, 대체로 사회개발부문은 양 정부 모두가 그 비중이 높으며, 국방부문은 중앙정부가, 교육은 지방정부가 거의 전담하고 있다. 그러나 우리 나라 지방재정의 구조적 취약성과 관련하여 지방정부가 부담하는 일반행정비의 비중이 외국과는 달리 전체 지방재정지출의 19.9%라는 높은 비율을 차지하고 있으며, 보건, 주택, 사회보장 등의 사회개발비는 점차 그 비중이 증대되고는 있으나, 투자가용재원의 절대부족으로 아직 선진국 수준과는 상당한 차이가 있다.

(2) 국고보조사업의 비용부담

지방정부에 대한 중앙정부의 지도의 필요성, 국가의 종합적인 계획 내지 시책의 추진, 신규사업의 보급·장려, 특수행정수요에 대한 대처 등을 위해 지방정부가 실시하게 되는 국고보조사업은 국가사무임에도 불구하고, 지방정부에 위임할 경우와 지방정부의 소관에 속하는 사무라고 할지라도 재정지원의 필요성이 인정될 경우에 중앙정부에 의해 국고보조가 이루어지게 된다.[12)] 이 때 지방재정법 제22조, 제23조에 의해 전자의 경우에는 중앙정부가 소요경비의 전액을 부담하나, 후자의 경우에는 그 경비의 일부 또는 전액을 부담하게 되므로 중앙과 지방정부 간 세출기능의 분담이 이루어지는 것이다.

그런데 중앙·지방정부 간의 경비부담기준은 중앙과 지방정부 간의 기능배분과 밀접한 관련이 있는바, 국고보조사업의 근거를 규정하고 있는 개

11) 우리 나라의 기능배분은 오랫동안 포괄적 위임주의를 취해 왔으나, 현행 지방자치법(1988.4.6 개정)은 정부계층 간의 불명확한 업무배분 및 이로 인한 경비분담과 감독상의 혼란 같은 제 문제점을 인식하여 예시적 열거주의에 입각하여 국가사무와 자치사무, 지방자치단체의 계층 간 사무배분을 비교적 상세하게 규정하고 있다. 그러나 지방정부의 규모나 능력을 고려하지 않고 획일적으로 사무가 배분되어 있고, 경비분담과 감독범위 등이 모호한 문제점을 여전히 안고 있는 것으로 지적되고 있다(손광락 외, 1993, pp.8~9).

12) 이상용 외(1989), p.9.

별 법령의 경우에도 중앙과 지방정부 간의 경비부담 구분은 사업에 소요되는 경비의 전부 또는 일부를 국고에서 보조할 수 있다고 규정하고 있다.

그리고 지방자치법 제114조에서는 국가시책의 구현을 위하여 소요되는 경비에 대한 국고보조율과 지방비부담률은 법령으로 정한다는 것과 지방재정법 제19조에서는 국고보조사업 중 지방정부가 부담하여야 할 경비의 종목 및 부담비율에 관하여는 대통령령으로 정한다는 것 및 보조금의 예산·관에 관한 법률 제9조 단서에서는 보조금이 지급되는 대상사업의 범위와 보조금의 예산계상신청 및 예산편성에서 보조사업별로 적용하는 기준이 되는 국고보조율은 대통령령으로 정한다는 법적 근거에 의하여 대통령령으로 국고보조사업의 범위와 국고보조율·지방비부담률에 대하여 구체적으로 규정하고 있다.

그러나 이와 같은 규정은 실정법상의 법규로서 이의 실시에 대한 기준은 지방정부의 고유사무와 국가위임사무의 한계가 불명확하기 때문에 법령에 근거하여 국고보조의 여부 및 보조율을 결정하기가 실제로 곤란하다. 그래서 중앙정부 각 부처의 편의와 관례에 따라 보조대상 사업의 선정과 보조율의 결정이 이루어지는 경우가 빈번하였다.[13)]

또한 [표 2-3]에서 보듯이 국고보조사업의 예산규모가 총량적인 측면에서나 지방정부별, 보조사업별로 연도별 기복이 심하여 지방재정의 계획적 운영과 일관성 있는 보조사업의 추진이 곤란한 실정이다.[14)]

---

13) 자치단체 고유기능과 무관하거나 국고보조사업으로 운영되는 사무를 지방정부가 부담하는 1993년도 예산은 6,022억 원에 달하는데, 종전부터 부담해 오고 있는 경비(중등교원 인건비, 교특지원, 경찰경비 지원)가 5,093억 원이고, 1992년 유류관련 특별소비세를 목적세로 전환하여 중앙정부의 교통투자재원을 마련할 때 지방정부에 경비부담의 전가가 이루어진 것(농어민 학자금, 보육사업, 도시주거환경 개선)이 920억 원이다(내무부, 1993, p. 12). 그리고 성격상 국가사무인데 그 경비를 지방자치단체에 부담시키는 경우(예컨대, 주민등록업무, 민방위업무, 국토종합개발계획, 방범활동 등), 농어촌특별세관리 특별회계법 제3조의 규정에 의거 지방비 부담액을 교부금으로 지원하도록 되어 있으나, 이와 별도로 소관 부처 지침으로 지방비를 부담시키는 경우(예컨대, 환경부 소관 농어촌 하수도 정비사업, 문화부 소관 1996 농어촌출신 학교 기숙사 건립 등), 법령에 의거 국고에서 부담해야 할 사항을 자치단체가 스스로 부담하여 재정력이 취약한 여타 자치단체에 대해 재정압박을 가중시키는 경우가 있다(김형식, 1995, pp. 8~13).

14) 임성일(1991), pp. 42~43.

표 2-3 국고보조사업 지방비부담 규모와 비율의 추이

(단위: 억 원, %)

구 분	국고보조사업	국고보조금	지 방 비	국고보조율	지방비부담률
1995	88,854	38,883	37,793	43.8	42.5
1996	96,365	49,361	32,492	51.2	33.7
1997	111,269	55,456	41,390	49.8	37.2
1998	133,575	77,656	43,193	58.1	32.3
1999	147,774	98,076	40,281	66.4	27.3
2000	151,676	98,885	51,217	65.2	33.8
2001	161,614	111,779	46,991	69.2	29.1
2002	230,077	162,189	66,198	70.5	28.8
2003	171,813	111,074	56,619	64.6	33.0
2004	188,693	125,007	60,022	66.2	31.8
2005	230,391	153,502	73,337	66.6	31.8

주: 2002년 이전은 결산, 2003년 이후는 중앙정부 확정액임.
자료: 행정자치부(내무부), 『지방자치단체 예산개요』, 2005.

2. 세원배분: 세입원의 분할

(1) 세원의 형식적 배분

중앙정부와 지방정부가 각각의 행정기능을 원활하게 수행하는 데 소요되는 재원은 조세, 세외수입 및 자본수입 등에 의해 조달되고 있다. 2005년도 중앙정부의 경우 세입예산의 89.2%가 조세수입에 의존하고 있는 데 비해, 지방정부의 세입은 조세수입(47.0%)과 세외수입(11.6%) 외에도 중앙정부로부터의 원조수입(지방교부세, 지방양여금, 보조금) 등으로 구성되어 있다([표 2-4] 참조).

2005년도 경우 국가의 재정권, 즉 과세권에 의해 조달하게 될 총조세수입은 158조 7,012억 원으로 나타나고 있는데, 이 중 국세관련법에 의거하여 징수되는 국세비율은 78.8%, 지방세법에 의거하여 징수되는 지방세의 비율은 21.2%이다.

표 2-4 중앙·지방 간 재원배분

(단위: 억 원, %)

구 분	2000년		2005년	
	중앙정부	지방자치단체	중앙정부	지방자치단체
조세수입	688,001(79.5)	185,209(45.7)	1,250,060(89.2)	336,952(47.0)
세외수입	67,239(7.8)	55,282(13.7)	93,644(6.7)	83,498(11.6)
공채발행	109,500(12.7)	3,318(0.8)	57,000(4.1)	5,969(0.8)
지방교부세	–	70,909(17.5)	–	171,890(24.0)
지방양여금	–	33,520(8.3)	–	–
국고보조금	–	56,859(14.0)	–	119,195(16.6)
합 계	864,740(100.0)	405,097(100.0)	1,400,704(100.0)	717,504(100.0)

주: 일반회계 당초예산기준.
자료: 기획예산처, 『예산개요』, 각 연도; 행정자치부, 『지방자치단체 예산개요』, 각 연도.

이와 같이 중앙정부에 유리하게 세원배분이 이루어진 것과 관련하여 중앙·지방 간의 재정관계를 살펴보면, 지방정부에 어떠한 세원을 어느 정도로 부여할 것인가에 대한 최종적인 결정권이 중앙정부에 유보되어 있다는 점이다. 즉, 각급 지방자치단체에 어떤 과세권능을 인정하고 어떤 세원을 부여할 것인가는 법률(지방세법)에 의해 결정되는 것이다. 이로 인해 세수의 안정성과 탄력성에서 유리한 세원인 소득과세와 소비과세는 주로 국세로 되어 있는 데 반해, 지방세는 주로 재산과세로 구성되어 있어 중앙·지방 간의 세원 격차가 심하게 나타나고 있다. 이와 같은 중앙·지방 간의 세원배분은 지방재정의 자립도를 저하시키는 동시에 재정의 중앙집중화를 강화시켜 지방자치제의 발전에 큰 장애요인이 되고 있다.

(2) 세원의 실질적 배분

경제의 지역적 불균등발전에 의해 당해 지역의 경제기반이나 경제활동 규모가 각기 상이하여 발생하게 되는 담세력의 격차로 인해 지방정부 간에는 재정력의 격차가 초래되고 있다. 즉, [표 2-5]에서 기본 행정 수행을 위한 재정수요의 실질적 확보능력을 나타내는 세입분석지표인 재정력지수(기

표 2-5 수도권 대 비수도권 재정력격차(재정력지수)의 추이

(단위: 억 원)

연도	수도권			비수도권		
	기준재정수요	기준재정수입	재정력지수	기준재정수요	기준재정수입	재정력지수
1997	76,757	89,278	1.16	144,009	76,312	0.53
1998	83,525	99,089	1.19	155,847	83,938	0.54
1999	83,733	101,919	1.22	149,750	83,458	0.56
2000	83,117	95,486	1.15	151,936	81,446	0.54
2001	93,947	100,627	1.07	190,655	77,458	0.41
2002	108,499	112,419	1.04	209,879	83,150	0.40
2003	131,866	138,295	1.05	241,360	97,914	0.41
2004	165,588	186,957	1.13	264,584	113,439	0.43
2005	208,056	213,295	1.03	322,441	139,753	0.43

자료: 행정자치부(내무부), 『보통교부세 산정내역』, 각 연도.

준재정수입액/기준재정수요액)는 수도권과 비수도권 간 심한 격차를 보이고 있다. 이는 수도권과 비수도권과 비수도권 간 지방세수의 격차로 인해 발생하고 있기 때문이다.

이러한 지방정부 간 재정력격차의 시정·조정과 관련하여 뷰캐넌(J. M. Buchanan)(1950)은 지역적 차별과세를 제시하였고, 오츠(W. E. Oates, 1972)는 이러한 지역적 차별과세가 헌법상 정치적으로 용납될 수 없으므로 평형화 교부금의 교부를 주장하고 있으며,[15] 킹(D. N. King, 1984)은 지방정부의 이익 과세에 의해 재정잉여(fiscal residuum)의 균등화를 실현할 수 있다[16]고 주장한 바 있다.

그러나 한국의 경우 지방정부 간의 재정력격차를 시정하는 동시에 현행 조세체계상의 국세와 지방세에 의해 중앙·지방 간에 형식적으로 배분된 국세 세원의 일정분을 지방정부에 이전시켜 세원의 실질적 배분을 가능하게 하는 지방재정조정수단인 지방교부세·국고보조금(국가균형발전특별회계 포함)제도

15) W. E. Oates(1972).
16) D. N. King(1984).

표 2-6 중앙·지방 간 조세배분

(단위: 10억 원, %)

구 분	1995년		2000년		2005년	
	금 액	비 율	금 액	비 율	금 액	비 율
○ 형식적 배분	61,358	100.0	98,224	100.0	158,701	100.0
-국세(A)	48,098	78.4	79,703	81.1	125,006	78.8
-지방세(B)	13,260	21.6	18,521	18.9	33,695	21.2
○ 지방이전재원(C)	20,454	100.0	34,094	100.0	58,571	100.0
-지방교부금(a+b)	12,746	62.3	16,947	49.7	58,571	100.0
· 지방교부세(a)	5,162	25.2	7,829	23.0	19,484	33.3
· 교육재정교부금(b)	7,584	37.1	9,118	26.7	23,737	40.5
-지방양여금(c+d)	4,720	23.1	8,895	26.1	–	
· 지방양여금(c)	1,732	8.5	3,671	10.8	–	
· 지방교육양여금(d)	2,988	14.6	5,224	15.3	–	
-국고보조금	2,614	12.8	8,253	24.2	15,350	26.2
○ 실질적 배분	61,358	100.0	98,224	100.0	158,701	100.0
-중앙정부(A-C)	27,644	45.1	45,609	46.4	66,435	41.9
-지방정부(B+C)	33,714	54.9	52,615	53.6	92,266	58.1

주: 1) 2005년 지방양여금의 폐지 및 지방교부세의 인상조치가 있었음.
2) 2005년 국고보조금은 균특회계 보조금을 합산한 것임.

자료: 경제기획원, 『예산개요』, 각 연도; 기획예산처, 『예산개요』, 각 연도; 행정자치부, 『지방자치단체 예산개요』, 각 연도.

를 통하여 일본과 유사하게 지방정부 간의 재정력격차를 시정·조정하고 있다. 즉, [표 2-6]에서 보듯이 2005년도의 경우 국세와 지방세의 비율이 각각 78.8%, 21.2%인 것이 이들 지방재정조정수단인 이전재원에 의해 중앙·지방 간의 실질적 조세배분은 중앙정부가 41.9%, 지방정부가 58.1%로 나타나고 있다.

제3절 지방자치와 재정분권

1. 재정분권화의 개념

지방분권의 핵심에는 지방에 대해 보다 많은 권한과 사무 및 재원을 이양하는 정책을 선택하는 의미를 내포하고 있다. 따라서 재정분권의 추진은 권한·재원의 지방이양 및 자율성 제고에 상응하는 지방의 재정책임성을 요구하게 되므로 재정분권의 방향은 다음과 같이 설정되어야 할 것이다.

첫째, 재정운영에서 지방의 자율성을 제고한다. 이를 위해 지방자치단체의 과세자주권 신장에 기반을 둔 자체수입의 증가를 가져오고, 각종 재정지출에 대한 의사결정을 지방이 중심적으로 수행하며, 중앙정부의 재정적 규제와 감독의 축소와 지방의 자발적 선택에 의한 재정운영이 가능하여야 할 것이다.

둘째, 국가 재정자원(fiscal resource)의 사용에서 중앙정부 중심체제로부터 벗어나 지방의 재정지출 권한을 확대한다. 이를 위해 중앙정부가 갖고 있는 재정권한과 사무의 지방이양이 이루어져야 하는 동시에, 이에 상응하는 재원의 지방이전을 통해 지방재정의 총량증가가 되어야 한다.

셋째, 지방재정의 책임성이 확보되어야 한다. 이를 위해 권한과 재원의 지방이양에 따른 재정책임성(fiscal accountability)이 요구된다(Break, Buchanan, Oats, Tiebout 등). 따라서 분권의 수혜자들에게서 권한이양에 상응하는 재정책임성이 준수되지 않는 재정분권은 비효율과 낭비가 초래되기 때문이다.

2. 재정분권화의 내용

재정분권을 구현하는 제도적 접근과 수단 중 가장 중요하고 필수적인 것은 재원배분체계에 대한 결정인데, 국가의 총재정자원 중 얼마(규모)를, 어떤 방식(제도와 수단)을 통해 중앙과 지방 간에 배분할 것인가를 결정하는 것이 중요한 정책선택의 과제이다. 이 때 정부 간 재원배분규모의 결정은 이해당사자 간의 입장차이를 고려하여야 하며, 적절한 재원배분을 위한 재정수단를 선택하기 위하여는 재정의 형평성과 재정운영의 효율성 및 효과에 결정적인 영향을 미치는 정도를 감안하여야 할 것이다.

즉, 재정분권화를 위한 재원배분수단은 조세제도, 보조금(이전재정)제도, 기타(지방채 등)로 구분할 수 있는데, 이들 수단에 대해 관련당사자(국가재정부처, 지방재정부처, 지방자치단체 등)는 서로 다른 입장을 보이고 있다. 일반적으로 조세제도와 보조금제도가 기본적 기능을 하는 가운데 지방채발행제도 등 기타 재정제도들이 보완적인 역할을 하고 있다. 그러나 중앙·지방 간의 재원배분체계에서 국가 간에 정형화된 경향은 존재하지 않는다. 예컨대, 조세제도를 중심으로 정부 간 재원배분을 접근하는 국가(북구의 스칸디나비아 국가들)는 지방세를 강화하는 조세제도 중심으로 운영하고 있다. 이에 반해 재정이전제도(보조금제도)를 중심으로 접근하는 국가(국세 중심의 구조를 취하고 있는 영국, 이탈리아 등)도 있다. 그러나 일본, 프랑스 등 많은 국가는 조세제도와 보조금제도를 적절히 가미하여 정부 간 재원배분이 이루어지고 있다. 그리고 조세제도와 보조금제도의 구조 및 운영방식도 국가 간에 상당한 차이가 있는데, 이는 이들 제도가 특정 국가의 역사와 정치 그리고 사회·경제환경의 산물이고 기능과 유용성에 문제와 한계를 내포하고 있기 때문이다.

따라서 지방분권의 국정운영 기조에 상응하는 재원배분체계의 개편 필요성은 다음과 같은 객관적인 현실상황에 대한 인식을 바탕으로 하여 재원배분체계를 재구축하는 원리 내지 방향성을 모색하면서 실천가능한 정책대안들이 모색되어야 할 것이다.

(1) 재정분권화의 기본 원리

중앙정부와 지방자치단체 간의 재정관계는 독립성을 존중하는 가운데 상호 긴밀하게 연계·운영되도록 구축해 주는 것이 중요하므로, 정부 간의 재원배분을 정립하고자 할 경우 고려되어야 할 재정분권화의 기본 원리를 살펴보면 다음과 같다.[17]

첫째, 정부 간의 재원배분은 기본적으로 국가의 재정자원을 어떻게 하면 효율적이고 형평적으로 활용할 것인가에 초점을 두고 구축해야 하며, 재

17) 임성일(2003), p. 40.

원배분체계의 재구축 결과 국민(주민)의 복지와 만족이 극대화되는 결과가 도출되어야 한다.

둘째, 각 정부가 수행하는(또는 수행하게 될) 기능과 사무를 적절히 고려하여 재원을 배분하는 접근을 해야 한다. 즉, 중앙과 지방 간의 재원배분은 우선적으로 각 정부가 수행하는 일에 상응하여 접근되어야 하며, 이 때 가능하다면 향후 예상되는 정부 간 기능조정을 반영할 수 있는 내부적 장치를 갖추는 것이 바람직하다.

셋째, 정부 간 재원배분은 재정분권을 강화하는 방향으로 접근해야 하며, 만일 지금의 중앙·지방 간 재원배분상태가 일정 수준의 합리성에 기초하고 있다면, 향후의 재정구조는 지방에 더 많은 안정적인 재원과 자율성을 부여하는 방향성을 갖고 변화되어야 한다.

따라서 국가의 재정자원을 어떻게 하면 가장 효율적이고 형평적으로 사용할 것인가를 선택하는 원리로 귀착되는데, 이 때 제기되는 이슈는 지방분권이 진정 효율적이고 형평성 있는 재정운영과 부합하는 정책선택인가 하는 문제이다. 분권(decentralization)이 경제적으로 효율적인 점에 대하여는 이미 많은 학자에 의해서 이론적으로 입증(Bird, Buchanan, Oats, Tiebout 등)된 바 있으며, 상당수의 선진국이 분권을 가속화하였거나 현재 가속중에 있다. 그러나 부패의 정도가 심한 경우나 지방정부가 현대적이고 투명한 공공지출관리 프로그램을 갖고 있지 못한 경우, 그리고 그 규모가 너무 작은 경우에는 분권화에 따른 효율상의 이득을 얻지 못할 수 있다(Ter-Minassian, 1997).

그러므로 한국의 현실에서 볼 때, 참여정부는 분권을 정책기조로 선택하여 추진중에 있고, 향후 일정 기간 지방분권이 확대 진행되는 것이 국가발전 차원에서 바람직할 것으로 정책선택을 하였다는 사실이므로 추가적 논쟁은 불필요하다고 본다.

(2) 재정분권화의 접근 틀

중앙·지방정부 간 재정규모의 적정성을 논할 경우, 과학적 객관성에 의존하기보다는 규범성과 정치성에 의존하는 것이 보다 현실적으로 합리적일 가능성이 높다. 왜냐하면, 정부의 기능과 업무를 명확히 구분하여 계량적으로 가치화하기는 곤란하고, 재원배분문제와 기능 및 사무배분문제를 1 대 1

대응방식으로 연계시키는 접근에는 근본적인 문제와 한계가 있기 때문이다. 따라서 지금의 중앙·지방 간 재원배분상태를 오랜 기간에 걸친 이해관계자 간의 역학관계가 담긴 역사적 산물이므로 적정규모 논의보다는 배분체계의 합리성 개선에 초점을 둘 수 밖에 없다.

중앙·지방 간에 재원배분 총량이 일정 수준에서 결정되면 어떤 방식에 의해 각 정부 간에 자금을 할당할 것인가를 결정하는 문제가 중요하게 된다. 즉, 국가와 지방자치단체 간의 재원배분체계를 재구축하고, 행정·재정 등 다양한 부문에서 상호 유기적 관계가 형성되도록 그 구조와 운영방식을 채택하는 것이다.

일반적으로 정부 간 재정관계(intergovernmental fiscal relations)는 크게 보아 세입부문(조세제도), 재정이전제도, 채무제도, 지출 및 기타 부문으로 구분 접근될 수 있다.[18)]

첫째, 조세부문에서의 재정관계는 국세와 지방세의 조세체계의 설계와 관련된 문제인데, 국세와 지방세 간에 상호 독립체제의 유지가 필수적이다. 물론 조세감면 등 조세정책에 의해 상호 영향을 받으나, 중앙·지방 간의 재원배분에 결정적인 영향을 미치지는 않는다.

둘째, 세외수입의 경우 중앙정부의 각종 법규가 지방의 사용료, 수수료에 영향을 미치지만 그 비중이 낮아 세외수입부문에서의 중앙·지방 간 재정관계는 상대적으로 중요하지 않다.

셋째, 국가가 징수한 조세수입을 지방으로 재배분해 주는 각종 재정이전제도는 조세제도와 함께 중앙·지방 간의 재원배분을 결정하는 또 하나의 중심 축으로 기능을 하게 된다. 특히, 재정이전제도의 구성, 즉 일반보조금과 특정보조금의 구성 및 운영방식 등에 따라 지방재정의 위상과 재정에 미치는 파급효과가 크게 달라지게 된다.

넷째, 지방채제도는 중앙정부가 다양한 계정을 통해 지방채를 소화시키는 정책금융제도를 운영하고 있어 중앙·지방 간 재원배분에 일정한 영향을 미치는 요인으로 작용한다. 일반적으로 지방채 승인기준의 강약, 승인제도의 실시·폐지, 감채기금정책 등도 중앙과 지방 간의 재정관계에 중요한 영향을 미친다.

18) 이에 대한 구체적인 내용은 임성일(2003), pp. 41～62 참조.

다섯째, 지출 및 기타 부문에서의 정부 간 재정관계는 주로 자금의 직접적인 이동을 수반하지 않는 예산회계제도 및 각종 재정관리제도와 관계가 있는데, 직접·간접적으로 중앙·지방 간의 재원배분에 영향을 미치고 있다. 예컨대, 예산회계제도, 중기재정계획, 통합재정제도, 투·융자심사제도, 재정통계 및 보고, 성과감사 등이 그것이다.

결국 이들 제도의 선택 및 조합의 결과에 따라 재정운영의 형평성과 효율성 그리고 지방재정의 자율성과 투명성에 직·간접적인 영향을 미치게 되는 것이다. 따라서 재정·경제적 파급효과가 크면서 중앙·지방 간의 재정연계를 실질적으로 높일 수 있는 정책수단은 조세제도와 보조금제도를 중심으로 정부 간의 재원배분체계를 재구축하는 정책인데, 기타 정책수단은 보완적 기능을 수행하도록 할 필요가 있다.

3. 재정분권화의 동향

우리 나라의 경우 지방자치의 도입 이후 15년, 그리고 민선단체장 체제의 출범 이후 10년째인 현재 지방재정의 규모는 크게 증가하였지만, 중앙재정의 지방이양을 통한 재정분권의 수준은 크게 변화한 것이 없다고 볼 수 있다. [그림 2-1]에서 보듯이 GDP에 대한 지방재정의 비중은 약간 증대하는 추세에 있으나, 지난 10년간 중앙정부와 지방정부 간 재정비중은 큰 변화가 없이 거의 일정한 수준(67% 대 33%, 지방교육재정은 중앙재정에 포함)을 보이고 있다. 즉, 재정분권상태를 파악할 수 있는 총정부지출에서 지방지출이 차지 하는 비중은 연도별로 35~40% 수준에 머물고 있는 것이다.

특히, 국세와 지방세의 비중은 약 8 대 2 수준에 있어 국세 중심의 세원배분구조는 지방자치를 도입한 이후 거의 변화가 없다([표 2-7] 참조).

그리고 민선자치 실시 이후 추진된 지방재정의 확충을 위한 다양한 수단과 정책은 지방재정의 자주성과 자율성을 근본적으로 제고하는 데 기본 한계가 있었다고 볼 수 있다. 즉, 지방재정이 지방세 중심으로 운영되지 못하고 중앙정부의 보조금(이전재원)에 크게 의존하는 경향인데, 특히 1998년 국가경제위기 이후 진행된 중앙·지방 간의 재원배분은 조세제도보다 보조금제도에 상대적으로 큰 역할을 부여하였다. 이로 인해 지방세와 재정조정

그림 2-1 중앙·지방재정의 상대비중 추이

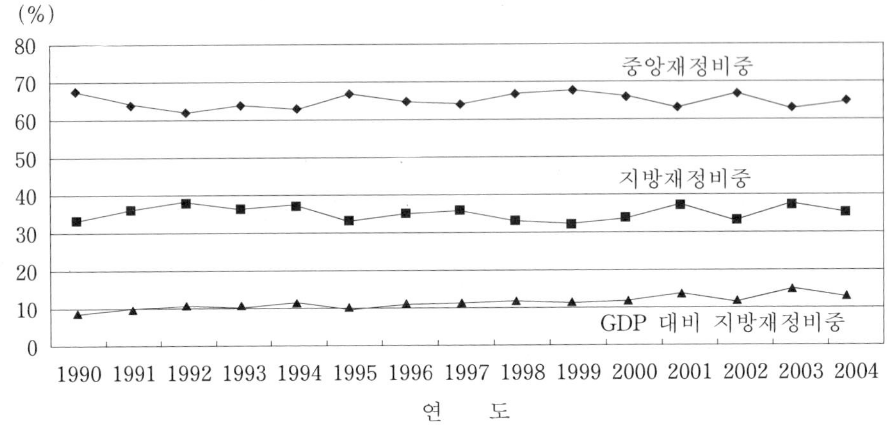

표 2-7 국세·지방세수입의 연도별 변화

(단위: %)

구 분	1990	1995	1996	1997	1998	1999	2000	2001	2002	2003	2004	2005
국 세	80.8	78.7	79.8	79.2	79.8	80.3	81.9	78.2	76.7	77.6	77.5	78.8
지방세	19.2	21.3	21.2	20.8	20.2	19.7	18.1	21.8	23.3	22.4	22.5	21.2

(이전)재원의 규모는 [그림 2-2]에서 보듯이 1997년 이전은 지방세가, 1998년 이후에는 이전재정이 많은 신장이 이루어졌다. 이는 지방자치실시 이후 현재까지 전개된 중앙·지방 간의 재정관계는 재정이전제도가 주도하는 가운데 조세제도가 보완적인 역할을 하고 있는 것이다.

한편, 지방자치실시 이후 지방재정운영이란 측면에서 재정분권 정도는 재정자율성과 재정책임성으로 구분하여 평가할 때, 긍정적인 판단을 하기가 곤란하다. 즉, 건전재정운영을 위하여 도입된 각종 재정관리제도(예산편성지침, 중기재정계획, 재정투·융자심사, 재정분석진단제도)가 보강·실시되었는데, 이들 제도가 지방의 입장에서 자율성을 규제하는 요인으로 간주되기도 하여 재정책임성을 확보하는 기능으로는 미약하였다. 이는 중앙정부의 지침에 의거한 획일적 제도운영으로 그 실효성이 확보되지 않아 발생하는 문제이기도

그림 2-2 지방세와 이전재정수입의 변화추이

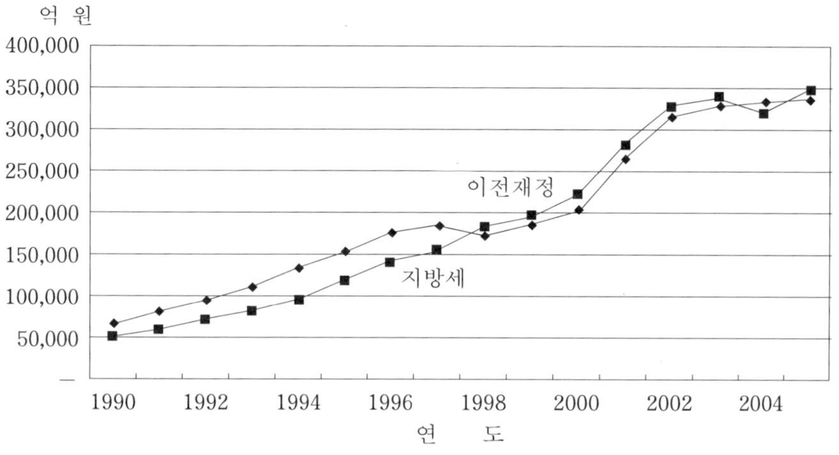

표 2-8 참여정부의 지방재정 발전과제

주요 과제	현황 및 문제점	개선방향
중앙·지방의 기능조정과 재원이양	-중앙·지방 간 사무구분 불명확 -권한과 재원의 중앙집중 -지방재정의 영세성 및 구조적 취약	-국가사무의 명확화, 주민밀착형 사무의 지방이양 -지방소비세 등을 통한 재원이양 -지방재정기반의 확충
지방세정제도의 개선	-과세자주권 강화시 수도권으로 돈과 권한 집중문제 발생 -지방자치단체의 자구노력 부족 -법 및 제도에 의한 세수잠식	-국세·지방세의 세목조정, 지방세 체계개편, 지방소비세 도입 -지방자치단체의 자구노력 강화 -비과세·감면제도의 개선
지방재정운영의 자율성 강화	-이전재원 운영방식의 투명성·자율성 부족 -지방예산 편성 및 운영에 대한 과도한 관여	-이전재원 지원방식의 획기적 개선 -지방예산, 지방채발행, 조달업무 등 자율성 대폭 확대
지방재정운영의 투명성·건전성 확보	-지방재정운영에 대한 책임성 부족 -건전재정운영을 위한 유인체계 미흡	-지방재정분석 및 진단제도의 강화 -투명한 재정운영 시스템 구축 -합리적 유인체계 마련

자료: 정부혁신지방분권위원회(2003).

하고, 지방재정 운영시스템이 미비하여 자치단체가 재정책임성을 제고하기 위한 노력을 하지 않았기 때문이기도 하다. 이로 인해 소액분산 투자, 선심성 예산의 급증, 징세노력(tax effort)의 미흡(신세원 발굴 미진, 지방세 체납액 과다, 탄력세율제도의 미운영 등)의 문제가 발생하고 있다.

이상과 같은 지방재정의 현실인식을 바탕으로 참여정부는 지방분권을 국정운영의 기조로 설정하고 관련정책을 추진하고 있는데, 이러한 지방분권 정책은 국가재정운용의 기본 틀은 물론 지방자치발전, 재정분권화, 관련부처 및 자치단체의 기능과 위상에 큰 영향을 미치게 될 것이다([표 2-8] 참조).

3

지방자치와 지역경제의 관계

제 1 절 지역경제의 의의

지역경제란 국민경제를 구성하는 지역단위의 경제로서 일정한 지역단위에서 이루어지는 생산·유통·소비 등의 복합적인 경제활동을 의미한다. 이러한 지역경제에 대한 접근시각은 지역경제를 단순히 국가경제를 구성하는 공간적 단위로 보는 시각과 공간적 범위가 적은 독자적 경제권으로 보는 시각으로 구분할 수 있다.[1] 따라서 전자의 경우에는 지역의 산업발전과 복지의 향상이 역외의 자본유입에 달려 있기 때문에 외부의존적 개발이 지역경제 활성화의 핵심적인 전략이 된다. 이에 반해 후자의 경우에는 지방은 독립된 주체로서 스스로의 경제적 운명을 결정할 수 있기 때문에 지역경제 활성화는 중앙정부가 베푸는 시혜의 결과로 얻어지는 것이 아니라, 지역주민의 창의와 노력의 결과로 얻어지는 과실이라는 것이다.

이러한 의미에서 볼 때 지역경제의 특성을 다음과 같이 요약할 수 있다.

첫째, 지역경제는 일정한 지역적 범위를 갖는데, 일반적으로 자치구역과 일치된 경제권역으로 이루어져 있다. 따라서 지역경제는 자족적인 권역을 형성하여 각 경제권역과 기능적 분업과 협력적 관계를 유지하면서 전체적인 국가경제의 발전에 기여하는 것이 바람직하다.

둘째, 지역경제는 일정한 공간적 범위로 한정되어 있기 때문에 지역의 위치, 부존자원, 인구구성 등과 같은 상이한 환경적 여건에 따른 경제구조를 갖고 있다. 이러한 지역경제의 특수성으로 인해 타지역과의 협력과 교류를 통해 국가경제의 균형되고 건전한 발전을 도모하는 데 기여할 수 있다.

셋째, 지방자치하의 지역경제는 독립된 경제권역으로서 자족성을 추구하므로 자치권을 기반으로 주체적인 발전을 도모한다. 따라서 지역경제의 주체들은 지역소득수준의 향상, 지역 내에서 창출된 부가가치의 해당 지역 귀착, 지역산업구조의 고도화 등을 위해 유기적인 협조와 노력이 요구된다.

즉, 지방자치는 일정 지역을 기초로 하는 지방자치단체 또는 지역주민이 그 지방적인 일을 스스로 자기들의 능력과 책임을 가지고 결정·처리하

1) 허재완 외(1998), pp. 3～4.

는 것을 뜻하므로, 지방자치는 지역경제를 활성화시키고 자율적 발전을 가능하게 하는 역할을 하게 된다. 특히, 우리 나라와 같이 정치분야가 다른 분야와의 관계에서 절대우위를 차지하고 있는 상황에서 볼 때, 지방정치의 활성화를 가져오는 지방자치제의 실시는 정책결정의 분권화를 촉진시키고 지역주민의 의사를 정책결정에 반영시키는 계기가 되어 지역경제에 큰 영향을 미치게 된다.

제2절 지방재정과 지역경제의 관계

1. 긍정적 관계

1995년 6월 통합지방선거를 통해 본격적인 민선자치시대가 열린 이후 2005년 10년이 되었으며, 2006년 5월 또다시 통합지방선거가 실시될 예정이므로, 지방의회와 민선자치단체장들이 지역 간 선의의 경쟁을 통한 지역성장을 도모할 경우, 지역주민들의 참여가 제도화되고, 지방정부의 지역개발과 후생증진을 위한 노력이 대폭 강화되고, 그 동안 중앙정부에 집중된 행정기능의 지방분산화, 중앙예속적인 지방경제구조의 개선을 가져오는 계기가 되어 다음과 같은 지역경제의 변화가 예상된다.[2)]

첫째, 지역경제의 활동은 [그림 3-1]과 같이 지방재정과 기업·가계 간의 내적 작용관계 속에서 이루어지므로, 지역단위에서 창출된 경제잉여가 지역 외로 유출되지 않게 되고, 지역경제에 관해 중앙과 지방이 합리적으로 그 기능을 분담하게 되어 비록 한정된 자원일지라도 지역실정에 부합되도록 사용할 수 있게 된다. 즉, 종래 중앙정부가 가졌던 자원배분의 권한이 상당부분 지방으로 이전됨에 따라, 지방의 기업가나 주민들이 지방정부와 협상·교섭하게 되면 결국 그 지역은 하나의 독자적인 경제권으로 성장할 것이다.

둘째, 지역주민 또한 그들의 생산활동이나 일상생활에 필요한 서비스 등을 지방자치단체로부터 적정하게 공급받을 것이다. 이 경우 공공투자실시

2) 이상용(1992), pp. 598~601.

그림 3-1 지역경제의 내적 작용관계

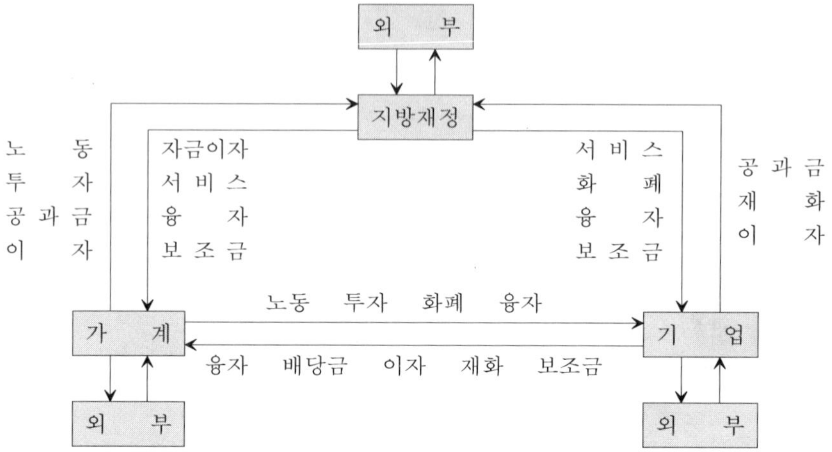

자료: 김안제(1986), p. 497.

공사에서 도급받을 수 있는 자격은 반드시 지역 내의 기업에 국한되지는 않겠지만, 지방자치단체가 시장경제원리에 입각하여 체결하는 계약에 의하여 발생하는 거래는 지역경제를 견인하게 되어 공공투자가 제공하는 승수효과를 통하여 관련산업의 생산확대를 유발시키는 동시에 지역주민의 소득·고용증대를 위한 기반이 조성될 것이다.

물론 이러한 지역경제의 육성을 위해서는 지방자치단체와 지방의회 그리고 지역주민이 혼연일체가 되어 지역경제를 부양시키려는 노력과 이를 뒷받침하기 위한 정치·행정체제의 정비가 이루어져야 한다. 또한 중앙정부도 지역의 균형발전을 위한 제도적 장치의 강구와 더불어 산업의 지방화, 산업지원시설과 기관의 지방분산화에 적극적인 정책추진이 있어야 한다.

셋째, 이상과 같은 선행조건이 지방자치제 실시로 충족되면 지역경제력을 결정하는 도로, 상·하수도, 항만 등의 사회간접자본 확충과 주민의 기초욕구 충족을 위한 관련산업의 역할증대노력이 지역에서 이루어지는 동시에, 각종 정부지원의 혜택이 별로 없었던 지방중소기업이 창업·성장할 것이다.

이러한 전망에 기초하여 지방자치제 실시가 지역경제에 미치는 영향을

표 3-1 지방자치제 실시가 지역경제에 미치는 영향

구 분	영 향
지방행정기능의 활성화	· 인·허가권 등의 지방자치단체에의 이관 · 사회복지, 지역개발 등에 관한 정책결정권의 지방이양 · 지방재정규모의 증가 및 재정자립도 제고
지역개발의 활성화	· 지역발전을 위한 지역개발사업의 실시 · 지역별 성장잠재력의 최대한 발휘(성장잠재력은 지역별 산업구조요인과 입지여건에 의해 결정)
주민의식의 변화	· 주민생활의 활성화 · 지역사회 이익집단의 형성 · 공해·소비자보호 등 사회적 규제의 강화
지방금융의 활성화	· 지방금융·자본시장의 육성 · 지방금융권의 형성 · 금융의 수도권집중 완화
기업경영방식의 전환	· 대기업의 지방현지업무 증대 · 지역특화산업 및 중소기업에의 관심증대 · 지역개발사업에의 참여 확대 · 환경·노사문제의 중요성 인식 · 지역사회 관련비용 부담증가

정리하면 [표 3-1]과 같다.

이상과 같은 전망은 지방선거에 의해 당선된 자치단체장, 지방의회 의원 및 지역주민의 일치단결과 노력의 결실에 의해 가능하므로 초기에는 구조적으로 취약하고, 영세한 규모의 지방재정에 무리가 따르는 부담요인이 될 수 있으나, 장기적으로 지방재정의 기반강화와 확충에 긍정적인 영향을 미칠 것이다.

2. 부정적 관계

지방자치제의 실시 강화로 주민의 지역개발과 복지증진에 대한 기대욕구가 더욱 급증하면서 자치단체 간 경쟁심리가 서로 상승되어 국가정책과 지방자치단체의 지역개발정책이 상충될 가능성이 있으며, 지방자치단체장·

지방의회 의원 등의 각종 선거에 따른 지역주민의 보상심리 작용 및 실현불가능한 지역개발공약의 남발과 개발정책의 빈번한 수정 등 역작용이 예상되는바,[3] 이러한 역작용을 극복하면서 지역개발을 효율적으로 추진할 수 있는 재정정책의 수립이 요청된다. 그리고 지방자치단체의 자치재정권(지방의회의 예산·결산심의승인권, 조례제정권 등)은 더욱 확대·강화될 전망이나 지방의회의 운영 등 새로운 자치행정수요와 국가와 지방자치단체 간의 기능재조정에 따른 자치단체의 업무부하로 인한 신규재정수요가 급격히 증대할 것이다. 또한 지역 간 인구의 과소·과밀현상, 교통체증, 생활환경 개선, 환경오염, 농어촌문제의 심각성 등도 지방재정의 부담을 가중시킬 것이다.

이러한 지방재정수요의 급증으로 지방재정은 수요에 대한 수입의 충족도는 국가로부터의 이전재원(지방교부세, 국고보조금)을 포함하여도 80% 안팎의 수준에서 크게 개선되지 못할 것으로 예측되는데, 그 동안 지방재정의 자주재원 확충을 위한 노력에 힘입어 광역자치단체와 도시자치단체의 경우는 상대적으로 재정상태가 다소 호전될 것으로 보이나, 기초자치단체 특히 농촌자치단체는 더욱 재정부족상태가 심화될 것으로 전망된다.

---

3) 김동건(1992), pp. 34～36.

지방세입

개관

지방자치단체 행정의 생산성이 현재보다 훨씬 더 높아져야 주민들로부터 자치행정에 대한 신뢰를 확보할 수 있고, 주민을 위한 서비스를 제공하는 데 필요한 세금의 운용권을 위임받을 수 있을 것이다. 이러한 맥락에서 지방자치단체는 지방자치의 정책목표에 부합하는 독자적인 재원이 확보되어야 하고, 탄력적이면서 합리적인 세정운영이 요구되는 동시에 주민의 재정부담을 최소화하여야 하는 노력이 요청된다.

따라서 제2편에서는 지방자치단체의 알뜰한 재정관리에 부응하는 적정한 재원조달을 위한 제도적 장치로서 지방세입의 구조 및 자주적인 세입원(자주재원)인 지방세, 세외수입, 지방채에 대해 살펴본다.

① 지방자치단체가 주민의 복지증진 및 일반행정 수행에 필요한 경비수요를 충족하기 위해 취득하는 화폐적 수입인 지방세입의 특징과 구조변화에 대해 고찰한다(제4장).

② 주민의 부담에 의해서 당해 지방주민을 위한 공공서비스를 공급하는 것이 지방자치의 본질이므로 지방세는 지방자치단체의 수입 중 가장 기본적인 재원인데, 이러한 지방세의 기초이론과 실제에 대해 고찰한다(제5장).

③ 세외수입은 통상적으로 지방자치단체의 자체수입 중 지방세를 제외한 여타 수입으로서 지방세와는 달리 수익자부담적 수입과 비권력적 수입이 많은데, 이러한 세외수입에 대해 고찰한다(제6장).

④ 지방자치의 본격적인 실시로 인하여 급증하게 될 지역개발수요의 투자재원의 하나인 지방채는 지방자치단체가 정부, 민간부문 또는 외국 등 외부로부터 증서차입이나 증권발행 등의 방법으로 상환이 복수연도에 걸쳐 이루어지는 채무인데, 이러한 지방채의 이론과 실제에 대해 고찰한다(제7장).

4

지방세입의 의의 및 분류

제1절 지방세입의 의의와 특성

1. 지방세입의 의의

세입(歲入)은 수입을 회계연도와 관련지은 명칭이다. 지방수입이란 지방자치단체가 주민의 복지증진 및 일반행정 수행에 필요한 경비수요를 충족하기 위해 취득하는 화폐적 수입을 말한다. 지방세입을 성질별로 구분하면 지방세수입, 세외수입, 지방채수입, 지방교부세, 보조금, 조정교부금 등이 있다. 그 밖에 지방자치단체의 교육비특별회계와 관련된 수입항목으로서 지방교육재정교부금 등이 있다.

2. 지방세입의 특성

지방세입의 특성은 ① 세입구성의 복잡·다양성, ② 이전재원의 존재, ③ 응익원칙의 중시 등을 들 수 있다.[1)]

(1) 세입구성의 복잡·다양성

지방자치단체별로 세입구성이 복잡·다양하다. 지역별로 지리적·사회적·경제적 환경 그리고 산업, 소득, 자본적 축적 정도 등에서 서로 큰 차이가 있기 때문에, 지방세 등 자체수입만으로 경비의 대부분을 충당하는 단체도 있으나, 지방교부세나 보조금 등에 크게 의존하는 단체도 있다. 이에 대해 국가세입의 경우에는 적자공채가 발행되거나, 약간의 세외수입이 재원의 일부가 되기는 하지만, 주로 조세의존적으로 단핵적 세입구조이다.

(2) 이전재원의 존재

국가재정으로부터의 이전재원이 존재한다는 것이다. 지방자치단체 간에는 세원(稅源)의 지역적 편재현상, 즉 도시지역을 중심으로 편재되어 있는

1) 김형식(1997), pp. 220~221; 이상희(1992), pp. 65~68 등 참조.

한편, 도·군 등의 비도시지역에는 상대적으로 세원의 빈곤현상이 존재하고 있다. 도시, 특히 대도시의 경우에 전국 평균보다 높은 것은 지방세의 비중이고, 평균보다 낮은 것은 지방교부세와 보조금 등 의존재원의 비중이다. 군과 도의 경우에는 지방세와 세외수입 등 자주재원의 비중이 평균보다 낮고, 의존재원의 비중이 평균보다 높은 편이다. 이러한 세원의 편재는 재정활동의 지역 간 격차를 유발하게 되므로, 중앙정부에 의한 재원조정이 필요하게 된다.

(3) 응익원칙의 중시

사용료, 수수료, 부담금 등 수익자 부담이 많이 포함되어 있다. 이는 지방자치단체의 시설이나, 행정서비스가 개개의 주민을 대상으로 하고 있는 것이 많기 때문에, 이에 따라 수익과 비용의 연계가 가능하기 때문이다. 또한 조세에서도 지방세는 국세에 비해 응익적 요소가 강하다. 국세는 주로 재분배적 성격을 가지고 있기 때문에 응능원칙이 중시되지만, 지방세의 경우에는 공공서비스의 이익을 받는 사람이 그 경비도 부담한다는 응익원칙이 중시되는 경향이 있다.

제2절 지방세입의 유형과 구조변화

1. 지방세입의 유형과 흐름

지방세입은 ① 지방정부 관할권 내에서의 지역경제활동 등에서 조달된 조세수입과 세외수입 등 자주재원(자주수입, 자체재원, 자체수입), ② 지방재정조정에 따른 이전재원(이전수입, 의존재원, 의존수입), ③ 지방채수입 및 기타 등으로 구분된다. 지방재정조정에 따른 이전재원은 국가세출로부터 지방세입으로 연결되는 ① 지방교부세, ② 국고보조금, ③ 국가균형발전특별회계 등과 지방 내부 차원에서 광역자치단체 지방세출로부터 기초자치단체 지방세입으로 연결되는 ① 시·도비보조금, ② 조정교부금, ③ 재정보전금 등이 있다.

그림 4-1 지방세입의 흐름

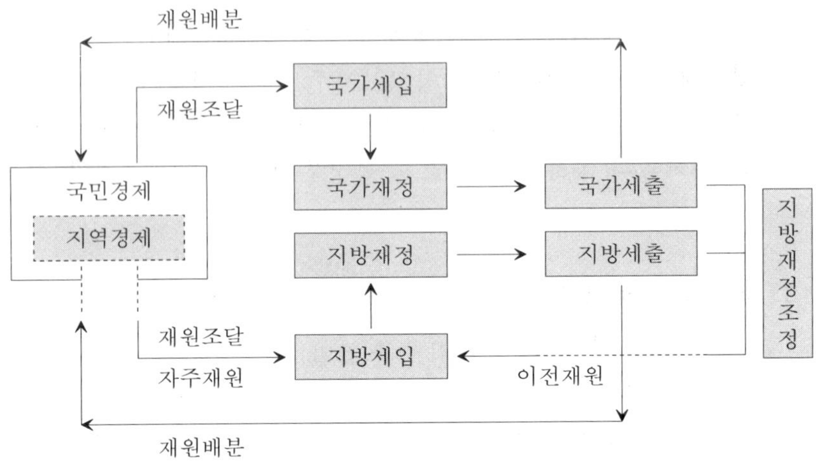

이러한 이전재원은 재정취약지역의 경우 큰 비중을 차지하고 있으며, 인건비 등 경상경비 소요에 필수적인 재원이 되고 있다. 그렇지만 지방자치단체의 재원균형과 보전에 그 본질적인 의의가 있는 이전재원이 지방자치단체에 대한 관여나 통제수단으로 간주되어서는 안 될 것이다. 이에 대해 국가세입 구조는 국민경제활동에서 조달된 내국세·관세·목적세 등 조세수입이 대종을 이루고 있다.

지방세입의 구성내역별 특징을 살펴보면, 지방세는 개별적 보상 없이 강제적으로 징수하는 수입, 지방채는 1회계연도를 넘어 상환해야 할 차입재원, 지방교부세는 부족재원을 보충하는 수입, 보조금은 주로 위임행정을 수행하는 경비를 지원받는 수입, 조정교부금은 특별시·광역시의 본청이 관할 자치구 간의 재정을 조정해 주는 수입, 세외수입은 이러한 수입을 제외한 수입으로서 주로 응익부담이 적용된다.

지방세입의 체계와 흐름을 지방세출과 연관시켜 종합적으로 정리하면, [그림 4-1]과 같다.

표 4-1 지방재정의 세입구조 변화

(단위: %)

세입내역	1990년	1995년	2000년	2004년
1. 지 방 세	32.9	33.6	28.5	28.7
2. 세외수입	23.9	23.6	24.8	29.5
3. 이전재원	41.5	38.3	45.1	40.4
· 지방교부세	14.3	12.4	11.8	12.2
· 지방양여금	–	4.1	5.2	3.2
· 보 조 금	23.5	18.4	23.3	19.8
· 조정교부금	–	3.4	3.1	3.1
· 재정보전금	–	–	1.7	2.1
4. 지 방 채	3.7	1.9	1.6	1.4
합 계	100.0	100.0	100.0	100.0

주: 일반회계 세입결산기준.
자료: 행정자치부, 『지방재정연감』, 각 연도.

2. 지방세입의 내역과 구조변화

1990～2004년 기간중에 있었던 지방세입구조의 변화상태를 일반회계 총계기준으로 파악해 보면 다음과 같다. 지방재정의 세입규모는 1990년에 19조 4,000억 원이었던 것이 1995년 45조 6,000억 원, 2000년 71조 4,314억 원, 그리고 2004년 119조 726억 원으로 늘어나 지난 15년간 무려 6.14배나 증가하였다.

이와 같이 지방세입이 급증하게 된 이유로는 경제성장과 그에 따른 소득증대, 그리고 지방자치실시에 따른 행·재정 분권화 경향과 재정·세정제도의 개편 등을 지적할 수 있을 것이다. 후자의 예를 들면, 담배소비세·종합토지세·지역개발세 도입 등 지방세제도의 개편, 지방양여금제도의 도입, 민·관 공동출자사업 및 경영수익사업의 활성화, 해외차관 허용 등을 열거할 수 있다.

이와 같이 지방세입의 총량이 크게 증가하였음에도 불구하고 그 동안 지방세입구조는 상대적으로 크게 변하지 않은 것으로 나타났다([표 4-1] 참조). 총세입에서 자주재원의 근간이 되는 지방세수입이 차지하는 비중은 최근 오히려 감소되었고, 세외수입의 비중은 24~30% 수준을 유지하였다. 지방채의 비중은 분석기간중 대체로 2~3% 내외의 수준을 보였는데, 이는 중앙정부가 지방채의 발행을 일정한 기준에 의해 엄격히 규제한 결과인 것으로 보인다. 한편, 자체수입과 더불어 지방재정의 기반을 이루는 지방교부세, 보조금, 지방양여금과 같은 이전재원의 상대적 비중은 감소하다가 1998년 이후 다시 상향조정되어 2004년 40.4%로 나타나고 있다.

5

지 방 세

제1절 지방세의 기초이론

1. 지방세의 의의와 체계

(1) 지방세의 의의

지방세는 지방자치단체가 재정수요에 충당하기 위하여 지방자치단체의 과세권에 의하여 관할구역 내의 주민, 재산 또는 수익, 기타 특정 행위에 대하여 특정한 개별적 보상 없이 강제적으로 부과·징수하는 재화이다.[1)]

주민의 부담에 의해 당해 지방주민을 위한 공공서비스를 공급하는 것이 지방자치의 본질이므로, 지방세는 지방자치단체의 수입 중 가장 기본적인 재원이다. 국세의 경우에는 과세권의 주체가 국가인 단수이지만, 지방세의 경우에는 복수의 지방자치단체로서 자치단체별로 다시 구분된다.

(2) 지방세의 체계

현행 지방세의 체계는 [표 5-1]과 같다. 지방세 16개 세목은 조세특성에 의해 보통세 11개와 목적세 5개 세목으로 구분되고, 과세권의 주체에 따라 서울특별시세, 광역시세, 도세, 시·군세, 자치구세로 구분된다. 수입된 세금의 용도에 따라 일반재원에 충당되는 것을 보통세, 특정 목적에 충당되는 것을 목적세(earmarked taxes)라고 한다. 1989년에 보통세 중 담배판매세가 담배소비세로 변경되었고, 1990년부터는 종합토지세가 시·군세로, 1992년부터 목적세인 공동시설세가 시·군세에서 도세로 전환되고, 목적세인 지역개발세가 신설되었다. 그리고 2000년 이후에 자동차세 세율인하에 따른 주행세 도입, 지방교육재정의 확충을 위하여 지방세에 부가하던 교육세(국세)의 지방교육세로의 전환, 과세대상을 확대하여 농지세의 농업소득세로의 변경, 경주·마권세의 레저세로의 명칭변경, 종합토지세를 재산세로의 흡수통합 및 과표

1) 부과는 지방자치단체가 수입하여야 할 모든 세입을 조사결정하여 납세의무를 확정하는 행위이다. 징수는 확정된 세액을 납부할 자에게 통지하는 행위(독촉, 체납처분 등 포함)이다. 수납은 징수통지에 의해 납부의무자가 납부하는 것을 수령하는 행위이다.

표 5-1 지방세체계

구 분		특별·광역시세 (13개 세)	자치구세 (3개 세)	도 세 (7개 세)	시·군세 (9개 세)
보 통 세 (11개 세)	취 득 세	○		○	
	등 록 세	○		○	
	레 저 세	○		○	
	면 허 세		○	○	
	주 민 세	○			○
	재 산 세		○		○
	자 동 차 세	○			○
	주 행 세	○			○
	농업소득세	○			○
	담배소비세	○			○
	도 축 세	○			○
목 적 세 (5개 세)	도시계획세	○			○
	공동시설세	○		○	
	사 업 소 세		○		○
	지역개발세	○		○	
	지방교육세	○		○	

현실화 등의 세제개편이 있었다.

한편, 지방세의 과세유형별 지방세목을 보면, [표 5-2]에서 보듯이 지방세의 주종은 취득세, 등록세, 종합토지세, 재산세 등 재산관련세가 차지하고 있다. 국세가 상대적으로 세수탄력성이 높은 소득과세와 소비과세를 중심으로 운영되는 데 비해, 지방세는 상대적으로 세원이 빈약하고 신장성과 탄력성이 낮은 재산과세를 중심으로 운영되고 있고 소득과세와 소비과세는 취약한 편이다.

표 5-2 지방세의 과세유형별 세목

과세유형	세 목	2005년 예산 (억 원, %)
계	17개 세목	336,952(100.0)
재산과세 · 보유과세(4) · 거래과세(2)	 재산세, 종합토지세, 도시계획세, 공동시설세 취득세, 등록세	167,799(50.6) 49,269(14.8) 118,530(35.8)
소비과세(4)	레저세, 주행세, 담배소비세, 도축세	50,553(15.3)
소득과세(2)	주민세, 농업소득세	47,903(14.5)
기타 과세(5)	자동차세, 면허세, 사업소세, 지역개발세, 지방교육세	65,072(19.6)

자료: 행정자치부, 『지방자치단체 예산개요』, 2005.

2. 지방세의 원칙

(1) 조세제도 일반의 원칙

국세기본법 등에서 제시하고 있는 것으로서 통상 조세가 갖추어야 할 요건 및 평가기준은 다음과 같다.

1) 실질과세의 원칙

과세내용에서는 형식이나 명의에 불구하고 과세대상의 사실상 귀속자를 납세의무자로 하고, 사실상의 거래내용대로 과세하여야 한다(substance over form)는 것이다.

2) 신의성실의 원칙

납세의무자가 그 의무를 이행하고 세무공무원이 그 직무를 수행할 때에는 신의에 좇아 성실히 하여야 한다는 것이다. 그 내용으로서 ① 신고의무와 ② 신고의무 불이행에 대하여는 가산세규정 등이 있다.

3) 공평과세의 원칙

조세부담의 배분이 공평하여야 한다. 공평하지 못한 경우 조세저항이 발생하게 되며, 수평적 공평성과 수직적 공평성의 두 가지가 있다. 수평적 공평성은 같은 것을 같게 취급하는 것이고, 수직적 공평성은 서로 다른 것을 서로 다르게 취급하는 것이다. 수평적 공평성의 확보는 주민세 균등할, 면허세 등 주로 정액세로 뒷받침된다. 수직적 공평성의 확보는 소득·소비·재산과 관련된 개인경제활동에 대하여 주로 정률세(비례세율, 누진세율)로 뒷받침된다.

4) 근거과세의 원칙

납세의무자가 세법에 의하여 장부를 비치·기장하고 있을 때에는 당해 과세기준의 결정을 비치·기장한 장부에 의하여야 한다. 그러나 기장내용이 사실과 다를 때에는 과세권자가 조사결정하는 추계(인정)과세에 의한다. 근거과세는 추계과세에 대립되는 과세방식으로서 납세자를 보호하자는 데 그 목적이 있다.

5) 세법적용의 원칙

조세를 부과·징수할 때에는 반드시 법률의 근거가 있어야 한다는 것이다. 조세법률주의에 따라 조세의 세목과 세율은 법률로 규정하고 있다. 세법의 해석·적용에는 과세의 형평과 당해 조항의 합목적성에 비추어 납세의무자의 재산권이 부당히 침해되지 않도록 확장해석이나 유추해석을 배제하여야 한다. 그러나 일반적으로 납세자가 받아들인 해석이나 관행은 정당한 것으로 보고 있다.

(2) 지방세의 원칙

통상 지방세가 갖추어야 할 요건 및 평가기준은 다음과 같다.[2)]

1) 세원의 보편성 원칙

조세기초(tax base)로서 지역 간 세원분포가 비교적 균형된 것이 바람직하다는 것이다. 즉, 세원이 특정 지역에 편재되어 있지 않고 고루 분포되어 있어야 한다는 것이다. 그러나 지역 간 경제력의 불균형으로 인하여 재정격

2) C. Stanford(1987), pp. 257～259 등 참조.

차가 심한 실정이기 때문에 지방재정조정제도가 이를 보충하고 있다.

2) 세원의 귀속성 원칙

하나의 세원이 둘 이상의 단체에 관련이 있는 경우에는 어느 단체에 귀속하여 징수할 것인지가 분명하여야 한다. 이와 같은 이유로 주민세 법인세할은 자치단체 간 안분계산이 불가피하다.

3) 세원의 정착성 원칙

과세대상(object of tax)은 가급적 이동(mobility)이 적고 어느 하나의 지역에 정착되어 있는 것이 지방세로서 적합하다. 만일 지방자치단체의 경계를 벗어나서 자유로이 이동한다면 과세기술상으로도 문제가 있을 뿐 아니라, 지방자치단체의 재정운영에 많은 혼란과 지장을 초래하게 된다. 이로 인하여 지방세 과세대상은 부동산이 주종을 이루고 있고, 과세객체의 이동성이 높은 조세는 대개 국세로 되어 있다.

4) 안정성과 신장성의 조화

지방세수는 안정성의 보장과 함께 신장성도 동시에 갖는 것이 바람직하다는 것이다. 만약 경기변동 등 특별한 사유로 인하여 세원의 급격한 감소를 가져온다면 생활민원의 해결 및 필수불가결한 의무적 경비의 부담에 큰 지장을 초래하게 되어 지방행정의 마비현상이 일어날 우려도 있다.

5) 응익의 원칙

지방자치단체는 주민에게 일상적인 서비스를 제공하게 되므로, 이러한 수혜와 관련되는 범위에서 주민으로부터 조세를 부과·징수하는 것이 바람직하다는 것이다. 즉, 지방세는 국세에 비해서 응익(應益)적 요소가 강하다고 하겠다. 지역 내의 양대 구성요소[3)]는 사람(주민)과 재산[4)]인데, 주민은 지역

3) 법인도 사람[人]이 기초인 사단법인과 재산이 기초인 재단법인으로 구분된다.

4) 지역 내 경제활동은 벌고(수입, 소득) 쓰는(지출, 소비) 행위가 대부분이다. 이 경우 소득(수입)에서 소비(지출)를 빼면 재산[富]의 증감으로 귀결된다. 따라서 세금의 3대 분류는 ① 소득과세, ② 소비과세, ③ 재산과세가 된다. 그러나 세금의 궁극적 원천은 소득이다("소득이 있는 곳에 세금 있다").

에 거주하는 회원(membership)으로서, 그리고 재산은 지역을 근거로 형성됨으로써 주민·재산과 해당 지역은 어느 정도 응익적 관계라고 하겠다.

이러한 의미에서 재산관련 과세와 회원으로서의 인두세적 주민세가 지방세제의 2대 근간이다. 그러나 응익의 원칙은 조세의 기본 원칙이라기보다는 보충적인 것으로서 조세가 아닌 부담금 또는 수수료 등으로도 징수가 가능하다.

6) 부담분임의 원칙

지방자치단체 주민들에게 감지될 수 있어야 한다. 지역주민은 자치단체의 구성원(회원)으로서 자치운영에 필요한 경비를 공동으로 분담하여야 하며, 이는 주민의 책무라는 것이다. 따라서 납세계층이 광범위할수록 바람직하다는 것이다. 주민세 균등할은 이와 같은 원칙에 가장 적합하다고 할 수 있다.

7) 자율·자주성의 원칙

지방세가 지방자치단체의 의사결정에서 지방적 책임성과 대응성을 증진시키도록 하여야 한다. 따라서 지방세 과세에서의 자주성은 지방자치단체의 세제로서는 당연한 것이다. 그 내용으로서 표준세율과 제한세율 그리고 법정외세, 선택세제 등을 들 수 있다. 그리고 해당 지역단위로 완결처리가 가능한 구역화와 소규모로 관리할 수 있도록 경제적인 것이 바람직하다. 따라서 전국단위의 관리가 요구되는 재산세(토지분)의 위상이 재검토될 필요가 있다.

3. 지방세의 과세요건

(1) 과 세 권

과세권은 지방세를 부과하고 징수할 수 있는 권한을 말하며, 그 권한의 주체는 지방자치단체이다. 지방세를 부과·징수하는 법원(法源)에는 지방세법, 동법 시행령, 동법 시행규칙, 조례 등이 있다. 그리고 타법(국세징수법, 국세기본법, 조세범처벌법, 민법 등)에서 많이 준용하고 있다.

지방자치단체가 지방세를 부과·징수할 때에는 세목, 과세객체, 과세표준, 세율, 감면, 기타 필요한 사항을 조례로 정하여 지방의회의 승인을 얻어 확정하고, 조례의 시행에 따른 절차, 기타 시행에 관하여 필요한 사항은 규칙으로 정할 수 있도록 하고 있다. 그 내용은 지방세법에서 허용하는 범위 내에서 각 지방자치단체의 특성에 따라 단체별로 적용기준, 범위 등이 달라질 수 있다.

(2) 납세의무자(담세자)

과세주체는 조세를 부과할 권리를 갖고 있는 주체로서, 국세의 경우에는 국가이고 지방세의 경우에는 지방자치단체이다. 납세의무자(납세자)는 세금을 직접적으로 납부할 의무가 있는 자이고, 담세자는 세금을 실질적으로 부담하는 자이다. 지방세의 세목별 납세의무자를 요약하여 보면 [표 5-3]과 같다.

(3) 과세대상과 과세표준

과세대상 또는 과세객체란 과세물건을 말하는데, 이는 과세목적이 되는 것으로서 재산, 소득, 수익, 행위 또는 거래 등을 들 수 있다.

그리고 과세표준(과표)이란 조세부과의 표준이 되는 것으로, 과세물건의 수량·가액·면적·품질 등으로 표시된다. 납세자의 세액결정은 과세표준과 밀접한 관계에 있으므로, 과세표준은 세율 못지않게 그 비중과 중요성이 강조되어 '행정세율' 또는 '제2의 세율'이라고도 한다.

세액=과세표준(과표)×세율

예컨대, 토지과표액이 500만 원이고, 세율이 0.2%라면 세금액은 500만 원×0.2%=1만 원이 된다. 과표는 과표를 결정하기 위한 기본 자료인 시가표준액과 구별된다. 과세시가표준액은 부동산 취득에서 사실상의 취득가액을 입증하기 어려운 경우의 과세표준을 결정하기 위한 가액이다. 시가표준액의 적용대상은 취득세, 등록세, 재산세, 도시계획세, 공동시설세 등 지방세와 증여세, 양도소득세 등 국세이다. 즉, 재산세 과표는 과세물건의 과세시

표 5-3 세목별 납세의무자

세 목	납세의무자
취 득 세	취득행위자, 과점주주 건축물의 특수한 부대설비: 주체구조부의 소유자
등 록 세	등기·등록행위의 권리자
면 허 세	면허의 취득자 · 소지자
주 민 세	개인, 법인
재 산 세	과세기준일 현재의 소유자, 소유자가 불명인 경우는 사실상 사용자
자 동 차 세	공부상의 소유자
주 행 세	유류의 제조 · 반출자와 수입업자
농업소득세	농지를 경작하거나 경작하게 함으로써 소득을 얻는 자
도 축 세	도살자
레 저 세	형식적으로는 투표권 발매자, 실질적으로는 투표권 구입자
담배소비세	제조자, 수입판매업자
공동시설세 도시계획세	재산세와 동일
사 업 소 세	사업주
지역개발세	수력발전소, 지하수 채수자, 지하자원 채광자, 컨테이너업자
지방교육세	등록세, 경주 · 마권세, 주민세, 재산세, 자동차세, 담배소비세의 납세의무자

가표준액이고, 취득세 과표는 과세물건의 취득당시 가액이다. 과세시가표준액의 결정권자가 ① 시·도지사인 경우에는 차량, 기계장비, 항공기, 입목, 콘도 · 골프회원권, 종합체육시설이용회원권 등이고, ② 시장 · 군수 · 구청장(시·도지사 승인필요)인 경우에는 토지, 건물, 구축물, 특수부대설비, 선박, 광업권, 어업권 등이다. 시가표준액의 조정권은 원칙적으로 지방자치단체가 갖지만, 행정자치부 장관이 국세청장과 협의하여 조정 · 지시하는 경우에는 그 지시에 따르도록 되어 있다.

(4) 세 율

세액산출을 위해 과세표준액에 적용하는 비율로서, 일정률 또는 일정액이 있는데, 반드시 법률로써 규정되어야 한다. 비례세율은 과세표준의 대소에 관계 없이 일정률이 적용되는 세율이고, 누진세율은 과세표준이 증가함에 따라, 그 전체에 대하여 단순히 고율이 적용되는 단순누진세율과 과세표준을 다수의 단계로 구분하여 각기 증가되는 초과누진세율이 있다. 그리고 기준(표준)세율을 중심으로 자치단체별로 일정 범위 내에서 조례로 세율을 가감적용하는 탄력세율이 있는데, 법률이 정한 최고(법정상한) 또는 최저(법정하한)를 초과할 수는 없다. 표준세율은 특별한 사유가 없는 한 적용해야 하는 세율이고, 제한세율은 최고 및 최저세율을 정해 놓고, 그 범위 내에서 변경가능한 세율이다. 제한세율과 표준세율은 병행하여 채택하는 것이 일반적이다. 탄력세율 또는 초과과세는 지방자치단체 간의 세율차이에 따라 조세경쟁이나 세원이동문제를 야기할 수 있는데, 지역 간 재정력격차가 매우 큰 우리 나라 형편에서 조세저항 및 조세경쟁 등에 대한 우려는 신중한 검토가 요구된다. 그런데 세율을 전혀 정하지 않고, 각 지방자치단체가 임의적으로 결정하여 적용할 수 있는 것을 임의세율이라고 하는데, 우리 나라에서는 채택하고 있지 않다.

우리 나라의 지방세는 [표 5-4]에서 보는 것처럼, 세율구조면에서 비례세를 중심으로 하고, 부분적으로 누진세와 정액세제를 활용하고 있다. 그리고 세율의 탄력적 적용이 가능한 세목으로는 취득세 · 등록세 · 재산세 · 주민세 · 공동시설세 · 지역개발세 · 지방교육세(조례로 50% 범위 내 가감가능), 자동

표 5-4 지방세의 세율구조

구 분	세 목
누 진 세	농업소득세, 재산세, 공동시설세
비 례 세	취득세, 등록세, 도시계획세, 레저세, 도축세, 사업소세(종업원할), 재산세, 주민세(소득할), 지역개발세, 주행세, 지방교육세
정 액 세	담배소비세, 주민세(균등할), 자동차세, 면허세, 등록세, 사업소세(재산할), 지역개발세

표 5-5 지방세의 과세대상과 세율

세 목	과세대상	세 율
취 득 세	부동산, 차량, 기계장비, 입목, 항공기, 골프·콘도회원권 등의 취득행위	· 일반재산: 2%(50% 범위 내 가감가능) · 사치성 재산: 10% · 과밀억제권역 내 사업용 부동산: 6%
등 록 세	재산, 기타 권리의 취득·이전·변경 또는 소멸에 관한 등기·등록	· 일반부동산 소유권이전: 3%(상속: 0.8%) · 농지소유권이전 등: 0.2~5% · 기타: 정액
면 허 세	면허종별(1~5종)	· 정액세(종별, 지역별 차등 적용)
주 민 세	· 균등할 · 소득할	· 개인: 지역구분 정액세 · 법인: 5만~50만 원 · 소득세, 법인세, 농업소득세액의 10%(부가세)
재 산 세	토 지 건축물, 주택, 선박, 항공기 등	· 종합합산: 0.2~0.5%(3단계 초과누진) · 별도합산: 0.2~0.4%(3단계 초과누진) · 분리과세: 단일세율(0.07%, 0.2%, 4%) · 건축물: 0.25%, 0.5%, 4% · 주택: 0.15~0.5%(3단계 초과누진), 5%(사치성 별장) · 선박: 5% · 항공기: 0.3%
자동차세	자동차	· 승용차: 배기량 cc당 정액 · 승합·화물차: 차종별 정액 · 영업용과 비영업용으로 구분
주 행 세	교통세(유류소비)의 세수액	정률세(21.5%)
농업소득세	작물의 재배소득	5단계 초과누진(기초공제): 3~40%
도 축 세	소·돼지 도살	시가의 1%
레 저 세	투표권	발매금액의 10%
담배소비세	담배 판매	종별 정액세
공동시설세	건축물, 선박, 시설물	· 6단계 초과누진(0.05~0.13%) · 화재위험 건물은 2배 중과세
도시계획세	토지, 건축물	0.15%(제한세율 0.23%)
사업소세	· 사업소 건물(재산할) · 종업원급여 총액(종업원할)	· 건물 m^2당 250원, 오염배출업소 2배 중과 · 급여 총액의 0.5%
지역개발세	발전용수, 지하수, 지하자원 등	· 발전용수: $10m^3$당 2원 · 컨테이너: 정액세 · 지하수: $1m^3$당 150원 또는 300원 · 채광된 광물가액: 0.2%
지방교육세	등록세 외 6개 지방세수액	정률세

차세(특별시·광역시의 경우 50% 초과과세 가능), 도축세·도시계획세·사업소세(조례로 결정하는 제한세율의 적용가능), 담배소비세(대통령령으로 결정하는 제

한세율의 적용가능) 등이 있다.

지방세의 세목별 과세대상과 세율을 요약하면 [표 5-5]와 같다.

(5) 비과세, 감면 및 중과세

일정 행위를 촉진하거나, 억제하고자 하는 정책목적에 따라 일반세율을 상회 또는 하회하는 세율을 부과하는 것을 정책과세라고 하는데, 각종 비과세·감면(면세) 및 중과세제도가 있다. 비과세는 당초부터 과세대상이 되지 않도록 규정한 것이다. 감면(면세)은 과세대상이지만, 공익목적 등으로 과세함이 부적당하다고 인정되어 과세하지 않거나(전액 면제), 부분과세(50% 감면 등)하도록 규정한 것인데, 대부분 한시적(3년, 5년 등)이다. 그리고 중과세는 사치성 소비행위, 부동산투기 및 대도시 인구집중 억제책 등이 주요한 내용이다.

그런데 조세원칙과 정책수단 간에는 가치의 충돌과 이에 따른 운영상의 상호 조화문제가 있다. 즉, 수입의 충분성과 부담의 공정성이 확보되어야 한다는 조세의 중립성 원칙과 자원이용의 효율성과 소득분배의 형평성이 확보되어야 한다는 정책적 고려는 어느 한 편만을 선택해야 한다는 양자택일의 문제가 아니다. 이는 시간적·공간적인 발전단계에서 고려되어야 하는 조화와 균형(check and balance, trade-off)의 문제인 것이다. 예컨대, 토지가격 급변기(투기거래 확산의 비정상적 상황)에는 정책운용의 수단적 차원이 강조될 것이고, 반대로 토지가격 안정기(실수요 위주의 정상거래상황)에는 조세제도의 목적적 차원인 중립성 원칙이 강조될 것이다.

1) 법령에 따른 비과세·감면

국세와 마찬가지로 지방세에 대하여도 지방세법과 조세감면규제법에 세목별로 다양한 비과세규정을 두고 있다. 이는 특정한 지방자치단체에만 적용되는 것이 아니고, 모든 지방자치단체에 일괄적으로 적용된다.

지방세마다 따로 규정하고 있는 비과세제도의 예로는 ① 국가·지방자치단체·외국정부 등에 대한 비과세, ② 제사, 종교, 자선, 학술, 기예 등 비영리사업자에 대한 비과세, ③ 천재, 토지수용 등으로 인한 대체취득시의 비과세(취득세 등), ④ 형식적으로 취득하였을 뿐 사실상 새로운 취득으로 볼 수 없는 신탁·환매 등에 따른 비과세(취득세 등) 등이 있다.

지방세 전체로서 통합된 규정[5]을 갖고 있는 감면제도의 예로는 ① 천재 등으로 인한 감면(지방의회 의결 필요), ② 농어민 지원을 위한 감면(자경농지에 대한 감면 등), ③ 사회복지 지원 및 국민생활 안정을 위한 감면(소규모 임대주택 등에 대한 감면 등), ④ 지역의 균형개발을 위한 감면(법인·공장의 지방이전 및 입주에 대한 감면, 관광단지 개발에 대한 감면 등), ⑤ 기술·인력개발 및 중소기업 지원을 위한 감면(중소기업 협동화 사업, 기업부설 연구소, 직업훈련시설, 산업체부설 학교 등에 대한 지원), ⑥ 항공기, 선박 등에 대한 감면(항공운송사업 지원, 연불수출 지원 등), ⑦ 공공법인 지원을 위한 감면(농·수·축협 등 특수법인과 특정 사업에 대한 감면 등) 등이 있다.

2) 조례에 따른 과세면제·불균일과세·일부과세

각 지방자치단체의 의사에 따라 단체별로 적용할 수 있는 규정이다. 이 경우 지방자치단체는 중앙정부의 허가를 얻어 당해 지방자치단체의 조례로서 정하여야 한다.

가. 과세면제

지방자치단체는 공익상 기타의 사유로 인하여 과세가 부적당하다고 인정할 때에는 과세하지 아니할 수 있다(지방세법 제7조 ①).

나. 불균일과세

지방자치단체는 공익상 기타의 사유가 있거나, 일부에 대하여 특히 이익이 있다고 인정되는 경우에는 일반세율보다 높거나, 낮은 세율을 적용하는 불균일과세를 할 수 있다(지방세법 제7조 ②).

다. 일부과세

지방자치단체는 그의 일부에 대하여 특히 이익이 있다고 인정되는 경우에는 일부 주민에 대하여만 과세할 수 있다(지방세법 제8조).

---

5) 1994년 말 지방세법이 크게 개정되었는데, 지방세마다 복잡하게 산재되어 있던 각종 감면내용을 1995년부터 '지방세법 제5장 과세면제 및 경감'이라는 별도의 장으로 분리·독립시키고, 제9조의 2를 신설하는 등 감면내용이 지방세 전 체계에 적용되도록 통합시켰다.

4. 지방세업무의 흐름

지방세업무의 흐름은 5단계로 구분된다. 즉, 1단계인 납세의무의 성립(지방세법 제29조), 2단계인 자진신고납부 또는 특별징수 신고납입, 3단계인 납세고지서 송달(납입통지서 통지), 4단계인 납부 또는 징수유예, 5단계인 미납세액의 조치 등이다.

(1) 1단계: 납세의무의 성립

납세의무가 성립된다는 것은 과세권자는 조세채권자의 위치에 서고, 납세의무자는 조세채무자의 위치에 서게 되는 것을 뜻한다. 그러므로 납세의무가 성립되기 전에는 고지서를 발부할 수 없고, 자진신고납부를 하더라도 과오납금이 되는 것이다.

1) 일반적인 납세의무의 성립

① 취득세: 과세대상 물건을 취득하는 때

② 등록세: 재산권 기타 권리를 등기·등록하는 때

③ 면허세: 면허증서를 교부받는 때 또는 면허의 갱신으로 보는 때(예컨대, 매년 1월 1일)

④ 주민세: 균등할은 과세기준일, 소득할은 당해 소득세·법인세·농지세액의 납세의무 성립일

⑤ 자동차세: 납기개시일(신규·말소등록의 경우에는 그 등록일)

⑥ 재산세, 도시계획세, 공동시설세: 과세기준일(시간적 여유를 갖고 과징에 정확을 기하기 위해 과세기준일로부터 일정한 기간이 경과한 후에 납기개시일을 정함)

⑦ 농업소득세: 과세기간 종료일

⑧ 도축세: 소·돼지를 도살하는 때

⑨ 레저세: 투표권을 발매하는 때

⑩ 담배소비세: 제조담배를 제조장 또는 보세구역으로부터 반출하거나, 국내로 반입하는 때

⑪ 사업소세: 재산할은 과세기준일, 종업원할은 종업원에게 급여를 지급

하는 때

⑫ 지역개발세: 발전용수, 지하수, 지하자원, 컨테이너 등을 이용하는 때

2) 특별징수 등의 납세의무 성립

지방세를 특별징수하거나 중간예납, 수시부과 등의 경우에는 상기 일반적인 납세의무의 성립에도 불구하고 다음의 날에 납세의무가 성립하는 것으로 보아야 할 것이다.

① 특별징수하는 주민세: 과세표준이 되는 법인세·소득세를 원천징수하거나, 농업소득세를 특별징수하는 때

② 특별징수하는 농업소득세: 농지소득이 되는 농작물대금을 지급하는 때

③ 중간예납하는 농업소득세: 중간예납기간이 종료하는 때

④ 수시부과·징수하는 지방세: 수시부과 사유가 발생한 때

3) 파생적 납세의무의 발생

① 승계납세의무(법인합병, 상속 등)

② 연대납세의무

③ 제2차 납세의무(법인해산시 청산인, 과점주주, 사업양수인 등)

(2) 2단계: 신고납부 또는 특별징수 신고납입

세금의 징수는 ① 신고납부방식, ② 특별징수에 의한 신고납입방식, ③ 보통징수방식, ④ 증지징수방식(1995년 도입, 지방재정법 시행령 제47조) 등이 있다.[6)]

신고납부는 자기부과 또는 자기계산납부라고도 하며, 세목별로 납세의무가 성립되면 납세의무자가 스스로 세금을 계산하여 자기 책임하에서 당해 지방자치단체에 과세표준·세액 등을 신고하고 동시에 납부하는 것(예컨대, 취득세, 등록세, 주민세, 사업소세, 담배소비세, 농업소득세, 레저세 등)이다.

6) 국세, 지방세 모두 징수방법의 종국적 지향방향은 자진신고납부방식이다. 참고로 일본 지방세법은 세목별로 징수방법을 규정하고 있는데, 지방세 징수방법은 ① 신고납부, ② 특별징수, ③ 보통징수, ④ 증지징수의 네 가지가 있다. 증지징수는 지방자치단체가 납세통지서를 교부하지 아니하고, 그 발행하는 증지로 지방세를 납부하도록 하는 방식인데, 징세비가 절약되는 효과가 있다.

신고납부한 후에 사정의 변경으로 당초 신고납부한 세액의 변경이 불가피하게 된 경우에는 그 사유가 발생한 날부터 60일 이내에 수정신고를 할 수 있다.

특별징수에 의한 신고납입방식은 징수에 편의가 있는 자에게 징수하도록 하고, 일정 기간 내에 과세표준·세액 등을 신고하고 동시에 납입하도록 하는 것(예컨대, 주민세 소득할, 도축세, 농업소득세 등)이다. 국세의 '원천징수'에 해당하는 지방세의 '특별징수'는 보통징수제도에서 과세권자가 과세의 편의상 특별한 관계에 있는 자에게 과세권의 대행의무를 주어 징수하는 제도인데, 신고납부와 마찬가지로 수정신고가 가능하다.

보통징수제도는 과세권자가 세금을 계산하여 고지서를 작성하고, 납세의무자에게 교부 또는 송달하여 징수하는 방법으로서, 지방세의 일반적인 징수방법이다. 자진신고납부 및 특별징수 신고납입의 의무를 이행하지 않으면 보통징수하는데, 소정의 벌칙(가산세 10%, 20% 등)을 받게 된다.[7]

(3) 3단계: 납세고지서 송달(납입통지서 통지)

특별징수의무자가 특별징수한 징수금을 신고납입하지 않거나, 포탈할 우려가 있을 때에는 납세의무자인 특별징수의무자에게 납입통지서를 통지하여 보통징수방법으로 징수한다. 그리고 자진신고납부의 불이행분은 납세고지서를 송달하여 보통징수방법으로 징수한다. 고지서의 송달은 납세의무가 확정되는 대외적 효력발생요건이 되므로, 기재사항을 빠짐없이 기재하여 주소지에 정확하게 송달할 것이 요구된다.

(4) 4단계: 납부 또는 징수유예

고지서에 표시된 납기 내에 납부하는 것이 원칙이나, 고지서가 납기경과 후에 송달되었다든지, 특수한 사정이 발생한 경우에는 납기가 연장될 수

7) 가산세는 세법에 규정하는 의무의 성실한 이행을 확보하기 위하여 의무를 이행하지 아니한 경우에 산출한 세액에 가산하여 징수하는 금액을 말하는데, 가산금은 포함되지 않는다. 가산금은 세금고지서를 받고도 납부기한까지 세금을 납부하지 아니한 때에 고지세액에 가산하여 징수하는 금액[加算金]과 납기경과 후 일정 기한까지 납부하지 아니한 때에 그 금액에 다시 가산하는 금액[重加算金]을 말한다. 가산금은 일종의 연체이자적 성격을 띠고 있다.

있다. 보통징수방법에 의하여 납세고지서를 발부하고, 주어진 납기한 내에 납부하지 못한 경우에 가산금(5%)과 중가산금(매월 1.2%씩 60개월간 적용)이 부가된다.

한편, 지방자치단체의 장은 납세자(납세의무자와 특별징수의무자)가 중대하거나 특수한 사유로 인하여 지방세를 납부할 수 없다고 인정되는 경우 납세의 고지를 유예하거나 결정된 세액을 분할하여 고지할 수 있다.

(5) 5단계: 미납세액의 조치

과세권자는 납세자의 주소를 재확인하여 송달에 하자가 없었는지를 검토한 후 체납세액을 확정한다. 그 다음에 독촉, 징수촉탁, 체납처분(압류, 공매, 청산) 등 체납세액 징수를 위한 절차를 개시한다. 납세의무자로부터 체납세액의 징수가 불가능하다고 판단될 경우에는 우선 파생적 납세의무자가 있는지 여부를 검토하여 제2차 납세의무자를 지정하거나, 납세의무의 승계 등의 조치를 취하고 결손처분 여부를 결정한다.

5. 지방세의 불복청구 및 구제제도

납세의무의 부과에 대하여 이의가 있을 때는 과세업무를 담당하고 있는 세무공무원에게 1차적으로 이의를 제기하고, 거기서 납득이 되어 수정(직권취소 또는 경정)되는 것이 가장 효과적이고 경제적인 방법이다. 그러나 담당공무원에게 이의를 제기하여도 담당자가 수긍하지 않는 경우, 이를 해결하기 위하여 지방세법 등에서는 구제제도를 규정하고 있다. 일반적으로 행정처분에 대한 구제제도는 행정심판법에서 규정하고 있는 것이 보통이지만, 지방세의 부과·징수에 관한 구제제도는 지방세법에서 별도로 규정하고 있다. 세법에서 규정되지 않은 일반적인 원칙 등은 행정심판법이 준용된다. 국세에 부가되는 지방세(주민세 등)의 경우 당해 국세가 부과취소되면 지방세도 부과취소된다. 사후구제절차는 [그림 5-1]과 같다. 그리고 많은 시간과 비용이 소요되는 사후구제제도를 보완하는 제도로서 사전적인 과세 전 적부심사제가 도입되었는데, 이는 세금고지 전에 과세할 내용을 납세자에게 미리 알려 주고, 이에 이의가 있는 납세자는 과세적부심을 청구하도록 하여

그림 5-1 지방세의 구제절차

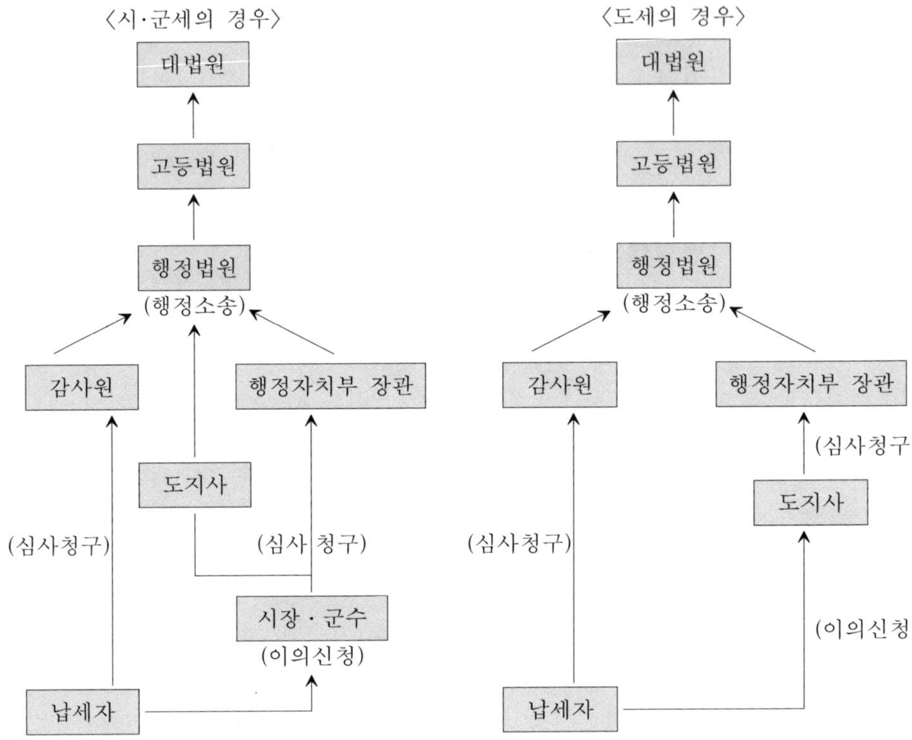

납세자의 주장이 타당한 경우에는 고지 전에 시정하는 제도이다.

(1) 구제대상

청구대상은 ① 지방세의 부과징수에 관한 위법·부당한 처분이나, 체납처분에 대하여 이의가 있거나, ② 과세권자로부터 필요한 처분을 받지 못함으로써 권리 또는 이익의 침해를 당한 사항이 된다. 이 경우 신고납부 또는 수정신고납부를 한 경우에는 그 신고납부를 한 때에 처분이 있었던 것으로 본다.

(2) 청구기간

청구기간은 ① 이의신청과 감사원의 심사청구 경우에는 처분이 있은 것을 안 날로부터 원칙적으로 60일(국외거주시 90일) 이내이고, ② 감사원 심사청구 외의 심사청구 경우에는 이의신청 결정의 통지를 받은 날로부터 원칙적으로 60일 이내이다. 기간계산에는 도달주의 원칙과 초일불산입 원칙이 적용된다. 행정소송은 심사청구(행정자치부, 감사원, 도 등)를 거쳐야만 제기할 수 있는데, 심사결정통지를 받은 날로부터 60일 이내에 처분청을 당사자로 하여 제기하여야 한다.

청구기간을 경과한 뒤에 부과처분이 위법·부당한 것임을 발견하였을 경우에는 정식적인 구제수단이 없다. 그러나 과세권자 스스로가 위법·부당한 처분임을 인정하고 자유재량에 의한 직권취소조치를 할 수는 있으나, 납세의무자가 법적으로 강요할 수 있는 것은 아니다.

(3) 청구권자

이의신청을 제출할 수 있는 자는 고지서상의 명의자 등 위법·부당한 처분을 받은 당사자이지만, 납세관리인, 법정대리인 또는 변호사, 공인회계사, 세무사의 자격을 가진 자로서 위임을 받은 자도 이의신청을 할 수 있다.

(4) 제 출 처

제출처는 이의신청의 경우 원칙적으로 ① 시·군·구세는 시장, 군수, 구청장 등 과세권자에게 제출하고, ② 도세는 세의 귀속주체인 도지사에게 제출하도록 규정하고 있다. 심사청구의 경우 ① 도지사의 결정에 대하여는 행정자치부 장관에게 제출하고, ② 시장·군수의 결정에 대하여는 도지사 또는 행정자치부 장관에게 각각 제출한다. 이의신청이나 심사청구를 제출할 때 처분청이나 이의신청 결정기관을 거치도록 했던 경유제도는 폐지되었다.

한편, 1998년부터 행정법원이 개설됨에 따라, 행정소송이 2심제도(고등법원→대법원)에서 3심제도(행정법원→고등법원→대법원)로 전환되었는데, 이에 따라 행정기관의 구제절차를 간소화할 필요성이 제기되었다. 따라서 예컨대, 과세 전 적부심사를 거친 후에 과세된 처분에 대하여 이의가 있는 자는 이의신청을 거치지 아니하고 바로 심사청구를 할 수 있게 하였다.

(5) 결 정

이의신청 또는 심사청구를 받은 지방자치단체의 장 또는 행정자치부 장관은 그 신청·청구를 받은 날로부터 60일 이내에 지방세심의위원회의 의결에 따라 ① 각하, ② 기각, ③ 취소·경정 또는 필요한 처분에 해당하는 결정을 하고, 신청인 또는 청구인에게 이유를 함께 기재한 결정서를 송달하여야 한다. 각하(却下)는 신청·청구기간이 경과하였거나 보정기간 내에 필요한 보정을 하지 아니한 때 내리는 결정이다. 즉, 보정요구에 불응하면 더 이상 다툴 의사가 없는 것으로 간주하여 각하결정을 받게 된다. 이의신청 또는 심사청구가 이유 없다고 인정되는 때에 내리는 결정이 기각(棄却)이고, 이유 있다고 인정되는 때에 내리는 결정이 취소·경정 등이다. 심사청구의 경우 이의신청 결정기관에서 접수하는 경우가 많은데, 심사청구 결정기관은 심사청구인의 주장과 이의신청 결정기관의 의견을 종합하여 결정하게 된다. 감사원 심사청구는 특별한 사유가 없는 한 3개월 내에 결정하도록 되어 있고, 행정소송의 결정기간은 별도의 규정이 없다.

제2절 재산과세

1. 취 득 세

(1) 의 의

취득세는 지방세 중에서 기본세로서 모든 지방세의 출발점이다. 그리고 유통세(거래세), 즉 재산유통과정의 취득행위에 대한 과세이다. 여기서 취득은 유상인 경우와 무상인 경우를 불문하고 일체의 취득을 과세객체로 하고 있다.

(2) 과세대상

과세대상(과세객체)은 부동산(토지, 건축물), 차량, 기계장비, 입목, 항공기, 선박, 광업권, 어업권, 골프·콘도미니엄회원권, 종합체육시설이용회원권 등의 취득행위이다.

(3) 납세의무자

납세의무자는 사실상의 취득자인데, 예외로서 ① 법인의 주식을 취득하여 과점주주가 된 때, ② 지목변경, ③ 차량·기계장비·선박의 종류를 변경하여 그 가액이 증가된 경우도 포함된다.

(4) 과세표준

과세표준은 취득가액, 즉 취득당시의 가액으로 신고납부가 원칙인데, 과소신고 및 미신고의 경우에는 과세시가표준액(공시지가)이다.

(5) 세　　율

세율은 표준세율로 정해져 있는데, 조례로 표준세율의 50% 범위 안에서 가감조정이 가능하다. 그리고 세율은 3종으로 과세표준이 증가하여도 변하지 않는 비례세율로서, 일반재산은 2%이고, 중과세는 6%와 10%(5배)의 두 가지가 있다. 한 가지는 별장, 골프장, 고급오락장, 고급주택, 고급선박 등 사치성 재산[8]의 경우로 10%이다. 그리고 또 다른 한 가지는 수도권정비계획법(제6조)에 의거한 과밀억제권역 내에서 본점 또는 주사무소의 사업용 부동산을 취득하거나 공장을 신설 또는 증설하기 위하여 사업용 과세물건을 취득하는 경우로 6%이다.

(6) 부과·징수

부과·징수는 과세대상 물건을 취득한 날로부터 30일 이내에 자진신고·

8) 외국과 통상마찰의 원인이 되었던 고급자동차에 대한 취득세중과제도를 1994년 말 지방세법 개정에서 폐지하고, 그 대신 자동차세의 연세액(年稅額) 상한을 폐지하였다. 지방세법 제112조 및 제196조의 5 등 참조.

납부하는 것을 원칙으로 하는 자기부과제도이다. 자진신고·납부의무를 이행하지 아니한 경우나, 자진신고·납부액이 적법한 세액에 미달하는 경우에는 보통징수방법에 의하여 징수하는데, 20%의 가산세가 적용된다. 면세점은 취득가액 50만 원 이하이다.

2. 등 록 세

(1) 의 의

등록세는 취득세와 같이 유통세의 일종이나, 취득세와는 달리 사실상의 취득 여부와는 관계 없이 공부상에 등기·등록하는 행위에 과세한다. 재산권 소유자의 권리를 제3자로부터 보호해 주는 행정행위에 대한 반대급부적(수수료적) 성격도 갖는다. 재산권의 담세력을 대상으로 과세하는 재산과세이다. 1976년 12월에 국세에서 지방세로 전환되었다.

(2) 과세대상

과세대상은 재산권, 기타 권리의 취득·이전·변경 또는 소멸에 관한 사항을 공부에 등기 또는 등록하는 행위 자체이다. 즉, 부동산등기, 선박등기, 법인등기, 상호등기, 자동차등록, 기계장비등록, 항공기등록, 공장 및 광업재단의 등록, 무형재산권(광업권, 어업권, 저작권, 출판권, 공연권, 특허권, 실용신안권, 의장권 등)등록, 상표 및 영업권의 등록, 기타 영업(군납업·건설업자면허 등)의 허가등록 등이 있다.

(3) 납세의무자

재산권이나 기타 권리의 취득·이전·변경 또는 소멸 등 이동사항을 등기·등록하는 자이다.

(4) 과세표준

등록세 중 상당 부분은 과세표준액의 결정과 무관한 정액세로 되어 있으나, 정률세가 적용되는 부분은 취득세와 유사하다. 사실상 취득가액이 입증되는 때에는 사실상 취득가액을 과세표준으로 하지만, 사실상 취득가액이

입증되지 아니하는 때에는 등기·등록 당시의 과세시가표준액(공시지가)을 적용하도록 이원화하고 있다.

(5) 세　　율

정액세율과 정률세율로 이원화되어 있다. 부동산, 선박, 자동차, 기계장비, 항공기 등의 소유권에 관한 등기·등록과 법인등기 등은 정률세로 되어 있는데, 취득원인, 권리종류, 물건종류에 따라 세율이 다르다(0.2～5%). 그 이외의 무형권리에 관한 등록, 기타 등기·등록 등은 정액세율로 되어 있는데, 물가상승 등을 감안해 조정된다. 중과세는 대도시 내 공장을 신·증설하거나, 대도시 내 법인 또는 지점 등이 신설 후 5년 이내에 등기(부동산등기 포함)하는 등의 경우로서 일반세율의 3배가 적용된다. 부동산등기세율은 조례로 표준세율의 50% 범위 안에서 가감조정이 가능하다.

(6) 부과·징수

등기·등록을 하고자 할 때 등록세 영수필 통지서·확인서를 등기·등록 신청서류에 첨부하도록 함으로써 사실상 자진신고·납부제도를 채택하고 있다. 자진신고를 하지 아니하거나, 부족세액이 있는 경우에는 보통징수방법에 의하여 징수하는데 20%의 가산세가 적용되며, 면세점제도는 없다.

3. 재 산 세

(1) 의　　의

재산의 소유, 그리고 이로 인한 수익의 발생가능성에 대해 과세하는 재산세는 시·군·구의 기간세이다. 즉, 재산세는 재산을 소유하는 사실에 대해 과세하는 조세로서 현실적으로 수입금의 발생 여부는 문제가 되지 않으며, 재산소유자에게 그로 인한 소득의 발생가능성을 과세근거로 한다는 점에서 수익과세적 성격의 조세라고도 볼 수 있다.

(2) 과세대상

과세대상은 토지, 건축물, 주택, 선박, 항공기인데, 토지에 대한 과세대상은 주택의 부속토지를 제외한 모든 토지로서 ① 종합합산과세 대상(주거용 토지, 부재지주농지, 나대지, 잡종지 등), ② 별도합산과세 대상(영업용 건축물의 부속토지), ③ 분리과세 대상(생산성 및 사치성 토지)으로 구분된다.

(3) 납세의무자

납세의무자는 과세기준일 현재의 사실상 재산소유자이다. 예외적으로 소유자가 불분명하여 사실상의 소유자를 확인할 수 없는 경우에는 사용자를 납세의무자로 한다. 납세의무자는 재산세 과세대상 물건의 변동(신축, 증축, 개축, 취득, 매도, 멸실 등)이 있는 때에는 이를 신고할 의무가 있다.

(4) 과세표준

과세대상이 토지·건축물·주택에 대한 재산세 과세표준은 지방세법 제111조 제2항의 규정에 의한 시가표준액에 대통령령이 정하는 적용비율을 곱하여 산정한 가액인데, 이 경우 적용비율을 적용한 가액이 제111조 제2항의 규정에 의한 시가표준액을 초과해서는 안 된다. 그리고 과세대상이 선박·항공기에 대한 재산세 과세표준은 제111조 제2항의 규정에 의한 시가표준액으로 한다.

(5) 세 율

재산세의 표준세율은 과세대상에 따라 상이하며, 조례에 의거하여 표준세율의 50% 범위 내에서 가감조정할 수 있다.

1) 토 지

종합합산과세의 대상인 경우에는 과세표준 5,000만 원 이하의 기본 세율 0.2%부터 과세표준 1억 원 초과의 0.5%까지 3단계의 초과누진세율이 적용되고, 별도합산과세의 경우에는 과세표준 2억 원 이하의 기본 세율 0.2%부터 과세표준 10억 원 초과의 0.4%까지 3단계의 초과누진세율이 적용된다. 분리과세의 경우에는 자경농지(전·답·과수원)·목장용지, 임야(종중림 등)는 과세표준액의 0.07%, 골프장·별장·고급오락장용 토지는 4%, 주택용 토지 등 기타 분리과세 토지는 0.2%이다.

2) 건 축 물

건축물은 과세대상에 따라 각각 단일세율을 적용하게 되는데, 골프장·고급오락장용 건축물의 경우에는 과세표준액의 4%, 공장용 건축물은 0.5%, 기타 일반용 건축물은 0.25%이다.

3) 주　　택

사치성 재산으로 분류되는 별장의 경우는 과세표준액의 4% 세율이 적용되고, 나머지 주택의 경우에는 과세표준 4,000만 원 이하의 기본 세율 0.15%부터 0.5%까지 3단계 초과누진세율이 적용된다.

4) 선박 및 항공기

과세대상이 고급선박인 경우에는 과세표준액의 5%, 기타 선박 및 항공기는 0.3%의 세율이 적용된다.

(6) 부과·징수

과세기준일은 6월 1일이고, 과세대상별로 정해진 납기에 보통징수방법에 의하여 부과·징수한다. 그러나 과세대상의 누락, 위법 또는 착오 등으로 인하여 이미 부과한 세액의 변경이나 수시부과의 사유가 발생시에는 수시로 부과·징수할 수 있다.

4. 도시계획세

(1) 의　　의

도시계획사업의 수혜자에게 응익과세해서 도시계획사업비(도로개설 및 유지, 상·하수도, 공원 등)에 충당하는 목적세이다. 그러나 당초의 목적세 취지대로 관리·집행되지 않고, 다른 세목과 혼용됨으로써 목적세로서의 기능을 상실하고 있다.

(2) 과세대상

과세대상은 도시계획법의 규정에 의하여 고시된 도시계획구역의 전 지역, 또는 일부 구역 안에 있는 종합토지세 과세대상 토지와 건축물이다. 과세대상에서 제외되는 토지는 ① 전·답·과수원·목장용지, 임야, ② 도시계획법의 규정에 의하여 지적 고시된 공공용지, ③ 개발제한구역(greenbelt) 내 토지(무수혜자에 대한 간접보상 의미가 있음) 등이다. 그러나 그린벨트 내 골프장, 유원지, 지상정착물, 기타 이용시설이 있는 토지는 과세대상이 되지만, 주택은 과세대상에서 제외한다. 그러나 별장, 고급주택은 과세한다.

(3) 납세의무자

도시계획구역 안에 있는 토지 또는 건축물의 사실상 소유자가 납세의무자이다.

(4) 과세표준 및 세율

과세표준은 토지와 건축물의 과세시가표준액으로 결정되며, 세율은 시가표준액의 0.15%이다. 그리고 제한(최고)세율이 적용될 수 있는데, 실제 제한세율을 운용하는 자치단체는 없다.

(5) 부과·징수

부과구역은 조례로 정하여야 한다. 재산세와 함께 보통징수한다.

5. 공동시설세

(1) 의 의

소방시설, 오물처리시설, 수리시설 등 공공시설의 설치에 필요한 비용을 마련하기 위해 당해 공동시설의 수혜자에게 응익과세해서 관련시설비에 충당한다는 목적세이다. 현재 소방공동시설세만 시행되고 있다. 1992년도부터 소방사무가 시·도지사의 책임으로 됨에 따라 시·군세로부터 도세로 변경되었다. 소방인건비로도 충당이 가능한데, 운용상 현실적으로 목적세로서의 의미는 적다.

(2) 과세대상

소방, 오물처리, 기타 공공시설의 혜택을 받는 지역 내의 건축물, 선박, 주택의 건물분이다.

(3) 납세의무자

건축물 및 선박, 저유조, 옥외 가스충전시설, 사일로, 저장조, 전망대, 옥외 주유시설의 설치로 인하여 이익을 받는 자를 납세의무자로 한다.

(4) 과세표준 및 세율

소방공동시설세의 과세표준은 과세시가표준액으로서 재산세와 동일하다. 세율은 과세시가표준액의 최저 0.05%에서 최고 0.13%까지 6단계의 체차누진세율이다. 그러나 저유장, 주유소, 백화점, 호텔, 유흥장, 극장, 4층 이상의 건물 등 화재위험건축물은 일반건축물에 적용되는 세율의 2배를 중과세한다.

오물처리·수리시설세의 경우에는 토지 또는 건축물가액을 과세표준으로 하여 세율은 0.023%를 표준세율로 하고, 조례가 정하는 바에 의해 표준세율의 50% 범위 내에서 가감할 수 있다.

(5) 부과·징수

재산세에 병기하여 보통징수한다.

제3절 소비과세

1. 담배소비세

(1) 의　　의

담배의 소비행위에 대하여 과세하는 소비세이다. 1989년에 지방자치제 실시를 위한 지방재정보강책의 일환으로 국세였던 담배소비세를 지방세로 이양했는데, 이로써 지방자치단체의 재정자립도가 약 5%나 높아졌다. 담배소비세는 지방세수입 중 약 20%로서 큰 비중을 차지하고 있다. 그러나 지역별로 큰 차이가 있어서, 총세수에서 차지하는 담배소비세의 상대적 비중이 서울특별시 및 광역시의 경우에는 적은 편이고, 시·군지역의 경우에는 큰 편이다. 담배소비세가 지방세입의 중요한 재원이 됨에 따라 관주도의 담배판촉전 '내 고장 담배 사피우기운동'이 있었는데, 이것이 과열현상을 빚어 범사회적인 금연추세에 역행한다는 비난이 있었다. 또한 국제무역회담의 쟁점사항이 되고 있다.

(2) 과세대상

담배를 기호품으로 사용할 수 있도록 가공·제조한 상태의 담배, 즉 흡연용의 제조담배(궐련, 파이프담배, 엽궐련, 각련), 씹는 제조담배, 냄새맡는 제조담배 등이 과세대상이다. 그러나 엽연초상태의 담배는 과세대상이 되지 않는다.

(3) 납세의무자

납세의무자는 담배의 소비가 가능하도록 원인을 제공하는 자이다. 즉, 제조하는 경우에는 제조자(한국담배인삼공사), 수입판매하는 경우에는 수입판매업자, 휴대품·탁송품으로 반입하는 경우에는 반입자 등이다. 담배를 반출하거나 개업, 휴·폐업하는 경우에는 신고의무가 있다. 장부기장과 납세담보제공 등의 의무가 있다.

(4) 과세표준 및 세율

과세표준은 개비수 또는 중량이고, 세율은 정액세이다. 세율은 담배종류에 따라 다르다. 제1종 궐련은 20개비당 510원, 파이프담배, 엽궐련, 각련, 씹는 담배, 냄새맡는 담배 등은 50g당 650~2,600원까지의 정액세이다. 이 세율은 30% 범위 내에서 대통령령으로 조정이 가능한 탄력세율이다.[9)]

9) 1994년부터 360원을 460원으로 인상(27.7%)하였는데, 이는 특별시·광역시의 경우 교육재정을 보전하기 위함이고, 시·군의 경우에는 국가부담사업의 지방이양을 위한 것이었다.

(5) 부과 · 징수

제조자(전매공사)는 월별 판매세액을 다음 달 말까지 당해 시·군별로 자진신고납부한다. 외국산 담배 수입업자는 월별 수입담배의 세액을 다음 달 말까지 수입판매업자 주소를 관할하는 시·군에 자진신고납부하는데, 통관시 일괄 부과 · 징수하고 시·군별로 국산담배 판매실적에 비례하여 배분한다.

(6) 비과세 · 감면

수출용, 군용 등의 경우와 여행자가 외국으로부터 반입하는 궐련 200개비까지는 과세면제이다.

2. 레 저 세

(1) 의　　의

형식적으로는 승자 · 승마 · 소싸움경기 투표권의 발매에 대하여 과세하는 수익세의 일종이지만, 실질적으로는 배당금을 노리고 금전을 거는 사행행위에 대하여 과세하는 소비세 성격의 조세로 볼 수 있다. 사행행위에 대한 과세이므로 도덕적 · 심리적 문제가 제기된다. 1994년부터 경마장의 승마투표행위 외에 경륜(자전거경기)과 경정(요트경기)에 대해서도 과세근거가 마련되었고, 최근 전통소싸움경기에 관한 법률에 의한 소싸움에 대해서도 과세대상이 확대되었다. 소비세인 레저세(마권세)는 1942년에 국세로 창설했다가 1961년에 지방세로 이양되었는데, 1989년에 경마장이 서울시 뚝섬에서 경기도 과천시로 이전되면서 시세에서 도세로 변경되었다. 레저세는 경기도와 제주도(조랑말경주) 등에서 주로 세수가 발생하고 있는데, 경마장 · 경륜장 · 경정장의 지방확대가 추진되면서 세수증대가 기대되고 있다.

(2) 납세의무자

투표권을 발매하는 경주(경륜, 경정)사업자, 한국마사회 및 소싸움경기 시행자가 납세의무자이지만, 담세자는 투표권을 구입하는 일반인인 간접세이다. 납세의무자는 장부를 비치하여야 한다.

(3) 과세표준 및 세율

투표권 발매총금액이 과세표준이고, 10%의 세율을 적용한다.

(4) 부과·징수

다음 달 10일까지 자진신고납부하며, 불이행시에는 10%의 가산세를 가산하여 보통징수한다.

(5) 기　　타

경마의 연간 매출액은 약 4조 원 규모(1997년)[10)]이다. 레저세의 과세권을 둘러싸고 자치단체 간 갈등이 있었다. 경기도와 서울시 간의 레저세 갈등의 경우 서울시의 주장은 ① 경기도 과천시 소재 경마장 고객의 대부분이 서울시민이라는 것, ② 서울시내 소재의 수도권 장외마권발매소(TV경마장)에서 전체 마권발매액의 1/2～2/3 정도가 거래되고 있다는 것, ③ 장외마권소 운영에 따른 교통, 상·하수도, 청소 등 제반 행정수요를 서울시가 부담하고 있다는 것 등이었다. 경마·경주장 발매소의 지방확대 추진(부산시, 대구시, 광주시 등)과 함께 1995년부터 장외발매소의 레저세 징수가 경마·경주장 소재 자치단체와 장외발매소 소재 자치단체 간에 안분계산된다(50% 원칙, 1994년 말 개정된 지방세법 제152조, 제155조, 동법 시행령 제105조의 2 등에 근거함). 참고로 승마투표행위에 대한 당첨금 반환율은 75% 수준으로서 일본과 유사하다.[11)]

한편, 1992년 7월 공포된 경륜·경정법에 의거하여 경마와 경기운영방식이 비슷한 새로운 스포츠로 등장한 경륜·경정사업은 지방자치단체 또는 국민체육진흥공단이 주체가 되어 시행할 수 있는 공영경기로 되어 있다. 총투표판매액 중 75%는 배당금으로 환급되고, 나머지는 세금 및 사업단의 관리비용 등이다. 수익금은 경륜·경정법에 따라 모두 공익사업에 쓰인다. 경륜사업은 서울시(올림픽공원 내), 창원시, 춘천시, 의정부시, 대구시, 전주시, 나

10) 경기도의 도세인 마권세수입의 30%가 과천시의 징수교부금수입으로 되는데, 이는 과천시 세입에서 큰 비중을 차지하는 것으로서, 이로 인해 과천시는 보통교부세 불교부 단체로 되고 있다.

11) 일본의 경우 75%로 법정화되어 있다(自治省財政局 編, 1992, p. 617).

주시, 광명시 등에서 시행중이거나 추진중이다. 경정사업은 경기도(미사리)와 부산시(해운대구 동백섬) 등에서 추진중이다. 경륜은 일본, 덴마크, 스페인 등에서 성행하고 있다.

일본의 경우 지방자치단체가 시행하는 공영경기는 경마, 경륜(프로사이클), 소형자동차경주(오토레이스), 경정(프로모터보트) 등이 있다. 여론의 비판도 있지만, 관련산업과 스포츠진흥, 지방재정에의 기여, 대중오락성 등 그 역할을 인정받고 있다. 경마 매출액규모(1996년)는 세계 1위 프랑스가 266곳의 경마장에서 연 55조 원, 세계 2위 일본이 40곳의 경마장에서 연 32조 원(360억 달러)에 달한다(중앙일보, 1997. 4. 6). 일본은 경륜을 1948년부터 시작했는데, 총 252개 지방자치단체에서 50개의 사이클경기 전용 벨로드롬을 보유하고 주말마다 레이스를 펼치는 등 성행하고 있다. 1996년의 경우 총입장객 약 2,200만 명, 총매출액 약 1조 6,000억 엔에 이르고 있는데, 총매출액 중 75%가 관중에게 다시 환급된다. 나머지 25%가 시행업자의 수익금인데, 이 중 25%가 지방자치단체 수입이고, 기타 공공사업비, 선수들의 상금, 경륜사업 운영비, 체육진흥기금 등에 투입된다.

3. 도 축 세

(1) 의　　의

가축을 소비할 목적으로 도살하는 행위에 대하여 과세하는 소비세이며, 비과세 · 감면규정은 없다.

(2) 과세대상

과세대상은 소·돼지(개, 말, 양 등은 제외) 도축행위이다.

(3) 납세의무자

소·돼지의 도살자가 납세의무자이다.

(4) 과세표준 및 세율

소·돼지의 시가(1월 1일과 7월 1일에 시장 · 군수가 결정함)를 과세표준으로 하여 1% 범위 내의 세율(최고제한세율)을 적용한다.

(5) 부과 · 징수

도축장 경영자가 특별징수의무자로서 장부를 비치 · 기재하여야 한다. 특별징수가 곤란할 때는 보통징수한다. 특별징수시 부족세액과 미납세액이 발생하는 부당신고의 경우 10%의 가산세를 적용한다.

4. 주 행 세

(1) 의 의

자동차세 세율인하 및 중고차의 세액경감에 따른 지방재정손실금을 보전하기 위하여 국세인 교통세 일부를 재원으로 하여 2000년에 신설된 지방세로서 휘발유, 경유의 구입금액에 간접적으로 부과되는 소비세의 일종이다.

(2) 납세의무자

휘발유, 경유 등을 제조하여 반출하는 자와 유류수입업자로서 교통세의 납세의무자를 말하나, 실질적인 납세자는 유류를 사용하는 소비자이다.

(3) 과세표준 및 세율

국세인 교통세의 21.5%가 적용된다. 그리고 교통세율의 변동 등으로 조정이 필요한 경우에는 세율의 30% 범위 내에서 가감할 수 있다.

(4) 부과 · 징수

신고납부방법이 적용되나, 신고납부하지 않거나 신고납부액이 산출세액에 미달할 경우에는 산출세액 또는 부족세액의 10%를 가산하여 보통징수방법으로 징수한다.

제 4 절 소득과세

1. 농업소득세

(1) 의 의

농작물관련 소득에 대해 과세하는 것이므로, 소득세적 성격을 갖고 있다. 따라서 국세인 소득세법과 세율구조나 체계가 유사하다. 1991년까지 4평 기준 280만 원이었던 농지세 기초공제액이 1992년부터 560만 원으로 100% 상향조정됨으로써 농지세부과 농가수가 전체 농가의 0.4%로 감소되어 농지세는 사실상 폐지된 결과를 가져왔다. 업무량 대비 세수과소로 세제의 존치 여부에 대한 논란이 있어서 2001년부터 농업소득세로 개편되었다.

(2) 과세대상 및 납세의무자

농지에서 벼와 특수작물(과수, 인삼, 연초, 소채, 묘목, 약용작물, 차류, 화훼류, 참깨, 들깨, 땅콩, 호프 등)을 재배하거나 재배하게 함으로 인하여 얻은 소득을 과세대상으로 한다. 납세의무자는 농작물을 재배하여 소득을 얻는 자이다.

(3) 과세표준 및 세율

과세표준은 농작물재배의 수입금액에서 필요경비와 비과세소득, 감면소득, 기초공제액을 공제한 것이다. 세율은 최저 3%에서 최고 40%까지의 5단계 초과누진세율이다. 농업소득 등의 조사를 위해 농업소득조사위원회를 설치 · 운영한다. 농업소득금액을 계산할 때 증빙서류가 없을 경우에는 당해 지역의 평균수입금액을 결정하여 적용한다.

(4) 부과 · 징수

농업소득이 있는 납세의무자가 연간 2회 중간예납을 하고, 다음 연도 1월 말까지 확정신고 자진납부한다. 과세권자는 2월까지 납부세액을 확정결정하여 부족세액이 있을 때에는 보통징수한다. 해외이주 등 특별한 사유가 있는 때에는 수시부과한다.

(5) 비과세 · 감면

국가·지방자치단체에 대한 비과세, 학교, 고아원 등에 대한 비과세, 개간, 간척 등에 대한 비과세제도가 있다. 천재, 지변 등 특수한 경우의 감면제도가 있다.

2. 주 민 세

(1) 의 의

지방자치단체가 필요로 하는 경비는 그 자치단체 주민이 부담함을 원칙으로 할 때, 지역에서 삶을 영위하고 있는 주민이 바로 그 자치단체의 회원이라고 할 수 있으며, 따라서 회원은 회비를 내야 하는 것이다. 이렇듯 주민세(특히, 균등할)는 회비적 성격을 갖는 인두세(人頭稅)적 정액세로서 국민계세(國民階稅)의 원칙을 가장 잘 나타낸 세제이며, 비과세 · 감면이 거의 없다. 소득할은 개인, 법인과 농지의 소득에 따라 부과하는 조세로서 국세의 부가세(additional tax) 또는 국가와 지방의 공동세(tax sharing)적인 성질을 갖고 있다. 주민세는 지방세수 총액의 약 10%를 차지하고 있다.

(2) 과세대상

균등할과 소득할로 구분하여 과세된다. 균등할은 당해 자치단체의 주민과 법인이 과세대상이므로, 개인균등할·법인균등할로 구분된다. 소득할은 소득세, 법인세, 농지세가 과세대상이므로, 소득세할, 법인세할, 농업소득세할로 구분된다. 앞으로 특히 소득할의 비중증가가 예상된다.

(3) 납세의무자

납세의무자는 자치단체에 주소를 갖고 있는 개인과 법인이다. 소득할의 경우에는 그 지역 안에서 소득이 발생하면 비록 주소가 없더라도 납세의무가 있다.

(4) 과세표준 및 세율

균등할은 개인과 법인, 지역의 구분에 따라 각각 다른 정액세율로 되어 있다. 시·군의 관할구역 안에 주소를 둔 개인균등할의 경우 1만 원을 초과하지 않는 범위 내에서 조례로 정하는 제한세율을 적용하고, 나머지는 모두 표준세율로 정해져 있는데, 조례로 50% 범위 내에서 가감할 수 있다. 시·군 내에 사업장을 둔 개인균등할의 표준세율은 사업장 단위별 5만 원이다. 그리고 법인에 대한 균등할의 표준세율은 법인의 규모(자본금 또는 출자액, 종업원수)에 따라 5단계로 구분하여 최하 5만 원에서 최고 50만 원까지 정액세로 부과한다.

소득할의 표준세율은 소득세액, 법인세액, 농업소득세액의 10%를 정률세로 부과한다.

(5) 부과 · 징수

① 보통징수: 균등할, 의무불이행가산세 20%

② 특별징수: 농업소득세의 특별징수시, 소득세 · 법인세(외국법인의 경우)의 원천징수시

③ 자진신고납부: 특별징수대상이 아닌 소득할

(6) 비과세 · 감면

국가 · 지방자치단체 · 외국정부 등에 대한 비과세, 세대주 이외의 주민과 생활보호대상자에 대한 균등할 비과세제도가 있다.

제5절 기타 과세

1. 자동차세

(1) 의 의

자동차세는 ① 자동차 보유사실에 대한 재산세적 성격, ② 도로손상, 교통혼잡, 소음, 대기오염 등에 대한 원인자(사용자) 부담금으로서의 목적세적 성격, ③ 차체 감가 등의 감안시 소비세적 성격을 함께 내포하고 있다. 따라서 지방재정 확충노력의 일환으로 차적의 내고장 옮기기운동이 벌어지기도 했다.

(2) 과세대상 및 납세의무자

자동차관리법의 규정에 의하여 등록된 차량과 건설기계관리법의 규정에 의하여 등록된 덤프트럭 및 콘크리트혼합물 운반차를 과세대상으로 한다. 자동차등록 원부상의 소유자가 납세의무자이다. 이에 따라 사실상 폐차되어 존재하지 않는 차량이라도 이를 등록관청에 정해진 기간 내에 신고하지 않으면 계속하여 자동차세를 부과하게 되므로, 민원발생과 함께 체납이 발생한다.

(3) 과세표준 및 세율

자동차세의 표준세율은 기본적으로 차종과 용도(영업용과 비영업용)별로 구분되어 다른 세율체계가 적용되며, 차종별로 배기량(승용차), 적재차량(화물자동차), 용도와 크기(승합자동차, 특수자동차) 등에 따라 누진세율이 적용되고 있다. 이 중 승용차의 표준세율은 배기량별 cc당 세액을 곱하여 연(年)세액으로 하고 있는데, 단 비영업용 승용차에 대한 자동차세는 차령이 3년 이상인 자동차에 대해서는 1년에 5%씩 50%(12년 이상)를 상한으로 하여 세액이 경감된다. 또한 교통난이 심한 대도시(특별시·광역시)의 경우 1992년부터 당해 자치단체장이 필요하다고 인정하는 경우에는 제한세율(표준세율의 50%)

의 범위 내에서 조례로 지역 간 차등과세를 할 수 있다.

(4) 부과 · 징수

연간 납부세액을 연 2회 분할하여 보통징수하나, 연납세액을 일시에 신고·납부하는 경우 정상세액의 10%가 공제된다.

(5) 비과세 · 감면

특수용도의 차량(국방, 교통순찰, 소방, 청소 등), 농기계류에 대한 비과세, 장애인 승용차에 대한 감면 등이 있다.

2. 면 허 세

(1) 의 의

건축물 신·개축허가, 자동차등록면허, 사업자등록 등 각종 권리의 설정 또는 금지의 해제를 하는 행정처분과 신고의 수리, 등록, 지정, 검열, 검사 등 명칭의 여하를 불문하고 행정관청으로부터 받는 일정한 행정행위(면허·인가·허가 등)에 대해 과세하는 행위세이다. 다른 사람이 받을 수 없는 혜택을 받게 되는 수익성에 대하여 과세하는 수익세의 일종으로서 수수료적 성격을 갖는다.

(2) 납세의무자

면허의 권리향유 여부에 불구하고 지방세법에 열거된 각종 면허를 받은 자에게 납세의무가 있다.

(3) 과세대상 및 과세표준, 세율

과세대상은 1~5종으로 분류하여 개별적으로 정하고 있는 면허(지방세법 시행령 제124조 별표 참조)를 대상으로 하는데, 면허를 받는 지역에 따라 세액을 달리하는 정액세로 되어 있다. 차량면허세의 비중이 높은데, 이는 차량의 경우가 과세자료 수집에 큰 어려움이 없어 비교적 정확하게 부과되지만, 일반면허인 경우에는 통보체계의 미흡 등 과세자료 수집 자체가 미비하기 때문에 실제 면허건수와는 차이가 있다.

(4) 부과·징수

수시분(신규면허, 변경면허)과 정기분(갱신면허)으로 나뉜다. 신규면허를 부여받는 경우에는 면허증서를 교부받기에 앞서 면허세를 납부하여야 하므로, 자진신고·납부형식으로 되어 있다. 그러나 매년 1회 징수하는 정기분(갱신간주분) 면허세는 보통징수방법에 의한다.

3. 사업소세

(1) 의　　의

도시화, 산업화, 경제성장, 소득수준의 향상으로 환경개선에 소요되는 경비는 날로 증가되고 있으나, 목적수행을 위한 재원조달은 어려운 실정에 있다. 사업소세는 환경개선 및 정비에 필요한 비용을 마련하기 위한 목적세이다. 1976년에 신설되었다.

(2) 납세의무자

사업장을 갖추고 종업원을 고용하고 있는 사업주가 납세의무자이다. 납세의무자는 필요한 사항을 신고하여야 한다.

(3) 과세표준 및 세율

사업소의 연면적을 과표로 하는 정액세인 재산할과 종업원 급여 총액을 과표로 하는 종업원할로 구분된다. 재산할의 경우 사업소(공장, 여관, 모델하우스 등)의 연면적 $1m^2$당 250원인데, 폐수 배출사업소, 산업폐기물 배출사업소, 원자력발전소 등 환경오염 유발사업소에 대해서는 원인자 부담원칙에 따라 차등과세(일반세율의 2배로 중과)한다. 종업원할의 경우 종업원 급여 총액의 0.5%이다. 시장·군수는 조례가 정하는 바에 따라 사업소세의 세율을 상기 표준세율 이하로 정할 수 있다.

사업소세를 부과하지 않는 면세점은 종업원할의 경우 종업원수 50인 이하, 재산할의 경우 당해 사업소의 연면적이 $330m^2$(100평) 이하일 경우이다.

면세점을 하향조정하자는 주장이 있는데, 이는 생산기술의 혁신 및 생산시설의 자동화로 소수인원으로도 생산시설을 가동할 수 있어 공해물질의 배출정도가 사업소의 연면적과 반드시 비례한다고는 볼 수 없기 때문이다.

(4) 부과 · 징수

종업원할은 다음 달 10일까지, 그리고 재산할은 납기(7월 1일~7월 10일) 안에 자진신고납부하고, 불이행시에는 20%의 가산세를 적용하여 보통징수한다.

(5) 비과세 · 감면

국가, 지방자치단체, 외국공관 등에 대한 비과세, 제사, 종교, 자선, 학술, 기예 등 비영리사업자에 대한 비과세 등이 있다. 천재 기타 특수한 사정이 있는 경우의 감면제도가 있다. 그러나 비영리사업자의 수익사업은 과세대상이다.

4. 지역개발세

(1) 의 의

자원세의 일종으로 1992년부터 신설되었다. 지역의 균형개발 및 수질개선과 수자원보호 등에 소요되는 재원을 마련하기 위한 목적세로서 지방도로 확충, 상·하수도시설 개선 등에 사용된다. 지역개발세는 우리 나라 지방세제도에서 독특한 위치를 차지하고 있는데, 의무세가 아닌 임의세로서, 과세대상과 세율만 지방세법에서 규정하고, 구체적인 과세권의 행사를 각 자치단체의 자주적인 결정에 위임하여 조례를 통해 징수 여부 및 탄력세율을 결정하도록 하는, 이른바 선택세제도를 채택하고 있다. 조세특성이 다른 사실상 4개의 세목, 즉 발전용수세, 지하수세, 지하자원세, 컨테이너세를 합쳐 놓은 형태인 지역개발세는 과세자주권이 신장된 지방세목으로서 법정세이면서도 사실상 법정외세적인 특성을 갖는 절충형 세목이다.

(2) 납세의무자

수력발전을 하는 자, 지하수를 판매(음용, 목욕용)하기 위한 채수자, 지하자원을 원료로 하여 직접 제품을 생산하는 채광자, 컨테이너로 입·출항하는 화주 등이 납세의무자이다.

(3) 과세표준 및 세율

과세표준과 표준세율은 다음과 같으며, 조례로 표준세율의 50% 범위 안에서 가감조정이 가능하다.

① 컨테이너: 수출·입 컨테이너에 대해 1TEU(길이 20피트, 약 6m)당 1만 5,000원

② 지하자원: 채광된 광물가액의 0.2%

③ 지하수: $1m^3$당 음용수(판매용)는 200원, 온천수(목욕용)는 100원, 기타는 20원

④ 발전용수: $10m^3$당 2원

(4) 부과 · 징수

필요한 사항은 조례로 정하며, 조례로 정하는 지역에 한하여 부과 · 징수가 가능하다. 자진신고납부제도로 되어 있으며, 의무불이행 및 납부세액 미달시에는 20%의 가산세를 부과 · 징수한다.

(5) 비과세 · 감면

국가 · 지방자치단체가 과세대상 자원 등을 직접 개발하여 이용하는 경우의 비과세 등이 있다. 천재 · 지변 기타 특수한 사정이 있는 경우의 감면제도가 있다.

(6) 기 타

지역개발세는 세율이 너무 낮고, 과세대상이 축소되어 있어 지방세수 확충에 큰 보탬이 되지 못하며, 다만 세목신설에 그 의의가 있는 실정이다. 과세대상 확대와 함께 세율인상의 필요성이 있다. 발전용수의 경우 수량

이 아닌 발전량(일본 전원개발촉진법 참조)에 따른 부과방안이 검토되어야 할 것이다.

5. 지방교육세

(1) 의 의

지방교육의 질적 향상을 위해 지방교육재정의 확충에 필요한 재원을 확보하기 위하여 1991년도부터 지방세에 부가하여 교육세(국세)로 과세하고 있던 것을 2001년부터 시·도세로 전환한 세목이다.

(2) 납세의무자

등록세(자동차등록은 제외), 레저세, 주민세 균등할, 재산세, 비영업용 승용차에 대한 자동차세, 담배소비세의 납세의무자가 납세의무가 있다.

(3) 과세표준 및 세율

등록세 외 5개 지방세목에 대한 부가세이므로 과세표준은 이들 세목의 과세액이 되고, 세율은 정률(20%, 25%, 30%, 50%, 60%)로서 조례로 50% 범위 내에서 가감조정할 수 있다.

(4) 부과 · 징수

납세의무자가 등록세, 레저세, 담배소비세를 신고납부를 할 때에 그에 대한 지방교육세를 신고납부하고, 신고납부하지 않거나 신고납부액이 산출세액에 미달할 경우에는 미납부세액의 10%를 가산하여 보통징수방법으로 징수한다. 그리고 정기분 주민세(균등할), 재산세, 자동차세를 부과 · 징수할 때 그에 대한 지방교육세를 부과 · 징수한다.

6

지방세외수입

제 1 절 세외수입의 기초이론

1. 세외수입의 개념

세외수입(稅外收入, non-tax revenue)은 통상적으로 지방자치단체의 자체 수입 중 지방세를 제외한 다른 수입으로서 지방세와 대응되는 개념인데, 일반회계와 특별회계를 포함해서 행정적 용어로 사용되고 있다. 매우 복잡하고 다양한 수입구조를 지니고 있어서, 재정정보의 명료성 확보 측면에서는 다소 문제가 있는 용어이다.

세외수입의 징수성격은 지방세와는 달리 수익자 부담적 수입과 비권력적 수입이 많으며, 그 예로서 재산수입, 사용료, 수수료, 분담금, 기부금 등이 있다. 엄밀한 의미에서 볼 때, 당해 연도의 수입과 무관한 이월금수입 등도 포함되어 있다.

2. 세외수입의 체계

세외수입은 크게 다섯 가지, 즉 ① 이용자수입(사용료, 수수료, 임대수입 등), ② 차입수입(지방채, 융자금 등), ③ 회계적 수입(이월금, 전입금, 과년도 수입 등), ④ 이전적 수입(징수교부금, 기부금 등), ⑤ 기타(이자수입, 부담금 등 잡수입) 등으로 분류할 수 있다.

또한 세외수입은 회계성질별로 일반회계 세외수입과 특별회계(주로 지방공기업) 세외수입으로 구분할 수 있는데, [표 6-1]에서 보듯이 일반회계 세외수입은 35조 1,501억 원으로 전체 세외수입의 56.0%이고, 기타 특별회계 세외수입은 14조 8,265억 원(23.6%), 공기업특별회계 세외수입은 12조 8,163억 원(20.4%)인 것으로 나타난다. 일반회계 세외수입은 수입의 규칙성을 기준으로 하여 경상적 세외수입과 임시적 세외수입으로 구분되며, 특별회계 세외수입은 사업수입과 사업외수입으로 구분된다. 경상적 세외수입은 법령 또는 지방자치단체의 조례로써 정하여 회계연도마다 계속적으로 반복하여 확

표 6-1　세외수입의 종류와 규모

(단위: 억 원)

구　분		합　계	일반회계	공기업특별회계	기타 특별회계
합　계		627,929	351,501	128,163	148,265
경상세외수입	소　계	110,774	39,052	45,224	26,498
	재산임대	1,750	1,525	42	182
	사 용 료	43,834	6,177	30,122	7,535
	수 수 료	9,550	8,753	282	516
	사업장생산	30,049	4,001	10,225	15,823
	징수교부금	7,952	7,872	1	79
	이자수입	17,640	10,725	4,551	2,364
임시세외수입	소　계	517,155	312,449	82,939	121,766
	재산매각	8,769	6,905	1,364	499
	순세계잉여금	143,607	67,796	38,901	36,910
	이 월 금	255,562	205,038	19,964	30,560
	전 입 금	44,440	5,995	6,005	32,440
	예탁금, 예수금	4,017	1,659	–	2,359
	융자금 원금	11,285	631	7,549	3,105
	부 담 금	19,215	7,316	4,596	7,302
	잡 수 입	21,604	13,609	1,814	6,181
	과년도 수입	8,655	3,499	2,746	2,410

주: 2004년 결산총계기준.
자료: 행정자치부, 『지방재정연감』, 2005.

보될 수 있는 예측가능한 수입인 데 반하여, 임시적 세외수입은 회계연도별 정례적인 수입이 아니고, 특수한 여건에 의해 불규칙적으로 확보되는 수입으로서 그 예측이 어렵다. 일반적으로 경상적 세외수입을 실질적 세외수입, 임시적 세외수입을 명목적 세외수입이라고도 한다.

이러한 세외수입의 분류체계를 광의(실질적·명목적 세외수입 모두 포함, 일반·특별회계 세외수입 모두 포함), 협의(실질적 세외수입만 의미), 최협의(경상

그림 6-1 세외수입의 분류체계

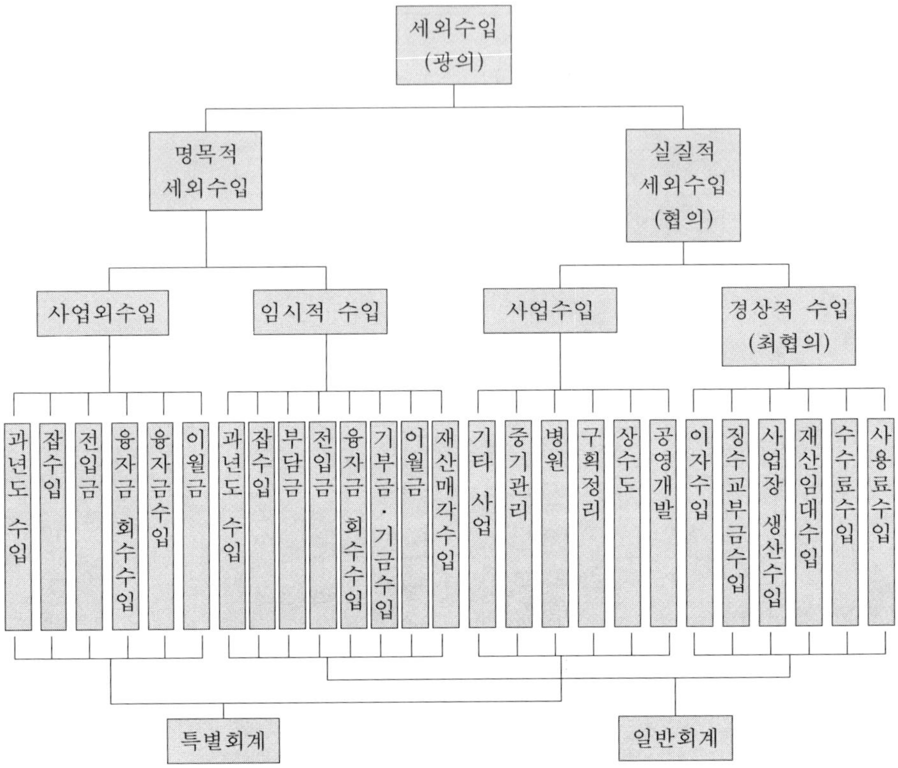

적 세외수입만 의미)로 구분하면 [그림 6-1]과 같다. 이하 일반회계를 중심으로 그 내용을 설명하기로 한다.

3. 세외수입의 특징

세외수입은 지방세, 지방교부세 등 다른 수입에 비해 다음과 같은 특징이 있다.

(1) 신 장 성

노력에 따라 신장가능성이 크다. 즉, 법령에 저촉되지 않는 한, 지방자치단체의 독자적인 노력 여하에 따라 계속적으로 확대·개발될 수 있다.

(2) 응 익 성

조세에 비해 응익성을 지녀 상대적으로 징수에 대한 저항이 적다. 이는 주로 공물사용 및 역무제공 등에 대한 반대급부 또는 대가이기 때문이다.

(3) 다 양 성

종류가 많고 그 수입근거와 형태가 다양하다. 수입근거를 보면 법률, 대통령령, 부령, 조례, 규칙 또는 사법상의 계약 등 다양하다.

(4) 분 포 성

지역별·연도별로 차이가 있다. 지역여건이나 경제환경 및 자치단체의 노력 정도에 따라 수입규모가 달라지기 때문에, 자치단체 간과 회계연도별로 분포가 다른 것이 특징이다. 따라서 지방재정의 세입부문에서 불안정한 요소로 작용하는 경우가 많아 합리적 예측과 계획성 있는 재정운영을 힘들게 하는 요인으로 작용하고 있다.

(5) 비도의 지정

비도(費途)가 지정된 경우가 많다. 세외수입을 흔히 일반재원으로 분류하는 경우가 있으나, 개개의 세입근거를 따지고 들어가면, 대부분 세출예산과 연결되는 경우가 많다. 예컨대, 하천사용료는 하천관리, 공원사용료는 공원관리 및 개발에 관한 비용에 사용되어야 한다.

(6) 징수형태

징수형태에서 현금 외에 수입증지형태도 있다. 수입증지는 주로 건당 수입금액이 영세한 제 증명 등에 대한 수수료 등의 징수시에 이용된다.

4. 세외수입의 과징절차

(1) 세외수입의 징수결정

당해 기관의 징수관이 징수결의서에 의거하여 세외수입을 징수결정하는데, 그 징수방법에는 세 가지가 있다. 즉, ① 사전징수결정(재산임대수입, 부담금, 사용료, 수수료, 과태료처럼 법령이나 계약에 의해 납기가 정하여진 수입), ② 수납과 동시 징수결정(기부금, 전입금처럼 사전징수결정이 곤란한 수입), ③ 징수결정 없는 수납(수입증지로서 수입되는 것은 소인수납으로 징수) 등이다.

그리고 징수관이 징수결정한 세입금 중 ① 위법, 부당, 착오 등의 사유, ② 다른 법령의 규정에 의한 채무면제결정, ③ 시효완성 등의 사유로 인한 수납불능 등의 경우는 취소·경정 및 결손처분을 한다. 징수결정한 세입금으로서 당해 연도 출납폐쇄일(익년도 2월 말)까지 수입되지 아니한 것은 이를 다음 연도의 징수결정액으로 이월하여야 한다.

(2) 납입의 고지

납입고지는 상대방에게 납부의무를 발생하게 하는 요건이다. 따라서 반드시 납입의 고지를 하여야 하는데, 납기가 정하여진 경우에는 납기개시 5일 전, 납기가 정해지지 않은 경우에는 징수를 결정한 때 납입고지를 한다. 납입고지는 반드시 문서로 하는데, 수입금을 출납원에게 즉시 납입시키는 경우에는 구두로 할 수도 있다. 납입고지의 문서에는 일자, 과목, 금액, 기한, 납입장소, 불복방법, 산출근거, 납입자의 주소·성명 등의 내용이 기재되어야 한다.

(3) 세외수입의 수납

세외수입은 징수관이 발부한 납입고지서 또는 납부서 등에 의하여 납입의무자로부터 징수하여야 한다.

(4) 이의신청의 처리

사용료, 수수료, 부담금 등 세외수입의 부과·징수행위시에 법령 또는 조례상 특별한 규정이 없는 경우에는 그 통지를 받은 날로부터 60일 이내에 지방자치단체장에게 이의신청할 수 있다. 자치단체장은 이의신청을 받은 날로부터 60일 이내에 이를 결정하여 통보하여야 한다. 이의신청에 대한 자치단체장의 결정에 불복하거나 이의신청을 한 날로부터 60일 이내에 아무런 결정이 없을 때에는 이의신청자는 법원에 행정소송을 제기할 수 있다. 계약의 경우에는 민사소송도 가능하다. 또한 관계기관장을 거쳐 감사원에 직접 심사를 청구할 수도 있다.

(5) 가산금의 징수 및 체납처분 등

세외수입 중 개별 법령이나 조례 등에 가산금의 징수에 관한 규정이 있는 경우를 제외하고는 지방세법을 준용한다. 또한 체납처분(압류, 공매, 청산), 징수유예, 소멸시효, 납부의무의 승계 등은 지방세 징수의 예에 준하여 처리한다.

이러한 세외수입의 과징절차를 지방세의 경우와 비교하면 [표 6-2]와 같다.

표 6-2 세외수입과 지방세의 과징절차 차이점

구 분	지 방 세	세외수입
징수절차	· 사전징수결정원칙 · 자진신고는 신고 즉시 수납하고 사후에 일괄징수 결정	· 사전징수결정원칙 · 수납과 동시 징수결정(기부금, 전입금 등) · 징수결정 없이 수납 -수입증지 소인수납
고지방법	· 반드시 문서로 납세고지 -도달주의(등기)	· 문서 · 구술(시장사용료, 분뇨수거수수료 등)
징수방법	· 현금 또는 수입증지 · 은행 또는 금고 · 후납	· 현금 또는 수입증지 · 은행 · 금고 또는 공과금 수납창구 · 선납원칙
행정구제 제도	· 1심(이의신청) -청구기간: 60일 이내 -결정기간: 60일 이내 · 2심(심사청구) -청구기간: 60일 이내 -결정기간: 60일 이내 · 3심(행정소송)	· 1심(이의신청) -청구기간: 60일 이내 -결정기간: 60일 이내 · 2심(행정소송) -민사소송도 가능(재산매각수입 등)

5. 세외수입의 요율결정기준

(1) 요율결정모형

세외수입의 요율결정모형은 [그림 6-2]와 같이 설정할 수 있다.[1] [그림 6-2]에서 부문 I은 비채산적이면서 필수적인 사용료·수수료, 부문 Ⅱ는 비채산적이나 선택적인 사용료·수수료, 부문 Ⅲ은 필수적이나 채산성을 띠고 있는 사용료·수수료, 부문 Ⅳ는 채산성도 있으면서 선택적인 사용료·수수료가 이에 해당될 것이다. 이러한 분류를 기준으로 다음과 같이 기본 방향을 설정할 수 있다.

① 상·하수도 기본 사용료, 주민등록 등·초본과 같이 주민생활에 필수적이고 비채산적인 사용료·수수료는 원가를 최소화하고(부문 I), ② 각종 예방접종과 같이 선택적이나 비채산적인 사용료·수수료는 원가를 저렴하게 책정하며(부문 Ⅱ), ③ 위생처리장사용료, 화장장사용료와 같이 필수적이나 채산적인 사용료·수수료는 사용자부담원칙을 적용하여 가능한 한 현실화하고(부문 Ⅲ), ④ 골재채취료, 무역업 허가수수료와 같이 선택적이면서 채산적인 사용료·수수료는 완전히 현실화하고(부문 Ⅳ), ⑤ 그 밖에 동종유사 사용료·수수료는 형평성을 유지하여 요율을 균형되게 책정하되, 지역특성에 따라 요

그림 6-2 요금결정모형

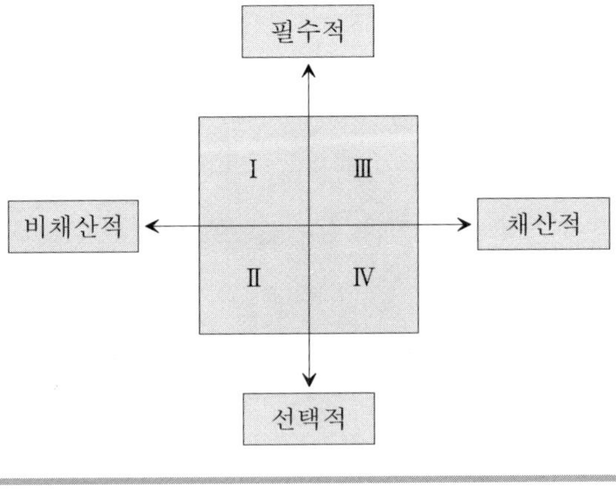

1) 지방재정발전기획단(1996), pp. 116～117.

율이 달리 결정되어야 할 사용료·수수료는 차등적용하는 것이 바람직할 것이다. 또한 행정서비스의 질적인 개선(예컨대, 온라인처리, 팩스이용 등 사무자동화, 전철역·백화점 등의 현장민원실 등)에 따라 요율적용을 차등화할 필요는 있을 것이다.

(2) 요율결정기준

동일 서비스에 대해서는 동일 액수의 징수가 세외수입 요율결정의 기본원칙이다. [그림 6-2]에서 판단할 때, 채산성도 있으면서 선택적인 부문 Ⅳ의 사용료·수수료는 완전히 현실화하고, 다음으로 필수적이나 채산성을 띠고 있는 부문 Ⅲ, 비채산적이나 선택적인 부문 Ⅱ, 비채산적이고 필수적인 부문 Ⅰ 등의 순서로 낮은 현실화 수준을 고려할 수 있을 것이다. 그러나 이른바 공공요금으로서의 물가정책목표와 함께 사회복지 차원의 복지정책목적 등도 고려되고 있다. 예컨대, 생활보호대상자에 대한 감면조치 등 빈부 정도에 따라 요율을 차등적용하는 것이다. 따라서 요율결정기준은 비용기준과 수익기준의 두 가지로 구분할 수 있다.

1) 비용기준

주민이용 위주로 추진되며 이용자의 편의를 고려해 원가 또는 그 이하로 요율이 책정되는 사업에 적용된다.

가. 일부변상주의

발생한 비용의 일부(예컨대, 60%, 80%)를 요금으로 하거나 무료로 하는 경우는, 행정목적의 달성을 위하여 권장한 경우, 이용자의 특별수혜도가 희박한 경우, 주로 저소득층을 상대로 하는 경우 등이다. 예를 들어, 저소득층과 노인의 각종 시설이용에 대해서는 저요금제가 바람직하다. 그리고 일반가정생활에서 발생하는 필수적·기초적인 수준의 상·하수도량, 분뇨량 등에 대해서는 가급적 높지 않은 요액수준이 요망된다.

나. 실비변상주의

실제로 발생한 비용을 요금으로 책정하는 것이다. 예컨대, 일반가정생활에서 발생하는 필수적 수준을 넘는 다량의 상·하수도 사용 등에 대해서는 발생한 비용을 모두 요금으로 부담시키는 것이 바람직하다.

2) 수익기준

수익을 위주로 하는, 다시 말해 재정수입을 확충하기 위하여 원가 이상의 수입을 목표로 하는 사업에 적용되며, 수익 정도를 요금에 반영하는 것이다. 지속적인 수혜로 특혜가 발생하는 경우 특수한 취급을 하는 것이다. 예컨대, 공유수면 매립, 골재채취, 관광호텔 허가, 룸살롱 허가, 골프장 허가 등 특정 수익을 받는 서비스는 수익 정도를 고려해서 요금을 결정해야 할 것이다.

제2절 경상적 세외수입

1. 사용료수입

사용료(user charge)란 지방자치단체가 주민의 복지를 증진하기 위하여 설치한 공공시설을 특정 주민이 사용할 때, 그 반대급부로서 조례에 의거 부과·징수하는 공과금이다. 예컨대, ① 도로, 하천, 상·하수도, 공유수면, 시장, 도축장, 중기 등의 사용료, ② 운동장, 공연장 등의 입장료와 사용료, ③ 공원, 관광지, 묘지, 복지회관, 시민회관, 주차장 등 공공시설 및 재산의 사용료 등이다.

외국의 사례를 보면 지방정부마다 특정 서비스에 대한 사용료 부과방식이 다양하다. 특히, 미국과 같이 지방자치가 잘 발달된 국가에서는 동일한 서비스에 대하여 어떤 도시는 무료로, 어떤 도시는 요금을 부과하기도 한다. 상·하수도 등 도시기반시설은 대부분 사용료에 의하여 공급된다. 그러나 쓰레기수거, 해수욕장, 공원, 주차장 등은 도시에 따라 유·무료 모두 있다. 공원과 체육·위락시설은 절정시간대(peak time)에만 요금을 받거나 차등요금제를 적용하기도 한다. 그러나 무료로 제공되던 공공서비스인 경우 지방정부로서는 상승하는 비용을 계속 세금으로 충당하기에는 한계가 있기 때문에 사용료부과를 시도하기도 한다.

2. 수수료수입

수수료란 지방자치단체가 특정인에 제공한 인·허가 등 행정서비스에 대하여 그 비용의 전부 또는 일부를 반대급부로서 징수하는 재화이다. 대부분 인지 또는 증지형태로 수입되는 것이 보통인데, 조례에 의거하여 부과·징수하고 있다. 지방세 중 면허세가 비슷한 성격을 갖고 있다.

(1) 관공업수입

보건소 등의 진료수입, 시험·검사수수료 등이다.

(2) 증지수입

호적, 주민등록, 신원, 인감 등 제 증명발급, 증지판매수입 및 각종 시험에 관한 증지판매수입이다.

(3) 폐기물(오물)수거수수료

쓰레기수거료, 분뇨수거료 등이다.

(4) 기타 수수료

개발이익환수부담금 위임수수료, 택지초과소유부담금 수수료 등이 있다. 또한 각종 광고물건(현수막, 플래카드, 선전탑 등)에 대해 수수료가 징수되고 있다.

3. 재산임대수입

재산임대수입이란 지방자치단체가 국·공유재산을 관리·운영함으로써 발생하는 수입을 말한다. 국유재산법과 지방재정법 및 관련조례에 의거하여 지방자치단체가 관리하는 국·공유재산(토지, 임야, 건물 등)의 임대료, 대지료, 대가료, 임야수입 등이 있다.

4. 사업장 생산수입

지방자치단체가 직접 각종 사업장을 설치·운영하여 얻어지는 생산물 및 부산물의 매각수입이다. 예컨대, 잠종장의 잠종, 종축장의 우량종축, 원종장의 농산물, 임업시험장의 묘목, 도유림사업소의 임목 따위의 매각수입이다.

5. 징수교부금수입

징수교부금수입은 기초자치단체가 광역자치단체의 수입을 대신 부과·징수하여 납입할 때, 광역자치단체가 수수료의 위임처리에 대한 대가로 교부하는 것이다. 그 유형을 보면, ① 시·도세 징수에 따른 교부금수입(예컨대, 기초자치단체에서 징수하는 광역자치단체 세금의 3%), ② 하천, 도로 등의 사용료 징수에 따른 교부금수입(예컨대, 하천사용료, 공유수면점용료) 등이 있다. 이 중 도세징수교부금의 경우에는 기초자치단체인 시·군이 도세를 해당 시·군에서 징수하여 도에 납입할 의무를 지는데, 도세의 징수에 드는 비용은 시·군의 부담으로 하고, 대통령령이 정하는 교부율에 따라 도조례가 정하는 바에 의하여 그 처리비로서 도가 시·군에 징수교부금을 교부하고 있다(지방세법 제53조 등).[2)]

징수교부금의 교부비율은 부과·징수를 위해 행정력을 소모하는 정도에 따른다. 각 광역자치단체에서는 다음 해의 지방세 징수목표액을 기준으로 법정징수교부율을 적용하여 당초예산에 반영하고 있다.

2) 일본의 경우에는 광역세인 도·부·현세(道·府·縣稅)의 부과징수업무를 원칙적으로 기초단체인 시·정·촌(市·町·村)에 위임해서는 안 된다(일본 지방세법 제20조의 3). 예외적으로 인정하는 것이 법에 명시되어 있는데 ① 당해 도·부·현 징세원의 부과·징수가 현저하게 곤란한 지역의 경우, ② 시·정·촌이 동의한 경우, ③ 총무성(과거의 자치성)의 허가를 받은 경우 등이다. 이 경우 도·부·현은 해당 시·정·촌의 청구일로부터 30일 이내에 관련 사무처리비용을 보상하여야 하는데(일본 지방재정법 제28조), 보상률은 7% 수준이다.

6. 이자수입

이자수입은 지방자치단체의 수입을 금고 등에 예치함으로써 발생하는 과실수입을 말하는데, 보통예금, 정기예금에서 발생하는 예금이자수입과 세입·세출 외 현금관리에 따른 이자수입 등이 있다. 지방재정의 규모증대에 따라 비교적 안정적이고 중요한 세외수입원으로 등장하고 있다. 즉, 공금운용에 있어 유휴자금이 크게 늘어나고 있으므로, 이를 어떻게 활용하느냐에 따라 이자수입액은 큰 차이가 발생하므로, 정확한 자금수급계획의 수립·운용과 함께 고수익 금융상품정보가 잘 활용되어야 할 것이다.

제3절 임시적 세외수입

1. 재산매각수입

재산매각수입이란 공유재산을 매각·처분함으로써 발생하는 수입을 말한다. 예컨대, ① 지방자치단체의 재산매각계획에 따른 공유재산 매각수입, ② 국유재산법령의 규정에 의하여 지방자치단체가 은닉된 국유재산 또는 주인 없는 부동산을 발견하여 신고한 때에 당해 재산가격의 범위 안에서 지급받게 되는 보상금, 국가로부터 매각을 위탁받은 국유재산(토지, 건물 등) 매각수입 중 지방자치단체에 귀속되는 수입, ③ 공유재산과 타인재산의 교환차액수입 등이 있다.

2. 이 월 금

회계연도의 단년도주의에 따라 발생하는 경리기술상의 수입으로서, 전년도의 결산결과 생긴 잉여금 중 당년도로 이월된 분을 말한다.

(1) 순세계잉여금

전년도 결산에 따른 이월금에서 명시이월금, 사고이월금, 계속비이월금, 국고 및 시·도비 보조금 사용잔액을 제외한 금액이다. 순세계잉여금(純歲計剩餘金)은 세출예산에 구애됨이 없이 지방채의 원리금을 상환할 수 있다.

(2) 보조금 사용잔액

전년도 국고 및 시·도비 보조금 사용잔액으로 국고 및 시·도에 반납하여야 할 금액이다.

(3) 전년도 이월사업비

명시 · 사고 · 계속비 이월사업 등이다.

3. 기부금 및 기금수입

기부금이란 주민, 공공단체 또는 기타 기관이 자발적인 의사에 따라 당해 지방자치단체에 공여하는 금품으로서, ① 지정기부금(용도지정)과 ② 보통기부금(용도 비지정)으로 구분된다.

4. 융자금 회수수입

민간 또는 다른 자치단체에게 융자한 금액을 회수하는 원리금수입이다.

5. 전 입 금

전입금이란 전출금의 상대적인 용어로서 당해 지방자치단체 내부의 다른 회계 또는 기금으로부터의 자금이동으로 발생한, 이른바 회계조작상의 수입이다. 전입금은 ① 특별회계수입의 일반회계 전입금과 ② 일반회계수입의 특별회계 전입금이 있는데, 대부분 비도(費途)가 지정된다.

6. 부담금(분담금)수입

부담금(분담금)은 넓은 의미에서 목적세의 일종인데, 지방자치단체의 재산 또는 공공시설의 설치로 인하여 주민의 일부가 특히 이익을 받을 때 그 비용의 전부 또는 일부를 지변(支辨)하기 위해(따라서 비도지정) 그 이익을 받은 자로부터 그 수익의 정도에 따라 징수하는 공과금으로서 특별부과금이라고도 한다. 부담금은 사업마다 법률로써 그 징수근거가 정해져 있는 것이 원칙이지만, 지방자치단체가 징수하는 것에 대해서는 지방자치법에서 일반적인 징수근거를 설정하고 있다(지방자치법 제129조). 일반회계의 경우에는 ① 일반부담금으로서 민간인·기타 단체의 부담금수입, 개발이익환수금, ② 자치단체 간(도와 시·군 간 등)의 부담금수입 등이 있다. 특별회계의 경우에는 공사완료지구 분담금수입, 교통유발부담금 등이 있다.

일반적으로 부담금은 부담금 징수의 근거로 되어 있는 사업과 특별한 관계의 포착방법에 따라, ① 수익자부담금, ② 원인자부담금, ③ 손괴자부담금 등 세 가지로 분류하는 것이 보통이며, 이 부담금의 발전 또는 변형된 형태로서, 오염자부담금 및 개발부담금 등이 있다. 광의의 수익자부담에는 응익부담, 원인자부담, 손궤자부담, 오염자부담, 희생자보상, 비용·수익 대응개념 등이 모두 포함된다.[3] 협의의 수익자부담은 해당 사업에 의해 특별한 이익을 받는 자에 대해 부과되는 것으로 가장 예가 많다. 원인자부담은 해당 사업을 필요로 하게 한 원인을 조성한 자에게 부과되는 것이다. 손괴자부담은 해당 사업의 시설을 손괴한 자에게 부과되는 것으로 광의의 원인자부담에 포함될 수 있다.

오염자부담은 원인자부담이 발전한 형태로서 공해대책과의 관련에서 주목되는 것인데, 이른바 오염자부담의 원칙(polluter-pays principle: PPP)에 입각한 것이다.[4] 오염자부담의 원칙이란 환경을 오염시키는 자가 공해방지시설의 설치·유지관리비용, 오염된 환경의 복원비용 및 피해자의 인적·물적 피해의 구제에 필요한 비용 등을 부담해야 한다는 것이다. 공해방지를 위한 비용부담에 대해서는 ① 원인자부담설, ② 수익자부담설, ③ 원인자·수익자

3) 田中啓一(1981), pp. 60~61 등 참조.
4) 이상희(1992), p. 335.

공동부담설 등 여러 가지 의견이 있다. 부담금으로 부과되는 액은 해당 행위에 의해 필요로 하게 된 액을 초과할 수 없으나, 이 액의 범위 내에서 얼마만큼 부담시킬 것인가가 문제인데, 일반적으로는 해당 행위만으로 특정 사업의 필요가 생겼다고 인정하기 곤란한 경우가 많으므로 그 비용의 일부를 부담시키는 것이 보통이다.

수익자부담의 목적 또는 본질에 대해서는 ① 부담의 공평, ② 사회간접자본의 재원조달, ③ 이익의 공평한 귀속 등이 열거되고 있다.[5] 이와 같은 목적을 가지는 수익자부담원리에 대해 다음과 같은 문제점이 지적되고 있다.[6] 첫째, 수익자부담에 대한 요청은 사회·경제정세의 추이에 따라 변한다는 것, 둘째 수익의 범위가 집단적인 경우가 많아 개별 단위로 구체적으로 파악하기가 곤란하다는 것, 셋째 이익이 화폐소득으로 실현되지 않은 상태에서 부과한다는 것이다.

7. 과년도 수입

징수결정된 수입금이 당해 연도의 출납폐쇄기간인 2월 말까지 수납되지 않고, 그 후에 납부되었을 때에는 납부한 날이 속하는 연도의 수입으로 하고, 과년도 수입으로 정리한다(지방재정법 제65조). 예컨대, 과년도 체납액 징수, 미수금수입 등 출납이 완결된 연도에 속하는 사용료 등이 있다.

8. 잡 수 입

다른 과목에 속하지 않는 수입의 총칭으로서 다음과 같은 종류가 있다.

(1) 불용품 매각대

재물조사 불용품의 매각으로 발생한 수입이다.

5) 田中啓一(1981), p. 87.
6) 이상희(1992), pp. 345~347; David N. Hyman(1983), p. 357; Jay Richard Aronson(1985), pp. 306~307 등 참조.

(2) 변 상 금

발생한 손해를 보상하여 가능한 한 손해가 없었던 것과 같은 상태로 회복하기 위하여 법규에 따라 변상하거나, 변상명령에 의하여 변상되는 수입을 말한다. 예컨대, 세출예산의 부당지출, 국·공유재산의 무단점유 등을 이유로 법규 및 변상명령에 의하여 변상되는 수입이다.

(3) 위 약 금

계약·약정위반으로 인해 지방자치단체에 귀속되는 금전으로서, 계약보증금 등이 이에 해당된다.

(4) 과태료수입

공법상의 의무이행을 강제하기 위한 수단으로서, 과거의 의무위반에 대하여 과하는 금전벌이다. 형벌인 벌금 및 과료와 구별된다. 예를 들어, ① 주민등록법 등 신고의무를 강제하는 법령의 위반으로 인한 행정벌적 성격의 주민등록과태료, 호적과태료, ② 무허가건축물, 위법시공건축물을 선별정리하기 위하여 준공검사필증을 교부할 때, 의무위반자에게 부과하는 과태료, ③ 불법주정차과태료, 도로무단점용과태료, 정화조과태료, 폐기물과태료 등이 있다.

(5) 체납처분수입

지방자치단체가 지방세, 공과금 등의 체납자에 대하여 재산을 압류하고 공매에 부쳐 체납처분비로 징수하는 수입을 말한다.

(6) 보상금수납금

법령 및 조례의 규정에 의하여 자치단체에서 수납하는 보상금을 말한다.

(7) 보조금 사용잔액 반환금

전년도 국고 및 시·도비 보조금 사용잔액의 반환금수입을 말한다.

제4절 경영수익사업의 수입

경영수익사업은 지방자치단체가 사(私)경제분야를 침해하지 않는 범위 내에서 지역특성에 따라 유휴부존자원, 유·무형 문화유산 등을 지방화 시대에 걸맞는 경영자적 자세로 적극 개발·활용함으로써 지역활성화를 추구하는 수익창출활동인데, 개발이익의 역외(域外)유출을 방지하려는 노력을 포함한다. 경영수익사업은 학문적으로 유래된 개념이 아니고 재정운영상의 용어이다. 광의로는 지방공기업, 공영개발사업, 공유재산의 생산적 관리 등이 모두 포함되는 개념이지만 통상 공기업특별회계를 제외한 일반회계 및 기타 특별회계만을 의미하는 협의의 개념으로 쓰인다. 협의의 경영수익사업으로 얻어지는 수입은 주로 세외수입으로서 일반회계상의 사용료, 재산임대·매각수입과 특별회계상의 구획정리사업수입, 기타 특별회계수입 등의 형태로 구분된다. 협의의 경영수익사업은 일정 규모 이상이 되면 지방공기업법의 적용을 받는 공기업특별회계로 전환된다.

경영수익사업의 추진목적은 ① 수입증대로 재정운영의 어려움을 타개하고, ② 지역경제를 부양하여 주민복지를 증진하며, ③ 공공서비스 확대를 통한 공익실현을 위한 것이다. 일반행정은 권력적인 반면에 경영수익사업은 비권력적이고, 민간기업은 이윤을 주주 등 특정인에게 배당하나 경영수익사업에서 발생한 이익은 공공투자 또는 서비스향상 등의 형태로 주민들에게 환원된다는 특성이 있다. 경영수익사업의 추진배경은 지방정부의 책임이 지역의 활성화이기 때문이다. 지역활성화는 지방의 경제사정을 호전시키고, 고용기회 증대와 생활안정에 기여하여 지방인구의 도시집중을 방지할 뿐 아니라 대도시의 유휴노동력을 지방에 분산하는 효과도 있다. 해당 지역에 사람과 재물이 모이면 지역주민의 소득증대와 함께 지방세의 2대종인 인세(人稅), 재산관련세의 담세능력이 증강되는 효과를 가져오며, 안정된 지역경제권을 형성하게 한다.

7

지 방 채

제1절 지방채의 의의

1. 지방채의 정의

지방채(local debt)란 지방자치단체가 재정상 필요한 경비를 충당하기 위하여 정부, 민간부문(자본시장, 금융기관 등), 또는 외국 등 외부로부터 증서차입이나 증권발행 등의 방법으로 상환이 복수연도(1회계연도를 넘어 2개년 이상)에 걸쳐 이루어지는 채무를 말한다. 이러한 지방자치단체의 채무는 과세권을 담보로 하여 이루어지는 것이다.

2. 지방채의 목적

일반적인 지방채발행의 목적은 ① 대규모 투자사업을 위해서, ② 미래의 세원개발을 위해서, ③ 재해 등 긴급시 지출을 위하여, ④ 만성적인 적자재정을 보전하기 위하여, ⑤ 수입의 시기적 불균형을 조정하기 위하여, ⑥ 신규채로 구채를 교환하는 차환(借換)을 위하여, ⑦ 지역경제 활성화를 위한 공공사업에 참여하는 민간기업에 재대부하기 위하여 등이다.[1] 결국 지방채발행의 주된 목적은 지역주민의 복지증진사업을 위한 필요경비를 미래의 부담으로 조달하는 데 있다. 대규모 건설, 재해복구 등 필요한 경우 지방채를 통해 조달되는 자금은 자치단체의 필요한 사업경비에 지출된다. 지방자치의 본격적인 실시로 인하여 급증하게 될 지역개발수요의 투자재원으로서 지방채의 중요성은 더욱 커질 전망이다.

3. 지방채의 성격

첫째, 지방채의 발행주체가 지방자치단체 및 지방자치단체조합이다. 따라서 지방공기업 중 지방자치단체의 직영기업을 제외한 지방공사·공단의

1) Robert Berne and Richard Schramm(1986), pp. 235~237.

경우는 제외된다.

둘째, 지방채발행시에는 당해 연도에 자금이동이 수반되는 것이 보통이다. 따라서 세입·세출예산 외로 부담을 지는 채무부담행위는 장래 재정부담을 수반하나, 계약시 자금이동이 없다는 점에서 일반적으로 지방채의 범위에 포함시키지 않고 있다. 예외적으로 자금이동이 수반하지 않는 지방채로서 교부공채가 있다.

셋째, 지방채의 채무이행기간은 2회계연도 이상에 걸쳐 이루어진다. 따라서, 회계연도 진행중에 예산상 수입재원은 있으나, 자금이 일시적으로 부족하여 차입하고 당해 회계연도의 예산으로 상환하여야 하는 일시차입행위(일시차입금)와 구별된다.

넷째, 지방채의 발행형식은 증서차입 또는 증권발행의 형태로 이루어진다. 따라서 지방채 발행기관에 대한 신용평가가 중요시된다.

4. 지방채의 기능

지방채는 다음과 같이 ① 재원조달기능, ② 정책유도기능, ③ 재정조정기능, ④ 부담의 공평화 기능, ⑤ 재원보전기능을 수행한다.[2)]

첫째, 재원조달 측면을 보면, 지방자치단체가 지역주민의 복리증진을 위해 사업을 운영하는 데 필요한 투자재원은 조세수입과 같은 경상적 성격의 일반세입을 통하여 확보되기도 하지만, 지방채와 같은 차입재원을 통해서도 조달된다. 특히, 지방공공서비스 중 주로 특별회계로 운용되고 있는 지방공기업분야의 서비스가 확대일로에 있으며, 이러한 공기업서비스는 지하철, 주택, 병원, 상·하수도 등에서 보는 것처럼 개별적 보상관계의 성격과 응익적 요소를 많이 내포한다는 점을 감안할 때, 지방공기업의 재원조달에서 수익자 연계의 공채발행과 시장공모를 통한 광범위한 공채발행이 강조될 수밖에 없다. 스스로 서비스의 공급비용을 사용료를 통하여 확보할 수 있는 자생적(self-sustaining)인 지방공기업분야의 비중이 높아짐에 따라, 지방채를 통한 지방투자재원 조달의 중요성은 더욱 커지고 있다. 이러한 자생적 사업은 채무에 대한 원리금을 사업수입을 통하여 스스로 상환할 수 있기 때문에 지방

2) 오연천(1987), p. 407 참조.

채를 통한 투자재원 조달이 추후 원리금 상환의 재정적 압박을 야기하지 않는 이점을 지니고 있다.

둘째, 정책유도 측면을 보면, 정부시책사업에 대하여 장기저리의 정부자금이 융자 또는 알선된다면 정책유도효과가 발생한다.

셋째, 재정조정 측면을 보면, 국민경제적 관점에서 경기조절정책의 일환으로 지방채가 운용되는 것을 의미한다. 왜냐 하면, 지방채의 발행으로 민간자금과 경합 등 금융통화정책상의 문제가 제기되므로, 국가 전체적인 자금수요의 종합적인 조정이 요구되기 때문이다.

넷째, 부담의 공평화 측면을 보면, 만일 지하철사업, 상·하수도사업, 쓰레기소각장, 도로사업, 의료사업 등과 같은 대규모 자본지출을 조세와 같은 일반세입으로만 충당하면 미래세대는 비용의 지불 없이 그 자본재가 제공하는 서비스를 이용하게 되어 이른바 '세대 간 불공평'의 문제가 야기된다. 따라서 자본소모비용을 공공서비스로부터의 혜택에 비례하여 개개의 세대에게 비용을 분담하도록 하는 외부차입방식이 시간적(세대 간)·공간적(전출입 주민 간)인 공평성(수익자 부담)을 반영하는 재원조달방식이라고 할 수 있다. 자생적 사업은 채무에 대한 원리금을 사업수입을 통하여 스스로 상환할 수 있기 때문에, 부채를 통한 투자재원 조달이 추후 원리금 상환의 압박을 야기하지 않는 이점을 지니고 있다.

다섯째, 재원보전 측면을 보면, 재해 등으로 지방세수가 감소되어 필수경비에 못 미칠 경우, 지방채가 지방자치단체의 부족재원을 보전하게 된다.

5. 지방채에 대한 비판

지방채에 대한 비판은 지방채 성격에 대한 논의에서 비롯된다.[3)]

첫째, 현세대가 차세대에게 과도한 부담을 전가할 우려가 있다는 것이다.

둘째, 공채가 자본시장에서 팔리는 만큼 민간부문에서 발행한 채권의 판매를 줄임으로써 민간활동을 구축(crowding-out)할 우려가 있는데, 특히 강제공채의 경우 더욱 문제가 된다.

셋째, 지방공기업 등 자생적 사업분야가 아닌 경우, 특히 낙후지역인 경

3) Jack Rabin(1993), p. 9 등 참조.

우에는 채산성 실현이 어렵기 때문에 발행된 채무의 원리금 상환을 위해서 경상예산의 팽창과 재정운영의 압박을 초래하게 된다는 것 등이다.

제2절 지방채의 종류

지방채는 지역경제나 해외의 금융시장으로부터 조달되거나, 아니면 중앙정부가 인수하는 등 다양한 원천을 가지고 있는데, 대상별로 이율·상환방법 등이 다르다. 지방채의 종류를 보면 [그림 7-1]과 같다.

그림 7-1 지방채의 종류

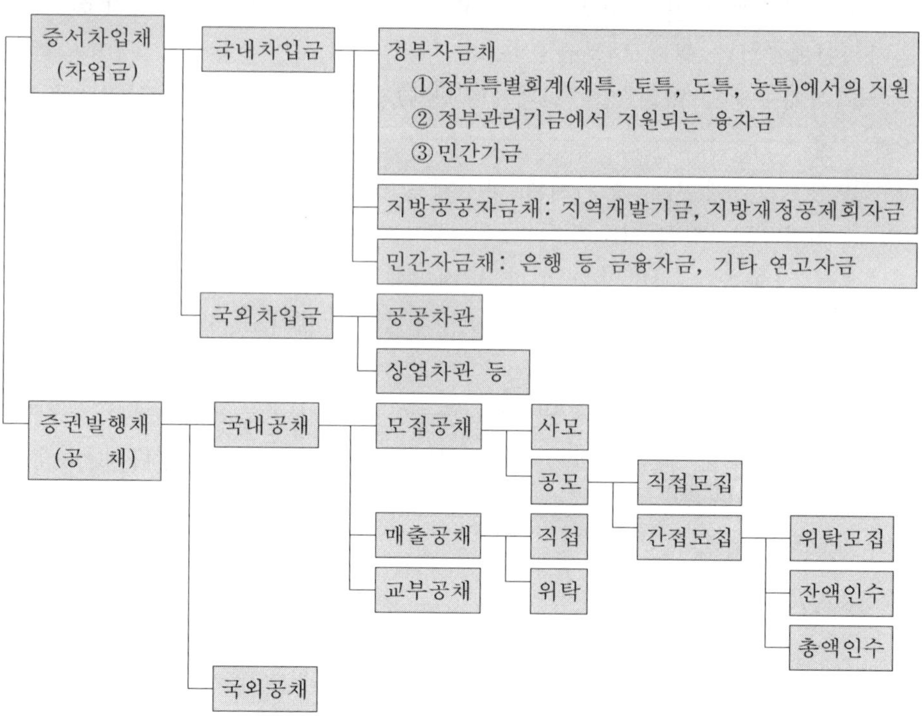

1. 총괄분류

① 지방채 자금의 소화지에 따라 국내채와 국외채로 나눌 수 있다. 국내자금은 차입금과 공채로 나눌 수 있고, 국외자금은 차관 등을 의미한다.

② 발행방법에 따라 증서차입채(차입금)와 증권발행채(공채)로 구분된다. 차입금은 증서차입으로서 차입단체가 대부자와 대차계약을 맺고 차입증서를 제출하여 기채하는 방식이다. 공채는 일정한 인수선에 대하여 증권을 발행·교부하여 기채하는 방식이다.

③ 공채의 소화방법이 강제적이냐 임의적이냐에 따라 강제공채와 임의공채로 분류한다.

④ 국내차입금은 정부자금채, 지방공공자금채, 민간자금채로 구분된다.

⑤ 국외차입금은 공공차관과 상업차관으로 구분된다.

⑥ 국내공채는 모집공채, 매출공채, 교부공채가 있다.

⑦ 발행주체에 따라 특별시채, 광역시채, 도채, 시채, 군채, 자치구채, 지방자치단체조합채 등으로 분류한다.

⑧ 회계구분에 따라 일반회계채(일반채), 기타 특별회계채, 공기업채 등으로 분류한다.

⑨ 상환기간에 따라 단기채와 장기채로 분류한다.

⑩ 이자부담, 환차손(換差損) 등을 줄이기 위한 방편으로 과거에 발행한 지방채를 상환하기 위하여 발행하는 지방채를 차환채(借換債)라 하고, 구채(舊債) 상환 이외의 용도에 사용하기 위해 신규발행하는 지방채를 신규채라고 한다.

⑪ 상환방법에 따라 일괄상환채, 균등상환채, 불균등상환채로 구분된다. 그리고 상환재원에 따라 국고상환채, 지방비상환채, 사업수입상환채, 실수요자부담채로 구분된다.

2. 정부자금채

정부자금은 ① 정부특별회계에서의 지방채 인수를 통한 자금지원, ② 정부관리기금에서 지원되는 융자금, ③ 민간기금 등이 있다.

(1) 정부특별회계자금

①'재정융자특별회계'(재특)는 도시영세민 주거개선, 복합화물터미널 건설, 지방중소기업 육성, 지방상수도시설 사업 등에 지원된다.

②'토지관리 및 지역균형개발 특별회계'(토특)는 택지초과소유부담금 100%, 개발부담금 50% 등을 재원으로 하여 지방공업단지 조성사업 등에 지원된다.

③'교통시설특별회계'(교특)는 도시철도 건설사업에 지원된다.

④'농어촌구조개선특별회계'(농특)는 농어촌정주권 개발, 집단마을 조성, 주택개량사업, 관광휴양단지 조성사업 등에 지원된다.

⑤'에너지 및 자원사업특별회계'는 지역난방사업에 지원된다.

⑥'환경개선특별회계'(환특)는 중소도시 지방상수도 지원, 하수처리장·관거 정비, 재활용산업 지원 등에 지원된다.

(2) 정부관리기금

정부관리기금에는 농수산물가격안정기금, 공공자금관리기금, 국민주택기금, 관광진흥개발기금 등이 있다. 농수산물가격안정기금은 농수산물유통시장에 지원되며, 공공자금관리기금은 지방자치단체의 SOC사업에 지원된다. 그리고 무주택국민의 주거안정을 위해 지원되는 국민주택기금은 장기임대주택건설, 사원임대주택건설, 공공분양주택건설, 근로복지주택건설, 대지조성사업 등에 지원된다. 관광진흥개발기금은 관광단지 조성사업(관광시설 건설)에 지원된다.

(3) 민간기금

민간기금에는 공무원연금기금, 환경오염방지기금 등이 있다. 공무원연금기금은 후생복지관 건립에 지원되고, 환경오염방지기금은 오폐수처리시설에 지원된다.

3. 지방공공자금채와 민간자금채

① 지방공공자금은 지역개발기금, 지방재정공제회 등에서 지원되는 융자금이 있다.

② 지역개발기금은 시·도단위로 조성·운용되는데, 연리 6%(복리), 5년거치 일시상환으로 재원을 조성(지역개발공채)하여 상·하수도사업 등 지방공기업과 차환채 등에 지원된다.

③ 지방재정공제회는 자치단체를 지원대상으로 청사를 신·개축하는 청사정비기금과 재해복구기금을 운용한다.

④ 민간자금에는 은행(시중은행, 지방은행, 특수은행 등), 제2금융권(투자신탁, 단자사 등) 등의 금융자금(우대금리와 일반금리 구분)과 일반민간인자금 및 기타 연고자금 등이 있다.

4. 모집공채, 매출공채, 교부공채

(1) 모집공채

모집공채(募集公債)에는 발행주체가 연고(緣故)인수선과 계약을 체결하여 발행하는 사모(私募)공채와 발행주체가 증권(자본)시장을 통하여 투자자를 공개모집하는 공모(公募)공채가 있다. 사모공채의 예를 들면, 지방공영개발사업(택지개발)의 경우 토지매입에 대한 금융기관의 여신규제에 따른 사업추진의 어려운 현실여건을 해결하기 위해 그 타개책으로 부분적으로 활용되고 있는 것이 연고에 의한 사모공채제도인데, 지정금융기관이 인수하고 있다.

공모공채는 크게 ① 증권사 등 인수기관을 경유하지 않고, 발행기관이 자본시장을 통하여 직접 투자자를 모집하는 직접모집방식(이용사례가 거의 없음)과 ② 발행주체가 위탁기관을 통하여 투자자를 모집하는 간접모집방식이 있다.

간접모집방식에는 위탁모집, 잔액인수, 총액인수 등이 있다. 위탁공모는 증권사 등 인수기관이 소정의 인수수수료를 받고 모집하는 것이고, 총액인수는 증권사 등 인수기관이 발행액 전액을 인수한 후 수수료를 받고 모집하는 것이다.

(2) 매출공채

매출공채(賣出公債)는 지방자치단체로부터 특정 서비스를 제공받는 주민 또는 법인을 대상으로 원인행위에 첨가하여 강제로 소화시키는 지방채이다. 발행기관이 직접 매출하는 직접매출과 매출위탁회사를 지정하여 매출하는 위탁매출의 두 가지 방법이 있다. 자본시장이 발달되지 못하고, 투자의욕이 낮은 상황에서 자주 이용되고 있으나, 많은 문제를 내포하고 있다.

(3) 교부공채

교부공채(交付公債)는 후년도 지불을 약속하는 형식인데, 도로 등 대규모 공사의 시공업체나 토지소유자 등에 대하여 협의된 범위 내의 공사비·용지 보상비 지급에 갈음하여 교부하는 사모형식의 지방채이다. 따라서 현금차입은 없고 현금의 지출시기만 연장하게 된다. 채권발행의 시점에서 자금의 이동이 전혀 없으므로 자금관리에 편리하다.

5. 공공차관, 상업차관, 국외공채

(1) 공공차관

공공차관은 정부, 자치단체 또는 법인이 외국정부나 국제협력기구 등에서 현금을 차입하거나, 자본재 또는 원자재를 도입하는 것으로, 장기(10년 초과) 외자조달방법으로 적당하고, 평균금리(currency pooling system) 적용으로 금리변동이 적다. 반면에 환율변동 조정계수에 따라 원금은 가변적일 수 있으며, 도입절차가 복잡하고 장기간(2~3년 정도) 소요될 뿐만 아니라, 한정된 재원이며 대상사업이 제한되어 있다. 우리 나라의 경우 ADB(아시아개발은행) 차관은 1988년에 대상에서 제외되었으며, OECF(일본 해외경제협력기구)는 1990년, IBRD(국제부흥개발은행) 차관은 1995년에 각각 도입대상국에서 제외되어 앞으로 공공차관 도입은 어려울 것으로 전망된다.

(2) 상업차관

상업차관은 내국인 또는 공공기관이 국제협력기구를 제외한 외국기관으로부터 만기 3년을 초과하는 기간으로 100만 달러 이상의 현금을 차입하거나, 자본재·원자재 등을 도입하는 자금을 차입하는 것이다. 차입규모가 크고(100만 달러 이상), 장기간(8~10년)으로 2개국 이상의 금융기관이 참여하는 국제차관단의 대출형태로 차입하는 경우가 대부분이다. 보통 외자도입방식으로 대규모 외자조달이 가능하다. 이는 신용대출을 원칙으로 하며, 차입방식이 비교적 간편하고, 분할인출 및 분할상환으로 자금조달 및 운용의 신축성이 있으며, 국내금리보다 저렴하다.

(3) 국외공채

국외공채는 양키본드(미국), 사무라이본드(일본) 등이 있다. 서울시가 지하철건설재원을 조달하기 위해 중앙정부의 승인을 얻어 미국 증권시장에서 발행하는 달러표시 해외증권이 양키본드이다.

제 3 절 지방채의 발행규모와 방식

1. 지방채 발행규모

지방채발행액은 1990년대 이후 지속적인 증가세를 보이다가 민선자치가 실시된 이후 감소하는 추세를 보이고 있다. 2004년의 경우 3조 4,760억 원으로 나타나고 있고, 2004년 말 현재 지방채 잔액은 16조 9,468억 원이다. 특히, [표 7-1]에서 보듯이 세입 총액에서 지방채수입이 차지하는 비중은 2.8%이나, 광역자치단체를 제외한 대다수 기초자치단체는 지방채의 비중이 매우 낮게 나타나고 있다.

이와 같이 지방채가 지방세입구조에서 낮은 비중을 보이는 것은 안정적인 투자재원으로서의 인식이 아주 미흡하고, 적극적 의미의 지방공채 공모발행은 부진한 상태에 있는 등 본격적인 투자재원장치로서는 정립되지 못하고 있기 때문이다. 이와 같이 지방채가 지방재정의 세입수단으로서 활성화되기 곤란하였던 이유로는 ① 지방채에 대한 인식부족, ② 지방재정의 구조

표 7-1 연도별 지방채 발행규모

(단위: 10억 원, %)

구 분	1995년	2000년	2004년					
			계	특별·광역시	도	시	군	자치구
세입규모	523,789	771,761	1,258,435	340,588	310,944	353,426	182,442	71,034
지 방 채	44,706	32,276	34,760	13,988	12,355	7,628	727	62
비 중	8.5	4.2	2.8	4.1	4.0	2.2	0.4	0.1

주: 세입결산기준.
자료: 행정자치부, 『지방재정연감』, 각 연도.

적 빈곤성과 자율성의 부족, ③ 규제로서의 기채승인제도, ④ 지방채발행의 계획성 결여, ⑤ 자금공급선의 부족, ⑥ 지방채 활용도의 자치단체 간, 지역 간 편재현상, ⑦ 지방채시장 기반의 취약 등을 들 수 있다.

2. 지방채발행 총액한도제

지방재정의 운영은 건전재정을 기조로 하는 비모채주의(非募債主義)를 원칙으로 채택하고 있다. 즉, 지방자치단체의 세출은 지방채 이외의 세입을 그 재원으로 하여야 한다고 규정하고 있고, 적채사업을 ① 비상재해복구사업, ② 항구적 이익사업으로 한정하여 제한하고 있다(지방자치법 제115조). 즉, 건전재정운용의 원칙이나 전반적인 개별 자치단체의 취약한 재정력을 이유로 하여 지방채의 발행은 엄격히 제한되어 왔다.[4] 이와 같이 지방재정의 통제수단으로 볼 수 있었던 중앙정부의 개별 사업별 지방채발행 승인제도를 지방재정운영의 자율성 확대라는 차원에서 지방채발행 총액한도제로 2006년도부터 전환하였는데, 이에 대해 살펴보면 다음과 같다.

4) 지방자치단체의 자주재정권에도 불구하고 지방채발행에 대한 국가의 승인제도가 필요하였던 이유로서 국가 전체 차원에서 ① 지방채의 남발로 인한 재정혼란의 방지, ② 민간자금과의 경합 등 금융·통화정책상의 문제가 제기되므로 국가 전체적인 자금수요의 종합적인 조정이 요구됨, ③ 지역균형개발 차원에서 자치단체 간 공평한 자금배분, ④ 국가시책의 지방적 구현, ⑤ 기채선 알선·조정, 기술적 사항의 지도·지원 등 지방자치단체의 이익을 조정·보호하기 위함 등을 들 수 있다.

지방자치단체가 발행할 수 있는 지방채의 규모는 자치단체의 재정상황, 채무규모 등을 고려하여 설정된 한도액의 범위 내에서는 지방의회의 의결을 거쳐 지방채의 발행 등(채무를 발생시키는 행위)을 할 수 있는 제도를 말한다. 이러한 지방채발행 한도액에 포함되는 행위로는 ① 지방채발행(지방공기업법 제19조의 규정에 의한 지역개발을 위한 기금의 조성을 위하여 발행하는 지방채 금액과 상환연한의 연장, 이율의 상승 등과 같은 기채조건의 악화가 없이 차환하기 위한 차환채 발행금액은 제외), ② 채무부담행위액,[5] ③ 보증채무부담행위액 중 채무자의 파산 등으로 인하여 우발채무(불확정채무)에서 확정채무로 전환되어 자치단체가 채무이행의 책임을 지게 된 행위이다

따라서 한도액을 초과하는 경우에는 행정자치부 장관의 승인을 얻은 범위 안에서 지방의회의 의결을 거쳐 지방채를 발행할 수 있으며, 외채의 경우에는 환위험의 관리를 위해 한도액 범위 안이라도 지방의회의 의결을 얻기 전에 행정자치부 장관의 승인을 얻도록 되어 있다.

그리고 사실과 다른 자료의 제출로 과도하게 지방채발행 한도액을 받았거나, 승인을 얻지 않고 한도액을 초과하여 지방채를 발행한 경우에는 다음 회계연도의 지방채발행 한도액을 감액하여 조정하도록 되어 있다.

5) 사회기반시설에 대한 민간투자법 제4조 제2호의 규정에 따른 민간투자사업(BTL)은 채무부담행위가 아니므로 지방채발행 총액한도액에서 제외하고 있다.

지방경비

개관

역사적 관찰을 통하여 사회·경제의 발전과 함께 국가활동은 민간부문의 활동보다 더욱 빨리 확대하는 경향이 있는 것으로 지적되었다. 이러한 경향은 공공활동, 특히 정부활동 팽창의 법칙에서 정식화되었고, 이러한 법칙에서 공공경비 팽창의 법칙이 파생되었던 것이다. 즉, 정부활동의 확대는 필연적으로 공공경비를 팽창시킨다는 일반적 경향을 경험법칙으로 정식화한 것이 공공경비 팽창의 법칙이다.

특히, 우리 나라의 경우 지방자치의 실시와 더불어 지역주민들의 지방정부에 대한 기대수준이 크게 높아지고 있어 지방자치단체가 수행해야 할 업무와 임무는 급증하고 있는데, 지방경비의 대상은 사회복지, 산업·경제, 지역개발, 문화·체육 등 광범위한 영역에 미치고 있다. 이들 기능들은 ① 발전기능(산업경제행정, 지역개발행정), ② 복지기능(사회복지행정, 문화·체육행정), ③ 유지기능(일반행정, 민방위행정)으로 구분할 수 있다. 지방경비를 회계별로 분류하면 일반회계와 특별회계로 구분되고, 법률 또는 조례로 설치할 수 있는 특별회계는 다시 공기업특별회계와 기타 특별회계로 구분된다. 그리고 지방경비는 회계책임을 명확히 하여 지방의회가 집행기관을 견제할 수 있도록 예산과목구조인 장·관·항·세항·목 중 항·세항 이상은 조직 및 기능별로 분류하고, 목은 품목성질별로 분류하고 있다.

지방자치단체가 책임지고 해결하여야 할 업무의 범위를 지방행정의 책임범위라고 하는데, 이에 대한 설정은 지방재정과 밀접한 관련이 있다. 자치시대에 있어서 지방경비의 팽창현상이 발생하는 것이 필연적이라고 하더라도 주민욕구 해결의 공공책임수준은 지방재정수입의 한계로 인하여 적정수준에서 통제할 수밖에 없다. 따라서 지방자치환경의 변화로 인해 확대일로에 있는 행정사무의 범위에 대하여 주기적으로 평가와 재검토가 요구되는 것이다.

따라서 제3편에서는 지방경비를 다양하게 분류하여 경비의 팽창현상 및 지방재정의 수요를 살펴보는 동시에, 지방자치단체의 사무와 연계하여 경비부담방식을 제시한다.

① 지방경비의 지출대상이 되는 주요 분야를 살펴보고, 회계별·기능별·성질별로 구분하여 지방경비의 내용과 추이에 대해 고찰한다(제8장).

② 지방경비의 팽창법칙과 근거에 대한 이론적 분석 및 지방분권의 추진과 고령화사회의 진전 등에 따라 새롭게 발생하거나 강조되고 있는 지방재정의 수요에 대해 고찰한다(제9장).

③ 국가와 지방자치단체 간의 사무배분의 원칙과 기준에 살펴보고, 지방자치단체의 사무종류와 배분실태 및 사무구분에 따른 경비부담 내용에 대해 고찰한다(제10장).

8

지방경비의 분류

제 1 절 지방경비의 대상분야

지방경비의 주요 대상은 사회복지, 산업경제, 지역개발, 문화·체육 등 광범위한 영역에 미치고 있다. 이 기능들은 크게 ① 발전기능(산업경제행정, 지역개발행정), ② 복지기능(사회복지행정, 문화·체육행정), ③ 유지기능(일반행정, 민방위행정)으로 구분할 수 있다. 우리 나라의 경우에 지방행정기능 배분상의 주요 문제점으로는 유지·보전기능이 많고, 발전·복지기능이 취약하다는 점이다.

1. 주민복지 증진분야

지방자치단체는 주민의 생활을 보호하고 복지를 증진시키는 것을 그 존립목적으로 하고 있다. '요람에서 무덤까지(from cradle to tomb)'라는 복지국가의 이념하에 지방자치단체는 주민의 기본적 생활을 보호하고 생활의 질(quality of life)을 향상시키는 데 중요한 역할을 하고 있다. 사회복지적 기능은 국민 중 생활의 유지·안정이 곤란한 자에게 최저생활을 보장하는 생활보호(public assistance), 노약자 및 장애자 보호, 연금·건강보험, 재해보험, 실업보험 등의 사회보장(social insurance), 국민을 질병으로부터 보호하고 건강을 증진시키는 의료보건위생, 그리고 능동적으로 국민생활의 질을 향상시키는 적극적 사회복지 등으로 구분되고 있다. 복지국가의 등장과 더불어 사회보장기능이 확대됨에 따라 국가와 지방자치단체가 이러한 사회보장기능을 분담하여 처리하고 있다.[1)]

---

1) 사회복지는 선진사회에 비해 우리 나라의 경우 매우 취약한 상태에 있다. 우리 나라 총예산(지방정부 포함) 중 사회복지부문이 차지하는 비율은 약 10% 수준이다. 이는 스위스(63%), 독일(47%), 영국(46%), 미국(37%), 오스트레일리아(30~40%) 등 선진국과는 비교도 안 되지만, 방글라데시(12.3%), 스리랑카(18.6%)보다도 낮은 수준이다(중앙일보, 1995. 10. 11 등). 선진사회의 사회보장제도를 보면 ① 미국·유럽에서 실시되는 공적 사회보장제도와 ② 일본식의 사적 사회보장제도로 구분된다(중앙일보, 1994. 4. 21). 미국·유럽에서는 정부가 사회보장제도를 주도하기 때문에 정부의 부담이 너무 커져 재정적자가 확대되는 문제가 있어 삭감논의가 진행되고 있고, 일

대체적으로 전국적인 형평성과 일률성 등을 요하는 사업인 생활보호, 실업보험, 건강보험, 연금 등은 주로 국가가 담당하고, 지방자치단체는 그 지역주민에게 이해관계가 있는 사업인 아동복지시설, 노인복지시설, 직업훈련시설 등을 담당·운영하고 있다. 그러나 국가가 직접 관장하는 경우에도 국가는 복지사업정책의 수립·지도·감독 그리고 경비부담 등을 담당하고, 그 실시의 책임은 지방자치단체에게 위임하는 것이 보통이다.

근로자의 근로조건과 환경보호, 노사관계의 안정을 위한 지도 등은 대부분 국가기능으로 특별관서(노동부 지방사무소, 노동위원회 등)가 수행하고 있다. 그러나 노동조합의 결성지도와 직업안정의 일부 업무는 지방자치단체의 업무가 되고 있다. 이러한 노동사무의 국가와 지방 간 분담은 지방단위 노동업무의 효과적인 추진에 일부 장애가 되기도 한다. 최근 근로자의 복지증진을 위한 주택공급 등에서 지방단위의 역할이 증대되고 있다.

그리고 지방자치단체는 주민의 건강한 생활을 위해 질병을 예방하며 진료의 혜택을 부여할 책무가 있다. 이를 위해서 시·군·자치구단위에서는 보건소, 시·도단위에서는 의료원을 설치·운영하고 있다. 특히, 영세서민의 의료보장이 원활히 이루어지도록 노력하고 있다. 또한 쓰레기, 분뇨 등 폐기물을 위생적으로 수거하여 처리하는 기능은 지방자치단체의 중요 업무이다. 최근 폐기물처리장의 확보가 지역적 이해관계로 어려움을 겪고 있다. 따라서 이에 대한 주민의 이해와 협조가 긴요하다. 또한 지구적인 관심사항인

본은 기업이 종업원에 대한 1차적 사회보장을 실시하고 있으나, 경기침체로 인한 고용감축 등 어려운 형편에 있어 문제가 되고 있다. ① 일본의 경우 우리의 사회복지비에 해당되는 것이 민생비인데, 예컨대 지방행정기관과 야쿠르트배달원이 긴밀히 연결되는 공조체제를 만들어 독거노인들의 신상변화를 신속하게 체크한다고 한다. ② 미국의 경우 영세민의료보장제도인 Medicaid(Medical Aid)는 65세 미만의 저소득자가 대상이 되는 의료보조제도이고, Medicare(Medical Care)는 65세 이상의 노인과 신체장애자가 대상이 되는 연방정부 보조의 의료보험제도인데, 고령화 추세에 따라 재정상 어려움에 봉착해 있다. 자녀가 딸린 미혼모 보호센터의 운영과 이들에게 지급하는 정부의 생활보조금제도가 오히려 당사자들을 게으르게 만들고 있다는 문제점이 지적되면서 폐지 여부가 검토되고 있다. ③ 영국의 경우 정부가 '요람에서 무덤까지' 책임을 진다는 복지천국으로 알려져 있다. 예컨대, 어린이수당, 과부수당, 병자수당, 노인수당, 실업수당, 무주택자수당 등 다양하다. ④ 오스트레일리아의 경우, 예컨대 실업수당, 출산수당, 미망인연금, 독신부모수당, 구직활동보조비, 고아연금, 철저한 의료보장, 대학등록금 무료, 가출청소년 주거보조비, 보호자연금 등 다양한 복지제도가 운용되고 있다(조선일보, 1991. 11. 1).

대기·수질오염 등 생활환경 악화에 대한 예방과 정화는 자치단체의 주요 기능이다. 자치단체가 이를 제대로 추진할 수 있도록 기구·인력·장비는 물론 전문가의 확보 등이 요구된다.

2. 산업경제 진흥분야

산업진흥사무는 주민의 산업경제활동을 지도·조장하거나 규제하는 사무이다. 농업·임업·축산·수산·상업·공업행정 등이 이에 속한다. 지방자치단체의 산업경제적 사무는 국가의 위임사무인 경우가 많다. 영·미계 국가에서는 산업경제에 관한 사무의 대부분이 국가사무로서 지방자치단체가 아닌 중앙정부의 일선기관에 의하여 주로 처리되고 있다. 대륙법계인 프랑스 등에서는 산업경제사무의 대부분이 국가사무로 되어 있으나, 이들 사무를 지방자치단체에 위임하여 처리하고 있는 것이 보통이다.

우리 나라는 대륙법계 국가와 마찬가지로 산업경제사무의 대부분을 국가에서 기관위임형태로 지방자치단체장에게 위임하여 처리하고 있기 때문에 지방자치단체 사무 중 국가위임사무가 자치사무보다 더 광범위한 상황이며, 이런 현상이 도·시·군·구를 자치단체로서보다는 국가기관으로 오인하게 하는 원인의 하나가 되고 있다.

지역산업의 기반시설과 생산물의 유통을 지원하는 등 지역산업의 육성책을 적극 추진하며, 이로써 지역주민의 취업확대와 안정된 소득기반을 마련하는 것은 지방행정의 주요한 임무이다. 이를 위해서는 민간기업의 유치와 활동의 지원이 필요하며, 부지와 자금의 알선, 종업원의 확보지원, 기술지도, 경영정보의 제공 등 다양한 노력이 요구된다.

그러나 이러한 지방단위에서의 경제활성화 시책은 금융의 중앙집중과 상공행정분야의 지방권한 제약으로 어려움을 겪고 있다. 종래 농촌지역의 지방행정은 지역의 주종산업인 농업의 생산증대에 주력해 왔으나, 이제는 고품질의 시장성 있는 상품의 생산을 통해 농촌소득을 증대시키는 구조개선에 주력하고 있다. 또한 농외소득원 확충에 지방행정의 관심과 노력이 집중되고 있다.

3. 지역개발분야

지역개발의 목적은 보다 건강하고 편리하며 능률적이고 매력 있는 지역사회를 창조함으로써 지역사회의 주민복지를 증진하는 데 있다. 지역개발사무는 지역개발, 도시계획 등의 개발계획에 따라 지역사회의 생활기반시설인 도로, 하천, 상·하수도, 공원, 관광·레저시설, 교통시설 등 주민들의 생활편의시설을 개선하는 사무를 말한다.

첫째, 교통수요의 급격한 증가에 따른 도로교통망의 확충을 들 수 있다. 도로는 고속도로, 국도, 지방도, 시·군도로 구분되는데, 이들은 각기 국가, 광역자치단체, 기초자치단체가 관리자로서 그 건설과 관리를 분담하고 있다. 경제발전 및 생활편익에 미치는 도로의 기능과 효과를 감안하여 그 동안 도로사업의 꾸준한 확충이 있어 왔다. 특히, 농촌지역의 도로포장에 중점을 두어 지방도 포장계획과 농어촌도로 확충사업을 연차적으로 추진해 왔다. 그리고 도시지역에서는 도시개발의 일환으로 시가지도로가 개설되어 왔다. 그러나 도로율은 아직 저조한 상태이다. 특히, 시민의 교통난 해소를 위해 대도시의 지하철 등 교통대책이 도시정부 주관하에 중점 추진되고 있다. 다만, 대중교통수단인 버스·택시 등 사업은 주로 사영이며, 공영교통은 대도시 지하철에서 볼 수 있으나 크게 부족한 상태에 있다.

둘째, 상·하수도의 공급관리를 들 수 있다. 상수도는 시민생활에 필수불가결한 물을 안정되게 공급하는 사업이다. 그리고 하수도는 우수와 오수 등을 배수처리하는 사업이다. 이들은 모두 자치단체의 고유기능이다. 그렇지만 상·하수도시설에는 투자재원이 크게 소요된다. 이들은 모두 이용자 부담의 요금징수에 의한 기업적 운영방식을 원칙으로 하고 있다. 유지관리비, 감가상각비, 차입금 이자 등의 원가산정에 의해 책정·징수되는 수도요금은 수도사업자인 시장·군수가 조례로서 정한다. 최근 공장폐수, 생활하수 등으로 수원오염이 심화되고 있어 수원보호·수질강화가 크게 강화되고 있으며, 맑은 물 공급을 위한 하수처리 등 사업을 계속 확충하고 있다. 이 때 사업비의 일부가 국고로 지원되고 있으나, 투자재원의 안정적인 확보가 긴요한 실정에 있다.

셋째, 토지이용 및 도시계획을 들 수 있다. 도시 및 농촌지역의 환경을 보존하면서 계획적인 토지이용과 개발을 주도해 나가는 것이 지역발전의 요체이다. 도시지역은 도시계획으로 정비되고 있으며, 농촌지역도 토지이용계획에 따라 용도가 구분(취락, 경지, 공업, 보전지역 등)·관리되고 있다. 이러한 계획의 입안은 지방자치단체가 하게 되나, 이 분야의 결정권은 대부분 중앙정부가 가지고 있다. 일부 시행단계의 권한위임이 있기는 하나, 지방자치의 본래 기능을 발휘하도록 하기 위해서는 지역계획기능을 지방에 대폭 이양하고 중앙에서는 이를 지도·지원하여야 할 것이다. 그리고 자치단체별 종합개발계획도 필요에 따라 수립되고 있기는 하나, 그 수립체계와 근거가 미흡하다. 따라서 중·장기재정계획의 실효성을 높이기 위해서도 단체별로 장기종합개발계획이 수립·운영되어야 할 것이다. 이 종합지역계획은 대상지역이 도시지역인가 또는 농촌지역인가에 따라 도시계획과 농촌계획으로 구분된다. 지역계획은 단순한 물리적 계획에 그치지 않고 경제계획이나 사회계획까지를 포함하는 일종의 종합계획(comprehensive plan)이어야 한다. 지역계획 또는 도시계획은 법체계상 또는 계획의 체계상 국토계획종합건설법에 의한 ① 전국건설종합계획, ② 특정지역건설종합계획, ③ 시·도건설종합계획, ④ 시·군·자치구건설종합계획에 기본을 두고 추진되어야 한다.

넷째, 관광·레저의 개발을 들 수 있다. 최근 들어 주민소득의 증대와 더불어 여가선용에 대한 수요도 증대되고 있다. 이는 보다 윤택한 시민생활에 기여하는 것으로서, 이에 필요한 시설정비와 더불어 편익의 기회와 공간을 넓혀 나가야 한다. 관광·레저는 단순히 즐기는 소비단계가 아닌 지역발전을 주도할 수 있는 선도산업으로서, 이의 활성화는 지역경제성장의 관건으로 이해되고 있다. 특별한 생산자원이 없는 지역일수록 지역의 특성을 살린 이러한 관광·레저의 개발과 그 이용기능의 확대에 크게 관심을 쏟아야 할 것이다.

4. 교육·문화분야

교육·문화적 사무라 함은 교육·문화·예술 등 주민의 정신적 교양을 높이고, 문화의 발전과 향상을 도모하기 위한 사무와 체육에 관한 사무를 말한다. 인간다운 생활은 물적 시설이나 서비스공급에 못지않게 교육·문화활동에 크게 의존하는데, 생활수준의 향상은 이러한 기대를 상승시키고 있다. 지방자치단체는 지방단위의 문화자원을 발굴·보전하며, 문화·예술공간의 정비와 창작활동을 지원해 나가야 한다.

교육은 지방자치단체의 기능 중 가장 중요한 기능의 하나라고 할 수 있는데, 현행 지방자치법은 유아원, 유치원, 초·중·고등학교 교육은 물론 도서관, 운동장, 체육관 등의 설치·관리와 청소년교육, 주부교육, 노인교육 등 사회교육까지로 광범위하게 규정하고 있다.

체육은 정규학교에서 교육의 일환으로 실시되는 학교체육은 물론, 지역주민의 체력단련과 향상을 위하여 실시되는 각종 사회체육까지도 포함하고 있다.

문화적 사무는 지방문화재의 지정·관리, 예술관·음악당·박물관 등의 설치·운영과 각종 문화·예술행사의 개최 등 지방문화의 육성·발전과 주민의 문화적 교양 향상을 위한 사무를 말한다.

5. 보안적 분야

보안적 사무는 개인 및 사회생활의 안전과 사회질서를 외부로부터 보호하는 기능이다. 즉, 주민의 생명, 신체, 재산의 안정 및 사회생활의 질서를 확보하기 위한 사무, 예컨대 경찰, 민방위, 소방 등에 관한 사무를 말한다. 특히, 경찰행정은 생활의 안정을 지키기 위한 서비스행정이면서도, 힘의 행사를 내용으로 하는 권력적 행정이기도 하다. 영·미계 국가에서 경찰기능은 모두가 자치사무로 되어 있는 것이 원칙이다. 프랑스 등 대륙법계 국가에서는 경찰기능을 국가사무로 하고 있으면서도 이를 지방자치단체장의 통제하에 두고 있다. 우리 나라는 경찰사무를 국가사무로 하고 있어서 보안적 사무는 지역방위와 소방사무 등으로 제한되어 있다.

6. 일반행정관리분야

일반행정사무란 지방자치단체의 유지·존속에 관한 사무 및 각 기능적 사무에 속하지 아니하는 잔여적 행정사무를 말한다.

제 2 절 지방경비의 회계별 분류

지방경비를 회계별로 분류하면 일반회계와 특별회계로 구분되고, 특별회계는 다시 공기업특별회계와 기타 특별회계로 구분된다. 그리고 특별회계는 법률 또는 지방자치단체의 조례로 설치할 수 있으며, 그 설치요건은 ① 공영기업이나 특정한 목적의 사업을 운영할 때, ② 특별한 자금을 보유하여 운영할 때, ③ 기타 특정한 세입을 특정한 세출에 충당함으로써 일반회계의 세입·세출과 구분하여 계리할 필요가 있을 때 등이다. 따라서 동일한 사업일지라도 일반회계에 속하는 지방자치단체도 있고, 조례의 의하여 특별회계에 속하는 지방자치단체도 있을 수 있다.

여기서 공기업특별회계는 지방자치단체가 직접 운영하는 지방직영기업을 위한 특별회계로서 지방공기업법에 의거하여 상수도사업, 하수도사업, 지역개발기금, 공영개발, 지하철운수사업, 주택건설사업 등 6개 사업에 적용되고 있다. 그런데 지방공기업은 지방자치단체가 주민의 복리증진을 목적으로 직접 설치·경영하거나 법인을 설립하여 경영하는 기업으로서, 여기에는 경영형태에 따라 직접경영인 지방직영기업과 간접경영인 지방공사, 지방공단, 민·관 공동출자사업이 있다. 따라서 간접경영사업은 지방자치단체와의 별개 법인체로서 회계처리도 완전히 독립하여 이루어지고 있다.

그리고 기타 특별회계는 지방자치단체의 조례에 의거하여 설치·운영되는 사업을 위한 특별회계로서 지방자치단체별로 다양한 것으로 구성되어 있다.

한편, 회계별로 세출추이를 살펴보면 일반회계의 구성비는 대체로 증가하고 있는 데 반해, 특별회계의 비중은 감소일로에 있다. 특히, 2004년의 경우, 세출 총액 119조 5,030억 원 중 일반회계는 81.0%인 96조 7,640억 원이고, 공기업특별회계와 기타 특별회계는 각각 7.6%(9조 1,108억 원), 11.4%(13조 6,282억 원)로 나타나고 있다.

표 8-1 회계별 구성비와 추이

(단위: 백만 원, %)

연 도	합 계		일반회계		공기업특별회계		기타 특별회계	
	세 출 액	비 중	세 출 액	비 중	세 출 액	비 중	세 출 액	비 중
1980	2,375,321	100.0	1,720,307	72.4	267,107	11.2	387,907	16.3
1985	5,804,937	100.0	3,775,628	65.0	849,220	14.6	1,180,089	20.3
1990	21,768,149	100.0	15,320,666	70.3	3,193,786	14.7	3,253,697	15.0
1995	49,782,477	100.0	35,791,848	71.9	6,594,206	13.2	7,396,423	14.9
2000	74,986,196	100.0	57,814,561	77.1	6,725,088	9.0	10,446,547	13.9
2001	89,920,722	100.0	70,100,497	78.0	7,538,461	8.3	12,281,764	13.7
2002	100,855,797	100.0	80,315,176	79.6	8,429,527	8.4	12,111,095	12.0
2003	112,579,877	100.0	92,980,619	82.6	7,740,389	6.9	11,858,869	10.5
2004	119,503,044	100.0	96,764,012	81.0	9,110,817	7.6	13,628,214	11.4

주: 세출결산기준임.
자료: 행정자치부, 『지방재정연감』, 각 연도.

제3절 지방경비의 기능별 분류

지방경비에 대한 기능별 분류는 지방자치단체의 행정기능별 시책의 수준·규모를 추계하고, 당해 지방자치단체의 중점시책 소재를 파악하기 위한 경비분류방식이다. 이러한 지방경비의 기능별 또는 목적별 분류는 지방자치단체가 어떤 기능과 목적을 위해 어느 정도의 경비를 지출하는가 하는 재정정보를 제공해 주므로, 대내적으로는 사업의 성과측정, 지방재정계획과 예산의 연계 등을 위한 유용한 자료로 활용되며, 대외적으로는 지방자치단체의 재원조달원인 지역주민이나 국가에 대해 재원의 사용내역을 밝혀 주는 자료로 이용된다.

이러한 기능별 분류는 주로 지방자치단체의 세출예산 및 결산의 과목인 장·관·항·세항의 구분시에 그 기준으로 사용되고 있다. 즉, 지방경비의 기능별 분류에서는 대분류로서 일반행정비, 사회개발비, 경제개발비, 민방위비, 지원 및 기타 경비로 구분되고, 이것은 다시 중·소분류로서 관·항·세항별로

표 8-2 세출경비의 기능별 분류

장	관	항	세 항
1000 일반행정	1100 입법 및 선거관리	1110 선거관계	1111 선거관리
		1120 지방의회 운영	1121 의사운영, 1122 의정활동
	1200 일반행정비	1210 기획관리	1211 기획관리, 1212 심사분석, 1213 예산운영, 1214 투자관리, 1215 시정개발, 1216 법무관리, 1217 기술심사, 1218 통계전산 운영, 1219 ○○사업소 운영
		1220 공보관리	1221 공보관리
		1230 행정감사	1231 감사관리
		1240 내무행정	1241 서무관리, 1242 인사관리, 1243 사회진흥, 1244 민원실 운영, 1245 일선행정조직 운영, 1246 ○○출장소 운영
		1250 재무행정	1251 세정관리, 1252 회계관리, 1253 ○○사업소 운영
		1260 공무원교육원 운영	1261 서무관리, 1262 교학관리
2000 사회개발	2100 교육 및 문화	2110 문화·예술	2111 예술문화, 2112 문화재관리, 2113 ○○사업소 운영
		2120 체육진흥관리	2121 체육진흥, 2122 ○○사업소 운영
		2130 사회교육	2131 일반사회교육, 2132 ○○사업소 운영
		2140 대학교육	2141 시·도립대학 운영, 2142 입시 및 논문심사
	2200 보건 및 생활환경 개선	2210 보건	2211 보건관리, 2212 위생관리, 2213 의약관리, 2214 의료원 운영, 2215 ○○사업소 운영
		2220 환경관리	2221 환경관리, 2222 청소관리, 2223 ○○사업소 운영
		2230 공원·녹지 관리	2231 공원관리, 2232 녹지관리, 2233 ○○사업소 운영
	2300 사회보장	2310 일반사회복지	2311 사회복지, 2312 ○○사업소 운영
		2320 생활보호	2321 저소득주민보호, 2322 부랑인보호, 2323 건강보험, 2324 ○○사업소 운영
		2330 가정복지	2331 가정복지, 2332 부녀복지, 2333 청소년복지, 2334 유아복지, 2335 ○○사업소 운영
	2400 주택 및 지역사회 개발	2410 주택사업	2411 주택기획, 2412 건축지도, 2413 도시경관관리, 2414 주택개량, 2415 도시재개발, 2416 ○○사업소 운영
		2420 도시개발	2421 도시계획관리, 2422 도시개발관리, 2423 도시정비, 2424 하수처리, 2425 지적관리, 2426 ○○사업소 운영
		2430 지역사회개발	2431 지역계획관리, 2432 지역개발, 2433 공원관리, 2434 ○○사업소 운영

표 8-2 계 속

장	관	항	세 항
3000 경제개발	3100 농수산 개발	3110 농정관리	3111 농정관리, 3112 양정관리, 3113 농산관리, 3114 농업기반 조성, 3115 농산물유통관리, 3116 ○○사업소 운영
		3120 축·수산진흥	3121 축산행정, 3122 어정관리, 3123 수산증식, 3124 어업관리, 3125 ○○사업소 운영
		3130 농촌진흥	3131 서무관리, 3132 농사시험연구, 3133 농촌지도, 3134 ○○사업소 운영
	3200 지역경제개발	3210 지역경제개발	3211 지역경제관리, 3212, 통상관리, 3213 연료대책, 3214 ○○사업소 운영
		3220 광공업관리	3221 광공업관리, 3222 중소기업 진흥, 3223 노정관리, 3224 ○○사업소 운영
		3230 관광 및 국제교류	3231 관광관리, 3232 국제교류, 3233 ○○사업소 운영
	3300 국토자원 보존 개발	3310 산림자원개발	3311 산림관리, 3312 조림관리, 3313 사방관리, 3314 ○○사업소 운영
		3320 치수 및 재해대책	3321 하천관리, 3322 재해대책
		3330 건설관리	3331 건설행정, 3332 도로건설, 3333 ○○사업소 운영
	3400 교통관리	3410 교통행정관리	3411 교통기획행정, 3412 교통 및 운수지도, 3413 주차관리, 3414 ○○사업소 운영
		3420 교통안전	3421 교통안전시설, 3422 교통안전관리, 3423 교통공원, 3424 운전면허, 3425 ○○사업소 운영
4000 민방위비	4100 민방위관리	4110 민방위관리	4111 민방위관리, 4112 비상대책, 4113 병사관리, 4114 ○○사업소 운영
	4200 소방관리	4210 소방관리	4211 소방행정관리, 4212 소방방호관리, 4213 소방학교 운영, 4214 ○○소방서 운영
5000 지원 및 기타 경비	5100 지방채 상환	5110 지방채 상환	5111 지방채 상환
	5200 제 지출금	5210 제 지출금	5211 제 지출금
	5300 교부금	5310 징수교부금	5311 징수교부금
		5320 조정교부금	5321 조정교부금
	5400 예비비	5410 예비비	5411 예비비

자료: 행정자치부(2005).

경비가 구분된다([표 8-2] 참조).

일반행정비는 직접 주민에게 어떤 형태의 서비스를 제공하기 위한 비용이라기보다는 다양한 지방행정분야의 임무를 수행하는 지방자치단체의 조직(지방의회 포함)을 유지·운영하는 데 소요되는 일반관리적 사무경비이다. 이는 ① 입법·선거관계, ② 기획·공보·감사·내부·재무·공무원교육 등의 과목으로 구분된다.

사회개발비는 지방자치단체의 교육 및 문화예술을 창달하고, 주민의 보건 및 생활환경을 개선하며, 사회복지활동을 수행하는 데 소요되는 경비로서 ① 교육 및 문화, ② 보건 및 생활환경 개선, ③ 사회보장 등의 과목으로 구성된다.

경제개발비는 지역산업을 육성하거나 지역경제를 활성화하는 데 소요되는 경비와 국토자원을 보존·개발하고 교통을 효율적으로 관리하는 데 소요되는 경비인데, 이는 ① 농수산개발, ② 지역경제개발, ③ 국토자원 보존개발, ④ 교통관리 등의 과목으로 구성된다.

민방위비는 민방위관리, 비상대책, 병사관리 등의 민방위활동, 화재예방과 피해경감을 위한 소방관리활동을 하는 데 소요되는 경비로서 ① 민방위관리, ② 소방관리 등의 과목으로 구성된다.

지원 및 기타 경비는 지방행정업무를 수행하는 데 직접 소요되는 경비라기보다는 이를 지원하기 위한 경비와 예측하기 곤란한 경비부족에 대비하기 위한 경비인데, 이는 ① 지방채 상환, ② 제 지출금, ③ 각종 교부금, ④ 예

표 8-3 기능별 세출규모와 구성비

(단위: 억 원, %)

구 분	1995년		2000년		2004년	
	세출액	구성비	세출액	구성비	세출액	구성비
합 계	366,644	100.0	561,080	100.0	911,594	100.0
일반행정비	72,187	19.7	94,795	16.9	152,794	16.8
사회개발비	58,226	15.9	253,469	45.2	422,471	46.3
경제개발비	225,143	61.4	193,430	34.5	302,871	33.2
민방위비	6,329	1.7	10,725	1.9	18,518	2.0
지원 및 기타	4,759	1.3	8,661	1.5	14,940	1.6

주: 결산순계기준임(일반회계+특별회계).
자료: 행정자치부, 『지방재정연감』, 각 연도.

비비 등으로 구성된다.

한편, 세출순계결산액의 기능별 내역을 살펴보면, 2004년도 기준으로 세출액 91조 1,593억 원 중 사회개발비가 42조 2,471억 원으로서 46.3%의 가장 큰 비중을 차지하고 있으며, 경제개발비 33.2%(30조 2,871억 원), 일반행정비 16.8%(15조 2,794억 원), 민방위비 2.0%(1조 8,518억 원), 지원 및 기타경비 1.6%(1조 4,940억 원)의 순으로 나타나고 있다([표 8-3] 참조).

제 4 절 지방경비의 성질별 분류

지방경비에 대한 성질별 분류는 지방자치단체의 재정지출이 어떠한 형태로 이루어지고, 어떠한 경제적 기능을 갖는 경비가 어느 정도 지출되고 있는가를 개괄적으로 파악하기 위한 경비분류방식이다. 즉, 지방재정은 민간부문(가계 포함) 경제활동의 몇 가지 국면에서 취득한 재정자금을 다양한 재정수단, 즉 재화와 서비스의 경상구입, 정부의 고정자본 형성, 이전적 지출, 융자 등을 통해서 다시 민간경제활동으로 환류시키는 지역적인 경제활동이라고 볼 수 있다. 이러한 지방자치단체의 재정활동이 어떤 형태로 환류되는가를 나타내기 위한 경비구분이 성질별 경비분류인 것이다.

지방자치단체의 예산 및 결산의 분류와 분석에서 사용되고 있는 인건비, 물건비, 경상이전비, 자본지출비, 융자 및 출자비, 보전재원, 내부거래비 등의 과목구분은 바로 경비의 성질별 구분을 기준으로 하고 있다. 따라서 세출예산의 편성·집행·결산이 공정하게 이루어졌는가, 그리고 경비지출이 지역경제와 국민경제에 어떠한 영향을 미치는가를 판단하기 위해서는 경비가 성질별로 분류되어야 한다. 이는 예산이 인건비, 물건비 등으로 구분되어 지출금액의 산정이 적정하게 이루어졌는가를 평가할 수 있으며, 경상이전, 자본지출 등으로 분류되어 경비지출이 민간부문에 어떠한 영향을 미치는가를 분석할 수 있기 때문이다.

인건비는 지방자치단체의 행정활동에 필요한 직원의 고용에 소요되는 대표적인 의무적 경비이다. 이러한 경직성 경비인 인건비에 대한 경제적 의

표 8-4 지방경비의 성질별 분류

구 분	비 목
100 인건비	101 인건비: 기본급, 수당, 정액급식비, 교통보조비, 명절휴가비, 가계지원비, 연가보상비, 기타직 보수, 일용인부임, 일시사역인부임
200 물건비	201 일반운영비: 일반운영비, 행사운영비 202 여비: 국내여비, 월액여비, 국외여비 203 업무추진비: 기관운영·정원가산·시책추진·부서운영 업무추진비 204 직무수행경비: 직책급 업무추진비, 직급보조비, 특정업무수행활동비 205 의회비: 의정활동비, 월정수당, 국내여비, 해외여비, 의정운영 공통업무추진비, 기관운영 업무추진비, 의장단협의체부담금 206 재료비 207 연구개발비: 용역비, 전산개발비, 시험연구비
300 이전경비	301 일반보상금: 사회보장적 수혜금, 장학·학자금, 의용소방대 지원경비, 자율방범대원 운영비, 통·리·반장 활동보상금, 입영장정지원비, 민간인 국외여비, 외빈초청여비, 공익근무요원보상금, 행사실비보상금, 예술단원·운동부 등 보상금, 기타 보상금 302 이주 및 재해보상금: 이주보상금, 재해보상금 303 포상금 304 연금부담금 등: 연금부담금, 국민건강보험금, 의원상해부담금 305 배상금 등 306 출연금 307 민간이전: 의료 및 구료비, 민간경상보조, 사회단체보조금, 민간행사보조·위탁, 민간위탁금, 보험금, 연금지급금, 이차보전금, 운수업계보조금 308 자치단체이전: 자치단체 경상보조금, 징수교부금, 조정교부금, 재정보전금, 자치단체 간 부담금, 교육기관에 대한 보조금, 예비군육성지원 경상보조, 기타 부담금 309 공기업 경상전출금: 공기업특별회계 경상전출금, 공사·공단 경상전출금 310 해외이전: 국외경상이전, 국제부담금 311 차입금 이자: 시·도 지역개발기금 융자금 상환이자, 시·군·구 지역개발기금 융자금 상환이자, 금융기관 차입금 상환이자, 중앙정부 차입금 상환이자, 지방채 상환이자, 기타 차입금 상환이자

표 8-4 계 속

구 분	비 목
400 자본지출비	401 시설비 등: 시설비, 감리비, 시설부대비, 행사관련 시설비 402 민간자본이전: 민간자본보조, 민간대행사업비 403 자치단체 등 자본이전: 자치단체 자본보조, 공기관 등에 대한 대행사업비, 예비군육성지원 자본보조 404 공기업 자본전출금: 공기업특별회계 자본전출금, 공사·공단 자본전출금 405 자산취득비: 자산 및 물품취득비, 도서구입비 406 기타 자본이전 407 국외자본이전
500 융자 및 출자비	501 융자금: 민간융자금, 통화금융기관 융자금 502 출자금
600 보전재원	601 차입금 원금: 시·도 지역개발기금 융자금 상환, 시·군·구 지역개발기금 융자금 상환, 금융기관 차입금 상환, 기타 국내차입금 상환, 차관 상환, 기타 해외채무 상환 602 예치금
700 내부거래	701 기타 회계전출금 702 기금전출금 703 교육비 특별회계전출금 704 예탁금 705 예수금 원리금 상환: 예수금 원리금 상환, 예수금 이자 상환 706 기타 내부거래: 감가상각비, 당기순이익, 적립금
800 예비비 및 기타	801 예비비: 예산 총액의 1.0% 계상(일반회계) 802 반환금 기타: 국고보조금 반환금, 시·도비보조금 반환금, 과오납금, 잡손금, 조상충용충당금

자료: [표 8-2]와 동일.

미를 살펴보면, 지방자치단체의 재화와 서비스의 공급에 필수적인 인적 요소의 경상구입에 필요한 경비로서 공무원의 기본급, 수당, 기타직 보수, 일용인부임 등의 비목으로 구성된다.

물건비는 지방자치단체 행정사무의 집행에 필요한 원재료, 설비 등의 조달비 및 기타 활동비로서 기관운영에 통상적으로 소용되는 경상적 경비의 일종이다. 이와 같이 일반적으로 행정서비스의 수단적 성격이 매우 강하기 때문에 경비절감의 최우선 대상이 된다. 이러한 물건비의 비목은 ① 일반운영비, ② 여비, ③ 업무추진비, ④ 복리후생비, ⑤ 의회비, ⑥ 재료비, ⑦ 연구개발비 등 7개 항목으로 구성되어 있다.

이전경비는 지방자치단체로부터 국가 또는 다른 지방자치단체, 개별 가계 또는 기업에 지출되는 단순한 경상이전적 경비이다. 따라서 이전경비에는 자본이전경비가 제외되며 ① 일반보상금, ② 이주 및 재해보상금, ③ 포상금, ④ 연금부담금, ⑤ 배상금, ⑥ 출연금, ⑦ 민간이전, ⑧ 자치단체이전, ⑨ 공기업 경상전출금, ⑩ 해외이전, ⑪ 차입금이자 등 모두 11개 비목으로 구성되어 있다.

자본지출비는 일반적으로 지방자치단체의 자본형성과 직결되어 있는 투자적 경비로서 시설비와 같이 직접적으로 자본형성에 투입되는 경비뿐만 아니라, 간접적으로 자본형성이 이루어지는 지방자치단체 또는 민간에 대한 자본보조도 포함된다. 이러한 자본지출비의 비목은 ① 시설비 및 부대비, ② 민간자본이전, ③ 자치단체 자본이전, ④ 공기업 자본전출금, ⑤ 자산취득비, ⑥ 기타 자본이전(차관물자 용역대, 건설가계정, 무형고정자산), ⑦ 해외자본이전 등 7개 항목으로 구성되어 있다.

융자 및 출자비는 지방자치단체가 민간, 기업회계 및 양곡관리기금 등 비금융공기업, 자치단체, 금융기관에 대해 융자 및 출자에 소요되는 경비로서 ① 융자금, ② 출자금 등 2개 비목으로 구성되어 있다.

보전재원비는 차입금 상환, 지방채 상환, 유가증권 매입 등 국내차입금의 상환과 차관 상환, 기타 해외채무 상환 및 차기이월에 소요되는 경비로서 차입금 원금 1개 비목으로 되어 있다.

내부거래비는 자치단체 내의 회계 간·계정 간 전출금, 예탁금 등에 소요되는 경비로서 ① 기타 회계전출금, ② 교육비 특별회계전출금, ③ 예탁금, ④ 예수금 원리금 상환, ⑤ 기타 내부거래(감가상각비, 당기순이익, 적립금) 등 5개 비목으로 구성되어 있다.

한편, 세출순계결산액의 성질별 내역을 살펴보면, 2004년도 기준으로 세출액 91조 1,593억 원 중 자본지출비가 43조 1,396억 원으로서 47.3%의 가장 큰 비중을 차지하고 있으며, 경상이전비 19.8%(18조 75억 원), 인건비 10.3%(9조 3,744억 원), 물건비 9.3%(8조 4,729억 원), 자치단체 내부거래비 9.1%(8조

표 8-5 성질별 세출규모와 구성비

(단위: 억 원, %)

구 분	1995년		2000년		2004년	
	세출액	구성비	세출액	구성비	세출액	구성비
합 계	366,643	100.0	561,078	100.0	911,593	100.0
인 건 비	47,599	13.0	61,976	11.0	93,744	10.3
물 건 비	45,079	12.3	66,376	11.8	84,729	9.3
이전경비	41,586	11.3	108,946	19.4	180,075	19.8
자본지출	204,182	55.7	273,661	48.8	431,396	47.3
융자·출자	5,994	1.6	12,095	2.2	11,854	1.3
보전재원	15,060	4.1	18,185	3.2	22,513	2.5
내부거래	6,583	1.8	17,964	3.2	82,568	9.1
예비비 등	560	0.2	1,875	0.3	4,714	0.5

주: 결산순계기준임(일반회계+특별회계).
자료: 행정자치부, 『지방재정연감』, 각 연도.

2,568억 원), 보전재원비 2.5%(2조 2,513억 원), 융자 및 출자비 1.3%(1조 1,854억 원), 예비비 등 0.5%(4,714억 원)의 순으로 나타나고 있다([표 8-5] 참조).

9

경비팽창과 지방재정수요

제1절 경비팽창의 법칙

역사적 관찰을 통하여 사회경제의 발전과 함께 국가활동은 민간부문의 활동보다 더욱 빨리 확대되는 경향이 있는 것으로 지적되었다. 이러한 경향은 공공활동, 특히 국가활동 팽창의 법칙(the law of increasing state activity)에서 정식화되었다. 이러한 법칙에서 공공경비 팽창의 법칙이 파생되었던 것이다. 즉, 국가활동의 확대는 필연적으로 공공경비를 팽창시킨다는 일반적 경향을 경험법칙으로 정식화한 것이 공공경비 팽창의 법칙이다.

통설에 의하면, 경비팽창의 경향을 지적한 것은 로셔(W. Roscher)이지만, 그것을 법칙으로 인식한 것은 바그너(A. Wagner)이다. 그는 경비의 팽창요인을 역사적 결정인자인 1인당 국민소득의 증가로 보았다. 그 후 공공경비의 팽창현상을 연구한 많은 학자들은 제각기 경비팽창의 결정요인을 추출하여 설명과 이론적 구성을 시도하고 있다.

특히, 브레히트(A. Brecht)는 경제사회의 발전에 따라 인구의 지역적 집중과 도시화의 진전이 경비팽창의 요인이 된다는 것을 재정학상의 법칙으로까지 인식하고 있다. 그에 의하면, 인구 1인당 공공지출은 인구가 집중됨에 따라 증대하게 되는데, 그 이유는 대도시에서 공공지출비용의 대부분이 상대적으로 높게 되었기 때문이라는 것이다. 즉, 주택, 사회복지, 학교, 도로, 교통수단, 소방, 경찰, 인건비 등의 공공지출은 규모가 큰 지방자치단체일수록 주민 1인당 비용이 높게 되며, 이것은 인구집중지역에는 지가, 임금, 건설비 등의 단가가 높은 한편, 공공서비스에 대한 수요가 보다 강하게 나타나기 때문이다.

이러한 브레히트의 법칙은 그 이후 켈러(T. Keller)에 의해 계승되어 지방자치단체의 규모증대에 따른 행정비증대의 법칙이 도출되고 있다. 이처럼 경비팽창의 법칙은 중앙정부에서만이 아니라, 지방정부에서도 그대로 적용된다고 볼 수 있으나, 계속적으로 작용할 가능성에 대해서는 의문이 제기되고 있다. 즉, 공공지출에는 경제적 한계가 있다는 점과 그 결과로 국가 및 사회에서 발생하는 변화가 있을 수 있다는 것이 논의되고 있는 것이다.

제2절 지방경비 팽창의 근거와 행정책임범위

1. 지방경비 팽창의 근거

지방자치환경의 변화가 지방행정수요의 변화를 초래하고 있다. 지방행정은 정치적·사회적·문화적·자연적 환경과 영향을 주고받는 관계에 있는데, 새로운 환경변화로부터 지방행정수요가 발생하고, 이 수요를 충족시키기 위하여 새로운 지방행정서비스가 제공되는 관계가 계속적·반복적으로 일어나게 된다. 우리 나라의 경우 지방자치의 실시와 더불어 지방정부에 대한 지역주민들의 기대수준이 크게 높아지고 있어 지방자치단체가 수행해야 할 업무와 임무는 급증하고 있는 반면에, 이에 필수적인 지방재정의 기반은 너무나 빈약한 것이 문제로 부각되고 있다. 특히, 지방자치시대를 맞이하여 지방재정(경비)수요의 팽창이 예상되는 이유를 살펴보면 다음과 같다.

첫째, 지방선거의 실시와 주민의 행정참여욕구 상승이 지방재정수요를 유발한다. 인간이란 아무리 노력해도 그것이 가능하지 않다고 판단하는 경우에는 불만도 그리고 관련수요도 표면화되지 않고 내재화하지만, 일단 노력하면 해결·개선할 수 있는 상황이라고 판단되면 각종 욕구와 항의가 급격히 표면화되면서 관련된 행정서비스의 수요가 급증하는 경향이 있다. 예컨대, ① 일자리를 많이 만들어라(실업대책, 노사문제 등), ② 보다 편리하게 해 달라(교통혼잡문제, 통신·주택과 상·하수도 등의 문제), ③ 보다 쾌적하게 해 달라(녹지확대, 공해문제에서 지역특성에 맞는 환경기준의 설정 등), ④ 보다 안전하게 해 달라(사회범죄, 대형사고, 식품안전성에 따른 불안해소대책 등), ⑤ 보다 양질의 교육을 받게 해 달라, ⑥ 문화생활(지방문화재의 보존·개발 등), 여가생활(휴식·오락·체육시설 등) 등 생활의 질을 향상시켜 달라는 등 지역주민의 복지욕구 분출이 자치단체장·지방의회 의원의 선거과정에서 쏟아져 나오는 갖가지 선거공약과 연결되어 재정수요를 증가시키고 있다. 주민들은 단순한 선거적 참여를 넘어 이익집단·압력단체 등을 통하여 실생활문제의 제기와 해결과정에 조직적으로 참여하려는 움직임을 보이고 있다. 특히, 복지부문

(노약자 · 장애자 · 청소년문제, 저소득층의 생활보호, 보건의료 등)은 선진사회에 비해 우리 나라의 경우 매우 취약한 상태에 있다. 우리 나라 총예산(지방정부 포함) 중 사회복지부문이 차지하는 비율은 약 10% 수준이다. 이는 스위스(63%), 독일(47%), 영국(46%), 미국(37%), 오스트레일리아(30~40%) 등 선진국과는 비교도 안 되는 수준이 현실인 것이다.

둘째, 자치단체 상호간의 경쟁과 정보공개의 확대는 지방재정수요를 유발시킨다. 자치시대의 본격적인 전개와 함께 지방자치단체 상호간에는 일정 수준의 주민복지를 증진시킨다는 목표 아래 경쟁양상이 두드러질 것이다. 지방자치단체 간의 경쟁양상과 행정정보의 공개가 주민들의 전국적인 연대의식을 증대시키는데, 이에 따라 관련된 지방행정사무는 지속적으로 급증하게 된다. 예컨대, 어떤 지방자치단체에서 교육시설이 근대화되어 충실한 교육내용을 가지면, 이 사실이 다른 지방자치단체에 연쇄적으로 파급되어 그 주민은 일정 수준의 교육서비스를 요구하게 된다.

셋째, 지역이기주의 팽배와 광역행정수요의 발생이 지방재정수요를 유발시킨다. 지역별 · 분야별 · 계층별로 조직화된 이익집단들의 이기주의가 표출되고 있다. 예컨대, 도로확장과 교통문제, 상수원보호구역 설정, 공업단지 조성, 하천오염과 수계관리 이용, 대기오염, 문화 · 체육시설 등 공공시설의 공동이용문제 등에서, 그리고 쓰레기처리장(소각장), 하수 및 분뇨처리장, 가스공급설비, 공동묘지 및 화장장 · 납골당, 댐, 수원지, 사회복지시설(산재병원, 장애인시설, 고아원, 양로원 등), 발전소 및 핵관련 시설 등 각종 혐오기피시설을 둘러싸고 이 시설들을 피하려는 NIMBY현상과 지역발전에 유익한 각종 시설을 경쟁적으로 유치하려는 PIMFY현상 등에서 지역이기주의가 팽배하게 되고, 이로 인해 재정수요가 발생하고 있다.

2. 지방행정의 책임범위

지방자치단체가 책임지고 해결하여야 할 업무범위를 지방행정의 책임범위라고 하는데, 이에 대한 설정은 지방재정과 밀접한 관련이 있다. 자치시대에 지방경비의 팽창현상이 필연적으로 발생할 수밖에 없다고 하더라도 주민욕구 해결의 공공책임수준은 지방재정수입의 한계로 인하여 적정수준에서 통제할 수밖에 없다. 따라서 지방자치환경의 변화로 인해 확대일로에 있는 행정사무의 범위에 대하여 주기적으로 평가와 재검토가 요구되는 것이다.

특히, 복지국가시대에는 행정영역이 그 어느 때보다도 넓은 것이 사실이지만, 사회적 수요의 변화가 새로운 행정수요를 창출하고, 이것이 다시 기구신설과 이에 따른 인력증강 그리고 예산확대로 연결되는 순환과정을 반복해 오면서, 공공부문에 대하여 재정적 부담을 가중시켜 온 것도 사실이다. 그러므로 지방자치단체가 수행하여 왔던 행정분야에서 민간부문으로의 이양 가능성이 있는 것은 무엇인지 검토되어야 하며, 민간이양이 불가하여 행정기관이 관장하여야 할 사항일지라도 그것이 민간에 위탁하여 처리하는 편이 더 효과적일 때에는 이를 민간위탁을 실시하여야 할 것이다.

따라서 지방행정의 범위를 모든 행정영역에서 재검토하고 그 범위를 한정함으로써 문제해결의 책임을 과감하게 민간화하는 방안들이 지방재정문제와 관련하여 끊임없이 고려되어야 할 것이다. 예컨대, ① 생활환경기준을 의미하는 기본 서비스항목(national curriculum), ② 최저서비스수준(civil/national minimum), ③ 지역상황에 입각한 탄력적인 조직운영, ④ 감축관리(cutback management),[1] ⑤ 민영화(privatization),[2] ⑥ 공동생산(coproduction),[3] ⑦ 민·관 합작

---

1) 감축관리의 예로서는 이른바 마이너스실링(minus ceiling)제도, 즉 감액예산편성제도를 들 수 있다. 점증주의(incrementalism)하에서의 대부분의 예산편성사례는 전년 대비 증액한도를 설정하고 그 한도 내에서 예산을 요구하도록 하는 것이 일반적인 사례이다. 그런데 마이너스실링제도란 반대로 한도설정을 마이너스로 하는 방식이다. 예를 들어, 익년도 예산요구에서 경상경비 총규모를 전년 대비 감액편성하게 하면서, 항목별 한도를 판공비·정보비는 10% 감액, 여비·수용비는 5% 감액, 자산취득비·물품구매비·차량비·재료비 등은 3% 감액, 행사관련 경비는 50% 감액 등으로 설정하는 것이다.

2) 공공서비스 개발욕구를 민간자본으로 해결하려는 민영화 현상은 선진국의 경우 public service, private profit, more market, less government라는 구호 아래 이미 공공서비스사업을 민간에 위탁하는 것이 보편적인 추세로 되고 있다. 우리 나라의 경우에도 지방자치의 실시와 함께 더욱 확대될 전망이다. 예컨대, 공원관리, 공연장관리, 체육시설관리, 쓰레기처리, 청소, 소방, 지하철, 철도, 우편, 경찰, 교도소 등의 분야이다. 그러나 민간부문의 지나친 사익추구는 경계되어야 할 것이다.

3) 주민참여를 적극적으로 유도하고 책임과 역할을 분담한다는 차원에서 민과 관이 공공서비스를 합동·공동생산하는 방식이 적극 도입되어야 할 것이다. 합동생산방식은 주민과 행정 사이에 위화감 내지는 거리감이 없이 공공서비스를 공동생산하는 것을 말한다. 예컨대, 주민 스스로 하는 지역방범활동의 자경단조직, 쓰레기 분리처리 등 청소위생, 자연(녹색)보호 등 환경보존활동, 소비자보호활동, 청소년선도 등을 들 수 있다. 즉, 전통적으로 행정기관이 담당하는 행정서비스뿐만이 아니라, 행위자가 일정한 공공적인 목적을 갖고 공헌하는 활동이 있다면, 그것도 공공서비스에 포함시킬 수 있는데,

▣ 공동생산의 일본 사례: 한신(阪神)·아와지(淡路) 대지진의 교훈

1995년 1월 17일 한신·아와지 대지진으로 5,000명 이상의 사상자, 20만 호 이상의 가옥파괴 등의 큰 피해가 발생하였다. 그 피해규모가 큰 것과 함께, 세계적으로도 가장 고도로 발달한 도시를 강진으로 폐허화시켜 많은 교훈을 남겼는데, 특히 엄청난 자연재해라는 위기 앞에 도시의 제반기능(도로, 수도, 가스, 전기, 전화 등)이 완전히 마비되어 시민생활을 전혀 영위할 수 없는 상황에서 공공행정서비스라는 것이 유지될 수 있겠는가, 어떻게 회복할 것인가라는 점에서 많은 문제를 제기했다. 예컨대, ① 파괴된 가옥 밑에 깔린 사람의 구출, ② 피난자구호, ③ 부상자치료, ④ 도괴된 건물로 인해 도로 곳곳이 끊겨 시내 수십 곳에 동시 발생한 화재를 진압하기 위한 소방용수의 공급이 불가능했던 경우 등 비상시에 필요한 정부활동의 능력을 크게 초과하는 재해였다. 이와 같은 상황에서 큰 역할을 한 것은 전국에서 집결한 자원봉사자(volunteer)들이었다. 지금까지 자원봉사자라고 하면 사회복지(고령자, 장애자 등 대상), 환경운동(공해방지, 쓰레기재활용 등) 등의 특정 분야에서 행정활동을 보완하는 기능을 담당했던 것으로 일반적으로 인식되어 있었는데, 이 지진 후 자원봉사자의 활동이 그 인식을 근본적으로 바꾸어 놓는 계기가 되었다. 특히, 비상사태에 공공행정시스템이 제대로 작동되지 못할 때 사회시스템을 유지하기 위해서는 다양한 주체의 자발적인 행동이 불가결하다는 것, 그리고 유사시에 이와 같은 자발적인 행동을 어떻게 촉구하고 조직할 것인가 하는 정보전달을 중심으로 한 위기관리제도의 정비가 중요하다는 것을 깊이 인식하게 되었다.

(제3섹터)방식 등이 있다.

이러한 공공서비스 개념이 확장되는 최근의 경향에 주목할 필요가 있다. 순수한 정부부문도, 순수한 민간부문도 아닌 중간 영역에서 사회시스템의 유지·발전을 위해 공공적인 기능을 수행하는 부문이 이제부터는 중요하게 될 것이다. 문제는 공공서비스의 어떤 조합이 가장 바람직할 것인가 하는 점이다. 예를 들면, 정부가 직접 제공하는 서비스가 좋을 것인가, 아니면 동등한 서비스를 민간부문에 의해 조성하는 것이 좋을까, 아니면 민·관 합작이라는 제3섹터방식이 좋을 것인가 또는 시민자원봉사자의 시민공익활동에 기대하는 것이 좋을 것인가 또는 시민자원봉사자의 시민공익활동에 기대하는 것이 좋을 것인가 하는 선택의 문제가 있다. 이른바 시민공익활동은 일본의 경우 1980년대 후반부터 광범한 분야에서 출현하기 시작했는데, 민간 비영리활동의 일부로 특히 많은 시민들의 자주적인 참가와 지원에 의해 이루어지는 자립적·공익적 활동이다.

제3절 지방재정의 수요

1. 지방재정수요의 개념

지방자치단체의 존재와 지방재정의 역할범위를 평가하고 효율적인 행정을 유도하기 위해서는 재정수요에 대한 정의와 추정 또는 전망은 필수적이다. 이러한 지방재정수요는 지방자치단체의 행정수요를 반영하는 것으로 볼 수 있는데, 행정수요란 공공재화와 용역을 포괄하는 행정서비스의 수요를 의미한다.

이러한 행정수요는 지역주민이 원하는 행정수요와 자치단체가 의무와 필요성에서 제공하는 행정수요로 구분할 수 있으며, 이는 자치단체가 주어진 여건하에서 재정수입능력을 동시에 감안한 재정수요인 재정지출수요와 구분되기도 하지만 본서에서는 이를 포괄하는 광의의 개념으로 사용하고자 한다.[4)]

일반적으로 지방재정수요는 임성일·이효에 의하면, 다음과 같은 특징을 지니고 있다.[5)]

첫째, 지방자치단체가 공급해야 할 행정수요의 양과 공급비용(가격)에 의해 결정된다는 점이다. 이 때 행정서비스의 양은 크게 지역주민이 필요로 하거나 선호하는 서비스(지역고유의 행정서비스)의 크기와 전국적 기본 행정서비스(지역공통서비스)수요의 크기에 의해서 결정된다. 그리고 행정서비스의 공급비용, 즉 지방공공재를 생산·공급하는 데 소요되는 비용은 노동, 자본

4) 재정수요란 지역주민이 선호·필요로 하는 유·무형적 행정서비스를 공급하는 데 소요되는 비용을 의미하는 반면 재정지출수요란 자치단체가 당면하고 있는 행·재정적 여건등 재정수입능력을 함께 고려하는 재정수요를 의미하는 것으로 구분할 수 있다. 즉, 예산제약을 받지 않거나 재정수요가 예산의 범위 내에 포함되는 경우에는 재정수요와 재정지출수요는 동일한 것으로 간주될 수 있을 것이다. 그러나 현실적으로 조달가능한 자치단체의 예산으로는 지방재정수요를 충족하기가 곤란하므로 재정수요와 재정지출은 반드시 일치하지는 않는다. 따라서 지역(주민)의 재정수요는 해당 자치단체의 재정지출수준을 결정하는 주요한 요인이 되는 것이다.

5) 임성일·이효(1999), pp. 5∼10.

을 비롯한 각종 투입요소비용(input cost)과 더불어 공공재 생산에 영향을 미치는 지역의 사회·경제적 환경에 의하여 결정된다.

둘째, 기본적으로 재정수요는 예산의 제약을 받을 수밖에 없다. 즉, 지역사회와 주민들이 필요로 하는 재정지출수요는 세입예산을 상회하는 경우가 매우 빈번한 현실에서는 자치단체가 산정한 각종 재정수요를 대상으로 우선순위를 판단할 수밖에 없다. 따라서 재정력이 풍부하거나 자체수입의 비중이 높은 자치단체일수록 재정지출수요를 충족시킬 수 있는 능력이 상대적으로 크게 되는 것이다.

셋째, 지방재정수요는 지역여건이나 시대적 상황의 변화에 의해 영향을 받기도 한다. 즉, 기존의 재정수요 증감 외에 새로운 신규 재정수요가 발생하기도 한다. 지역별로 고유한 행정수요와 재정수요를 유발하는 것은 자치단체가 임의로 조정이 가능한 정책변수라기보다는 자치단체가 최소한 단기적으로는 통제가 불가능한 변수(uncontrollable variables)들에 의하여 결정될 수 있다.

넷째, 자치단체에 대한 주민의 욕구증대 및 주민만족도 제고와 밀접한 관계가 있다는 점이다. 즉, 재정수요가 사전적(ex ante)으로 충족해야 할 성질이라기보다는 사후적(ex post) 관점에서 파악되어야 할 성질에 더 가까우므로 주민이 원하는 행정서비스를 적절히 공급하여 주민만족도를 제고하는 데 그 중점을 두는 재정수요의 판단이 요구된다. 특히, 자체사업비 비중이 낮은 현실에서 지방재정수요의 충족은 쉽지 않다.

이러한 특징을 지니고 있는 지방재정수요는 시간의 흐름에도 불구하고 크게 변화하지 않는 수요(고정수요 또는 기존 수요)가 있는가 하면, 시간의 흐름과 더불어 변화하게 되거나 새롭게 발생하게 되는 수요(가변수요 또는 신규수요)가 있는데, 특히 후자의 재정수요는 자치단체가 통제할 수 없는 여건변수에 의해 끊임없이 변화하는 동태적 개념상의 수요일 것이다.

여기서 고정(기존)수요란 기존의 재정수요로서 물론 다소 증감이 수반될 수 있으나 큰 변화가 없을 것으로 판단되는 수요인데, 그 예로는 자치단체가 주민에게 제공하는 기초생활관련 서비스, 즉 쓰레기처리, 상·하수도, 보건·복지서비스 등을 포함하여 각종 민원서비스를 들 수 있다.

그리고 가변수요는 재해발생 등과 같이 일시적인 상황변화에 자치단체가 단기적으로 대응하는 서비스의 일시적 수요뿐만 아니라 불확실성 속에서 새롭게 발생하는 신수요(new demand)도 포함된다. 이 때 새로운 재정수요(신수요)란 국가, 지방자치단체 그리고 국민이 경험하고 있는 환경변화에 영향을 받아 과거에는 수요가 미미하였거나 전혀 없었던 것이 중요한 수요요인으로 등장하는 것을 의미한다. 즉, 신수요란 기존의 지방재정기능 가운데서도 최근에 급부상 중(세출수요와 업무가 크게 증가하는 것)이거나 가까운 미래에 중요한 지방재정수요로 대두될 것이 예상되는 재정수요, 그리고 지금까지 거의 담당하지 않았거나 매우 경시되었지만 미래에는 중요한 비중으로 다루어질 세출기능을 의미하는 것이다.

2. 지방재정수요의 유형

지방분권화의 가속화로 인하여 지방자치단체의 자율성과 책임성이 증대되는 가운데, 주민참여욕구 증대로 인한 민주성의 제고와 지역특성을 살린 지역성 강화, 그리고 수평적인 정부 간 관계가 요구되고 있는 동시에 지방환경 변화 등에 따른 사회복지 등의 재정수요가 급증할 것으로 전망되고 있다.

이러한 지방재정수요가 발생할 것으로 예측되는 분야별로 주요 재정수요를 살펴보면, 다음과 같다.[6)]

(1) 지방분권정책 및 자치기반 확충에 따른 재정수요

최근 지방분권화 정책과 관련된 몇 가지 중요한 이슈들이 거론되고 있기 때문에 이를 기준으로 예측되는 재정수요는 다음과 같다. 즉, 중앙행정기능 이양 및 자치기반 확충을 위한 재정수요인데, 분권화 정책이 시행되면 중앙정부의 기능과 사무 중에서 불필요하고 지방의 기능에 적합한 사무들이 대거 지방으로 이양될 것이며, 중앙부처들의 특별지방행정기관의 기능조정이나 민영화 방안 또는 지방자치단체와의 통합방안 등을 고려할 때 중앙정부의 기능이양, 특별지방행정기관 기능조정에 따른 재정수요의 발생이 예측된다. 또한 지방의회의 전문화·활성화 등의 자치기반 확충을 위한 재정수요

6) 이상용 외(2004), pp. 44∼47.

도 예상된다.

(2) 지방SOC 및 지방행정서비스의 확충을 위한 재정수요

최근 지방행정의 수비범위가 변화하게 됨에 따라 지방공공서비스의 확충을 위하여 자치단체가 필수적으로 추진할 수밖에 없는 자체사업과 관련하여 기초재정수요가 발생하고 있다. 특히, 장기 미집행 도시계획시설의 해소를 위한 토지보상 및 시설확충에 소요되는 긴급한 재정수요가 발생하고 있다.

그리고 대규모 투자사업, 특히 대도시 교통난 해소를 위한 지하철 건설재원의 확보와 유지관리비의 소요에 따른 재정수요가 발생하고 있다. 또한 대규모 재해발생에 대한 사전예방적 조치로서 방재·안전관련 시설물 확충 및 유지를 위한 재정수요도 주민의 안전의식 제고와 함께 급증할 것으로 예측된다.

(3) 삶의 질 제고 및 지방행정기능 강화를 위한 재정수요

한국 사회도 고령화 사회로 진입하게 됨에 따라 노인문제와 함께 지속적으로 감소하고 있는 출산율과 함께 급증하고 있는 이혼율 등으로 인해 지방의 복지수요는 급증하고 있는 실정이며, 이를 충당하기 위한 재정수요는 매우 클 것으로 전망된다. 특히, 서구의 복지국가들이 과다한 복지재정수요를 감당하지 못해 재정위기를 초래한 경험과는 달리, 우리 나라는 중앙정부 차원의 복지행정서비스가 너무 미비하여 지방자치단체로 계속 그 기능이 이전됨에 따라 지방에서의 실버타운, 노인병원, 재가복지사업 등 복지수요는 급증할 것으로 예상된다.

한편, 그 동안의 무분별한 개발과 산업화로 인해 자연환경이 파괴되면서 주민들의 환경에 대한 인식이 높아졌고, 이러한 환경문제는 국가뿐만 아니라 지방이 직접 나서 해결해야 할 과제로 부상하고 있다. 이에 따른 지방자치단체의 역할과 기능도 확대되어 지방재정수요가 급증하고 있다. 특히, 1992년의 리우선언 이후 지속가능한 발전(sustainable development)이라는 개념이 도시행정 및 환경행정에 도입되어 단순한 환경오염 방지대책이 아니라, 생태적으로 환경친화적이며 지속가능한(enronmentally sound sustainable development: ESSD) 오염대책이 요구되고 있는 실정이다.

그리고 정부의 주5일 근무제 조기정착 방침에 따라 본격적인 여가와 위락을 위한 관광·문화행정수요가 급증할 것으로 예상된다. 최근, 도로망과 고속전철 등 교통수단의 확충으로 접근성이 확보되면서 지방의 문화축제와 각종 비엔날레 등 관광·위락시설의 확충은 지방의 몫이 되고 있다. 또한 경제성장, 소득증가, 정보화, 지역균형 발전 및 주민욕구 증가에 따른 신규지방재정수요가 실업률 해소를 위한 고용정책, 지방과학기술 진흥정책 등의 추진으로 발생하고 있다.

(4) 통일 대비를 위한 재정수요

통일 대비 지방행정개편과 관련한 재정수요도 예상되고 있다. 참여정부의 남북협력 기조하에 자치단체 및 민간의 남북교류가 확대되고 있으나 통일관련 업무가 불확실하고 장래 예측이 불가능한 재정수요이기도 하다. 즉, 통일 대비 관련 재정수요의 추정을 위해서는 중앙정부 및 자치단체 남북교류, 대북지원 등 통일 대비 관련 예산과 민간단체 및 기업의 경협관련 교류건수 및 예산이 파악되어야 하나 자료구득이 곤란한 실정이다.

이상과 같은 지방재정수요를 수요변화 방향이란 측면에서 네 가지로 구분하면 다음과 같이 요약할 수 있다([표 9-1] 참조).

첫째, 현재의 지출수요 비중은 낮으나 환경변화로 인해 관련업무가 크게 관심을 받게 되어 향후 예산배분을 획기적으로 증대시켜야 하는 재정수요로는 지방의회, 지방과학기술, 환경행정기능, 문화여가시설, 고령화 대비 사회복지 등의 수요를 들 수 있다.

둘째, 현재에도 재정지출 비중이 높고 향후 일정 시기까지 그 비중이 크게 감소하지 않아 재정압박요인으로 작용할 수 있는 재정수요로는 장기미집행 도시계획시설 해소, 지하철부채, 방재안전시설 확충 등의 수요를 들 수 있다.

셋째, 현재는 주로 국가재정에서 담당하고 있지만, 향후 지방분권정책으로 재원이양과 함께 자치단체가 담당하게 되는 재정수요로는 자치경찰, 교육자치, 기능이양 등과 관련된 수요를 들 수 있다.

넷째, 현재는 지방재정의 부담이 되고 있지 않지만, 미래의 불확실성 속에서 국가와 지방 모두의 재정수요로의 발생가능성이 높은 재정수요로는 통

표 9-1 주요 지방재정수요의 변화 전망

구 분		재정수요 변화 전망		
		기존 수요(이양)	수요확대	신규수요
1. 지방분권 및 자치기반 확충	1-1 교육자치(지방재정통합)	○		
	1-2 자치경찰 실시	○		
	1-3 특별지방행정기관 등의 기능 이관	○		
	1-4 지방의회의 역할 강화		○	
2. 지방SOC 확충	2-1 장기 미집행도시계획시설 해소			○
	2-2 지하철 건설, 운영		○	
	2-3 방재시설물 확충		○	
3. 삶의 질 제고	3-1 고령화 사회의 복지정책		○	
	3-2 환경기능 강화		○	
	3-3 문화·여가시설 확충		○	
	3-4 지방과학기술 진흥		○	
4. 통일 대비	4-1 자치단체 남북교류 등			○

일을 대비한 남북 간 자치단체 교류사업 등과 관련한 수요가 있다.

이러한 지방재정의 수요들을 유형화함에 있어서는 ① 재정수요의 발생시기에 따른 단기수요와 중·장기수요로, ② 재정수요의 재정부담규모를 기준으로 소규모 수요와 중·대규모 수요, ③ 비용분담의 주체를 기준으로 중앙정부수요, 지방정부수요, 공동수요로, ④ 재원조달의 방법을 기준으로 재원이양, 재원재배분, 자체부담의 수요로, ⑤ 재원조달수단을 기준으로 지방세, 지방교부세, 보조금, 지방채 등과 연계되는 수요로 구분하여 검토할 필요가 있다.

10

정부 간의 경비분담

제1절 사무배분의 원칙과 기준

국가와 지방자치단체 간의 사무배분은 그 성질과 이해관계에 따라 기준이 설정되며, 사무배분, 즉 사무의 양과 질에 따라 재원배분이 뒷받침되어야 하는 것이 일반원칙이다. 그러나 그 기준 및 원칙은 나라 또는 시대에 따라 달라질 수 있다. 결국 국가와 지방자치단체는 집권도나 분권도의 정도에 의해서 사무와 경비를 각기 분담 및 협조하여 처리하게 되는 것이다.

그런데 지방자치단체가 수행하는 사무의 대부분은 주민의 일상생활과 밀접한 관련이 있는 성격을 지니고 있다. 여기에서는 우선 지방자치법에서 지방자치단체가 처리하도록 규정되어 있는 사무를 내용별로 유형화하여 살펴보기로 한다. 또한 지방자치단체의 수준별로 광역자치단체와 기초자치단체에서 수행하는 자치사무가 어떻게 구성되어 있으며, 중앙정부에서 수행하는 사무와는 어떠한 차이가 있는지에 초점을 두고 지방자치단체의 기능과 사무를 살펴보고자 한다.

1. 국가와 지방자치단체 간의 사무배분

국가와 지방자치단체 간의 사무를 배분할 때 그 성질상 국가가 담당하여야 할 사무, 즉 지방자치단체가 처리할 수 없는 사무를 제외하고는 지방자치단체가 담당하도록 지방자치법에서 규정하고 있다.

우선 국가가 담당하여야 할 사무를 예시하면 다음과 같다.[1)]

① 외교, 국방, 사법, 국세 등 국가의 존립에 필요한 사무

② 물가정책, 금융정책, 수출입정책 등 전국적으로 통일적 처리를 요하는 사무

③ 농림·축·수산물 및 양곡의 수급조절과 수출입 등 전국적으로 통일적 처리를 요하는 사무

④ 국가종합경제개발계획, 국가하천, 국유림, 국토종합개발계획, 지정항

1) 지방자치법 제11조 참조.

표 10-1 지방자치단체의 사무종류

사무유형	사무종류
1. 지방자치단체의 구역, 조직 및 행정관리 등에 관한 사무	① 관할구역 안 행정구역의 명칭·위치 및 구역의 조정 ② 조례·규칙의 제정·개폐 및 그 운영·관리 ③ 관할 행정기관의 조직관리 ④ 관할 행정기관 및 단체의 지도·감독 ⑤ 소속 공무원의 인사·후생복지 및 교육 ⑥ 지방세와 지방세외수입의 부과 및 징수 ⑦ 예산의 편성·집행 및 회계감사와 재산관리 ⑧ 행정장비 관리, 행정전산화 및 행정관리 개선 ⑨ 공유재산 관리 ⑩ 호적 및 주민등록 관리 ⑪ 지방자치단체가 필요로 하는 각종 조사 및 통계의 작성
2. 주민의 복지증진에 관한 사무	① 주민복지에 관한 사무 ② 사회복지시설의 설치·운영 및 관리 ③ 생활곤궁자의 보호 및 지원 ④ 노인·육아·심신장애자·청소년 및 부녀의 보호와 복지증진 ⑤ 보건진료기관의 설치·운영 ⑥ 전염병 및 기타 질병의 예방과 방역 ⑦ 묘지·화장장 및 납골당의 운영·관리 ⑧ 공중접객업소의 위생개선을 위한 지도 ⑨ 청소, 오물의 수거 및 처리 ⑩ 지방공기업의 설치 및 운영
3. 농림·상공업 등 산업증진에 관한 사무	① 농업용수시설의 설치 및 관리 ② 농림·축·수산물의 생산 및 유통지원 ③ 농업자재의 관리 ④ 복합영농의 운영·지도 ⑤ 농외소득사업의 육성·지도 ⑥ 농가부업의 장려 ⑦ 공유림 관리 ⑧ 소규모 축산개발 및 낙농진흥사업 ⑨ 가축전염병 예방 ⑩ 지역산업의 육성·지원 ⑪ 소비자보호 및 저축의 장려 ⑫ 중소기업의 육성 ⑬ 지역특화산업의 개발과 육성·지원 ⑭ 우수토산품 개발과 관광민예품 개발

표 10-1 계 속

사무유형	사무종류
4. 지역개발 및 주민의 생활환경시설 설치·관리에 관한 사무	① 지역개발사업 ② 지방 토목·건설사업의 시행 ③ 도시계획사업의 시행 ④ 지방도, 시·군도의 신설·개수 및 유지 ⑤ 주거생활환경 개선의 장려 및 지원 ⑥ 농촌주택 개량 및 취락구조 개선 ⑦ 자연보호활동 ⑧ 지방하천·준용하천 및 소하천의 관리 ⑨ 상수도·하수도의 설치 및 관리 ⑩ 간이급수시설의 설치 및 관리 ⑪ 도립·군립 및 도시공원, 녹지 등 관광·휴양시설의 설치 및 관리 ⑫ 지방궤도산업의 경영 ⑬ 주차장·교통표지 등 교통편의시설의 설치 및 관리 ⑭ 재해대책의 수립 및 집행 ⑮ 지역경제의 육성 및 지원
5. 교육·체육·문화·예술의 증진에 관한 사무	① 유아원·유치원·초등학교·중학교·고등학교 및 이에 준하는 각종 학교의 설치·운영·지도 ② 도서관·운동장·광장·체육관·박물관·공연장·미술관·음악당 등 공공교육·체육·문화시설의 설치 및 관리 ③ 지방문화재의 지정·보존 및 관리 ④ 지방문화·예술의 진흥 ⑤ 지방문화·예술단체의 육성
6. 지역민방위 및 소방에 관한 사무	① 지역 및 직장민방위조직(의용소방대 포함)의 편성과 운영 및 지도·감독 ② 화재예방 및 소방

만, 고속국도·일반국도, 국립공원 등 전국적 규모 또는 이와 비슷한 규모의 사무

⑤ 근로기준, 측량단위 등 전국적 기준의 통일 및 조정을 요하는 사무

⑥ 우편·철도 등 전국적 규모 또는 이와 비슷한 규모의 사무

⑦ 고도의 기술을 요하는 검사·시험·연구, 항공관리, 기상행정, 원자력개발 등 지방자치단체의 기술 및 재정능력으로 감당하기 어려운 사무

한편, 지방자치단체는 그 관할구역의 자치사무와 법령에 의하여 지치단체에 속하는 사무를 처리하도록 되어 있는데, 그 사무를 예시하면 다음과 같다.[2)]

① 지방자치단체의 구역, 조직 및 행정관리 등에 관한 사무
② 주민의 복지증진에 관한 사무
③ 농림·상공업 등 산업증진에 관한 사무
④ 지역개발 및 주민의 생활환경시설 설치·관리에 관한 사무
⑤ 교육·체육·문화·예술의 진흥에 관한 사무
⑥ 지역민방위 및 소방에 관한 사무

2. 광역자치단체와 기초자치단체 간의 사무배분

지방자치단체 상호간의 사무배분은 지방자치의 원리에 입각하여 광역자치단체는 광역적·보완적·조정적 사무만을 담당하고, 주민의 일상생활 및 복지증진에 관계되는 모든 사무는 기초자치단체가 처리하도록 하여 자치단체 상호간의 기능중복이 없도록 하여야 할 것이다. 이러한 원칙에 따라 지방자치법 제10조에서는 지방행정기능의 중복을 피하기 위하여, 지방자치단체가 처리하는 사무를 광역자치단체인 시·도와 기초자치단체인 시·군·구로 나누어 사무배분의 기준을 다음과 같이 제시하고 있다.[3)]

(1) 공통사무

광역자치단체인 시·도와 기초자치단체인 시·군·구의 공통사무는 지방자치단체의 이른바 존립·유지사무를 의미한다. 이러한 지방자치단체의 존립·유지사무란 지방자치단체가 하나의 행정주체로서 존립하여 활동할 수 있도록 조직하고 의사결정과정을 마련하며 필요한 재정적·인적 수단을 갖추기 위한 행정사무를 말한다. 예컨대, ① 조례·규칙의 제정·개폐 및 운영·관리, ② 산하 행정기관의 조직관리, ③ 산하 행정기관 및 단체의 지도·감독, ④ 소속 공

2) 지방자치법 제9조 참조.
3) 지방자치단체 간의 사무배분방식은 열거적 개괄수권방식(列擧的 槪括授權方式)으로서 광역자치단체가 처리하여야 할 사무와 기초자치단체가 처리하여야 할 사무를 열거하여 일괄배정하는 방식을 택하고 있다(지방행정연구소, 1995).

무원의 인사·후생복지 및 교육, ⑤ 지방세와 세외수입의 부과 및 징수, ⑥ 예산의 편성·집행 및 회계감사와 재산관리, ⑦ 공유재산관리, ⑧ 각종 조사 및 통계의 작성 등이 있다.

(2) 광역자치단체의 사무

지방자치법 제10조에 의거하여 광역자치단체가 처리하도록 규정된 자치사무를 살펴보면 다음과 같다.

① 행정처리의 결과가 2개 이상의 시·군 및 자치구에 미치는 광역적 사무

② 시·도단위로 동일한 기준에 따라 처리되어야 할 성질의 사무

③ 지역적 특성을 살리면서 시·도단위로 통일성을 유지할 필요가 있는 사무

④ 국가와 시·군 및 자치구 간의 연락·조정 등의 사무

⑤ 시·군 및 자치구가 독자적으로 처리하기에는 부적당한 사무

⑥ 2개 이상의 시·군 및 자치구가 공동으로 설치하는 것이 적당하다고 인정되는 규모의 시설 설치 및 관리에 관한 사무

이와 같은 광역자치단체의 사무를 광역적 사무, 보완적 사무, 조정적 사무로 구분하여 살펴보면 다음과 같다.

1) 광역적 사무

행정처리의 결과가 하나의 기초자치단체를 넘어서 2개 이상 여러 기초자치단체에 걸치기 때문에 광역자치단체가 처리하기에 적합하고 개개의 기초자치단체가 처리하기에는 부적합한 사무를 의미한다. 예컨대, 광역 차원의 도로, 하천, 치산, 운수(시외버스), 관광개발 등의 사무를 말한다.

2) 보완적 사무

업무 그 자체로는 기초자치단체의 업무에 속하는 것이지만, 기초자치단체의 행·재정능력을 초과하는 것이기 때문에 개별적인 기초자치단체가 처리할 수 없거나 효율적으로 처리하기 곤란하며, 이웃 지방자치단체와 협력으로 처리하기도 쉽지 아니한 경우에 광역자치단체가 이를 보완적으로 수행하는 것을 말한다. 예컨대, 병원, 연구소, 시험장 등의 사무를 말한다.

3) 조정적 사무

기초자치단체 간의 지역적인 이기심에 의한 마찰을 조정하여 종합적·유기적인 행정이 가능하도록 하며, 각 기초자치단체 사이에 행정능력이나 재정능력의 불균형을 시정하여 통일적인 행정을 가능하게 하기 위한 사무, 그리고 중앙정부와 기초자치단체 사이의 연락·조정사무 등을 의미한다. 예컨대, 중앙으로부터 명령·지시·이첩, 분쟁의 조정, 개발계획의 조정 등의 사무를 말한다.

(3) 기초자치단체의 사무

기초자치단체는 광역자치단체인 시·도에서 처리하도록 되어 있는 사무를 제외한 사무를 포괄적으로 처리하고 있다. 다만, 인구 50만 명 이상의 시에서는 도가 처리하는 사무의 일부를 직접 처리할 수 있도록 특례가 인정되고 있는데, 이러한 특례사무로는 보건·의료, 지방공기업, 주택건설, 토지구획 등에 관련된 사무를 들 수 있다.

지방자치법 제10조 제3항에서는 광역자치단체와 기초자치단체가 사무를 처리할 때 서로 경합하지 않도록 규정되어 있으며, 만약 사무가 경합되는 경우에는 기초자치단체가 우선적으로 사무를 처리할 수 있도록 규정하고 있다. 이는 기초자치단체 우선의 원칙을 반영한 것으로서 주민자치의 이념을 살리고 지방자치의 근저를 공고히 하기 위한 것이다.

따라서 기초자치단체는 국지적·특수적·개별적인 기능을 담당한다. 주로 주민의 생활과 밀착된 서비스사무, 즉 상·하수도, 청소, 오물, 교육, 주택, 공원, 시장 등의 사무를 처리한다.

그리고 자치구의 자치권 범위는 법령이 정하는 바에 따라 시·군과 다르게 정해져 있다.

제 2 절 지방자치단체의 사무종류와 배분실태

1. 지방자치단체의 사무종류

지방자치단체는 주민의 편의와 복리를 증진시키는 데 밀접한 행정사무를 수행하고 있는데, 이러한 지방자치단체의 사무는 크게 자치사무, 단체위임사무, 기관위임사무로 구분된다.

첫째, 자치사무란 지방자치단체가 자기의 의사와 책임 및 부담하에 자주적으로 처리하는 사무로서 지방자치단체의 존립·유지 및 주민의 공공복리에 관하여 당해 지방자치단체에만 이해관계가 있는 사무를 뜻한다.

둘째, 단체위임사무란 국가 또는 다른 지방자치단체로부터 그 처리가 위임된 사무로서 법령에 의하여 지방자치단체에 속하는 사무를 뜻한다.

셋째, 기관위임사무란 전국적 이해관계를 가진 사무로서 중앙부처 또는 그 소속기관에서 처리하여야 하나, 사무처리의 경제성 또는 주민편의 등을 위하여 지방자치단체의 장에게 위임하여 처리하는 국가사무을 뜻한다.

이와 같이 지방자치단체가 수행하는 사무에는 지방자치단체의 고유사무와 국가와 상급자치단체에서 위임받아 수행하는 위임사무가 있다.

2. 지방자치단체의 사무배분실태

책임과 권한의 배분이란 측면에서 지방자치단체의 사무배분은 민주성의 제고와 지방의 수요에 대한 대응성을 높이는 데 초점을 두고 이루어지고 있다. 지방자치단체의 다양한 기능과 사무의 배분논리에도 불구하고 사무배분상의 문제점은 다음과 같다.

첫째, 지방자치단체가 처리하는 사무는 이론상·실정법상 ① 자치사무, ② 단체위임사무, ③ 기관위임사무 등 성질별로 구분하고 있으나, 실제로는 이 구분이 명확하게 이루어지지 않고 있다. 사무구분이 불분명하게 된 이유는 ① 현행 법령상 규정의 불명확함, ② 이론과 실제상의 차이(이론적으로 주민의 공공복지에 관한 것으로, 이해관계가 해당 구역 내에 한정된 사무는 자치사무라고 분류하고 있으나, 현실적으로는 중앙정부의 적극적인 지도·감독을 받는 경우가 빈번함), ③ 장기간 지방자치실시가 유보된 바 있고 지방자치단체장의 임명제가 유지됨으로써 상대적으로 사무구분의 노력이 부족했던 점, ④ 위임사무에 대한 경비부담의 불명확성(재정력이 빈약한 자치단체는 자치사무까지도 중앙정부의 보조를 받고, 재정력이 좋은 자치단체는 위임사무까지도 자주재원으로 처리하는 사례가 많음) 등이다.

둘째, 중앙정부와 지방자치단체의 관계에서 사무배분의 불균형을 나타내고 있다. 1994년 1월 총무처가 국가(중앙정부)와 지방자치단체 간의 역할 재정립 및 합리적인 기능재배분을 위한 기초자료의 구축을 위하여 법령상의 모든 국가기능에 대한 중앙정부와 지방자치단체 간의 사무배분실태를 조사·분석한 결과에 의하면 중앙정부가 처리하는 사무와 지방자치단체가 처리하는 사무의 비율은 약 75:25로 나타나고 있다.

셋째, 지방자치단체가 수행하는 전체 사무 중 지방자치단체 내에서 처리하는 자치사무와 기관위임사무를 비교하였을 경우, 광역자치단체는 자치사무가 약 65~70%를 차지하는 반면, 기초자치단체에서는 약 40~55%로 자치사무의 비율이 낮게 나타나고 있다. 이는 지방자치단체의 자치기능이 아직까지 상당히 제약받고 있는 현실을 반영하고 있다고 볼 수 있다. 그러나 지방자치단체는 중앙정부로부터 기능 및 권한이양에 대한 요구를 지속적으로 요구하고 있으며, 이에 부응하여 중앙정부도 정기적인 기능이양작업의 노력으로 상당량의 중앙기능을 지방자치단체로 이양하고 있는 상태에 있는 것을 볼 수 있다.

한편, 지방자치단체 간의 사무배분은 운영의 효율성과 비용의 효과성을 기초로 광역지방자치단체와 기초지방자치단체 간에 사무배분이 이루어지고 있다. 그러나 권한과 책임의 배분이 분명하지 않아 광역과 기초자치단체 간에 사무와 기능이 공유되는 현상이 발견되는데, 이는 주로 동일한 기능이 중복되어 양 자치단체에 배분되거나 권한과 책임의 분리 등 기능의 일부만이 자치단체에 배분되기 때문에 나타나고 있다.

제3절 사무구분과 경비부담

1. 사무 및 재원배분의 과정

중앙정부와 지방정부의 행·재정활동을 종합적으로 나타낸 [그림 10-1]에서 보는 바와 같이 행·재정활동의 궁극적인 목표는 주민의 복지증진이라 할 수 있는데, 이 때 주민복지와 관련된 주민욕구의 충족, 미충족상태가 현시적으로 드러나면서 주민욕구의 미충족부문이 주민수요를 형성하게 되는 것이다. 이러한 주민욕구의 미충족부문을 충족시키기 위한 활동이 지역사회 내에서 다양하게 일어나는데, 민간부문이 담당하여 자체적으로 해결해 나가는 영역도 있고, 공공부문이 그 문제해결 책임을 떠맡거나 공공부문에 문제해결 책임이 떠맡겨지는 영역도 있다. 어떤 문제가 개인 및 가족집단에 의하여 해결가능한 것일 때에는 그 개인 및 가족집단에 의하여 해결되어야 하

그림 10-1 사무 및 재원배분의 과정

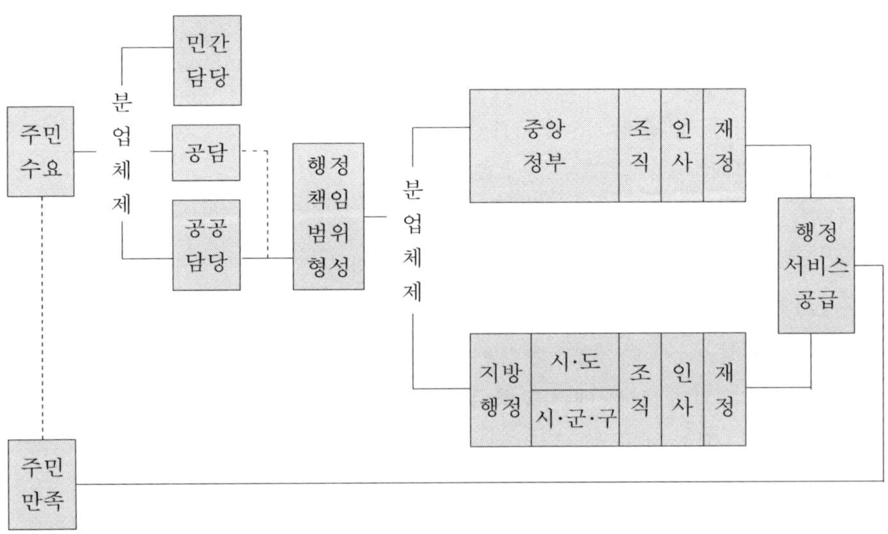

는 것이고, 그것이 개인 및 가족집단에 의해서는 해결되기 어려울 때에는 사회 내부의 민간집단에 의하여 해결되도록 노력하여야 할 것이다. 그것이 민간집단에 의해서도 도저히 해결될 수 없을 때에 가서야 공공부문에 의해서 해결되어야 하는 것이다.

공공부문이 담당하는 것은 또다시 중앙정부와 지방정부 간의 기능배분에 따라서 책임져야 할 영역이 구별된다. 이렇게 책임을 져야 할 영역이 구분되면서 중앙정부와 지방정부(광역 및 기초)는 각기 국민경제활동과 지역경제활동 속에서 필요한 재원을 조달하고 각종 재화와 서비스를 공급하는 것이다.

2. 사무구분에 따른 경비부담

지방자치단체가 처리하는 사무를 자치사무, 단체위임사무, 기관위임사무로 구분할 수 있는데, 이러한 사무구분에 따라 경비를 부담하는 방식도 상이하다. 우리 나라의 경우 지방자치법(제113조 제2항)에서는 국가는 지방재정의 자주성과 건전한 운영을 조장하여야 하며, 국가의 부담을 지방자치단체에 전가하여서는 안 된다고 규정하여 건전재정의 원칙을 규정하고 있다. 그리고 지방자치법 제132조에 의하면, 국가 또는 지방자치단체 사무를 위임하는 때에는 이를 위임한 국가 또는 지방자치단체에서 그 경비를 부담하여야 한다고 규정하고 있다.

한편, 지방재정법 제21조 제1항에서도 지방자치단체 또는 그 기관이 법령에 의하여 처리하여야 할 사무로서 국가와 지방자치단체 상호간에 이해관계가 있는 경우(단체위임사무)에 그 원활한 사무처리를 위하여 국가에서 부담하지 아니하면 안 될 경비는 국가가 전부 또는 일부를 부담하여야 한다고 규정하고 있다. 그리고 동법 제21조 제2항에서는 국가가 스스로 행하여야 할 사무를 지방자치단체 또는 그 기관에 위임하여 수행하는 경우(기관위임사무)에 소요되는 경비는 국가가 그 전부를 당해 지방자치단체에 교부하여야 한다고 규정하고 있다.

(1) 자치사무(고유사무)

자치사무는 지방자치단체의 존립과 주민의 복리증진을 위한 사무인데, 이러한 자치사무의 수행에 소요되는 경비는 지방자치단체의 자주재원과 지방교부세 등으로 전액 충당하는 것이 원칙이다. 그러나 특정한 행정사무의 집행을 장려·조장하거나 지방재정의 어려움을 지원하기 위해 보조금을 받는 경우에는 장려적 보조금의 성격을 갖는 것이다.

(2) 위임사무

1) 단체위임사무

단체위임사무는 지방자치단체 본래의 사무가 아니고 개개의 법령에 의하여 지방자치단체에 위임된 사무로서 그 성질상 대체로 지방적 이해관계와 전국적 이해관계를 동시에 갖고 있다. 예컨대, ① 국가계획사업의 지방단위 추진, ② 중앙과 지방 간 이해를 같이 하는 사업, ③ 재해복구부담금 등이 여기에 속한다.

따라서 단체위임사무는 국가의 사무로서 지방자치단체에 위임된 것과 광역자치단체인 시·도의 사무로서 기초자치단체인 시·군에 위임된 것인데, 이 단체위임사무는 일단 지방자치단체에 위임되면 지방자치단체의 사무로서 자치사무와 같이 처리된다. 그런데 단체위임사무 처리에 소요되는 경비는 당해 지방자치단체(지방비 부담)와 위임기관이 분담하는 것을 원칙으로 하며, 이 경우 국가가 교부하는 국고보조금은 일부보조로서 부담금 성격을 갖는다.

2) 기관위임사무

기관위임사무는 국가 또는 광역자치단체로부터 지방자치단체 집행기관장에게 위임된 사무로서 그 성질이 지방적 이해관계보다 전국적 이해관계가 큰 사무이다. 이러한 기관위임사무는 국가 등이 직접 자기 기관을 설치하여 처리하여야 할 사무인 것을 국민의 편리나 경비의 효율성 등을 이유로 지방자치단체의 집행기관에 위임하여 처리하는 것이다.

따라서 이 사무의 위임을 받은 지방자치단체의 집행기관은 국가의 하급기관과 동일한 지위에서 국가의 대리기관으로서 그 사무를 처리하게 된다.

표 10-2 지방자치단체의 사무구분과 경비부담

구 분	자치사무	단체위임사무	기관위임사무
국가부담	지방교부세, 국고보조금	부담금 (국고보조금)	교부금 (국고보조금)
지방부담	자체재원	자체재원(지방비)	–

그리고 기관위임사무의 처리에 소요되는 경비는 그 전액을 국고에서 부담하는 것을 원칙으로 하며, 이 경우 교부되는 국고보조금은 의무적인 위탁금 또는 교부금의 성격을 지닌다.

이상과 같이 지방자치단체의 사무유형별 경비부담의 관계를 정리하면 [표 10-2]와 같다.

지방예산

개관

예산이란 일반적으로 1회계연도에 있어서의 세입·세출의 견적 또는 계획을 의미하는데, 특히 지방예산은 1회계연도에 지방자치단체가 주민복지와 지역발전을 위하여 필요한 소요경비와 이를 충당할 수 있는 소요재원을 예측하고 그 종류와 금액을 목적별 또는 성질별로 분류하여 집계·적산한 계획으로서 지방재정운영의 지침이 된다.

이러한 지방예산은 지방자치단체가 동원가능한 재원을 누구를 대상으로 어떤 분야에 얼마나 분배할 것인가를 결정하는 공식적인 절차인 예산과정을 거치게 된다. 이러한 예산과정은 지방자치법, 지방재정법 등의 관계규정을 기초로 하여 예산안의 편성과 심의·의결, 예산집행, 회계검사 및 결산의 과정을 거치게 되는데, 이러한 예산과정은 통상 3년의 기간이 소요된다. 왜냐하면, 당해 연도의 예산집행은 1회계연도 내에서 종료되지만, 예산의 편성과 심의는 전년도에, 예산에 대한 결산은 후년도에 이루어지기 때문이다. 이러한 지방예산과정에 각기 독립적인 기관인 지방자치단체(집행기관), 지방의회(의결기관), 결산검사위원(회계검사기관)이 독자적인 기능분담을 하게 되는 것은 주민을 대신하여 지방예산에 대한 합리적인 통제와 영향력을 행사하기 위한 것이다.

따라서 제4편에서는 지방예산의 원칙과 과정을 이론적·실무적으로 살펴보는 동시에, 예산·결산에 대한 지방의회와 집행기관의 사례를 살펴본다.

① 지방자치단체 1회계연도에서의 세입·세출에 대한 견적 또는 계획인 지방예산의 역할 및 종류를 살펴보고, 이러한 예산의 운영시에 준수되어야 할 원칙과 내용을 고찰한다(제11장).

② 지방예산의 과정을 예산안의 편성, 예산심의, 예산집행, 결산 및 회계검사로 구분하여 그 의의와 절차를 지방자치법, 지방재정법 등의 관련규정과 함께 고찰한다(제12장).

③ 지방의회의 예산 및 결산에 관한 권한으로 부여된 예산안의 심의의결권과 결산심사권을 중심으로 지방의회의 예산·결산 심의요령 및 사례를 살펴본다(제13장).

11 지방예산의 기초이론

제 1 절 지방예산의 의의와 기능

1. 예산의 의의

예산이란 일반적으로 1회계연도에서의 세입·세출견적 또는 계획을 의미하는데, 특히 지방예산은 1회계연도에 지방자치단체가 주민복지와 지역발전을 위하여 필요한 소요경비와 이를 충당할 수 있는 소요재원을 예측하고, 그 종류와 금액을 목적별 또는 성질별로 분류하여 집계·적산한 계획으로서 지방재정의 운영지침이 된다.[1)]

이러한 의미의 예산은 사경제와 공경제를 불문하고 경제활동을 영위하는 데 필요한 것이지만, 공공부문의 예산을 형식적 의미에서 볼 경우 예산의 성립 및 효력에 관한 법률상 요건이 충족되어야 할 것이다.

따라서 지방자치단체의 예산은 사경제의 예산과는 달리 지방자치법 및 지방재정법 등에 의하여 소정의 양식과 요건을 갖추고, 특히 지방의회의 심의·결산을 거친 일정 형식의 것이어야 하며, 지방자치단체는 오로지 이 예산에 의하여 경비를 지출하고, 또한 장래에 경비를 지출하게 되는 채무부담도 할 수 있다.

2. 예산의 기능

이러한 지방예산의 3대 기능은 다음과 같다.

(1) 재정계획으로서의 기능

예산은 1회계연도에 지방자치단체가 지역발전과 주민복지의 실현을 위한 활동을 수행하는 데 필요한 경비와 그것을 조달하는 데 요하는 재원의 전망을 명확히 한 계획이다.

---

1) 이상용(1993), p. 169.

(2) 정책형성으로서의 기능

한정된 재원을 유효적절하게 사용하기 위하여 주민의 욕구에 기초한 주민복지의 증진과 지역발전에 필요하다고 판단되는 각종 사업·시책에 관한 적부·우선순위·체계부여 등의 정책결정이 예산의 편성과정을 통하여 이루어지게 된다.

(3) 회계적 통제수단으로서의 기능

지방의회의 예산의결에 의해 예산이 성립되는데, 이는 지방의회가 지방자치단체장에게 예산의 집행권을 부여하는 동시에 예산집행의 책임을 부여하는 것이다. 따라서 예산의 집행권에 의거하여 단체장은 내부적인 회계통제를 하게 된다.

제2절 지방예산의 종류

일반적으로 예산의 종류는 회계성질별, 예산의 성립시기별, 예산 불성립시의 대처방법별로 구분할 수 있다.

1. 회계성질별 종류

지방자치단체의 예산 가운데서 주민의 공공복지 증진을 위하여 운영되는 회계를 일반회계라고 하는데, 통상 정부예산은 일반회계예산을 가리킨다. 따라서 일반회계로 지원되는 사업은 비분할적이고 비배제적인 성질의 순수공공재 공급과 밀접한 관련이 있기 때문에 사업성과에 대한 분석이 곤란할 뿐만 아니라 기업성보다 공공성이 강조되고 있다.

이에 반해 지방자치단체의 사업 중 공공성보다 기업성이 중시되는 사업에 대해서 일반회계와는 구분하여 별도의 회계를 설치·운영하는 것이 특별회계이다. 따라서 특별회계는 준공공재나 민간재와 밀접한 관련이 있고, 사업성과에 대한 평가가 가능하여 기업회계의 적용이 가능한 것이다.

우리 나라의 지방자치법 제117조와 지방재정법 제9조 제1항에서는 지방자치단체의 회계는 일반회계와 특별회계로 구분하도록 규정하고 있는데, 여기서 특별회계는 ① 공영기업이나 특정한 목적의 사업을 운영할 때, ② 특별한 자금을 보유하여 운영할 때, ③ 기타 특정한 세입을 특정한 세출에 충당함으로써 일반의 세입·세출과 구분하여 계리할 필요가 있을 때에 한하여 법률 또는 조례로 설치할 수 있게 되어 있다.

2. 예산의 성립시기별 종류

예산의 성립시기에 따라 본예산, 수정예산, 추가경정예산으로 구분할 수 있다.

본예산 또는 당초예산이란 회계연도 개시 전에 최초로 성립된 연간예산이다. 즉, 지방자치법 제118조에 의해 지방자치단체의 장은 회계연도별로 예산안을 편성하여 시·도의 경우는 회계연도 개시 50일 전인 11월 11일까지, 시·군·자치구는 회계연도 개시 40일 전인 11월 21일까지 지방의회에 제출하고, 시·도의회에서는 예산안을 회계연도 개시 15일 전까지, 시·군·자치구의회에서는 회계연도 개시 10일 전까지 의결하여야 하는데, 이러한 법적 절차에 따라 성립된 예산을 본예산이라고 한다.

수정예산이란 지방의회에 예산을 제출한 후 예산이 의결되기 전에 수정한 예산을 말한다. 따라서 지방자치법 제118조 제4항에서는 예산안이 작성되어 지방의회에 제출한 후 국가로부터의 의존재원 변경과 지역의 사회적·경제적 환경변화로 인하여 이미 편성되어 지방의회에 제출된 예산안을 수정한 예산안을 작성하여 지방의회에 다시 제출할 수 있도록 하고 있는데,[2] 이러한 절차에 의해 본예산의 일부를 수정한 것을 수정예산이라고 한다.

---

2) 대체로 지방자치단체의 예산은 1년 전부터 편성작업이 시작되고, 지방교부세·국고보조금 등 국가로부터의 의존재원이 차지하는 비중이 높은 데 비하여 국가예산은 전년도 12월 2일까지 국회에서 의결되어 확정되기 때문에 예산안을 작성할 때와 이를 완성하여 지방의회에 제출할 때의 사회적·경제적 환경은 크게 달라지는 경우가 있다. 이로 인해 우리 나라 지방예산의 경우는 수정예산안의 편성이 불가피한 실정이다(김형식, 1997, p. 175).

추가경정예산(追加更正豫算)이란 예산이 성립하고 회계연도가 개시된 후에 새로이 발생한 사유로 인하여 이미 성립된 예산에 변경을 가할 필요가 있을 때 사용되는 예산이다. 지방자치법 제121조와 지방재정법 제45조에서는 지방자치단체의 장은 이미 성립된 예산에 변경을 가할 필요가 있을 때 추가경정예산안을 편성하여 지방의회에 의결을 얻어야 한다고 규정하고 있다. 이와 같이 본예산과 추가경정예산은 별개로 성립하지만, 추가경정예산은 본예산의 내용에 추가하거나 본예산의 내용 가운데 일부를 변경하는 것이므로 일단 성립되면 본예산과 추가경정예산은 하나로 통합되어 운영된다. 따라서 특정 연도의 총예산규모는 본예산과 추경예산의 총액으로 파악되어야 한다.

3. 예산 불성립시에 대처하는 예산의 종류

예산 불성립에서 발생하는 행정의 마비나 혼란을 방지하기 위하여 지방자치법 제122조에서는 지방의회가 새로운 회계연도가 개시될 때까지 예산안을 의결하지 못하였을 때, 지방자치단체의 장은 지방의회에서 예산안을 의결할 때까지 ① 법령이나 조례에 의해 설치된 기관 또는 시설의 유지·운영, ② 법률 또는 조례상 지출의무의 이행, 그리고 ③ 이미 예산으로 승인된 사업의 계속 등의 경우에는 전년도 예산에 준하여 집행할 수 있다고 준예산(準豫算)제도를 규정하고 있다. 그런데 이러한 준예산은 이미 지방의회의 심의를 거쳐 실시한 전년도 예산에 준하기 때문에 의회의 의결을 요하지 않으며, 본예산이 성립되면 준예산은 본예산에 의한 집행으로 간주된다(지방재정법 제46조 제2항).

그리고 준예산을 사용할 수 있는 기간에 대해서는 법적으로 명시되고 있지는 않지만 제도의 취지상 3개월 이내여야 한다고 해석되며, 이 점에서 일정 기간(4~5개월) 예산지출이 허용되는 잠정예산(暫定豫算)이나 1개월 이내의 예산집행이 허용되는 가예산(假豫算)과는 구별되는 것이다.

제3절 지방예산의 원칙과 내용

1. 예산원칙

예산원칙이란 예산제도 운영시에 지켜야 하는 규범과 준칙으로서 예산의 기능과 예산제도를 구체적으로 결부시키는 것이다. 이러한 예산원칙은 ① 재정의 건전한 운영, ② 집행부의 자의성 배제, ③ 집행부에 대한 의회와 주민의 통제용이, ④ 예산집행에 대한 관료의 부정방지, ⑤ 예산운영의 신축성 유지 등에 기여하게 되는바, 그 종류는 다음과 같다.

(1) 회계연도 독립의 원칙

이는 각 회계연도의 경비는 당해 연도의 세입으로 충당해야 하며, 매 회계연도의 세출예산은 다음 연도에 사용할 수 없다는 것을 의미한다(지방재정법 제7조). 그러나 예산운영상 신축성을 유지하기 위하여 이 원칙의 예외로서 조상충용(繰上充用), 계속비, 이월예산, 채무부담행위, 세계잉여금(歲計剩餘金)의 익년도 세입에의 이입(移入), 과년도 수입·지출 등이 인정되고 있다.

(2) 예산총계주의 원칙

이는 한 회계연도의 모든 수입을 세입으로 하고, 모든 지출을 세출로 하며, 세입과 세출은 모두 예산에 편입하여야 한다는 것을 의미한다(지방재정법 제34조). 그러나 세입·세출의 예산 외로 처리할 수 있도록 현물출자, 기금운영, 대통령령이 정하는 사유로 보관할 의무가 있는 현금 또는 유가증권, 과오납금의 반환 등에 대해 예외를 두고 있다.

(3) 건전재정운영의 원칙

이는 지방자치단체의 세출재원은 지방채 또는 차입금 외의 세입으로 이루어져야 함을 의미한다(지방재정법 제35조). 이에 대한 예외적인 제도로서 지방채의 발행이 있다.

(4) 예산의 목적 외 사용금지의 원칙

이는 지방자치단체장이 세출예산이 정한 목적 외에 경비를 사용할 수 없고, 각 기관 간이나 세출예산이 정한 각 장·관·항 상호간에 융통하여 사용할 수 없음을 의미한다(지방재정법 제47조). 이에 대한 예외로는 예산의 이용(移用)·전용(轉用)·이체(移替) 등이 있다.

(5) 수입의 직접 사용금지의 원칙

이는 지방자치단체의 모든 수입은 지정된 수납기관(지방금고)에 납부되어야 하므로 직접 사용할 수 없다는 것을 의미한다(지방재정법 제15조). 그러나 지출이 직접수입을 수반하는 경비로서 지방재정법 시행령 제27조에 규정된 수입대체경비는 그 수입이 확보되는 범위 내에서 직접 지출할 수 있는 예외가 인정된다.

(6) 예산의 공개 및 사전의결의 원칙

이는 예산의 내용을 지역주민들에게 공개하는 동시에 예산이 당해 회계연도가 개시되기 전에 지방의회의 의결을 거쳐야 하는 것으로서 지역주민의 알 권리 보호, 집행부 독주의 방지를 통해 재정민주주의를 구현하기 위한 것이다. 그러나 사전의결원칙의 예외로 회계연도 개시 전까지 예산안이 의결되지 못하였을 경우에 편성하는 준예산제도가 있다(지방재정법 제46조).

2. 예산의 내용

(1) 예산총칙

예산총칙에는 세입, 세출, 계속비, 채무부담행위 및 명시이월비에 관한 총괄적 규정과 지방채 차입금 및 일시차입금의 한도액, 기타 예산에 관하여 필요한 사항을 규정하고 있다.

(2) 세입·세출예산

세입·세출예산이란 1회계연도에서의 모든 수입과 지출의 견적이다. 그러나 세입·세출예산에 관하여 특히 유의할 점은 세입예산은 단순한 견적이지만, 세출예산은 견적임과 동시에 지출의 한도와 내용을 정하는 법적 구속력을 갖고 있다.

① 세입·세출예산은 그 내용의 성질과 기능을 고려하여 장·관·항으로 구분

② 관·항 또는 목 등 예산과목의 구분과 기준은 행정자치부 장관이 정함.

(3) 계속비(지자법 제119조 및 지방재정법 제42조)

계속비는 지방자치단체가 경비로 지급할 안건으로서 그 이행에 수년도가 요구되는 것에 관하여는 예산이 정하는 바에 따라, 그 경비의 총액과 연할액을 정하여 수년도에 걸쳐 지출할 수 있는 제도이다. 이것은 회계연도 독립의 원칙에 대한 예외로서 인정되고 있는 제도이다.

계속비의 설정은 그 경비의 총액과 연할액을 예산으로 정하고, 각 연도의 지출은 형식적으로 각 연도의 세출예산에 계상하지 않으면 지출될 수 없으나, 추가경정예산을 통해 연할액의 변경은 가능하게 되어 있다. 그런데 계속비는 체차이월(遞次移越)이 가능하여 매 회계연도 연할액에 관련된 세출예산 중 그 연도 내에 지출을 종료하지 못한 것은 각 연도의 결산시 그 잔액을 불용액으로 처리하지 않고 익년도에 순차적으로 이월하여 익년도의 연할액에 가산하여 지출할 수 있다(지방재정법 제50조 제3항).

그리고 계속비를 지출할 수 있는 연한은 당해 사업의 실시연도로부터 5년 이내이며, 당해 사업 또는 그에 관한 계약 등에 대한 채무부담이라는 예산조치는 필요가 없고, 계속비의 설정에 대한 예산이 의결되면 직접 지출원인행위, 즉 지출의 원인이 되는 계약, 기타 행위를 할 수 있다.

(4) 채무부담행위(지방재정법 제44조)

지방자치단체의 장이 법령 또는 조례에 의한 것과 세출예산금액, 명시이월비 또는 계속비의 총액범위 안의 것 이외에 지방자치단체의 채무부담원인이 될 계약의 체결, 기타 행위를 하고자 할 때에는 미리 예산으로 지방의회의 의결을 얻어야 한다.

따라서 채무부담행위에는 지방채 및 일시차입금이 제외되며, 채무부담행위는 그 행위를 할 수 있는 사항과 기간 및 한도액을 예산내용으로 정함

으로써 이루어지며, 채무부담행위로 인한 상환금은 당해 상환연도 세출예산에 반드시 계상되어야 한다.

(5) 명시이월비(지방재정법 제50조 제1항)

세출예산 중 경비의 성질상 당해 연도 내에 그 지출을 끝내지 못할 것이 예상될 때에는 명시이월비로서, 특히 그 취지를 세입·세출예산에 명시하여 미리 지방의회의 의결을 얻어 이를 익년도에 이월하여 사용할 수 있다. 이는 회계연도 독립의 원칙에 대한 예외로서 인정되고 있는 제도이다.

제4절 회계연도

회계연도(fiscal year: FY)란 정부의 세입·세출예산을 연도별로 구분·정리하여 그 관계를 명확하게 하기 위하여 인위적으로 설정된 기간이다. 이와 같이 회계연도를 인위적으로 설정하는 것은 정부의 재정활동은 영속적으로 수행된다는 전제에서 비롯한다. 따라서 정부는 매년 정부활동에 필요한 재원을 동원하고 배분하는 계획을 예산을 통하여 사전에 지방의회와 주민에게 알리고 이해시켜야 하며, 정부활동의 결과를 결산을 통하여 평가하고 이를 정기적으로 보고하여야 하는데, 이 때 필요한 것이 회계연도이다.[3)]

이러한 회계연도의 설정은 국가별로 상이한데, 우리 나라의 경우 중앙정부와 지방자치단체 모두 매년 1월 1일부터 12월 31일까지로 되어 있으며, 외국의 경우는 다음과 같다.

① 1월～12월: 프랑스

② 3월～익년도 2월: 터키

③ 4월～익년도 3월: 영국, 일본, 캐나다

④ 10월～익년도 9월: 미국, 독일

3) 회계연도가 필요한 이유로서 ① 재정활동을 위한 계획의 수립, ② 재정활동에 대한 결과보고와 주민의 요구수렴, ③ 사업성과에 대한 평가, ④ 재정활동에 대한 책임확보 등을 들 수 있다(이영조, 1996, pp. 123～124).

그런데 지방자치단체의 경우에 지방재원의 약 30%를 차지하고 있는 중앙이전금(지방교부세, 국고보조금, 국가균형발전특별회계)의 내시가 시달되지 않은 상태에서 예산편성이 실시되고, 이후 중앙이전금의 확정결과가 시달되면 다시 추가경정예산을 편성하는 등 행정력의 낭비와 시행착오가 발생하고 있다. 특히, 국고보조금은 지방비의 부담이 수반되므로 가용재원의 배분상 계획성이 낮아 당초예산과 최종예산 간의 괴리가 아주 심한 실정에 있다.

이러한 문제점을 개선하기 위하여 현행 회계연도를 조정할 필요가 있는데, 검토할 수 있는 대안은 다음과 같다.[4]

① 제1안: 현행 회계제도를 유지하되 경상예산과 사업예산의 편성순기를 이원화하여 사업예산은 국가와 2개월 시차를 두고 3월 1일부터 12월 31일까지로 조정하고, 현재 10월 15일까지 시달하고 있는 중앙이전재원(지방교부세, 국고보조금)을 9월 말까지 확정 · 시달함.

② 제2안: 지방자치단체의 회계연도를 국가와 2개월 시차를 두고 3월 1일부터 익년 2월 28일까지로 조정함.

그러나 국가와 지방자치단체의 회계연도가 불일치되는 경우 예상되는 문제점은 다음과 같다.

첫째, 국가재정과 지방재정 간 상호 연관성을 갖는 재원(지방교부세, 국고보조금)이 존재하므로 국가 및 지방자치단체의 재정수지가 불명확하게 된다.

둘째, 국가 · 지방자치단체 · 민간(기업)의 모든 경제활동은 1년을 단위로 상호 연계 속에서 계획수립 및 집행이 이루어지고 있으므로, 이 경제주체 간에 회계연도가 상이한 경우 예산집행상 다소 혼란이 발생할 수 있다.

셋째, 국가시책 결정시기가 지방의 집행시기와 불일치로 국가시책이 2개월 늦게 집행되는 결과를 초래할 수 있다.

따라서 현재 국가와 지방자치단체의 회계연도가 동일함에 따른 지방예산의 편성 및 심의상의 제약을 해소하고 중앙지원재원의 계획성 있는 배분을 도모하기 위하여 장·단기적으로 접근하는 것이 바람직할 것이다. 즉, 단기적으로 국가와 지방자치단체 간의 회계연도 불일치로 인한 문제점을 감안하여 제1안과 같이 현 제도를 유지하는 가운데, 사업예산의 편성시기를 2개월 늦추고 행정 내부적으로 업무처리 관행을 개선하여 중앙이전재원을 9월

4) 지방재정발전기획단(1996), pp. 217~218.

말까지 확정·시달한다. 그리고 장기적으로는 지방예산의 편성 및 심의를 효율적으로 추진할 수 있도록 제2안과 같이 지방자치단체의 회계연도를 제2안과 같이 국가의 회계연도보다 2개월 늦은 3월 1일부터 익년 2월 28일까지로 조정하는 방안을 모색할 필요가 있다.

12

지방예산의 과정

제 1 절 지방예산과정의 의의

지방예산은 지방자치단체가 동원가능한 재원을 누구를 대상으로 어떤 분야에 얼마나 분배할 것인가를 결정하는 공식적인 절차인 예산과정을 거치게 된다.[1] 이러한 예산과정(budget process)은 지방자치법, 지방재정법 등의 관계규정을 기초로 하여 [표 12-1]과 같이 예산안의 편성과 심의·의결, 예산집행, 회계검사 및 결산의 과정을 거치게 되는데, 이러한 예산과정은 통상 3년의 기간이 소요된다. 왜냐하면, 당해 연도의 예산집행은 1회계연도 내에서 종료되지만, 예산의 편성과 심의는 전년도에, 예산에 대한 결산은 후년도에 이루어지기 때문이다.

이와 같이 지방자치단체의 예산과정은 4단계로 반복되는데, 예산이 지방자치단체에 의하여 매년 편성되고 지방의회의 심의·의결을 거쳐 확정된 예산은 각 부서에 의하여 집행되며, 결산검사위원의 검사를 받아 그 결산이 지방의회에 보고된다. 지방의회가 결산을 승인하면, 지방자치단체의 예산집행에 대한 책임이 해제되어 당해 예산의 기능은 완결되는 것이다. 이러한 지방예산과정에 각기 독립적인 기관인 지방자치단체(집행기관), 지방의회(의

표 12-1 예산과정

	2003년	2004년	2005년	2006년
2006년도 예산			예산편성·심의	예산집행
2005년도 예산		예산편성·심의	예산집행	결 산
2004년도 예산	예산편성·심의	예산집행	결 산	
2003년도 예산	예산집행	결 산		

1) 실제로 예산결정과정은 정부가 동원할 수 있는 자원이 한정되어 있기 때문에 누구의 선호를 예산에 반영시키느냐 결정하는 정치적 결정과정으로 볼 수 있는데, 이러한 지방예산과정에 참여하는 주체로는 지역주민, 예산담당 관료와 지방자치단체장, 각 관서의 실·과장, 지방의회 의원, 정당, 이익집단, 행정자치부 장관을 비롯한 각 중앙관서장 및 관계공무원 등을 들 수 있다(Aaron Wildavsky, 1964, pp. 4~5; 안광일, 1993, pp. 155~156).

결기관), 결산검사위원(회계검사기관)이 독자적인 기능분담을 하게 되는 것은 주민을 대신하여 지방예산에 대한 합리적인 통제와 영향력을 행사하기 위한 것이다.

이러한 지방예산의 과정을 세분하여 살펴보면 다음과 같다.

① 지방자치단체는 다음 연도 예산편성에 관련된 제반 자료와 예산편성의 방향에 관한 의견을 행정자치부에 제출하게 된다.

② 행정자치부 장관은 국가 및 지방재정의 운영여건, 지방재정제도의 개요 등 지방자치단체의 재정운용에 필요한 정보를 수록한 지방재정운용업무편람을 지방자치단체에 제공하며, 지방재정의 건전한 운용과 지방자치단체간 재정운용의 균형을 확보하기 위한 지방예산편성기준(행정자치부령)을 제정한다.

③ 지방예산의 주요 부분을 구성하는 지방교부세와 국고보조금에 대한 가내시가 각각 행정자치부와 소관 중앙부처로부터 시달된다. 이러한 시달내용에 의거하여 부서별 예산요구, 예산부서의 실무심사, 종합조정 및 사정 등의 과정을 거쳐 예산안이 작성된다.

④ 지방자치단체의 장은 지방재정운용업무편람, 지방예산 편성기준, 지방교부세·국고보조금에 대한 가내시에 기초하여 예산안을 편성하여 일정한 서식을 첨부, 지방의회에 제출한다.

⑤ 지방의회(제2차 정례회)는 제출된 예산안에 대한 조정·심의를 거친 후 예산안을 승인·확정한다.

⑥ 지방교부세·국고보조금의 내용과 규모가 확정·내시되면, 이에 근거하여 각 지방자치단체의 추가경정예산이 편성된다.

⑦ 예산이 성립되면 지방자치단체의 장은 기본 운영계획에 의한 세입·세출·계속비·채무부담행위와 명시이월비를 포함한 예산배정계획서를 작성하고, 이에 의하여 소속기관에게 예산을 월별 또는 분기별로 배정한다.

⑧ 지방자치단체의 장은 세입·세출결산을 출납폐쇄 후 80일 이내에 결산서 및 증빙서류를 작성하여 다음 연도 지방의회(제1차 정례회)에 제출하여야 하는데, 여기에는 지방의회가 선임한 검사위원의 검사의견서 및 세입·세출별 결산액, 예비비지출조서, 예산전용조서, 채권·채무에 관한 조서 등을 첨부하여야 한다.

제2절 지방예산의 편성

1. 예산편성의 의의와 편성권자

(1) 예산편성의 의의

지방예산의 편성이란 차기 회계연도에 지방자치단체가 수행하고자 하는 시책이나 사업계획 및 이러한 제 활동을 위하여 필요로 하는 재화의 획득과 지출에 대한 예정적 계산을 재정적 술어와 금액으로 표시하여 예산안을 작성하는 것이다.[2] 특히, 우리 나라에서는 예산편성지침의 작성으로부터 예산안의 확정에 이르는 모든 과정을 포함하기 때문에 예산편성에는 전문적·제도적 기술을 요하고, 시간이 많이 소요된다고 볼 수 있다. 이는 주어진 여건하에서 한정된 재원으로 최대의 지출효과를 확보하기 위한 기반조성이 예산편성에 의해 가능하게 되고, 이와 함께 1회계연도의 정부재정운영의 방향과 국가경영의 기본 목표가 제시되기 때문이다.

특히, 지방자치단체는 주민의 욕구상승과 지역문제의 해결에 소요되는 재정수요의 무한성과 조달재원의 한계성을 고려하여 지방예산을 편성하되, 다음 사항에 대한 검토가 있어야 한다.

첫째, 주민의 기대욕구에 적절히 대처하되, 주민의 기본적 수요의 충족에 우선점을 둔다.

둘째, 지역경제의 지속적인 발전과 성장잠재력을 배양시킨다.

셋째, 지방재정의 자립기반을 조성한다.

넷째, 건전재정의 자세를 견지하기 위하여 급증하는 재정수요를 세출구조의 정비를 통하여 정상적인 세입범위 내에서 수용한다.

마지막으로, 국가정책의 기본 방향과 효율적으로 연계가 가능하도록 하여야 한다.

---

2) 일반적으로 예산편성은 계획된 목표와 필요한 자원배분을 체계적으로 연계시키는 과정이다(Allen Schick, 1987, pp. 243～258).

(2) 예산의 편성권자

지방예산의 편성권은 지방자치단체장에게 전속되어 있다(지방자치법 제118조). 이는 지방자치단체 재정운영의 통일을 도모하고, 책임소재를 명확히 하며, 예산관리의 적정을 기하기 위한 것이다. 그러나 지방공기업의 예산에 관하여는 예산원안의 작성권이 공기업관리자에게 부여되어 있다(지방공기업법 제9조). 이것은 공기업경영의 특수성을 감안하여 자율성을 보장하기 위한 것인바, 자치단체장은 이를 조정(관리자의 의견을 들어 수정)하여 최종 편성하게 된다.

이러한 예산편성은 입법적인 성격이 다분히 있으나, 다음과 같은 이유로 인해 예산편성의 책임은 집행기관에 있기 때문에 지방예산의 편성권은 지방자치단체장에게 전속되어 있는 것이다.

첫째, 경비지출의 책임을 지는 기관에서 예산을 편성하는 것이 합리적이다. 즉, 계획과 예산편성, 계획집행과 예산집행의 책임, 그리고 재무관리와 사업집행의 책임을 직접 지는 집행기관에서 예산편성과 지출을 담당하는 것이 합당하다는 것이다.

둘째, 효율적 예산편성을 수행할 수 있는 막대한 조직기구와 전문인력을 확보하고 있으며, 장기간의 많은 경험이 있다는 점이다.

셋째, 지방의회가 의결기관으로서 부여된 재정감독권을 충분히 행사하기 위해서는 예산편성 자체에 참여해서는 안 된다는 점이다.

넷째, 예산편성에 지방의회가 관여하게 되면 지역 전체의 발전보다 선거민을 의식한 의원의 예산쟁취활동으로 특정 지역의 이익이 추구될 수 있다는 점이다.

마지막으로, 각종 계획의 집행에는 반드시 예산이 적정하게 수반되어야 하므로 그러한 정책과 계획의 입안 및 집행자인 집행기관에게 정책·계획과 연계시켜 예산을 편성하도록 하여야 한다는 것이다.

2. 예산편성의 절차

지방자치단체의 예산편성절차는 예산편성 준비작업이 시작되어 주민의

견 수렴, 예산요구서의 작성·제출, 예산요구서의 사정 및 예산안의 편성, 예산안의 의회제출이라는 과정을 거치게 되는데, 이를 살펴보면 다음과 같다.

(1) 예산편성기준 등의 발령

2004년도부터 지방예산편성지침의 시달제도가 폐지됨에 따라 지방재정법 제38조에 의거하여 행정자치부 장관은 국가 및 지방재정의 운영여건, 지방재정제도의 개요 등 지방자치단체의 재정운용에 필요한 정보를 수록한 『지방재정운용업무편람』을 작성하여 지방자치단체에 제공하게 된다. 다만, 불요불급한 경비의 급격한 인상과 소액분산투자의 억제를 통한 지방재정의 건전한 운용과 자치단체 간 재정운용의 균형을 확보하기 위한 회계연도별 지방자치단체 예산편성 관련기준[3]은 행정자치부령으로 정하여 전년도 7월 31일까지 지방자치단체에 발령하게 된다.

따라서 각 지방자치단체는 행정자치부가 제공하는 지방재정운용업무편람을 참고하는 동시에 회계연도별 지방예산편성 관련기준을 적용하여 지방자치단체 재무회계규칙 제8조에 의하여 예산편성지침을 작성한 후에 각 실·과 및 사업소에 통보하도록 되어 있다. 그런데 이 예산편성방침이 지역사정에 부합되기 위해서는 주민여망사항의 구체화, 건전재정운용에 필요한 실천적 사항, 절감·투자효율 제고 등을 위한 경비의 세부기준 등이 포함되어야 한다.

특히, 지방자치하에서는 예산·기획사무의 담당부서가 익년도 예산편성을 위해 작성해야 할 예산편성지침에는 ① 사회·경제정세, 국가의 행·재정운용, 지방재정의 전반적 동향, 당해 단체의 재정상황, ② 익년도의 재정전망, 재정운용의 기본적 태도, 세입전망, ③ 당해 연도 정책의 기본 방침, 중요 시책방침, 예산요구 한도액, ④ 인건비·물건비 등의 경상적 경비, 건설사업과 같은 투자적 경비의 예정방침, ⑤ 표준단가 등 예산요구상 통일적인 취급을 요하는 사항, ⑥ 예산편성 스케줄 등의 내용이 포함되어야 한다.

---

3) 행정자치부가 부령으로 발령하는 회계연도별 자방자치단체 예산편성 관련기준은 지방재정법 제4조의 규정에 의하여 지방자치단체가 세입·세출예산을 편성함에 있어 준수하여야 할 기본 원칙과 경비의 계상기준 등을 정한 「지방자치단체 세입·세출예산 편성기준」과 지방재정법 제41조에서 규정하고 있는 세입예산, 세출예산, 계속비 등의 과목구분과 설정을 분류한 「지방자치단체 세입·세출예산과목 구분과 설정규정」을 말한다.

(2) 예산요구서의 작성 · 제출

예산편성방침을 통보받은 각 부서장 및 기관장은 우선 이 방침을 기준으로 하여 지정된 기일까지 각 소관의 익년도 예산요구조서([표 12-2] 참조)를 작성한 다음, ① 사업계획서, ② 명시이월조서, ③ 계속비사업조서, ④ 채무부담행위조서, ⑤ 세입 · 세출예산 사항별 설명서, ⑥ 법령 · 조례 · 규칙 · 감독관청의 예규 · 통첩 또는 계약이 있는 것은 그 요령 또는 사본, ⑦ 예산과 관련하여 지방의회의 의결을 요하는 사항에 관하여는 그 사안, ⑧ 기타 예산편성상 필요하다고 인정하는 서류를 첨부하여 예산주관부서에 제출하되, 세입예산은 반드시 세입주무부서(세정과장과 재무 · 내무국장)의 합의를 받아야 한다(지방자치단체 재무회계규칙 제9조).

그런데 과거 각 부서의 예산요구서 작성시에 예산확보 제일주의의 행태가 있었는데, 이는 예산의 비효율성과 재정팽창을 야기시키는 요인으로 작

표 12-2 예산요구서

세 입 (단위: 원)

과목			전전년도 결산액	전년도 예산액(A)		당해 연도 예산액				증(△)감	
						요 구		조 정			
관	항	목		금 액	내 역	금액(B)	내 역	금액(C)	내 역	B−A	C−A

세 출 (단위: 원)

과목			전전년도 결산액	전년도 예산액(A)		당해 연도 예산액				증(△)감	
						요 구		조 정			
세항	세세항	목		금 액	내 역	금액(B)	내 역	금액(C)	내 역	B−A	C−A

용되었다고 볼 수 있다.

(3) 예산요구서의 사정 및 예산안 편성

예산요구서가 제출되면 예산주관부서는 예산요구 부서장의 설명을 청취한 후 지방자치단체장의 시정방침, 재정상황, 사업의 효율성 등을 충분히 검토하여 예산요구액을 사정하게 된다. 이러한 예산사정은 합리적이고 건전한 재정운용을 위해 세입의 견적액과 세출의 요구액을 일치시키는 작업으로서 사업과 경비의 타당성, 요구액의 적정성, 기본 운영계획과의 일치 여부 및 세입·세출규모의 대비, 전체적인 규모의 조정 등에 의해 이루어지게 되는데,[4] 이를 단계별로 살펴보면 [표 12-3]과 같다.

그리고 예산사정의 방법으로는 ① 희망하는 사업의 종류와 규모를 파악하기 위해 예산요구 한도액을 제한하지 않는 무제한법(open-end budgeting), ② 예산요구를 하기 전에 초과할 수 없는 예산요구 한도액을 설정하는 한도액설정법(fixed-ceiling budgeting), ③ 가능한 범주에서 업무단위를 개발하고 단위당 원가를 결정하여 예산액을 조정하는 업무량 측정 및 단위원가계산법(work load measurement and unit costing), ④ 현재의 예산과 익년도 예산을 비

표 12-3 예산사정의 요령

단 계	예산사정의 요령 및 유의사항
1단계	① 예산요구서에 제시된 계수의 산출근거가 정확한가? ② 불필요한 경비가 포함되어 있는가? ③ 의무적 경비 등에서 누락된 것은 없는가? ④ 법령 등에 반하거나 해석상 오류는 없는가?
2단계	⑤ 예산편성방침의 지시사항은 준수되었는가? ⑥ 사업비에서 기본 운영계획 등의 사업이 반영되고 있으며, 그 실시순위는 타당한가? ⑦ 그 사업의 긴급성은 어떠한가? ⑧ 주민의 요망도는 어느 정도인가? ⑨ 경제적 합리성은 어떠한가? ⑩ 금후의 행정에 어떠한 영향을 미칠 것인가?
3단계	⑪ 세입과 세출의 균형을 맞추기 위해 예산요구액을 조정한다.

4) 日立市 財政事務硏究會(1992), pp. 56～57.

교하여 증가 또는 감소된 예산항목에 중점을 두어 예산액을 결정하는 증·감 분석법(increase-decrease analysis), ⑤ 예산항목 또는 예산사업 간에 우선순위를 명시해 줌으로써 예산액을 정하는 우선순위화법(priority listing), ⑥ 제출한 예산항목을 검토하여 항목별로 승인하는 항목별 통제법(item-item control) 등이 있다.[5)]

이러한 예산사정을 통한 예산요구액의 조정이 완료되어 예산요구부서의 소관 예산액이 작성되면, 이와 함께 각 부서장이 작성하는 예산요구이유서를 총괄하여 단일의 예산요구이유설명서를 작성하고 자치단체장의 결재를 받는다.

(4) 예산안의 제출 및 고시

이상과 같이 매 회계연도에 편성한 예산안은 지방자치단체의 장이 시·도는 회계연도 개시 50일 전(11. 11)까지, 시·군·자치구는 회계연도 개시 40일 전(11. 21)까지 의회(사무처)에 제출하게 된다(지방자치법 제118조 ①). 또한 지방의회의 심의·의결을 거쳐 확정된 익년도 예산이 이송되면 지방자치단체장은 그 내용을 지체 없이 고시하여야 한다(지방자치법 제124조). 이러한 예산내용을 고시하는 목적은 지역주민의 생활과 직결되는 사업내용을 상세히 공시하여 주민에게 조세의 사용내역을 주지시키고, 사업추진에 적극적인 협조를 받도록 하는 데 있다.

이상과 같이 지방자치단체가 예산안을 편성해서 지방의회에 제출, 지방의회가 심의·의결해서 익년도 예산이 확정되기까지의 기간인 지방예산의 편성순기는 [그림 12-1]과 같다.

5) 신무섭(1989), pp. 231～232.

그림 12-1 지방예산의 편성순기

주체	절차	시기
(행정자치부→지방자치단체)	예산편성지침 시달	7월 31일
(시·도→시·군·자치구)	예산편성방침 작성·통지	8월중
(실무부서→예산담당 부서)	예산요구서 작성·제출	9월중
(자치단체장)	예산안 사정	
(행정자치부)	국고의존재원 내시	10월 15일
(지방자치단체→지방의회)	예산안 제출	시·도: 11월 11일 시·군·구: 11월 21일
(지방의회)	예산안의 심의·의결	시·도: 12월 16일 시·군·구: 12월 21일
(지방의회→지방자치단체)	예산의 확정·공고	

3. 예산편성지침과 예산과목구조

(1) 예산편성지침의 작성

행정자치부는 지방재정의 건전한 운용과 지방자치단체 간 재정운용의 균형을 확보하기 위하여 필요한 회계연도별 지방자치단체 예산편성기준을 부령으로 발령하게 되고, 지방재정운용에 필요한 정보로 구성된 회계연도별 지방자치단체 재정운용업무편람을 작성하여 지방자치단체에 보급한다(지방재정법 제38조 및 동법 시행령 제42조).

지방자치단체 재정운용업무편람과 예산편성기준 등의 주요 내용은 ① 국가재정운영의 기본 방향과 중점투자방침, ② 지방재정의 운영방향과 중점투자대상 사업, ③ 통일적으로 적용해야 하는 각종 경비의 기준, ④ 예산편성체제 등으로 구성되어 있다. 이러한 편람과 기준은 예산편성에 필요한 예산과목구조, 편성방법 등을 통일적으로 운영하여 지방자치단체 간 재정운영의 비교·분석 및 전국적인 통계관리를 위한 것으로 재정정책의 수립 등에 활용되고 있는 지방재정기본서라고 볼 수 있다.

한편, 지방자치단체의 장은 행정자치부가 제시하는 지방자치단체 재정운용업무편람과 예산편성기준을 작성하여서 예산편성에 임하도록 하고 있다. 여기서 지역실정에 부합하는 예산편성지침은 국가시책사업을 감안하여, ① 지역특성을 살리는 시·도별 중점투자사업의 내용, ② 주민여망과 숙원사업 내용 등 구체적 사항, ③ 건전재정운영의 실천, 예산절감·절약방안, ④ 예산요구의 서식과 요구절차 등을 구체적으로 제시하는 역할을 한다.

(2) 예산과목의 구조

1) 세입예산과목구조

세입예산은 자체수입인 지방세와 세외수입, 국가로부터 지원되는 의존수입인 지방교부세, 국고보조금, 광역자치단체로부터 지원되는 시·도비 보조금과 조정교부금·재정보전금, 외부로부터 자금을 차입하는 지방채 등으로 구성된다. 이 세입과목의 구조는 지방재정법 시행령 제47조에 의거하여 장·관·항·목으로 구분하여 [표 12-4]와 같이 설정되고 있다.

2) 세출예산과목구조

세출예산과목의 구조는 지방재정법 시행령 제31조에 의하여 장(章)·관(款)·항(項)·세항(細項)·세세항(細細項)·목(目)으로 구분되어 구성되고 있다. 이러한 세출예산과목에서 장·관·항은 예산의 기능과 조직에 따른 분류로서 예산의 목적과 기능, 즉 투자방향을 설정하는 데 중요한 역할을 하는 과목구조라고 할 수 있다. 세항은 조직별 분류로서 예산의 편성방향과 투자성질을 구분함으로써 재정정책의 정보를 제공하며, 목구조는 예산의 편성·집행한계를 정하여 주는 역할을 한다([그림 12-2] 참조). 바꾸어 말하면, 장·관구조는 성과주의 예산제도를, 세세항구조는 자본예산제도를, 목구조는 품목별 예산제도를 각각 가미하고 있다고 볼 수 있다.[6)]

한편, 세출예산과목의 구조상 장·관·항을 입법과목이라 하고, 세항·세세항·목을 행정과목이라 하는데, 전자의 경우에는 원칙적으로 상호 이용(移

6) 김형식(1997), p. 491.

표 12-4 일반회계의 세입과목구조

과목			
장	관	항	목
100 지방세수입			
	110 지방세		
		111 보통세	
			11개 목
		112 목적세	
			5개 목
		113 과년도 수입	
			1개 목
200 세외수입			
	210 경상적 세외수입		
		211 재산임대수입	
			2개 목
		212 사용료수입	
			8개 목
		213 수수료수입	
			4개 목
		214 사업수입	
			9개 목
		215 징수교부금 수입	
			1개 목
		216 이자수입	
			3개 목
	220 임시적 세외수입		
		211 재산매각수입	
			2개 목
		222 순세계잉여금	
			1개 목
		223 이월금	
			3개 목
		224 전입금	
			5개 목
		225 예탁금·예수금	
			3개 목
		226 융자금 원금수입	
			1개 목
		227 부담금	
			2개 목

과목			
장	관	항	목
		228 잡수입	
			9개 목
		229 과년도 수입	
			1개 목
300 지방교부세			
	310 지방교부세		
		311 지방교부세	
			1개 목
400 조정교부금 및 재정보전금			
	410 조정교부금		
		411 조정교부금	
			1개 목
	420 재정보전금		
		421 재정보전금	
			1개 목
500 보조금			
	510 국고보조금 등		
		511 국고보조금 등	
			3개 목
	520 시·도비보조금 등		
		521 시·도비보조금 등	
			1개 목
600 지방채 및 예치금회수			
	610 국내차입금		
		611 차입금	
			4개 목
		612 지방채증권	
			3개 목
		613 지역개발기금	
			2개 목
	620 국외차입금		
		621 국외차입금	
			1개 목
	630 예치금회수		
		631 예치금회수	
			1개 목

그림 12-2 세출예산과목구조

- **장·관** — 기능별 분류: 5개 장, 16개 관
- **항** — 행정기관별 분류: 자율설정
- **세 항** — 조직 또는 사업목적별 분류: 자율결정
- **세세항**
  - 대분류(4): 경상예산, 사업예산, 채무상환, 예비비 등
  - 소분류(8):
    - 인건비, 경상적 경비 — 경상예산
    - 보조사업, 자체사업 — 사업예산
    - 지방채 상환, 채무부담행위 상환 — 채무상환
    - 예비비·기타 — 예비비 등
- **목** — 성질별 분류: 38개 목
- **세 목** — 내용별 분류: 109개 목

자료: 행정자치부(2005).

用)할 수가 없으나, 예산집행상의 필요에 의하여 미리 예산으로서 지방의회의 의결을 얻은 때에는 가능하도록 되어 있다. 이에 반해 행정과목 간에는 지방자치단체장이 지방의회의 의결이 없이도 각 과목 내의 예산액 범위 안에서 상호 전용할 수 있다.

특히, 세출예산의 목구조는 예산을 성질별로 분류하여 투자방향을 파악할 수 있게 하고, 예산집행의 기준이 되는 최초의 단위로서 예산집행의 한계를 명확히 하는데, [표 12-5]에서 보듯이 ① 인건비, ② 물건비, ③ 이전경비, ④ 자본지출, ⑤ 융자 및 출자, ⑥ 보전재원, ⑦ 내부거래, ⑧ 예비비 및 기타의 8개 목으로 구성되며, 다시 38개 품목별 분류와 이를 세분화하여 예산의 산출기초가 되는 109개 항목으로 분류된다.

표 12-5 세출예산의 목구조: 성질별 분류

목 명	구성항목	비 고
100 인건비	기본급, 수당, 정액급식비, 교통보조비, 명절휴가비, 가계지원비, 연가보상비 기타직 보수, 일용인부임, 일시사역인부임	자치단체의 행정활동에 필요한 직원의 고용에 소요되는 의무적 경비
200 물건비	일반운영비, 여비, 업무추진비, 직무수행경비, 의회비, 재료비, 연구개발비	자치단체의 행정사무 집행에 필요한 원재료, 설비 등의 조달비 및 기타 활동비로서 보통 기관운영에 소요되는 경상적 경비와 지방의회의 의정활동에 필요한 소요경비
300 이전경비	일반보상금, 이주 및 재해보상금, 포상금, 연금부담금 등, 배상금 등, 출연금, 민간이전, 자치단체이전, 공기업 경상전출금, 국외이전, 차입금이자	자치단체가 개인·공무원, 법인·공공기관이 아닌 단체, 자치단체 간·회계 간의 경상적 자금이전과 해외자금이전 및 차입금이자 등을 지출할 목적으로 계상되는 경상적 이전경비
400 자본지출비	시설비 및 부대비, 민간자본이전, 자치단체 등 자본이전, 공기업 자본전출금, 자산취득비, 기타 자본이전, 국외자본이전 등	자치단체가 자본형성 또는 경제개발을 위하여 투자하는 사업비
500 융자 및 출자비	융자금, 출자금	자치단체가 민간, 공기업(비금융), 자치단체, 금융기관에 대해 융자 및 출자하는 데 소요되는 경비
600 보전재원	차입금 원금, 예치금	차입금의 원리금 상환을 위해 보전하는 재원
700 내부거래	기타 회계전출금, 기금전출금, 교육비특별회계전출금, 예탁금, 예수금 원리금 상환, 기타 내부거래	자치단체 내의 회계 간·계정 간 전출금, 예탁금 등에 소요되는 경비
800 예비비 및 기타	예비비, 반환금 등	

제 3 절 지방예산의 심의

1. 예산심의의 의의와 심의대상

(1) 예산심의의 의의

지방자치단체장이 편성한 지방예산안은 이에 대해 의결권을 갖고 있는 지방의회의 심의·의결을 거쳐 확정되는데, 이러한 예산심의는 지방자치단체의 재정활동을 사전에 심의·조정하는, 즉 지방의회가 집행기관에 대해 재정통제 또는 감독하는 제도이다.[7)]

이러한 지방의회의 예산심의권은 단순히 예산안이라는 안건을 절차에 의해 심의·통과시키는 제도상의 권한만을 의미하는 것이 아니라, 지방의회가 지역경제에 직접적인 영향을 미치는 주민의 조세부담과 복지문제 및 지역발전과제를 결정하는 가치철학이 구체적으로 표현되는 예산안을 심의하면서, 지방자치단체의 집행기관에 부여된 재정집행권의 행사과정과 결과에 대한 감독과 시정을 할 수 있는 권한까지를 포함한다고 볼 수 있다. 따라서 예산심의권은 익년도 재정활동이 당면할 중요하고도 기본적인 과제가 무엇인가를 충분히 인식하고 정책과 사업의 타당성·공정성을 확보하는 동시에 공익과 주민의 요구를 조화시키는 방향으로 행사되어야 할 것이다.

그러므로 집행기관이 편성한 예산안을 지방의회가 추인하여 주는 소극적 역할보다 적극적으로 지역주민의 대표자 또는 납세자로서 낭비적 요인의 경비를 적출하는 동시에 경비지출의 효율성을 제고하는 예산심의가 이루어져야 한다. 또한 지방의회는 지역주민의 다양한 이해와 욕구를 잘 조화시켜야 하는 본연의 기능을 수행해야 한다. 그러므로 예산안이 어떠한 정책목표하에 어떠한 내용으로 편성되었는가에 대해 지방의회는 지역대표기관으로서, 어떠한 방법과 절차에 의해 예산안을 심사하는 것이 재정에 대한 주민적 합의와 재정운영의 효율성을 증대시키는 것인가에 깊은 관심을 가져야 한다. 이는 지방의회 자체의 존립과 민주정치의 발전과 관련한 중요한 과제

7) 이상용(1993), p. 141.

가 되는 것이다.[8)]

이와 같이 예산심의란 주민의 대표기관인 지방의회에 의하여 집행기관이 제출한 예산안을 심의·의결하는 것으로서, 이는 재정민주주의를 실현하는 제도적 장치이며,[9)] 구체적으로는 지방정부의 정책과 사업계획을 검토하고 재정규모와 그 내용을 결정하는 예산과정의 하나이다. 이러한 예산심의·확정은 지방자치법 제35조 ①에 의거한 지방의회의 법정의결사항으로 되어 있다.

(2) 예산심의의 대상

예산심의의 대상은 회계별로는 일반회계와 특별회계로 구분되고, 예산 종류별로는 당초예산과 추가경정예산으로 구분된다. 이러한 예산의 심의범위를 예산내용인 예산총칙, 세입·세출예산, 채무부담행위, 계속비, 명시이월비로 구분하여 살펴보면 다음과 같다.

예산총칙은 당해 연도 예산에 관한 총괄적 규정으로 조문형식을 취하고 있으므로, 그 조문의 신설·삭제·수정 등에 대한 제도상의 제한은 없으나, 회계별 세입·세출예산규모와 일시차입 및 지방채 한도액 등을 세입·세출예산안 수정과 연계시켜 심사하게 된다.

세입·세출예산은 세입예산안과 세출예산안으로 구성되는데, 전자의 경우 제도상으로 입법과목의 신설과 폐제(閉除), 예산액의 증·감 같은 제약은 없으나, 실제로는 지방세의 세목별 예산액, 지방교부세, 국고보조금, 차입금 등에 대한 세입입법과목과 그 예산액에 대한 수정은 곤란하다. 그리고 후자의 경우 제도상으로 입법과목의 폐제 및 예산액의 삭감, 특정 입법과목 예산범위 내의 삭감, 증액조정 및 예산목적의 변경에 한하여 예산심의가 이루어지나, 실제로는 지방자치법 제99조 ①, ②의 규정에 의한 재의(再議)요구대상[10)]의 경비수정, 국고보조금사업, 국가의 재정융자사업 등은 그 예산액을 수정하기 곤란하다.

법령 또는 조례에 의한 것과 세출예산, 명시이월비 또는 계속비 총액의

8) 김정욱(1993), pp. 77~94.
9) 坂木忠次(1988), pp. 249~257.
10) 예산상 집행할 수 없는 경비의 의결, 법령에 의한 특정 경비와 비상재해로 인한 시설의 응급복구를 위하여 필요한 경비를 삭감하는 경우에는 재의요구대상이 된다.

범위 내의 것 이외의 채무를 부담하는 행위인 채무부담행위와 세출예산 중 경비의 성질상 당해 연도 내에 그 지출을 완료하지 못할 것이 예상되어, 그 취지를 세입·세출예산에 명시하여, 미리 지방의회의 의결을 얻어 이를 익년도에 이월하여 사용할 수 있는 명시이월비에 대한 수정은 제한이 없으나, 경비지급의 이행에 수년이 소요되는 계속비는 당해 연도 연할액의 증액수정을 제한받는다.

2. 예산심의의 절차

(1) 예산안의 제출 및 제안설명

지방예산의 편성권자인 지방자치단체의 장은 법령과 조례가 정하는 범위 내에서 예산편성지침 등의 합리적 기준에 의하여 필요한 경비를 계상하고, 재원을 정확하게 포착하여 경제현실에 맞도록 수입을 산정하여 이를 예산에 계상한 예산안을 작성하여 지방의회의 사무처(국)에 제출하게 된다. 이때 첨부되는 서류로는 ① 지방자치단체 예산편성기준, ② 세입·세출사항별 설명서, ③ 채무부담행위 설명서, ④ 명시이월비 설명서, ⑤ 전전년도 결산의 총계표·순계표와 전년도 세입·세출결산 추정액의 총계표·순계표, ⑥ 지방채 증권과 차입금에 관한 전전년도 말의 발행과 상환실적, 전년도와 당해 연도 말의 현재액 추정과 연차별 상환계획에 관한 조서, ⑦ 공유재산의 전전년도 말의 현재액과 전년도 말과 당해 연도의 현재액 추정액에 관한 조서, ⑧ 채무부담행위로서 다음 연도 이후에 걸치는 것은 전년도 말까지의 지출액 또는 지출추정액과 당해 연도 이후의 지출예정액에 관한 조서, ⑨ 계속비에 관한 전년도까지의 지출액 또는 지출추정액, 당해 연도 이후의 지출예정액과 사업 전체의 계획 및 그 진행상황에 관한 조서, ⑩ 직종별 정원표 및 전년도 정원과의 대비표, ⑪ 지방재정계획서, ⑫ 기타 예산의 내용을 명확히 함에 필요한 서류 등이다.

이와 같이 예산안이 지방의회의 사무처(국)에 접수되면 의장에게 보고된 후에 지방자치단체장은 의회의 본회의에 출석하여 예산안이 작성된 경제적 배경과 그 속에 내포되어 있는 재정·경제정책의 방향 및 예산의 기본 내용과 관련한 제안설명을 하게 된다.

(2) 예산안의 심사

예산안에 대한 지방의회의 심의는 소관 상임위원회와 예산결산특별위원회에 예산안이 회부됨으로써 이루어진다. 즉, 상임위원회가 설치되어 있는 지방의회의 경우에는 소관 상임위원회의 예비심사를 거친 후에, 상임위원회가 설치되어 있지 않는 시·군·자치구 의회에서는 예비심사를 거치지 않고 곧바로 심사기간을 정하여 본회의의 의결로 구성하게 되는 예산결산특별위원회[11)]에 회부하여 종합심사를 완료하게 된다.

여기서 각 상임위원회에서는 소관 부서장(해당 실·국·과장)의 정책설명을 듣고, 이에 대한 전문위원의 예비검토보고를 받은 후에 의원들의 정책질의와 토론을 거치게 되는데, 이 때 상임위원회는 집행부에 자료제출과 수정예산의 편성을 요구할 수도 있으며, 공청회를 개최할 수도 있다. 이러한 과정에 의한 부서별 예산안의 삭감·증액내용을 소관 상임위원회의 예비심사결과로서 의장에게 보고하면, 의장은 보고서를 첨부하여 예산결산특별위원회에 회부하게 되어 대체로 10일 이내에 예산결산특별위원회의 종합심사가 이루어진다.

이러한 종합심사는 집행부의 설명 및 전문위원의 보고를 들은 후에 종합정책질의 및 심사로 이루어지며, 필요에 따라 계수조정소위원회를 구성하여 예산안에 대한 계수조정을 함으로써 예산안의 심사가 완료된다.

(3) 본회의의 의결 및 이송

종합심사를 거친 예산안은 본회의에 부의되는데, 여기에서는 예산결산위원회의 장이나 위원장이 지명한 의원이 종합심사의 결과를 보고한 후에 의원들의 정책질의와 찬반토론을 거쳐 의결함으로써 익년도 예산안은 확정된다.

이와 같이 예산안이 의결된 때는 의장은 3일 이내에 이를 당해 지방자치단체장에게 이송하게 되고 지체없이 그 내용이 행정자치부 장관(시·도의

11) 매년 지방의회의 정기회의 초에 조례에 따라 본회의의 의결을 거쳐 구성하게 되는 예산결산특별위원회는 비상설 특별위원회로서 그 구성원은 의회 의장이 선임하게 되어 있으므로 조직의 안정성과 계속성이 결여되어 있다.

경우) 또는 시·도지사(시·군·자치구의 경우)에게 보고된 후에 고시된다.

이러한 예산안의 의결은 광역의회의 경우에는 회계연도 개시 15일 전에, 기초의회는 회계연도 개시 10일 전까지 이루어지도록 되어 있다. 그러나 새로운 회계연도가 개시될 때까지 예산안이 의결되지 못한 경우에는 지방자치단체장은 지방의회에서 예산안이 의결될 때까지 ① 법령 또는 조례에 의해 설치된 기관 또는 시설의 유지·운영, ② 법령 또는 조례상 지출의무의 이행, ③ 이미 예산으로 승인된 사업의 계속을 위한 경비는 전년도 예산에 준하여 집행할 수 있다(지방자치법 제122조, 지방재정법 제46조).

이상의 예산안 처리절차를 요약해서 도시하면 [그림 12-3]과 같다.

그림 12-3 예산안의 처리절차

예산안의 처리절차	내 용
예산안 제출	· 당초예산: 회계연도 개시 50일 또는 40일 전까지 · 추가경정예산: 필요시
↓ 예산안 접수	· 의회사무처(국) · 의장에게 보고
↓ 제안설명 (본회의)	· 지방자치단체장이 예산편성방침의 결정에 대해 보고
↓ 예비심사 (상임위원회)	· 소관 부서장의 정책설명과 지방의회 전문위원의 예비검토 보고 · 정책질의(자료제출 요구와 공청회 개최) · 부서별 예산안의 심사·토론 및 삭감·조정
↓ 심사보고서를 의장에게 보고	
종합심사 (예산결산특별위원회)	· 종합심사의 절차 -집행기관의 설명 및 전문위원의 보고 -종합정책질의 및 심사 -예산안에 대한 계수조정(계수조정소위원회)
↓ 본회의 부의 및 의결	· 회계연도 개시 15일 전에 결정 (시·군·자치구 10일 전) -예결위원장이나 위원장이 지명한 의원이 종합심사 결과보고 -찬반토론 및 표결
↓ 결과처리	· 의결 후 3일 이내에 집행부에 이송 · 예산의 고시

제 4 절 지방예산의 집행

1. 예산집행의 의의

예산집행이란 예산으로 정해진 바에 따라 수입과 지출을 구체적으로 실행하는 일체의 행위를 의미하는데, 이는 단순히 예산으로 정해진 금액을 수납하고 지출하는 것만을 뜻하는 것이 아니라, 수입의 조정, 납입의 통지, 수납, 예산배정, 지출원인행위의 실행, 지방채의 발행, 일시차입금의 차입, 세출예산의 배정·이용·전용, 계약의 체결 등을 모두 포함하는 것이다. 이러한 예산집행은 그 공정성의 확보와 관련하여 지방의회의 의도와 재정한계를 엄수하기 위해 지방자치법 및 지방재정법 등에서 규정된 기준에 의거하여 이루어지고 있다. 또한 예산의 집행을 통하여 지방자치단체의 재정활동이 구체화되므로 효율적인 예산집행이 이루어질 수 있도록 예산집행 후의 여건변화에 적응할 수 있는 신축성의 유지방안과 경비의 절감방안이 강구되어야 한다.[12)]

한편, 지방자치단체의 예산집행권은 원칙적으로 예산을 종합적으로 편성하고 의회제출권자인 지방자치단체장의 전속권한이나, 예외적으로 지방공기업 예산의 집행권은 그 관리자에게 부여될 수 있다.

2. 예산집행의 절차

예산이 지방의회의 심의·의결을 거쳐 확정되면 예산배정 및 자금수급계획에 의거한 예산배정이 이루어져 수입과 지출의 실행이 있게 되며, 예산의 미집행액은 익년도에 이월하는 순으로 예산집행이 이루어진다.

이러한 예산집행의 절차를 살펴보면 다음과 같다.

12) 김철·신해룡(1990), pp. 285～286; 심정근(1983), pp. 269～270.

(1) 예산의 배정

1) 예산배정계획 및 자금수급계획의 수립

각 실·과장(청·소의 장 포함)은 예산성립 후 즉시 세입예산 월별집행계획서, 세출예산 월별집행계획서(지출원인행위 계획서) 및 월별지출계획서를 작성하여 세입주관과와 예산주관과에 각각 제출한다.

이 때 예산주관과장은 세입주관과장이 작성하여 제출한 자금수급계획서(세입예산 월별징수종합계획서와 세출예산 월별자금지출종합계획서)를 기준으로 세출예산 월별·분기별 배정계획서를 작성하여 장의 결재를 얻어 최종 확정한 후 이를 각 실·과에 통보하게 된다(지방자치단체 재무회계규칙 제18조).

2) 예산배정 및 통지

예산주관과장은 월별 또는 분기별 예산배정계획을 근거로 하여 각 실·과에 예산을 배정하고, 그 사본을 경리관 및 지출원과 세입주관과에 송부한다(지방자치단체 재무회계규칙 제19조). 다만 연초 예산배정계획 수립 전에 긴급히 사용하여야 할 경비, 즉 ① 교통이나 통신이 불편한 지방에서 지급하는 경비, ② 여비, ③ 외국에서 지급하는 경비, ④ 선박운항에 소요되는 경비, ⑤ 지방자치단체의 소속행정기관 및 하부행정기관에서 필요한 부식물의 매입경비, ⑥ 업무추진비, ⑦ 지역경제정책상 조기집행을 필요로 하는 공공사업비 등은 예산배정계획의 수립 전에도 배정이 가능하다. 이러한 예산배정은 예산배정계획서에 의거한 지출원인행위를 할 수 있도록 통지하는 행위이다. 따라서 예산집행권자는 이 배정액을 한도로 하여 계약체결 등 예산집행조치를 취할 수 있는 것이다.

이상과 같은 지방예산의 배정과정을 그림으로 나타내면 [그림 12-4]와 같다.

(2) 수입과 지출

1) 세입의 징수와 수납

지방자치단체의 제반 재정수요를 충족시키기 위하여 지출의 재원이 되는 일체의 현금수납 및 이에 준하는 회계행위로서 세입의 징수와 수납이 있

그림 12-4 예산배정업무 처리도

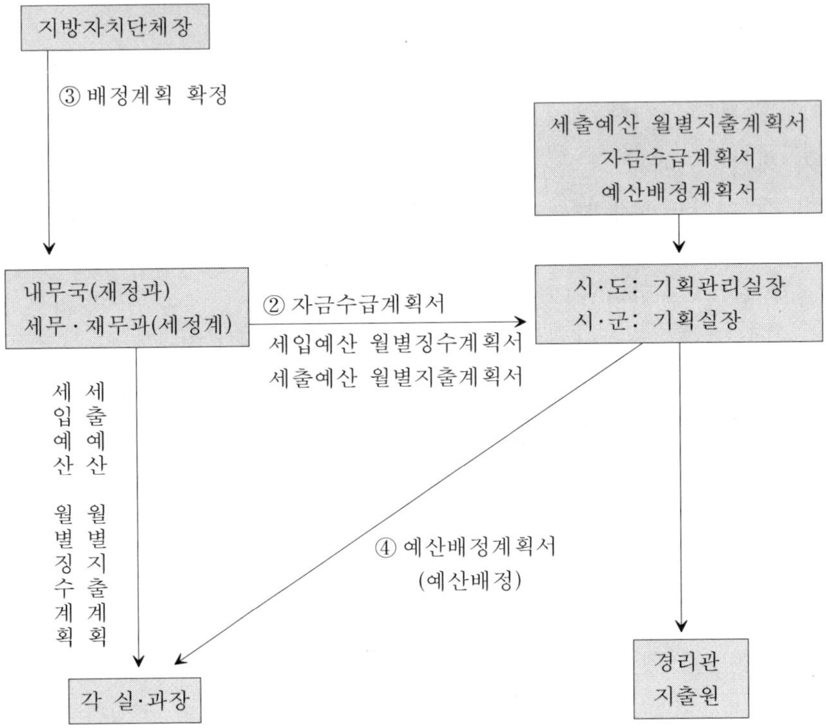

게 되는데, 전자는 지방자치단체가 수입하여야 할 모든 세입을 조사 · 결정하여 이를 납부할 자에게 통지하는 행위이며, 후자는 징수통지에 의하여 납부의무자가 납부하는 것을 수령하는 행위이다.

이러한 세입징수사무의 담당을 위하여 두게 되는 징수관은 지방자치단체의 장 또는 그 위임을 받는 공무원이 되며, 수입금의 수납사무 담당기관으로는 지방자치단체장으로부터 임명받은 공무원이 직접 수납하는 경우의 수입금출납원과 수납을 위임받은 금고가 있는데, 징수관과 수입금출납원은 겸할 수 없도록 되어 있다.[13)]

13) 엄격한 회계관리와 직무상의 비위를 방지하기 위하여 명령계통에 속하는 세입징수에 관한 직무와 집행계통에 속하는 현금출납의 직무를 분립시키고 있다. 다만, 정원이 3

한편, 출납이 완결된 연도에 속하는 수입(출납정리기간이 경과한 이후의 과년도 수입) 또는 예산 외의 수입은 모두 현년도의 세입에 편입하여야 하며, 지출된 세출의 반납금은 각각 지출된 세출과목에 여입할 수 있으나, 출납폐쇄기한 내에 여입하여야 한다(지방재정법 제65조).

또한 과오납금의 반환은 환부하는 연도의 수입금 중에서 환부되는데, 과오납된 회계연도의 출납폐쇄기한이 경과하지 아니한 경우에는 과오납된 연도의 수입금 중에서 환부하도록 되어 있다(지방재정법 제66조).

2) 지출원인행위와 출납

지방자치단체의 지출원인이 되는 계약, 기타의 행위인 지출원인행위는 지방자치단체의 장 또는 그 위임을 받은 공무원(경리관)이 하게 되는데,[14] 이러한 지출원인행위는 법령·조례 및 규칙이 정하는 바에 의하여 배정된 예산의 범위 내에서 이루어져야 한다(지방재정법 제67조).

경리관은 원칙적으로 당해 연도 예산의 범위 내에서 지출원인행위를 행하여야 하지만, 명시이월비에 국한하여 예산집행상 부득이한 사유가 있을 때에는 익년도에 걸쳐 지출하여야 할 지출원인행위를 할 수 있다(지방재정법 제68조).

그리고 경리관이 그 소관에 속하는 세출예산에 의하여 지출원인행위를 실행한 때에는 지방자치단체의 장이 임명한 공무원(지출원)에게 지출원인행위의 관계서류를 송부하여야 한다. 그리고 지출원이 지출원인행위에 의하여 지출할 때에는 현금지급에 대신하여 당해 지방자치단체의 금고에 대하여 지급명령을 발하여야 하는데, 이 때 다음과 같은 사항을 사전에 확인하여야 한다.[15]

① 경비지출이 배정된 예산의 범위 내인가?

② 소속연도의 세출과목과 일치하는가?

인 이하인 지방자치단체 소속기관은 이를 겸할 수 있도록 예외규정을 두고 있다(지방재정법 제46조, 동법 시행령 제48조).

14) 지출원인행위란 지출원인이 계약일 경우에는 그 계약을 체결하고 상대방의 반대급부 내용을 확인하여 지출을 결정하는 것을 말하며, 지출원인이 행정처분일 경우에는 그 처분의 결과에 따라 일정한 금액을 지급할 것을 결정하는 행위를 말한다.

15) 박승훈(1991), p. 64.

③ 정당한 채권자에 대한 것인가?

④ 채무가 확인되고 지급기한이 도래되었는가?

⑤ 회계연도에 착오가 없는가?

⑥ 지출원인행위부에 등재되어 있는가?

⑦ 세입·세출을 혼돈하지 않았는가?

그런데 경리관에 의한 지출원인행위가 이루어졌어도 지출원은 불법·부당한 지출에 대해서는 거부해야 하는 책무가 있으므로, 지출원은 법령·조례·규칙 또는 계약 기타 정당한 사유로 그 지방자치단체에 대하여 채권을 가진 자에게 지급하기 위한 경우 외에는 지급명령을 발할 수 없다. 다만, 출납원이나 당해 지방자치단체의 금고에 대하여 자금을 교부하는 경우에는 그러하지 않다(지방재정법 제71조).

3. 예산집행의 신축성 확보방안

예산은 원칙적으로 예산이 정한 목적 외의 경비를 사용하거나 예산과목상의 장·관·항 간에 상호 사용할 수 없으며, 각 회계연도에 지출되어야 할 경비의 재원은 그 연도의 수입으로 조달되고 당해 연도에 지출되어야 할 경비는 다른 연도에 지출되어서는 안 된다는 회계연도 독립의 원칙과 지출·출납의 기본 원칙[16]이 준수되어야 한다. 그러나 예산이 성립된 후에 여건이나 정세변동에 탄력성 있게 적응할 수 있도록 지방재정법에서는 예산집행의 신축성을 확보할 수 있는 방안을 규정하고 있는데, 그 내용을 살펴보면 다음과 같다.[17]

(1) 예산의 이·전용과 이체

1) 예산의 이용

이용(移用)은 예산성립 후에 생긴 사정변경 등으로 부득이 세출예산의

16) 지출·출납의 기본 원칙은 다음과 같다. ① 지출원은 정당한 채권자를 수취인으로 하여야만 지급명령을 발할 수 있다. ② 회계연도 개시 후가 아니면 지출할 수 없다. ③ 당해 회계연도 세출예산에서 지출하여야 한다. ④ 확정된 채무가 존재하고 이행기간이 도래되어야 지출할 수 있다.

17) 이상용(1993), pp. 103~106.

각 소관 및 각 입법과목(장·관·항) 상호간의 경비를 융통하는 것인데, 이러한 이용은 원칙적으로 금지되고 있으나, 예산집행상의 필요에 의하여 미리 예산으로서 지방의회의 의결을 얻었을 때에는 가능하다(지방재정법 제47조 ①).

2) 예산의 전용

전용(轉用)이란 세출예산의 각 세항이나 목(행정과목) 간의 경비를 상호 융통하여 사용하는 것인데, 이러한 전용대상이 될 수 없는 비목으로는 ① 인건비, ② 시설비 및 부대비(시설비에 부수되는 보상비에 전용할 경우에는 제외), ③ 상환금(다만, 원금과 이자는 상호 전용할 수 있음) 등을 들 수 있다. 그리고 회계연도의 경과 후나 업무추진비에 충당하기 위한 다른 비목으로부터 전용은 허용되지 않는다(지방재정법 시행령 제55조).

3) 예산의 이체

지방자치단체의 기구·직제 또는 정원에 관한 법령이나 조례의 제정 또는 개폐로 인하여 관계기관 간의 직무권한, 기타의 변동이 있을 때에는 그 예산을 상호 이체(移替)할 수 있도록 되어 있다(지방재정법 제47조 ②).

그림 12-5 입법과목과 행정과목(세출예산)

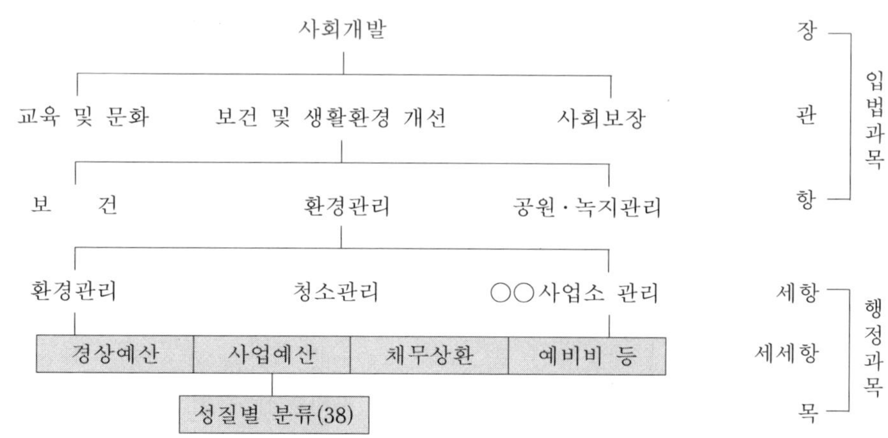

(2) 예산의 이월

1) 명시이월

명시이월은 세출예산 중 경비의 성질상 당해 연도 내에 그 지출을 끝내지 못할 것이 예상될 때에는 그 취지를 예산에 명시하여 미리 지방의회의 의결을 얻어 이를 익년도에 이월하여 사용하는 것이다. 따라서 이 제도는 다른 이월제도와 함께 회계연도 독립의 원칙에 대한 예외로서 인정되고 있다. 그러므로 이러한 명시이월은 예산집행과정에서 계획변경 등 당해 회계연도 내의 지출완료가 불가능함을 사전에 미리 예측할 수 있는 사안에 대해 적용되는 것이다(지방재정법 제50조 ①).

2) 사고이월

사고이월은 세출예산 중 당해 연도 내에 지출원인행위를 하고 불가피한 사유로 인하여 그 연도 내에 지출하지 못한 경비와 지출원인행위를 하지 아니한 그 부대경비의 금액을 익년도에 이월하여 사용하는 것이다(지방재정법 제50조 ②).

이러한 사고이월의 요건은 다음과 같다.

① 세출예산에 구체적으로 경비금액이 계상되어 있어야 한다.

② 사전에 이월이 예상되지 않았고 연도 내 경비지출이 불가한 사항으로 경비의 사용중 불가피한 사고가 전제된다.

③ 예산의 집행단계에서 지방자치단체의 장의 권한으로서 이루어진다.

④ 구체적으로 지출원인행위가 이루어져야 한다(부대경비 제외).

3) 계속비의 체차이월

지방자치단체가 경비로 지급할 안건으로서 그 이행에 수년도를 요구하는 것에 관하여는 예산이 정하는 바에 따라 그 경비의 총액과 연할액을 정하여 수년도에 걸쳐 지출할 수 있는 계속비의 체차이월(遞次移越)은 매 회계연도 연할액에 관련된 세출예산 중 그 연도 내에 지출을 종료하지 못한 것은 각 연도의 결산시 그 잔액을 불용액으로 처리하지 않고, 익년도에 순차적으로 이월하여 익년도의 연할액에 가산하여 지출할 수 있다(지방재정법 제

50조 ③).

이러한 예산의 이월비는 익년도 예산에 편입하여 사용하여야 하며, 그 이월하는 과목별 금액은 이월예산으로 배정된 것으로 보기 때문에 이월비 사용액은 삭감할 수 없으며 예산성립 이전에도 사용할 수 있다(지방재정법 제50조 ④).

(3) 지출과 출납의 특례

1) 관서의 일상경비

관서의 일상경비는 교통·통신이 불편한 지방에서 지급하는 경비나 관서의 운영 및 일상경비 등과 관련하여, 출납원에게 현금이 지급되지 않으면 사무수행에 지장을 초래할 우려가 있다고 인정되는 경우에 한하여 지출원이 미리 출납원에게 자금을 교부하는 것이다(지방재정법 제72조). 이 자금을 교부받은 공무원을 일상경비 출납원이라고 하며, 이 일상경비의 범위는 지방재정법 시행령 제91조에 명시되어 있다.

2) 선금급과 개산급

이는 채무미도래에 대한 동일한 성질의 지출특례규정(지방재정법 제73조)인데, 선금급(先金給)은 채무가 확정된 경우에 지출하는 것이고, 개산급(概算給)은 채무가 확정되지 아니한 경우에 지출하는 것으로서, 이를 지급하지 않으면 사무 또는 사업에 지장이 초래될 우려가 있는 경우에 적용되며, 그 구체적 범위는 지방재정법 시행령 제96조 및 제97조에 제시되어 있다. 선금급은 채무금액이 확정된 채무에 대하여 상대방의 이행 전 또는 채무금액 지급시기 도래 전에 채무금액을 지출하는 것이다. 개산급은 채무금액이 확정되기 전에 채무금액을 개략 계산하여 미리 채무금액을 지급하는 것으로서 지급된 후 채무금액이 확정되면 이를 정산하여야 한다.[18)]

18) 개산급은 일종의 변칙적인 정부지출이므로 성질상 개산급하지 않으면 업무수행에 지장을 초래할 우려가 있는 경우에 한하여 예산회계법령에 명시하여 제한적으로 지급하도록 하고 있다. 이로 인해 예비비의 관리와 사용을 엄격하게 할 경우 대규모 재해발생시 재해종료 후 피해조사 집계 등 제반 행정절차를 거쳐 실제 예비비가 지원되기까지 장기간이 소요되어 신속한 피해복구 및 피해주민의 생활안정에 많은 어려움이 발생하는 문제가 생기게 된다. 따라서 대규모 자연재해에 따른 긴급재해구호 및 복구에 소요되는 금액에 대해서는 개산급할 수 있도록 예산회계법이 개정되었다(예

3) 도급경비

도급경비(都給經費)는 읍·면·동, 3인 이하의 청소 등 비교적 소규모인 관서의 공무집행상 소요되는 경비를 당해 기관의 장에게 지급하며, 그 책임하에 임의경리하게 하는 제도이다(지방재정법 제74조). 이러한 도급경비의 지급관서와 범위는 지방재정법 시행령 제98조 및 제99조에 제시되어 있다.

4) 과년도 지출

과년도 지출은 과년도에 속하는 채무확정액으로서 지출하지 아니한 경비를 현년도 세출예산에서 지출할 수 있는 제도이다(지방재정법 제76조). 이는 채권자로부터 청구가 없거나, 기타의 사유로 그 기한 내에 지출하지 못하는 경우에 회계연도 독립의 원칙을 엄격하게 적용하면 이를 지출할 방법이 없게 되고 채권자가 부당하게 손해를 입게 되므로, 이를 구제하기 위한 것이다.

제5절 지방예산의 결산 및 회계검사

1. 결산의 의의

지방자치단체 예산에 대한 결산은 1회계연도의 세입·세출예산의 집행실적을 확정적 계수로 표시하는 것을 뜻한다. 이와 같이 결산은 사전적으로 정해진 예산을 집행기관이 집행한 결과 실제로 수입·지출을 한 실적을 사후적으로 정리한 것으로서, 주민들에 대한 지방재정보고의 성격을 갖고 있다.[19] 예산을 집행하려면 예산안에 대한 지방의회의 사전심의와 의결을 거쳐야 하듯이, 예산을 집행한 다음에는 그 집행실적을 결산서로 작성하여 지방의회의 사후심사와 승인을 받아야 한다. 즉, 예산의 심의·의결과 결산의

산회계법 제39조 제2항 후단 참조).

19) 지방재정운영의 투명성을 높이기 위하여 지방자치단체는 연 1회 이상 세입·세출예산의 집행상황, 지방채의 현재액 등 재정운용상황을 주민에게 공시하도록 되어 있다(지방재정법 제60조 및 동법 시행령 제68～72조 참조).

심사·승인이라는 2개의 절차에 의하여 주민대표인 지방의회의 지방재정에 대한 통제가 그 실효성을 확보하게 된다. 따라서 결산제도는 예산심의권과 같이 지방의회가 지방자치단체장에 대한 재정감독의 수단으로 인정되고 있는 것이다.

그러나 결산제도가 예산제도와 다른 점은 지방의회의 사전심사를 하는 예산의 심의·의결과는 달리 예산집행결과에 대한 사후심사를 실시한다는 점이다. 이로 인하여 결산의 검사·심사과정에서 비록 위법 또는 부당한 수입·지출이 적출되었더라도 그 자체를 무효로 하거나 취소하는 효과를 기대할 수 없다. 다만, 그 집행결과가 정당할 경우 지방자치단체의 예산집행 책임을 해제하는 효과가 있으며, 만일 위법·부당한 사실이 발견되면 지방자치단체장에게 정치적·도의적 책임을 물을 수는 있지만, 그것은 사후조치에 불과하므로 예산의 경우보다 그 효과는 크지 못한 것이다.[20]

그러나 결산심사를 통해 그 심사결과의 감사활용과 익년도 예산안 심사에의 반영을 가능하게 하므로 결산제도는 미래의 지방재정계획 수립과 예산편성에 대한 유효적절한 통제수단이 된다. 즉, 결산기능은, 첫째 당초의 목표·계획·예산이 집행기관에 의해서 얼마나 제대로 추진되었나 하는 것을 확인하는 것이다. 따라서 결산계수의 정확성을 보장하기 위해 회계검사기관의 검증을 받도록 되어 있다. 둘째, 결산내역은 향후 지방재정운용에 참고자료가 되므로 계획적인 재정운영에 도움을 준다.

2. 결산 및 회계검사의 절차

지방자치단체의 결산은 회계연도가 종료되면 출납폐쇄(2월 말) 후 80일 이내에 세입·세출결산서를 작성하여 자체회계검사와 결산검사위원의 검사를 거쳐 지방의회에 보고·승인을 받아 고시하는 순으로 이루어지는데, 이러한 결산·회계검사의 절차를 살펴보면 [그림 12-6]과 같다.

(1) 결산서 및 증빙서류의 작성

세입결산은 세입주관과장(세정과장)이, 그리고 세출결산은 세출주관과장

20) 이상용(1993), pp. 45~46.

그림 12-6 시·도 결산업무 체계도

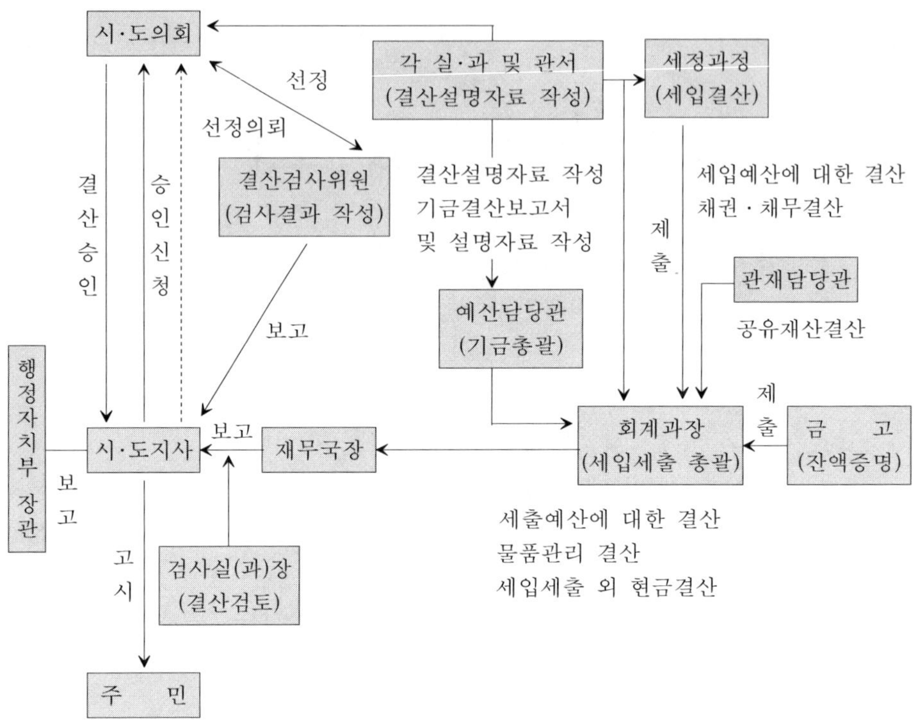

(회계과장)이 각각 ① 총칙, ② 세입 · 세출결산, ③ 이월비, ④ 계속비 결산, ⑤ 예비비 결산, ⑥ 채권 · 채무에 관한 계산서, ⑦ 기타 재산조서 및 국고보조금 집행조서 등의 내용에 의거하여 4월까지 작성하고, 세출주관과장이 이를 취합하여 지방자치단체장에게 보고하도록 되어 있다(지방자치단체 재무회계규칙 제31조).

이와 같이 출납폐쇄 후 80일 이내에 작성한 결산서 및 증빙서류를 지방자치법 제125조에 의거하여 지방의회에 제출하게 된다. 여기서 결산서란 ① 현금의 수납 · 지출을 회계별 · 소관별 · 계정과목별로 작성한 세입 · 세출결산 보고서, ② 결산총괄의 순계인 기본적 사항만 나타내고 지방공기업법령이 정하는 바에 따라 별도 작성하는 공기업특별회계 결산보고서, ③ 공익상 특정한 목적을 위하여 특정한 자금을 세입 · 세출예산 외로 운용하는 기금의 결산을 현금회계방식으로 작성한 기금결산보고서, ④ 소관별·회계별로 채권의 종류, 현재액을 발생연도별·사유별로 그 증감결산내역을 작성한 채무현재액보고서, ⑤ 관서별·회계별·재산종류별로 공유재산 증감 및 재산액의 결산내역을 작성한 공유재산 증감 및 현재액보고서, ⑥ 관서별·회계별·품종별로 물품증감 및 현재액 결산내역을 작성한 물품증감 및 현재액보고서 등이다.

이러한 결산서는 세입·세출예산과 동일한 구분에 의하여 작성하되, 세입에 관해서는 세입예산액, 징수결정액, 수납액, 불납결손액, 미수납액 등이, 세출에 관해서는 세출예산액, 전년도 이월액, 예비비 사용액, 전용 등 증감액, 초과지출액, 예산현액, 지출액, 익년도 이월액, 불용액 등이 명시되어야 한다(지방재정법 제51조).

1) 세입결산

① 세입예산액: 최종세입예산액(추경예산 포함)

② 징수결정액: 법령, 행정처분, 기타 행정행위에 의하여 세입의 원인이 되는 사실이 발생하고, 이를 징수하기로 결정한 금액(③+④+⑤)

③ 수납액: 징수결정액 중에서 실제로 수납한 금액

④ 불납결손액: 징수결정액 중에서 납세자의 재력부족, 주거불명, 시효만료 등으로 결손처리한 금액

⑤ 미수납액: 징수결정액 중에서 당해 회계연도 내에 수납되지 않은 금액으로 익년도 이후에 징수해야 할 금전채권

2) 세출결산

① 세출예산액: 최종세출예산액(추경예산 포함)

② 전년도 이월액: 전년도에서 이월된 명시이월액과 사고이월액

③ 예비비 사용액: 기존 예산과목의 세출예산액에 추가한 예비비 지출결정액

④ 전용 등 증감액: 전용·이용 및 이체에 의한 예산과목 간 증감액

⑤ 수입대체경비 초과지출액: 수입대체경비과목에 대하여 초과수입에 따른 초과지출한도액

⑥ 예산현액: 당해 연도에 실제로 지출할 수 있는 세출금액

⑦ 지출액: 예산현액 중에서 실제로 지출한 금액

⑧ 익년도 이월액: 당해 연도 예산현액 중에서 다음 연도로 이월하는 사고이월 및 명시이월액의 금액

⑨ 불용액: 예산현액의 지출액과 익년도 이월액을 제외한 잔액(⑥－⑦－⑧)

(2) 자체회계검사와 결산검사위원의 출납검사

이상과 같이 작성된 결산서에 대한 자체회계검사와 결산검사위원의 검사가 있게 되는데,[21] 전자는 결산서 작성의 정확성 여부와 미비·불합리한 점에 대한 자체 시정·보완을 위하여 감사담당 부서가 실시하는 것이다. 이에 반해 후자는 지방의회가 모든 결산내역을 심사하는 것은 사실상 곤란하므로 결산에 관한 전문적인 식견과 경험을 가진 자 중에서 지방의회가 선임하는 결산검사위원에 의해 실시된다.

여기서 결산검사위원은 시·도는 5～10인 이내, 시·군·자치구는 3～5인 이내로 하고, 당해 지방의회의 의원이나 공인회계사 등의 재무관리에 관한 전문지식과 경험을 가진 자 중에서 지방자치단체장의 추천에 의하여 선임하도록 되어 있다(지방자치법 시행령 제46조). 이들 결산검사위원의 검사사항은 세입·세출의 결산, 계속비·명시이월비·사고이월비의 결산, 채권·채무의 결산, 재산 및 기금의 결산, 금고의 결산에 대한 것이다(지방자치법 시행령 제47조 ①).

그리고 검사위원은 결산검사 종료 후 10일 이내에 검사의견서를 당해 지방자치단체의 장에게 제출하여야 하고, 지방의회는 결산심의시 필요하다고 인정하는 때에는 검사위원을 출석시켜 설명을 들을 수 있다(지방자치법 시행령 제47조).

(3) 지방의회의 승인 및 보고

지방자치단체장은 출납폐쇄 후 80일 이내에 작성한 결산서 및 증빙서류

21) 결산검사는 회계검사만을 그 대상으로 할 수도 있고, 여기에 회계검사와 관련한 행정감사를 포함할 수도 있는데, 행정감사기간이 별도로 마련되어 있으므로, 결산검사시에는 보편적인 행정감사를 배제하고, 회계와 직결된 것만을 대상으로 하는 것이 바람직하다.

를 결산검사위원의 검사의견서를 첨부하여 다음 연도 지방의회에 제출하게 되면, 지방의회에서는 소관 (상임)위원회의 예비심사와 예산결산특별위원회의 종합심사를 거쳐 본회의의 승인이 있게 된다(지방자치법 제125조 ①).

지방자치단체장은 지방의회의 결산승인을 받은 5일 이내에 시·도는 행정자치부 장관에게, 시·군·자치구는 시·도지사에게 보고하고 그 내용을 고시하여야 한다(지방자치법 제125조 ②).

3. 결산잉여금의 처리

(1) 세계잉여금의 의의

세계잉여금(歲計剩餘金)이란 한 회계연도에서 실제로 수입한 금액에서 실제로 지출한 금액을 뺀 잔액을 뜻하는데, 결산의 완결에 의해 예산집행의 결과 발생하는 잉여금으로서 회계연도의 어느 시기에 생기는 세계현금의 여유금과는 다른 것이다.

이와 같이 한 회계연도에 수납된 세입액에서 지출된 세출액을 뺀 세계잉여금은 주로 세입이 예산을 초과하여 수납된 경우(예: 지방세와 세외수입의 자연증수)와 세출이 예산을 하회하여 지출된 경우나, 예산을 미집행한 경우(예: 세출의 이월금, 경비절감 및 불용액) 등에 의해 발생하게 된다. 정당한 사유에 의해 발생하는 세계잉여금은 유효하게 활용할 필요가 있으므로, 각 회계연도에서 결산상 잉여금을 발생한 때에는 회계연도 독립의 원칙의 예외로서 익년도에 이월하여 사용하는 것이 인정되고 있다.

(2) 세계잉여금의 처리방법

이러한 잉여금에서 보조금관련 법률 및 조례에 의거한 보조금 집행잔액과 명시·사고·계속비 이월금을 공제한 잉여금, 즉 순세계잉여금(純歲計剩餘金)은 지방재정법 제52조에 의해 그 잉여금이 생긴 연도의 다음 연도까지 세출예산에 구애됨이 없이 지방채의 원리금 상환에 사용할 수 있으며, 그 잔액은 익년도 세입에 이입(移入)하되, 지방재정법 시행령 제60조에 의해 조례가 정하는 바에 의하여, 그 잉여금의 전부 또는 일부를 재산 또는 기금에 편입할 수 있도록 되어 있다. 여기서 조례에 의한 결산잉여금의 기금편입의 경우란 지역개발기금조례에 의하여 매년 순세계잉여금의 10% 이상을 기금에 출연하도록 되어 있는 것을 의미한다.

13

지방예산과 지방의회

제1절 지방의회의 권한과 예산·결산심의권

1. 지방의회의 권한

지방의회의 법적 지위는 헌법 제118조와 성문법규인 지방자치법령, 공직선거 및 선거부정방지법령, 그리고 조례와 지방의회의 회의규칙 등에서 지방자치단체의 의사기관으로 보장되고 있다. 즉, 지방의회는 주민의 직접선거에 의하여 선출된 의원들로 구성되며, 지방자치단체의 정책이나 행정을 심의하고 지방자치단체 주요 정책의 기본 방향을 결정하는 의사결정기관이다.

이러한 지방의회의 권한은 내용별로는 ① 자치입법에 관한 권한(조례제정권), ② 자치재정에 관한 권한(예산안 의결권, 결산심사·승인권), ③ 일반적 자치행정에 관한 권한(조사권, 동의권, 의견표시권), ④ 승인권 등이 있고, 대상별로는 ① 지방자치단체의 기능에 관한 권한, ② 집행기관과의 관계에 관한 권한, ③ 의회의 조직 및 운영에 관한 권한(자율권)이 있다.[1)]

2. 지방의회의 예산·결산심의권

지방의회의 예산 및 결산에 관한 권한으로 예산안의 심의의결권과 결산심사권을 들 수 있다. 여기서 예산안 심의확정권은 지방의회의 본래적 권한으로 지방자치단체의 예산은 주민에 의한 민주적 통제를 위하여 일체의 수입과 지출을 모두 예산에 편입시켜 의회의 의결을 거치도록 법으로 정하고 있다. 그러나 예산에서 정해진 각 장·관·항 간의 금액을 전용하거나 지출부담행위를 하는 것은 원칙적으로 금지되어 있다.[2)]

---

1) 정세욱(1990), p. 9.

2) 지방자치단체의 예산은 집행기관의 활동을 구속하지만, 그 효력은 행정조직 내부에 그치고, 일반주민에 대하여 직접 법규로서 구속력을 발휘하는 것은 아니다. 따라서 지방자치단체의 집행기관이 예산외의 지출부담행위를 한 때, 예컨대 시장이 예산에 정해진 목적외의 지출명령을 발하고 수입역(收入役)이 이를 지출한 때에는 위법한 공금지출이 되어 시장이나 수입역의 책임문제가 발생되지만(大阪高判 1962. 9. 20, 行集 13권 9호, p. 1520), 당해 지출부담행위가 상대방 주민과의 관계에서 바로 위법·무효가 되는 것

따라서 지방자치단체에 의하여 편성된 지방예산안은 지방의회의 심의·의결을 거쳐 확정되므로 예산심의는 지방자치단체의 재정활동을 사전에 심의·조정하는, 즉 지방의회가 집행기관에 대해 재정통제 또는 감독을 하는 제도인 것이다.

그리고 지방의회는 결산심사권을 가지는데, 이를 위해 지방의회는 회계연도가 종료되면 예산의 집행책임자인 지방자치단체의 장이 예산에 따라 지방자치단체의 재정수지가 적정하게 집행되었는지를 확인하기 위하여 결산절차를 두고 있다(지방자치법 제125조). 재정지출이 예산에 적합하였는지를 주로 보지만, 재정지출의 위법성·타당성에도 미친다. 즉, 수지내용이 잘못되었을 때에는 지방자치단체장이 결산내용을 수정하여 의회의 인정을 받아야 한다. 지출이나 채무부담행위가 의회에서 위법·부당한 것으로 인정된 경우에, 지방자치단체장은 정치적 책임을 지고 비판을 받게 된다.

따라서 지방자치단체의 1회계연도에 있어서 세입·세출예산의 집행실적을 확정적 계수로 표시하는 결산에 대한 지방의회의 심의권은 예산심의권과 같이 지방의회가 지방자치단체의 장에 대한 재정감독의 수단으로 인정되고 있는 것이다.

제2절 예산심의의 요령과 유의사항

1. 지방의회의 예산심의 방향

예산심의를 주민의 대표기관인 지방의회가 효율적으로 수행하기 위해서는 우선 예산편성방향에 대한 검토가 선행되어야 하는바, 이에 대한 유의사항은 다음과 같다.

첫째, 주민의 복지향상과 기초욕구의 충족을 위한 공공수요에 우선점을

은 아니다(판례는 예산외 위법한 직무명령에 따라 시간외 근무를 한 직원에게도 시간외근무수당 청구권을 인정하고 있다. 最高判 1962. 4. 6, 民集 26권 3호, p. 397), 原田尙彦(1986), p. 213.

두었는가?

둘째, 지역발전 기반을 조성하고 사회적 파급효과가 큰 사회간접시설의 확충에 기여할 수 있는가?

셋째, 지역특성을 살리면서 지역경제의 활성화와 산업구조의 혁신을 도모할 수 있는가?

넷째, 투자사업의 적극적 추진을 위한 외부재원의 확보를 위해 노력하였는가?

다섯째, 소외계층에 대해 깊이 배려하였는가?

여섯째, 지방자치제의 조기정착·발전을 위한 기반조성에 기여할 수 있는가?

마지막으로, 투자부문별로 장래의 수요에 대비한 부문 간 투자비중을 고려하였는가?

특히, 예산의 삭감 및 조정시에는 다음과 같은 사항의 검토가 있어야 할 것이다.

첫째, 주민의 시각에서 행정활동의 효율성에 대한 의문의 소지가 있는 경비(예: 전시적 성격의 홍보물 제작, 과소비적·겉치레적 각종 행사의 소요경비, 공공건물의 호화스러운 집기구입 및 시설비 등)는 없는가?

둘째, 사업계획 변경에 따른 불용경비의 계상은 없는가?

셋째, 실수요를 초과하여 과다하게 책정된 경비는 없는가?

넷째, 업무 및 제도개선 등으로 절감가능한 경비는 없는가?

다섯째, 예산편성기준에 부합되지 않는 경비가 계상되어 있지는 않는가?

마지막으로, 예산의 배정 및 집행과정에서 낭비적 성향이 큰 경비는 없는가?

2. 예산심의의 검토사항

예산편성방향에 의거하여 예산심사에 중점을 두어야 할 사항을 당초예산과 추가경정예산으로 구분하여 살펴보면 [표 13-1]과 같다.

한편, 예산안에 대한 상임위원회의 예비심사는 구속력이 없는 의견제시에 불과하고 예산결산특별위원회가 전체적으로 종합심사한 결정사항만 예산

표 13-1 예산심의의 중점사항

구 분	당초예산	추가경정예산
예산안 총 괄	· 회계별 예산안 규모의 적정성 및 건전재정원칙 견지 여부 · 예산총계주의 원칙에 의한 총수입과 총비용의 계상 여부 · 주요 신규사업 및 계속사업의 중·장기계획과의 연계 여부 · 주요 기능별 · 부문별 재원배분의 형평성 · 일반회계와 특별회계 간 동일 목적 경비의 중복계상 여부 · 법령, 조례 등의 제정 또는 개정을 전제로 한 경비의 계상과 미처리시의 대책 · 의회의 추경심의과정에서 삭감된 경비의 계상 여부 · 의회의 예산삭감에 대비한 특정 경비의 과다계상 또는 불요불급 경비의 계상 여부 · 유사, 중복 또는 실효성이 없는 특별회계의 통·폐합 검토	· 추경사유와 시기의 타당성 여부 · 추경예산의 연내 집행가능 여부 및 이월을 전제로 한 추경계상 여부 · 추경부분 외의 기정예산 수정필요성 검토
예 산 총 칙	· 각 회계별 일시차입 최고액의 적정 여부 · 각 회계별 지방채 발행한도, 장기차입 한도액의 타당성 조건 및 그 용도와 그 재원의 세입예산안과의 일치 여부 · 이용범위의 각 사항별 개념의 명료성	
세 입 예산안	· 지방세 세수추계의 정확성 여부 · 사용료, 부담금 등 세외수입 계상의 근거와 금액의 타당성 여부 · 지방교부세, 국고보조금 세입의 향후 변경가능 여부 및 변경시 대책 · 특별회계에 있어 사업수입 또는 영업수입 등의 증감사유와 일반회계 전입금규모와 용도의 적정 여부 · 공영기업특별회계의 경영개선효과의 예산 반영 내용 · 예산안 편성 이후의 여건변동에 따른 세입예산 조정사유 발생(세법, 조례 등의 제정 또는 개정) 여부 · 전년도 조상충용수입의 세입편성 여부	· 추경세입재원의 타당성 · 정상적인 추가세수가 확실함에도 세외수입(전년도 이월금 등)을 재원으로 계상 여부 및 그 사유 · 본예산 확정 후 여건변경에 의한 세입의 결함 또는 추가분의 예산반영 여부(지방교부세 정산 등)
세 출 예산안	· 정원의 증감사유와 타당성 및 그 근거 · 각종 인건비기준 단가 및 정수의 예산편성기준 및 직제정원 등의 일치 여부 · 관서운영비와 사업비 개별 목예산과의 유사 중복계상 여부 · 총액예산사업비의 편성 여부, 편성사유 및 집행기준	

표 13-1 계 속

구 분	당초예산	추가경정예산
세 출 예산안	· 주요 개별 사업의 연내 집행가능성 여부와 이월을 전제(재원확보)로 한 과다계상 여부 · 주요 신규사업에 있어 사업의 우선순위와 투자효과 및 사업의 시행에 앞서 타당성 조사, 기본 설계, 용지보상 협의 등 필요한 사전절차의 이행 여부와 지역 간 균형발전 감안 · 선심성 동시다발적 사업추진에 따른 중도중단 등의 우려 여부 · 장기계속사업에 있어 당초계획의 변경 여부와 그 사유 및 당해 연도 투자의 적정 여부 · 국고보조사업에 있어 지방비 부담비율의 근거와 타당성 · 기초자치단체에 대한 보조금 교부의 타당성, 보조사업에 대한 부담비율 및 시·군비 조달가능성 여부(시·도의회의 경우) · 지방교부세를 재원으로 하는 사업의 내용 · 보조금 등에 의한 부문별 개별 사업의 적정 여부 · 국가재정융자사업에 대한 원리금 상환부담 가능 여부와 동 융자사업의 지역실정 부합 여부 · 개인 또는 민간단체 등에 대한 보조, 융자, 출자, 출연 등의 타당성 여부 · 시책홍보, 행사비의 적정 여부 · 분담금, 부담금의 계상근거와 금액의 타당성 여부 · 공공요금 계상의 적정 여부 · 여비, 수용비, 재료비, 업무추진비, 특수활동비, 용역비 등 소모성 경비의 연도 대비 증감액과 증감사유 · 예비비 예산규모의 적정 여부(결산실적 감안) · 추후 확정시 집행을 전제로 한 소요 미확정 또는 법적 근거 없는 경비의 계상 여부 · 추후 예비비사용 또는 추경반영을 전제로 소요액의 일부만 세출예산에 계상하거나 채무부담행위와 분할상 여부 및 그 사유	· 본예산안 심의과정에서 삭감한 경비의 추경계상 여부 · 주요 신규사업의 경우 사전타당성 조사 등 필요한 절차의 이행 여부 · 이미 집행한 경비의 추경계상 여부 · 추가세출소요의 추경, 내년도 본예산 분할계상 여부 · 부서별·사항별·경비별 소요가 명백함에도 예비비로 일괄계상 여부 및 그 사유 · 국가로부터 용도가 지정되고 소요금액이 교부되어 추경성립 이전에 기사용한 경비의 추경계상 여부와 추경성립 전 사용의 타당성 여부 · 특정 목적을 위한 추경편성 여부 · 예비비 추가계상의 경우 그 타당성 및 적정 여부
계속비	· 총사업비, 연할액, 연부기간의 적정 여부 · 계속비 수정사유와 수정내용의 타당성 여부	
채무 부담 행위	· 채무부담행위 예산책정의 타당성 여부와 상환재원 조달능력 및 상환예산 계상 여부 · 채무부담행위 한도액의 적정 여부	

편성에 반영된다는 점에서 예산결산특별위원회가 상임위원회와 상반된 결정을 할 경우 양 위원회 간의 역할분담에 대한 이의가 제기될 수 있다.

따라서 예산안에 대한 상임위원회의 예비심사와 예산결산특별위원회의 종합심사 간의 체계적 기능분담을 위하여 예비심사시에는 세입·세출의 균형보다 세입예산안에 대하여는 주민들의 재정부담도, 계획적인 재원조달이란 측면에서, 세출예산안에 대해서는 경제적 효율성, 사업의 파급효과, 주민의 숙원도·수혜도 등의 측면에서 예산의 삭감 및 증액에 초점을 두도록 한다. 이에 반해 종합심사시에는 전반적인 재정운용기조 및 세입·세출의 균형을 고려한 전체적인 시각에서 예비심사결과를 재조명하여 계수조정, 즉 상임위원회 간 예산삭감 편중현상의 시정, 삭감액의 재조정 등에 초점을 두도록 한다.

또한 지방의회 의원의 전문성이 확보되지 않고서는 예산심의기능을 제대로 수행할 수 없으므로, 지방의원들에 대한 지속적인 연찬연수가 요구되며, 지방의원의 의정활동에 도움을 줄 수 있는 기관 및 전문위원의 육성을 위한 제도적 장치도 강구되어야 할 것이다

제3절 결산심의의 요령과 유의사항

1. 지방의회의 결산심의 방향

지방의회가 지방자치단체의 장에 대한 재정감독의 수단으로 인정되고 있는 결산심사권은 예산의 집행책임자인 지방자치단체의 장이 예산에 따라 지방자치단체의 재정수지가 적정하게 집행되었는지를 확인하기 위한 것이다. 따라서 지방의회의 결산심사시에 역점을 두어야 할 심의방향은 다음과 같다.

첫째, 재정지출이 예산에의 적합성뿐만 아니라 위법성·타당성 여부도 검토한다.

둘째, 예산과 결산을 대비를 통해 그 괴리가 발생하는 원인을 규명한다. 특히, 불용액의 발생원인을 분석하여 익년도 예산편성의 기초자료 또는 예산절약 유인책으로 활용한다.

셋째, 예산집행의 탄력성 확보를 위한 각종 이월처리 및 예산의 이용·전용, 예비비 사용과 관련한 요건을 충족하고 있는지를 검토한다.

넷째, 수납된 세입액에서 지출된 세출액을 차감한 잔액인 세계잉여금의 발생원인을 철저히 분석하는 동시에 이들 세계잉여금이 합법적·합리적으로 처리되었는지를 검토한다.

2. 결산심의의 검토사항

지방의회에서 결산심사시 중점적으로 검토하여야 할 사항을 보면 [표 13-2]와 같다.

표 13-2 결산심사의 중점사항

구 분	심 사 중 점 사 항
결산총괄	· 세입·세출결산보고서, 지방금고의 계산증명 및 결산검사위원의 검사결과 보고서 일치 여부 · 세입·세출결산보고서 및 예비비사용명세서상의 예비비 과목별 집행내용의 일치 여부 · 전년도 결산심의시 집행기관에 대한 시정요구 또는 촉구사항의 이행 여부와 그 내용
세입결산	· 세목별 예산액과 징수결정액 간의 대비 및 증감 사유 · 세목별 징수결정액과 수납액 간의 대비 · 사유별 미수납액, 불납결손액 및 전년도 이래 미수납액 중 당해 연도 수납액, 불납결손액 및 미수납액 · 지방세 이의신청, 심판청구 및 행정소송 제기현황 · 세외수입 종별 예산액, 징수결정액, 수납액 대비 · 세외수입 종별 미수납액, 불납결손의 사유 · 지방채 발행, 차입금수입의 예산총칙상 한도액 범위 내의 집행 여부 · 국고부담을 전제로 한 지방기채 등에 의한 재원조달 및 사업시행 후 국고보전재원 세입의 여부와 미보전시 그 사유와 대책 · 지방교부세 보조금의 내시액과 교부액 간의 일치 여부와 차액발생시 그 사유 · 보조금 집행잔액의 반납 경우에 그 사유와 금액의 적정 여부

표 13-2 계속

구 분	심사중점사항
세출결산	· 세출결산의 기능별 · 성질별 예산액 대 결산액의 대비 및 증감 사유 · 주요 계속사업의 집행실적 및 연도중 계획 및 예산의 변동상황과 그 사유 · 각종 보조사업의 집행실적과 지방비 부담실적 · 개인, 민간단체 등에 대한 보조금, 출자, 출연 등의 집행실적 및 대상별 총사업집행 및 자체재원 조달실적 · 결산상 잉여금에 의한 세입 · 세출 외 처리현황 · 연례적인 이·전용의 사례와 그 사유 · 이용범위를 벗어난 이용사례와 그 사유 · 동일 목적의 경비를 중복 이·전용한 사례 · 전용의 제한규정을 위반한 전용사례 · 전년도 이월액의 이·전용 여부 · 예비비 지출결정액의 이·전용사례 · 이월재원 확보 또는 특정 부문의 사업을 추가 또는 신규지원하기 위하여 이·전용한 사례 · 경비성질별 · 사유별 불용액 현황 · 계획변경에 의한 주요 사업의 불용액 발생 여부 및 그 사유 · 명시 · 사고이월액의 규모 · 개별 사업의 이월요건 부합 여부 및 이월액 책정의 적정 여부 · 사고이월액의 재이월 여부 · 재원 없는 적자이월 여부와 그 대책 · 수입대체경비의 목적 외 집행 여부 · 수입대체경비 초과수입에 따른 초과지출한도 결정 및 초과지출의 타당성 여부
예비비지출	· 사항별 예비비 지출사유 및 지출결정액의 타당성 여부 · 연례적 · 반복적 경비의 예비비 지출사례 · 재원확보를 위한 이월을 전제로 한 예비비 지출결정사례 · 특정 부문의 지원을 위한 예비비 지출결정사례 · 지출결정 후 집행과정에서 사정변경으로 인한 미집행현황 및 그 사유
계속비결산	· 사업별 · 비목별 연할액, 집행액과 동일비목 세출결산과의 일치 여부 · 사업기간, 총사업비의 변경조정 사유 및 적정성 · 연할액 체차이월현황
채권 · 채무	· 채무부담 한도액 범위 내의 채무부담 여부 및 채무부담액의 변동사유와 그 금액 · 채무종류별 발생, 증감현황과 현재액 및 향후 이행대책 · 채권의 누락, 과소 또는 과다계상 여부 및 채권의 이행대책

표 13-2 계 속

구 분	심 사 중 점 사 항
금 고	· 회계별 수입·지출의 확인 · 세입부와 지출부의 기록일치 여부 확인 · 현금과 유가증권의 실사
재산 및 기금 · 물품	· 소유재산의 구분관리: 관리대장과 재산의 실재성 확인 · 관리재산(국유 · 공유)의 관리상황 확인 · 대부재산과 세입을 연결하여 누락 여부 확인 · 물품관리대장과 증감 및 현재액 확인

자료: 국회 예산결산특별위원회(1992), pp. 143~145.

제 4 절 사례연구: 지방의회의 예산 · 결산 심의

사례 1

예산결산특별위원회가 삭감예산으로 주민숙원 사업비를 증액·의결하여 집행부에 이송한 사례

(1) 관련법 참조

· 지방자치법 제118조 ③: 지방의회는 지방자치단체장의 동의 없이 지출예산 각 항의 금액을 증가시키거나 새 비목을 설치할 수 없다. 이는 예산안의 편성권과 의결권의 분리는 지방의회가 임의로 예산의 증액 또는 새 비목의 설치시 예산이 팽창될 우려가 있고, 재원의 조달 및 운용이 어렵게 되기 때문임.

· 지방자치법 제123조: 지방의회가 새로운 재정부담을 수반하는 조례나 안건을 의결하고자 할 때는 미리 지방자치단체장의 의견을 들어야 한다.

(2) 검토사항

· 예산의 증액이란 다른 비목에서 예산을 삭감하고, 삭감한 범위 내에서 다른 비목의 금액을 증액하고자 하는 경우인데, 지방자치단체 예산편성 기본 지침상의 비목이라 함은 지방재정법 시행령 제47조 ③에서 행정자치부 장관이 정한 장·관·항·세항·목을 말하는 것임.

· 지방의회로부터 이송된 예산 중 자치단체장이 동의하지 않은 예산을 미집행한 경우

- 예산 자체는 위법한 무효(지방자치법 제118조 (i))
- 미집행에 대한 집행부의 책임은 없음.
- 동의하지 않은 예산은 추경예산안으로 편성·제출할 수 있음.

· 자치단체장이 동의할 경우의 동의방법

- 자치단체장 명의 문서로 동의: 동의내용을 의회 의장이 본회의에 보고
- 자치단체장이 직접 본회의에 출석하여 발언으로 동의(부단체장의 대리 가능)

· 상임위에서는 예비심사적 성격 때문에 증액동의 생략의 관행이 있음.

사례 2

지방자치단체 선거공약사항의 이행 등을 이유로 편성·제출한 예산안을 지방의회에서 대폭 삭감하여 의결한 사례

(1) 관련법 참조

· 지방자치법 제98조 ①: 지방자치단체의 장은 지방의회의 의결이 월권 또는 법령에 위반되거나 공익을 현저히 해한다고 인정되는 때에는 그 이유를 붙여 재의를 요구할 수 있다.

· 지방자치법 제99조: 지방자치단체의 장은 지방의회의 의결이 예산상 집행할 수 없는 경비가 포함되어 있는 경우 및 법령에 의하여 지방자치단체에서 의무적으로 부담하여야 할 경비, 비상재해로 인한 시설의 응급복구를 위하여 필요한 경비를 삭감한 경우에 재의를 요구할 수 있다.

(2) 검토사항

· 이송을 받은 날로부터 20일 이내에 재의요구

· 예산삭감시 재의요구 적용범위

- 예산삭감과 관련하여 재의요구의 범위는 지방자치법 제99조를 우선 적용하여야 하며,
- 동법 제99조에 공익침해가 언급되지 아니한 이유로 제98조에 의거 재의요구를 할 수 있다고 하더라도 공약사업 이행곤란까지를 공익침해로 보기는 곤란함.

사례 3

지방자치법 제115조 ②의 규정을 준용, 행정자치부 장관의 승인을 받기 전에 지방채발행에 대한 지방의회의 사전 의견청취를 무시한 사례

(1) 관련법 참조

· 지방자치법 제115조 ②: 지방자치단체장이 세입·세출예산 외의 부담이 될 채무부담의 원인이 되는 행위를 하고자 할 때에는 미리 지방의회의 의결을 얻어야 한다.

· 지방자치법 제35조 ①: 지방의회의 법령의결사항→예산심의 확정

(2) 검토사항

· 채무부담행위에 지방채의 포함 여부

- 지방채의 발행도 자치단체가 채무부담행위를 하는 것이므로 지방자치법 제115조 ② 규정을 준용함.

· 지방채발행 총액한도액 범위에 채무부담행위도 포함하고 있음.

사례 4

지방의회에서 예산을 심사한 결과 원안의 수정이 필요하여 지방의회에서 합의한 세출예산안에 대한 증액·삭감·조정 등의 수정과 관련하여, 예산안의 편성·제출권이 지방의회에 없다는 이유로 지방자치단체의 장이 수정예산안으로 작성하여 다시 제출한 사례

(1) 관련법 참조

· 지방자치법 제118조 ④: 지방자치단체장은 예산안을 제출한 후 부득이한 사유로 인하여 그 내용의 일부를 수정하고자 할 때에는 수정예산안을 작성하여 지방의회에 다시 제출할 수 있다.

(2) 검토사항

· 수정예산안을 제출하는 부득이한 사유
  - 국비 또는 시·도비가 다시 내시되는 집행기관의 사정에 의한 것
· 세출예산안을 수정하는 방법
  - 세출예산에서 삭감한 금액만큼 세입예산을 삭감
    ▪ 국가지원 수입(지방교부세, 보조금 등)의 반납
    ▪ 조세의 종목과 세율은 지방의회에서 개정할 수 없음.
    ▪ 탄력세율, 지방채발행, 공유재산 매각 등의 재검토
  - 세출예산 삭감액만큼 집행기관에서 이미 편성한 다른 세출예산항목의 부족분 증액 또는 새 비목 설치
    ▪ 자치단체장의 동의 필요
  - 세출예산의 삭감액만큼 예비비를 증액시킴.
    ▪ 예산 외의 지출 또는 예산초과지출에 충당함.
    ▪ 추경예산안의 세입재원으로 활용
· 제출시한 및 절차 등 적용의 한계
  - 수정예산의 제출시한은 명문화되어 있지 않으나 적어도 예산결산위원회 및 담당 상임위원회에서 심의가 가능한 시한의 여유가 있는 범위 내에서 제출되어야 함.
  - 운영과정에서 당초예산안 편성시에 충분히 예견될 수 있는 사항을

특별한 사정변경 없이 수정예산으로 조정하는 것은 바람직하지 않음.

- 단체장이 수정예산안을 제출할 경우에 의회는 이에 따라 심의·의결하여야 함.

사례 5

특정인이나 특정 단체에 대한 수혜적 경비의 예산을 지방의회가 승인한 사례

(1) 관련법 참조

· 지방재정법 제17조: 개인 또는 공공기관이 아닌 단체에 기부·보조 또는 기타 공금의 지출을 할 수 없다.

· 지방재정법 시행령 29조: 공공기관의 범위

- 지방자치단체
- 공공조합
- 당해 지방자치단체가 권장하는 사업을 영위하는 법인 또는 단체로서 그 목적과 설립이 법령 또는 당해 지방자치단체의 조례로 정한 기관

· 지방재정법 시행령 제29조 ③: 지방자치단체가 권장하는 사업을 위하여 필요하다고 인정하는 경우

- 지방자치단체가 보조금을 지출하지 않으면 그 사업을 수행할 수 없는 경우
- 지역개발에 직접 기여할 수 있고, 주민의 자력투자를 유발시키는 직접적인 요인이 되는 경우

(2) 검토사항

· 보조금을 제외한 기부 또는 기타 공금의 지출은 ① 법률에 규정이 있는 경우, ② 국고보조재원으로서 국가가 지정한 경우, ③ 용도를 지정한 기부금의 경우, ④ 지방자치단체가 권장하는 사업을 위하여 필요하다고 인정하는 경우가 아니고는 개인 또는 공공기관이 아닌 단체에 지급할 수 없음.

· 보조금은 상기 ①, ②, ③에 해당하거나 지방자치단체의 소관에 속한

권장사업으로서 보조금을 지출하지 않으면 그 사업을 수행할 수 없는 경우에 한하여 지급가능

· 공공지출이 제한된 개인 또는 공공기관이 아닌 단체에서 지출할 목적으로 기금을 설치할 수 없음.

· 지방자치단체의 예산에서 출연을 전제로 한 기금의 설치

- 행정목적의 달성을 위하여 또는 공익상 필요로 하는 경우에는 기금을 설치하되(지방자치법 제133조),
- 재정운영의 효율성 제고를 위하여 불가피한 경우에 한함.

사례 6

지방공기업법 제2조의 규정에 의한 사업을 지방자치단체 이외의 자와 공동으로 하는 경우, 특정 사업자에 대한 특혜라는 이유로 이에 대한 출자 의결을 지방의회가 거부한 사례

(1) 관련법 참조

· 지방재정법 제18조 ① 단서: 지방자치단체가 지방공기업법 제2조의 규정에 의한 사업을 지방자치단체 외의 자와 공동으로 하고자 할 경우에는 그러하지 아니하다(출자할 수 있다).

· 지방재정법 제18조 ②: 지방자치단체가 제1항의 규정에 의하여 출자하고자 할 때에는 당해 지방의회의 의결을 얻어야 한다.

· 지방공기업법 제2조: 동법 적용범위

(2) 검토사항

· 지방의회의 의결을 얻어 출자할 수 있는 대상

- 법령의 규정에 의하여 출자할 수 있도록 정하여진 단체
- 지방공기업법에 의한 지방공사, 지방공단
- 지방자치단체를 회원으로 하는 공익법인: 각급 지방자치단체가 출연한 재원으로 기금을 조성하여 재해를 당한 공유건물의 복구와 공공청사의 정비, 기타 공유재산의 조성·관리 등의 사업을 추진하기

위하여 행정자치부 장관의 인가를 받아 설립된 법인(지방재정법 시행령 제30조)

- 지방공기업법 제2조의 규정에 의한 사업을 지방자치단체 외의 자와 공동으로 하고자 하는 경우: 수도, 공업용수, 궤도, 자동차운수, 지방도로, 하수도, 주택, 토지개발, 의료 등의 사업

· 출자와 출연의 구분

- 출자: 법인의 주식 또는 출자증권을 취득하는 것
- 출연: 법률 또는 조례에 의하여 설치된 기금에 무상으로 자금을 지급하는 것

사례 7

그 동안 대부분의 자치단체는 의결시한을 준수하여 예산안을 의결하고 있으나, 일부 자치단체에서 심도 있는 예산심의 등을 이유로 법정시한을 경과하여 의결하는 사례

(1) 관련법 참조

· 지방자치법 제122조: 지방의회에서 새로운 회계연도가 개시될 때까지 예산안이 의결되지 못한 때에는 지방자치단체의 장은 예산안이 의결될 때까지 일부 경비를 전년도 예산에 준하여 집행할 수 있다.

(2) 검토사항

· 법정시한을 경과하여 예산을 의결한 경우에도 새로운 회계연도 개시 이전까지 의결하면 사실상 회계연도 개시부터 예산을 집행할 수는 있으나, 예산이 확정된 경우 예산을 집행하기 위해서는 각종 장부의 마련, 예산배정 등 준비가 필요하므로 법정시일 내 의결은 지켜져야 함.

· 예산안이 법정시한을 경과하여 새로운 회계연도의 개시 이후까지도 의결되지 않은 경우 예산이 확정되지 않아 집행을 할 수 없게 되므로 다음 경비를 전년도 예산에 준하여 집행하는 '준예산제도'를 운영하고 있음.

- 법령이나 조례에 의하여 설치된 기관 또는 시설의 유지·운영
- 법령 또는 조례상 지출의무의 이행

- 이미 예산으로 승인된 사업의 계속

사례 8

지방의회가 추가경정예산을 의결보류 또는 부결시킨 사례

검토사항

· 세출경비(예산)가 법정·의무적 경비로만 편성된 경우
  - 부결행위: 위법
  - 의결보류행위
· 경비지출시한 내 의결이 가능한 경우: 의결보류 가능
· 경비지출시한 내 의결이 불가능한 경우: 위법
· 세출경비(예산)가 법정·의무적 경비가 아닌 경우
  - 부결가능: 부결행위는 당초예산에 의거하여 예산집행할 것을 의미함.
  - 부결시 추경세입재원이 국비 및 시·도비 보조금인 경우 법규정에 의해 반납되어야 하며, 세입초과수납이 추경세입재원인 경우 결산잉여금으로 처리됨.

사례 9

집행기관에서 지방자치법 제118조 ③에 의거 재의요구를 하였으나, 지방의회에서 재의결한 경우(자치단체장의 동의를 얻지 않은 부분에 대한 집행부의 예산집행 책임)

(1) 관련법 참조

· 지방자치법 제99조 ①: 지방자치단체의 장은 지방의회의 의결이 예산상 집행할 수 없는 경비가 포함되어 있다고 인정되는 때에는 그 의결상황을 이송받은 날로부터 20일 이내에 이유를 붙여 재의를 요구할 수 있다.

· 지방자치법 제98조 ②: 재의요구에 대하여 재의결한 결과 재적의원 과반수의 출석과 출석의원 2/3 이상의 찬성으로 전과 같은 의결을 하면 그 의결사항은 확정된다(일본: 불신임으로 간주).

(2) 검토사항

· 예산상 집행할 수 없는 경비가 포함된 사례
  - 세출에 비하여 세입이 부족한 예산의 의결
  - 실제세입보다 과대한 세입을 추계하고, 이를 재원으로 계상한 예산의 의결
  - 지방세수입에 관한 예산액을 변경함으로써 당해 예산액과 현저하게 균형을 상실한 저율의 지방세율을 책정한 지방세 조례의 의결
  - 해당 경비에 충당할 재원을 도저히 확보할 수 없는 세출을 필요로 하는 의안발안에 의한 조례의 의결

· 의무비를 삭감하는 의결을 한 사례
  - 지방의회가 법령이나 조례에 의하여 부담하는 경비
  - 법률의 규정에 의하여 당해 행정청의 직권으로 지출해야 할 경비
  - 기타 지방자치단체의 의무에 속하는 경비

· 비상재해로 인한 시설의 응급복구를 위하여 필요한 경비를 삭감한 경우

사례 10

집행기관이 예산과목구조상 장·관·항은 입법과목이고 세항·목은 행정과목이므로 지방의회는 장·관·항까지만 심사하고 세항·목(세부사업 포함)에 대한 심사를 거부하여 예산심의에 막대한 지장을 초래한 사례

(1) 관련법 참조

· 지방재정법 제47조 ①: 예산의 이용
· 지방재정법 제49조 ①: 예산의 전용
· 지방자치법 제35조 ① 지방의회의 법정의결사항: 예산심의 · 확정

(2) 검토사항

· 예산의 이용과 전용은 예산집행의 탄력성 확보방안임.
· 예산안의 심의 · 확정권은 지방의회의 고유권한

사례 11

회계검사를 하는 결산검사위원을 지방의회에서 선임하였기에 회계검사 결과를 지방의회에 먼저 보고하도록 하고, 지방의회의 상임위 또는 예결위에서는 결산검사위원의 대표로 결산의 제안설명을 받은 사례

(1) 관련법 참조

지방자치법 제125조 ③에 의한 검사위원은 결산검사 종료 후 10일 이내에 검사의견서를 당해 자치단체의 장에게 제출하여야 하며, 지방의회는 결산심의시 필요하다고 인정하는 때 검사위원을 출석시켜 설명을 들을 수 있다.

(2) 검토사항

· 결산검사위원이라는 기구 또는 조직의 성격

- 지방의회와 집행기관의 중간적 입장에서 객관적이고 전문적인 회계검사를 해야 하는 한시적 또는 임시적인 기관

· 검사의견서는 익년도 지방의회의 예산승인을 얻기 위해 결산서와 함께 제출되는 법정서류

- 의견서의 지적사항에 대한 시정조치가 결산서의 의회제출 전에 완료되어야 함(예: 금고의 손실에 관련공무원의 변상책임 등의 재정적 책임 및 조례·규칙위반에 대한 징계 등의 행정적 책임확보)

· 결산은 관계법령에 따라 자치단체장이 작성·제출하고 지방의회의 승인을 받아야 경비지출의 책임이 해제되는 특수한 성질의 안건

- 결산을 제출한 집행부로부터의 제안설명이 있어야 함.
- 결산심사시 검사위원 출석설명은 회계검사한 결과에 대한 것임.

사례 12

결산검사위원의 회계검사활동을 의회 사무기구 또는 전문위원으로 하여금 보조하게 한 사례

검토사항

· 전문위원용 의회 사무직원의 회계검사활동의 보조업무는 비공식적이고 개별적인 지원·협조에 불과함.

사례 13

지방의회에서 결산을 정기회가 아닌 임시회에서 승인한 사례

(1) 관련법 참조

· 지방자치법 제125조 ①: 지방자치단체의 장은 출납폐쇄 후 80일 이내에 결산서 및 증빙서류를 작성하고 지방의회가 선임한 검사위원의 검사의견서를 첨부하여 다음 연도 지방의회의 승인을 얻어야 한다.

· 지방자치법 시행령 제19조의 4: 결산승인은 익년도 제1차 정례회(6월·7월 중 개최)에서 처리하도록 하고 있음.

(2) 검토사항

· 임시회에서 결산승인하게 될 경우의 문제점
- 결산서에 대한 검사위원의 회계검사결과 지적사항에 대한 집행부쪽의 성의 있는 시정조치를 확인하기는 곤란
- 결산승인 하나만으로 지방재정활동을 효과적으로 통제·감시하기는 곤란→다양한 의정활동의 연계활용(행정사무감사→결산심사→예산안심사의 순서로 연계활용이 바람직함)

사례 14

광역자치단체가 시행하는 사업의 경비를 기초자치단체에 부담시킨 사례

검토사항

· 시·도가 시행하는 토목 기타의 건설사업으로서 그 구역 안의 시·군 및 자치구가 당해 건설사업으로 인한 수익의 한도 내에서 그 시·군 및 자치

구에 대해서 그 건설사업에 소요되는 경비의 일부는 부담하게 할 수 있음(지방재정법 제30조 ①).

· 시·군 및 자치구의 부담액은 당해 자치단체가 동의한 한도 내에서 결정(지방재정법 제30조 ②).

사례 15

지방의회가 긴급재해대책을 위한 보조에 예비비를 지출한 경우에 결산승인한 사례

(1) 관련법 참조

· 지방자치법 제120조: 예비비는 예측할 수 없는 예산 외의 지출 또는 예산초과지출에 충당하기 위한 것으로 그 지출은 익년도 지방의회의 승인을 요함.

· 지방재정법 제43조 단서: 특별회계의 경우에는 예비비를 예산에 계상하지 않는 것이 관례임.

· 지방재정법 시행령 제48조: 업무추진비와 긴급재해대책을 제외한 보조금에 대해서는 예비비의 사용제한

(2) 검토사항

· 예측할 수 없는 예산외지출 또는 예산초과지출에 충당하기 위하여 필요한 경비로 예비비를 계상할 수 있는데, 예비비는 일반회계 예산규모의 1.0% 이상을 확보하되, 그 중 일반회계 예산규모의 0.4% 이상은 재해대책비 용도로만 사용

· 긴급재해대책을 위한 보조금을 제외한 보조금과 업무추진비, 특수활동비에 대해서는 예비비를 지출할 수 없음.

- 업무추진비
  - 기관운영 업무추진비: 자치단체의 장과 보조기관, 사업소장이 통상적인 조직운영과 홍보 및 대민활동, 유관기관과의 협조, 직책수행 등 포괄적 직무수행에 소요되는 제반 경비
  - 부서운영 업무추진비: 통상적인 실·과 조직운영에 소요되는 제 잡비

▪직책급 업무추진비: 직위별 당해 업무 수행활동에 소요되는 경비

▪특정 업무 수행활동비: 감사·세무·예산·업무 등 특정 업무를 담당하는 공무원과 시·군·구 공무원의 대민활동 및 소방공무원 중 구조구급요원의 업무활동과 방호활동 지원을 위하여 지급하는 경비

- 특수활동비(시책추진비): 지방자치단체가 시행하는 주요 행사, 대단위 시책추진사업, 주요 투자사업의 원활한 추진을 위한 경비

지방재정조정

개관

지방재정조정제도란 정부 간의 재정적 협력을 포괄하는 의미로서 ① 중앙정부가 지방자치단체에게, ② 광역자치단체가 기초자치단체에게, 그리고 ③ 동급 자치단체 간에 재원을 공여하거나 또는 단체 간의 재원불균형을 조정해 줌으로써 지방자치단체의 바람직한 역할수행을 뒷받침해 주기 위한 재원이전장치이다.

이러한 지방재정조정제도는 자본주의가 고도로 발전함에 따라 필연적으로 발생할 수밖에 없는 지역 간의 경제 및 재정격차와 함께 주민이 어떠한 지방자치단체나 지역에 살더라도 일정한 행정수준(national minimum)은 향유할 수 있어야 한다는 상호 모순된 명제를 조화시키려는 시도에서 나타난 제도이다. 따라서 지방재정조정제도의 기능은 ① 지방자치단체 간의 재정불균형을 조정하고, ② 일정한 행정수준을 유지하기 위한 재원을 보장하며, ③ 국가적 관심사항에 대한 참여를 촉구하고 일정한 역할을 분담하며, ④ 재난 등의 특별대책에 따른 보조를 하기 위한 것이다. 그런데 역사적으로 볼 때 지역 간의 재정불균형이 지방재정조정의 더욱 중요한 요소로 전개되어 왔다.

따라서 제5편에서는 지방자치단체가 최소한의 행정수준을 유지하는 데 필요한 재원을 보장해 주면서 아울러 지방자치단체 간의 재정력격차를 완화하기 위해 국세수입의 일부 또는 기타 자금을 일정 기준에 따라 지방자치단체에 배분하는 지방재정조정제도인 지방교부세, 보조금 등에 대한 이론과 실무를 살펴본다.

① 지방재정조정의 기초이론에서는 의의, 필요성과 기능 그리고 유형과 함께 지방재정조정제도의 발전방향을 고찰한다(제14장).

② 지방교부세는 국가수입 중 일부를 재정력이 취약한 자치단체의 행정운영에 필요한 재원으로 교부하여 단체 간 재정을 조정함으로써 지방행정의 균형적인 발전을 기하려는 제도인데, 이러한 지방교부세제도와 광역자치단체의 재정조정수단인 조정교부금·재정보전금제도의 의의, 성격과 제도적 변천 그리고 재원, 배분방식 등과 함께 그 운영실태 등을 살펴본다(제15장).

③ 보조금이란 기관과 기관 간에 서로 이해가 얽혀 있거나 서로 협력하여 사무를 실시할 때, 일정한 행정수준의 설정이나 특정한 시책의 장려 등을 위한 정책수단으로서, 사무의 일부 또는 전부를 대신하여 행하는 단체 또는 개인 등에 대하여, 그에 소요되는 경비의 전부 또는 일부를 지원하는 제도인데, 이러한 보조금제도와 최근 설치된 국가균형발전특별회계의 의의, 운영근거, 보조방법과 함께 운용실태 등을 알아본다(제16장).

14

지방재정조정의 의의와 제도

제1절 지방재정조정의 의의와 기능

1. 지방재정조정의 의의와 필요성

지방재정조정제도(local finance equalization scheme)란 정부 간 재정적 협력을 포괄하는 의미로서 ① 중앙정부가 지방자치단체에게, ② 광역자치단체가 기초자치단체에게, 그리고 ③ 동급 자치단체 간에 재원을 공여하거나, 단체 간의 재원불균형을 조정해 줌으로써 지방자치단체의 바람직한 역할수행을 뒷받침해 주기 위한 재원이전장치이다.

행정기능 수행에 있어서 지방자치단체의 필요경비는 지방세와 세외수입 등 자체재원으로 충당하는 것이 바람직하다. 그러나 지역 간 재정불균형 또는 세원편재로 인해 국세의 지방세로의 이전이라는 조세체제의 개편만으로는 오히려 지역 간 재정격차를 더욱 심화시켜 지방자치단체 간 빈익빈 부익부현상을 조장할 수 있게 된다. 따라서 지역 간에 고루 분포된 세원을 지방세로 하면서 대도시나 일부 지역에 편재된 세원은 국세로 징수하여 취약한 지방재정의 구조를 보완하는 제도가 필요한 것이다. 즉, 지방재정조정제도는 지방자치단체가 최소한의 행정수준(national minimum)을 유지하는 데 필요한 재원을 보장해 주면서, 아울러 지방자치단체 간의 재정력격차를 완화시키기 위해 국세수입의 일부 또는 기타 자금을 일정 기준에 따라 지방자치단체에 배분하는 제도이다.

이러한 중앙정부와 지방정부 간의 재정적 연계가 불가피한 것은 인위적이 아니라 자연발생적이고, 따라서 오래 된 역사적 연원이 있다.

첫째, 세입행위는 조세의 부과·징수방법에서 보는 것처럼 전국적으로 통일성·강행성·일관성의 확보가 용이한 중앙정부의 주된 책임분야였던 반면에, 세출행위는 주민과 가까이 위치하여 민생안정을 위한 구호사업, 사회보장비의 지출 등 직접 문제해결사 노릇을 하는 지방정부의 주된 책임분야였다. 따라서 국가가 세수확보에 비교우위를 차지하고 있다는 사실 때문에 중앙정부가 재원을 조달하여 지방정부에 합리적으로 재배분하여 주는 재정조정방식은 역사적 배경이 길다. 이처럼 조세징수가 지속적으로 중앙집권화되어 왔던 것은 많은 나라에서 공통적으로 나타나는 현상이다.

둘째, 중앙정부로서는 지역 간의 지나친 재정적 불균형을 방치할 수 없기 때문이다. 지역 간의 지나친 재정격차는 행정서비스의 불균등, 공공재의 불공평성을 초래하므로, 국가 전체적으로 볼 때 정치적·사회적 불안정을 초래할 위험이 있다. 그러나 다른 한편으로는 지방정부에 대한 중앙정부의 재정통제를 초래함으로써 지방자치단체의 자율성을 제약하는 요인이 되기도 하였다.

2. 지방재정조정의 기능

초기자본주의 시대에 지방정부는 그 지역사회의 경제력에 맞게 재정활동이 이루어졌으며, 따라서 지방정부가 국가로부터 재원을 지원받는 일은 거의 발생하지 않았다. 그러나 자본주의가 발달함에 따라 지역 간 부의 편재로 경제적 격차가 발생하였고, 이는 결국 지역 간의 재정적 불균형문제를 초래하게 되었는데, 오늘날 지방행정의 이러한 재정불균형(fiscal imbalance) 문제는 국가와 시대에 따라 정도의 차이는 있으나 공통적으로 발견되는 현상이다. 이러한 현상은 일반적으로 다음 두 가지 측면에서 그 배경을 살펴볼 수 있다.[1)]

첫째는 중앙정부와 지방정부 간의 기능배분과 관련하여 보면 재원조달능력에 차이가 있다는 점이다. 예컨대, 지방자치단체는 공공재의 공급의무가 중앙정부에 비하여 막중함에도 불구하고 재원조달능력은 극히 한정되어 있으며, 정부의 재정기능을 자원배분조정, 소득재배분, 경제성장 안정화로 구분할 때, 지방정부가 주로 독자적인 의사에 의해 수행해야 할 기능은 공공서비스의 효율적 공급과 관련한 자원배분기능이라는 점이다. 다시 말해, 지방자치단체의 재원확보력이 서비스의 공급의무와 불일치함으로써 지방재정에 제약을 가져오는 재정불균형문제가 발생하게 되는데, 이를 수직적 재정불균형(vertical fiscal imbalance) 또는 수직적 재정불공평(vertical fiscal inequity)이라고 한다.

1) 이상용(1995), pp. 32～34.

둘째는 지방정부 상호간에 존재하는 조세부담능력과 각 지방정부의 사회경제적 환경요인의 차이로 발생하는 지방공공서비스의 단위당 생산비격차로 인하여 세입능력과 세출수준에 차이가 나타나는 지방정부 상호간의 재정격차(fiscal disparities)문제가 발생하게 되는데, 이를 수평적 재정불균형(horizontal fiscal imbalance) 또는 수평적 재정불공평(horizontal fiscal inequity)이라고 한다.

이러한 재정불균형문제를 해결하기 위한 수단은 다양한 형태로 제시할 수 있다. 즉, 정부 간의 수직적 관계에서 발생하는 재정적 불균형의 해결과제는 정부 간에 기능을 재배분하거나, 기능배분에 부합되도록 세원을 늘려주는 방법을 통해 해소할 수 있을 것이다. 그리고 정부 간의 수평적 관계에서 발생하는 재정적 불균형은 중앙정부가 재정력이 빈곤한 지방자치단체에 재정지원을 함으로써 표준이 되는 단체와 동일 수준의 공공서비스를 확보하게 하는 방법, 재정력이 표준적인 수준을 넘는 단체로부터 재원을 흡수하여 표준적인 수준에 미달하는 단체에 재정지원을 하는, 이른바 역교부금방식(음(陰)의 보조금), 또는 뷰캐넌의 제안과 같이 지방재정에서의 재정잉여 불균등을 중앙정부가 차별적인 국세부과에 의해 조정하는 방법 등을 통해 해소할 수도 있을 것이다.

이와 같이 지방재정조정제도는 자본주의가 고도로 발전함에 따라 필연적으로 발생할 수밖에 없는 지역 간의 경제 및 재정격차(fiscal disparities across jurisdictions)와 함께 주민이 어떠한 지방자치단체나 지역에 살더라도 일정한 행정수준은 향유할 수 있어야 한다는 상호 모순된 명제를 조화시키려는 시도에서 나타난 제도이다.[2] 따라서 지방재정조정제도의 기능은 ① 지방자치단체 간의 재원불균형을 조정(재정형평화 기능)하고, ② 일정한 행정수준을 유지하기 위한 재원을 보장하며, ③ 국가적 관심사항에 대한 참여를 촉구하고 일정한 역할을 분담하며, ④ 재난 등의 특별대책에 따른 보조를 하기 위한 것이다.[3] 그런데 역사적으로 볼 때 재정적 불균형이 지방재정조정의 더욱 중요한 요소로 전개되어 왔다.[4]

2) 矢野浩一郎(1993), pp. 124～125.
3) J. Harvey(1983), p. 237 등 참조.
4) J. A. Lay and M. A. King(1990), pp. 143～144.

제2절 지방재정조정의 유형

한 국가의 다양한 제도가 그 나라 역사의 산물이듯이 국가별 재정조정방식도 그 나라의 고유한 역사와 특성, 그리고 정치, 경제, 사회, 문화 등의 발전과정에 따라 다양하다. 영국의 조정제도는 1인당 과세기초와 지출요인에 따라 결정되는 매우 정교한 제도인데, 잉글랜드, 스코틀랜드, 웨일스, 북아일랜드 등 지역에 따라 독자적인 지방재정조정제도를 운영하고 있다. 네덜란드는 세입의 균등화보다는 세출수요에 기준을 두어 조정한다. 독일, 대만 등은 공동세방식을 통해 국가와 지방정부가 세원을 공유하고 있다. 미국의 경우에는 ① 연방정부가 주정부 및 지방자치단체에게, 그리고 50개 주정부가 해당 지방정부에게 하는 일반재원보장제도인 세입분할방식(revenue sharing)과 ② 연방재정원조인 특별보조금(specific grants) 등이 있다. 전자는 우리 나라의 지방교부세와 성격이 유사한데, 배분방식에는 징세노력도(tax effort)가 포함되며, 3요소·5요소 방식이 있어 어느 것이든 유리한 방식을 택할 수 있다.[5] 일본의 경우에는 지방재정조정방식이 우리 나라 지방재정조정방식의 내용형성에 큰 영향을 끼쳤다. 예컨대, 일본의 지방교부세, 지방양여세, 국고지출금제도 등은 우리 나라의 방식과 기본틀이 유사하다. 이러한 지방재정조정방식들은 크게 수직적 재정조정, 수직적 역재정조정, 수평적 재정조정의 세 가지로 구분할 수 있는데, 일반적으로는 수직적 조정만을 의미하기도 한다.

1. 수직적 재정조정

수직적 재정조정이란 중앙정부가 지방자치단체에게, 그리고 광역자치단체가 기초자치단체에게 재원을 공여하거나, 단체 간의 재원불균형을 조정해주는 재원재배분방식이다. 예컨대, 지방교부세, 지방양여금, 보조금, 재정보전금, 자치구의 재원조정교부금, 공동세 등이 있다. 그러나 보조금(grants)이란 용어를 최광의로 해석하는 경우에는 지방교부세와 지방양여금까지도 포

5) 이영희 외(1993), pp. 33～34.

함하는 개념으로 사용할 수 있다.

2. 수직적 역재정조정

이는 중앙정부가 지방정부에게 재원을 재배분해 주는 방식이다. 이른바 '지방주권' 주장에 입각하여 조달원천이 지방인 수입은 원칙적으로 지방이 사용권을 행사하며, 최소한도로 축소된 국가경영(예컨대, 외교, 국방, 사회보장, 교육 등)을 위한 비용을 지방이 분담해야 한다는 것이다. 중국(상해, 광주 등의 대중앙정부 지원) 등의 예가 있으나, 실현가능성이 적은 제도이다.

3. 수평적 재정조정

수평적 재정조정이란 재정력이 강한 지방자치단체가 재정력이 약한 단체에게 실시하는 동급 지방정부 상호간의 재원재배분방식이다. 역교부세 개념으로서 부유한 자치단체의 저항과 징세노력의 감소 등 여러 가지 요인으로 인하여 사실상 시행가능성이 적은 제도이나, 독일의 주 사이의 재정조정에서 그 예를 볼 수 있다.[6)]

---

6) 독일의 역교부세제도는 주정부를 (과세기준액÷조정기준액)의 비율을 기준으로 하여, 그 비율이 1.0 이상인 주정부는 부담단체, 1.0 이하인 단체는 수취단체로 구분하는 것이다. 과세기준액은 해당 주정부에 귀속되는 세수액과 주 내의 자치단체 세수입을 합한 금액이며, 조정기준액은 전국의 주 및 자치단체의 1인당 평균세수에 해당 주의 인구수를 곱한 금액이다. 비율은 최소 0.92 이상, 최대 1.1 이하가 되도록 조정하는데, 92%에 미달할 때는 그 미달액을, 92% 이상 100% 미만의 경우에는 미달금액의 37.5%를 교부세로 배분하여, 최소한 조정기준액의 95%를 보장하는 것이다. 이계식(1987); 김동건·김수근·곽태원·이필우(1992) 등 참조.

제3절 우리 나라 지방재정조정제도의 개요와 발전방향

1. 지방재정조정제도의 종류

우리 나라 현행 법령상 서로 다른 정부 간에 존재하는 재정의 수직적·수평적 불균형을 조정하는 정부 간 재정관계(intergovernmental relations of finance)의 중요한 수단은 지방교부세, 보조금, 지방양여금(2005년부터 폐지), 교부금 등이다.

중앙정부로부터 자치단체로의 재정적 이전을 수행하는 지방재정조정제도로서 지방교부세와 국고보조금이 있는데, 이들 제도의 의미를 상호 비교하면 [표 14-1]과 같다. 여기서 지방교부세는 국가수입 중 일부를 재정력이 취약한 자치단체의 행정운영에 필요한 재원으로 교부하여 단체 간 재정을 조정함으로써 지방행정의 균형적인 발전을 기하려는 제도라고 할 수 있다. 그리고 국고보조금이란 국가와 지방 간에 서로 이해가 얽혀 있거나 서로 협력하여 사무를 실시할 때, 일정한 행정수준의 설정이나 특정한 시책의 장려 등을 위한 정책수단으로서, 그에 소요되는 경비의 전부 또는 일부를 지방에 지원(교부, 부담, 보조)하는 제도이다.

그리고 광역자치단체로부터 기초자치단체로의 재정이전 수단으로 시·도비보조금, 조정교부금, 재정보전금이 있는데, 이들 제도를 상호 비교하면

표 14-1 중앙정부의 지방재정조정제도 비교

구 분	지방교부세	국고보조금
근 거	지방교부세법	보조금의 예산 및 관리에 관한 법률
목 적	자치단체 재원보장, 재정불균형 완화	자치단체의 특정 사업 지원
재 원	내국세의 19.13%	국가의 일반회계 또는 특별회계 예산
재원성격	일반재원(자주재원)	특정 재원(의존재원)
배 분	재원부족액 기준배정	사업별 용도지정, 지방비 확보 의무

표 14-2 광역자치단체의 지방재정조정제도 비교

구 분	시·도비보조금	조정교부금	재정보전금
근 거	지방재정법 제20조	지방자치법 제160조 ① 동법 시행령 제57조	지방재정법 제29조 동법 시행령 제36조
목 적	시·도의 시책상 필요한 특정 사업 지원	자치구의 재원보장 및 재정불균형 완화	시·군의 세입보전 및 시책 추진 지원
재 원	시·도의 일반회계 또는 특별회계 예산	특별·광역시세인 취득세·등록세의 세수 중 조례로 정하는 일정액	도세 또는 관할구역 내 군이 있는 광역시세 중 조례로 정하는 일정액
재원성격	특정 재원(의존재원)	일반재원(자주재원)	일반재원(자주재원)
배 분	사업별 용도지정, 지방비 확보의무	재정부족액 기준배정	인구, 도세징수실적, 시·군 재정사정 등 감안

[표 14-2]와 같다.

2. 지방재정조정재원의 규모

2005년도 지방예산 총계규모 117조 7,416억 원에서 재정조정재원이 차지하는 비중은 37.3%로서 그 규모는 43조 8,741억 원에 달하고 있는데, 특히 재정기반이 취약한 기초자치단체의 경우에는 50% 이상인 경우도 있다. [표 14-3]에서 보듯이, 지방교부세와 지방양여금 그리고 국고보조금 등은 내국세수의 변동에 따라 비교적 큰 증가추세를 보여 주고 있으나, 시·도비보조금과 자치구의 조정교부금, 그리고 2000년에 신설된 도의 재정보전금 등은 큰 변동을 보이지 않고 있다.

3. 지방재정조정제도의 발전방향

일반적으로 지방자치단체의 자체 수입기반이 취약하기 때문에, 자치단체가 시행하고 있는 각종 지역개발사업, 특히 대부분의 투자사업이 중앙 각 부처의 지원에 크게 의존하고 있는데, 지방재정조정제도의 운용에는 중앙과 지방의 논리가 충돌되는 현상이 숙명적으로 발생한다. 따라서 지방재정조정

표 14-3 재정조정재원 규모의 추이

(단위: 억 원)

구 분	2000	2001	2002	2003	2004	2005
지방교부세	82,665	122,890	122,594	149,107	144,691	194,845
· 보통교부세	74,687	111,195	108,849	122,385	130,129	179,276
· 특별교부세	7,469	11,120	10,885	12,239	13,013	7,116
· 분권교부세	—	—	—	—	—	8,454
· 증액교부금	510	575	2,860	14,483	1,549	—
보조금	142,928	158,238	215,573	179,487	179,742	193,391
· 국고보조금	98,885	111,779	162,189	111,074	125,007	153,502
· 시·도비보조금	44,043	46,459	53,384	68,413	54,735	39,889
지방양여금	37,134	46,281	40,218	42,809	47,005	—
교부금	34,286	39,928	49,731	62,108	51,384	50,506
· 조정교부금	22,495	23,436	26,480	36,553	28,036	29,324
· 재정보전금	11,791	16,492	23,251	25,555	23,348	21,182

주: 2004년 이전은 최종예산, 2005년은 당초예산임.
자료: 행정자치부, 『지방자치단체 예산개요』, 각 연도.

제도는 각 정책수단 간의 효율적인 연계와 역할분담을 통해 재정이전효과를 자치단체수준에서 극대화할 수 있도록 통합운영모형이 개발될 필요가 있고, 이는 결국 지방자치단체의 계획재정능력 강화 및 자구노력과 연결되어야 할 것이다.

(1) 재정조정기준

일반적으로 지방재정조정의 배분기준으로는 크게 ① 수요 측면인 필요요소(the needs elements), ② 수입 측면인 능력요소, ③ 재원확보(징세노력 등) 및 지출건전화 측면인 자구노력요소 등 세 가지가 고려되어야 한다. 그러나 이 세 요소를 지표화하고 배분방식으로 실제 적용하는 데에는 많은 이론(異論)과 함께 논란의 여지가 있다.

(2) 지방자치단체의 계획재정지원

국고보조금, 지방교부세 등 지방재정조정제도의 운용은 지방자치단체의 입장을 충분히 고려하는 방향으로 지방재정운용에 대한 지원적 성격이 확립되면서 계획성이 제고되어야 한다. 결국 지역특성에 맞는 재정조정정책이 되어야 하며, 예측가능한 지방행·재정을 유도하여야 한다. 지방자치단체에 대한 국가의 지원은 현행 개별 사업 중심의 지원방식에서 중기지역개발계획을 통한 종합지원방식으로 전환되어야 한다. 따라서 국가는 중기 차원의 지역개발계획과 재정계획을 근거로 하여, 각 지방자치단체의 운영에 지장을 주지 않는 범위 내에서 국고보조금액, 지방교부세액, 지방채 발행계획 등의 내용을 사전적으로 일괄 결정해야 할 것이다. 즉, 계획의 타당성이 인정되고, 국가계획에 부합되는 경우 중앙정부는 투자소요예산과 기타 자금 및 제도적 지원을 제공하여야 한다.[7)]

(3) 지역이기주의의 해소수단

자치시대의 특징은 각종 지역이기주의가 당연하게 표출되면서 이에 따른 갈등현상과 더불어 살아갈 수밖에 없다는 점이다. 그러므로 지방자치단체 간의 갈등현상은 그것이 동일 계층 간이든 다른 계층 간이든 개방사회에서는 어차피 존재한다는 것을 인정해야 한다. 예컨대, 도로확장과 교통문제, 상수원보호구역 설정, 공업단지 설치, 하천오염과 수계관리이용, 대기오염, 문화·체육시설 등 공공시설의 공동이용문제 등에서, 그리고 쓰레기처리장(소각장), 하수 및 분뇨처리장, 가스공급설비, 송유관, 저유소, 공동묘지 및 화장장·납골당, 댐, 수원지, 사회복지시설(산재병원, 장애인시설, 고아원, 양로원 등), 발전소 및 핵관련 시설 등 각종 혐오기피시설을 둘러싸고, 이른바 님비현상과 핌피현상[8)] 등으로 인해, 지역 간 또는 지방자치단체 간의 갖가지

7) 미국의 연방정부가 주정부 및 지방자치단체에게, 그리고 50개 주정부가 해당 지방자치단체에게 시행하는 일반재원보장제도인 일반세입분배(general revenue sharing)제도는 우리 나라의 지방교부세기능에 해당하는 제도와 유사한 기능을 하고 있는데, 사전에 분배예정액을 여러 연도에 걸쳐 분할하여 법정화함으로써 지방자치단체가 재정운영에 계획성을 가질 수 있게 하고 있다. 예를 들어, Davis시는 자동차의 배기가스에 의한 대기오염과 소음공해를 감소시키기 위해 자전거우선정책을 실시하고 있는 도시인데, 1987~2010년 주요 사업 재정계획(major projects financing plan)의 재원내역을 보면, 연방(federal)과 주(state)의 지원금규모가 확정되어 있다(City of Davis, 1993~1994).

8) 이른바 싫은 것을 피하려는 NIMBY(Not in my back yard, "내 지역은 안 된다")현상과 좋은 것을 챙기려는 PIMFY(Please in my front yard, "내 지역으로 오라")현상을 의미한다.

갈등·분쟁사태가 노골화되고 있다. 따라서 이러한 현상에 대한 관리능력이 지방행정에서 절실히 요구되는 것이므로 재정조정수단이 중요한 역할을 담당할 수 있을 것이다.

(4) 지방재정조정제도 간의 연계

현행 지방재정조정제도는 제도 간에 체계적이고 일관된 연계성이 없고 각 제도의 도입목적에 부응하여 개별적으로 운영되고 있는 실정이다. 특히, 종합적 관점에서 재정의 효율성과 형평성을 동시에 고려하는 연계장치가 결여되어 있다. 다만, 부분적으로 각 제도의 원활한 운영을 위한 약간의 제도적 연계장치와 협의체계가 마련되어 있으나, 실제로는 제대로 활성화되지 못하고 있다. 예컨대, 국고보조사업(지방비의 부담이 수반되는 사업)의 경우 협의를 위한 제도적 장치가 설치되어 있기는 하나, 실질적으로는 제대로 운영되지 못하고 있다. 또한 지방비의 부담이 수반되지 않는 국고보조사업의 경우 협의제도가 미비된 상태이므로 지방자치단체에서 이루어지는 사업을 일관성 있게 파악할 수 없다.

1) 재정조정수단 간의 역할분담

각 지방재정조정수단의 기능이나 의의가 결코 손상·왜곡되지 않도록 각 제도의 성격이 명확히 구분되어 나름대로의 특성을 유지하면서, 각 정책수단의 역할을 특화시키는 것이다.[9] 예컨대, 지방교부세는 지방자치단체가 일정한 행정수준을 유지하는 데 필요한 부족재원을 보전함으로써 지방자치단체 간에 존재하는 심각한 재정격차를 총괄적으로 조정하는 수단이고, 지방양여금은 지역 간에 존재하는 수익·희생, 이른바 제로섬현상을 부문적으로 조정·보상하는 수단이다. 따라서 논리적으로 수익지역에서 갹출하는 재원과 희생지역의 용도는 연계되는 것이 바람직하다.[10]

9) 지역 간에 발생할 수 있는 상호 관계의 제 양태를 구분해 보면 ① 거시적(macro) 측면에서의 경제·재정격차(총괄 개념): 국제사회의 남북문제, ② 미시적(micro) 측면에서의 수혜-희생격차(부문 개념): 사회의 제로섬현상(free rider 포함) 등, ③ 전체(거시적)를 위한 일에 부분(미시적)협력을 요구하는 수단(예컨대, UR대책사업, 대도시 인구분산사업, 인플레이션 억제정책 등) 등으로 요약된다.

10) 유사제도인 일본의 지방양여세제도를 보면 알 수 있다(예컨대, 지방도로양여세, 석유·가스양여세, 자동차중량양여세, 항공기연료양여세의 경우 용도제한 있음).

보조자의 정책사업을 중심으로 추진되는 보조금은 용도와 각종 수행조건 등을 지정(money with string)해서 교부하는 특정 재원으로, 보조자의 시책을 위임·강요하거나 협조를 구하는 수단으로 활용하는 것이다. 조정교부금은 특별·광역시의 자치구 간 재정조정수단인데, 지방교부세와 유사한 논리가 적용되고 있다. 나아가 조세분할(tax sharing, 공동세)제도의 도입이 검토될 수 있다. 독일, 대만 등은 공동세제도를 채택하고 있는데, 동일 세원을 중앙정부와 지방정부가 공동으로 이용하면서, 인구와 재정상태 등을 감안해 차등적으로 배분되는 공동세제도는 지방재정조정 성격을 갖고 있다. 조세분할방식의 장점은 ① 지방정부에 배분되는 지원액이 매년 자동적으로 확정되기 때문에 지방정부는 안정적으로 지방재정계획을 수립·운용할 수 있고, ② 지방정부에게 소득과 인플레이션에 탄력적인 세원에 참여할 수 있게 해 주며, ③ 지방정부의 세출결정에서 자율성의 폭이 확대되며, ④ 징세경비를 절감(고지서 하나로 중앙과 지방이 공동해결)하고, 세무행정의 전문화가 용이한 점 등의 부수적인 효과가 있다. 그러나 단점으로는 중앙정부의 재정이 경직화된다는 점이다.[11] 우리 나라의 경우 주민세 소득할은 세원의 공동이용방식을 부가세(additional tax)형태로 택하고 있는데, 나아가 소득세, 법인세, 부가가치세 등에 대해 징수단계에서 일정 비율을 지방세로 자동편입시키는 공동세제도의 도입을 검토할 수 있을 것이다.

2) 제도별 기능개선

각기 목적과 기능이 다른 제도를 단기에 통일된 방식으로 연계성을 증진시키기는 현실적으로 어려우므로, 상대적으로 재정운영의 효율성을 증진시키는 데 중점을 두되, 부분적으로는 형평성을 증진시키는 장치를 제도별로 일관성 있게 연계시켜 나가는 것이 바람직하다.

각 제도의 고유목적과 기능을 적절히 발휘할 수 있는 제도개선을 모색하면서 제도 간의 연계성을 강구하는 데 중점을 둔다. 특히, 재정력이 취약한 지방자치단체의 경우 국고보조금제도의 지방비 부담이 과다하므로 단기적으로 '지방비 의무부담비율 상한제'를 도입하는 방안을 모색할 필요성이 있다. 이러한 지방비 의무부담비율 상한제란 일정 수준 이상의 지방비 부담

11) 김수근(1991), p. 6.

이 요구되는 경우, 보조금의 예산 및 관리에 관한 법률 제13조와 지방재정법 제22조 제2항의 지방비 우선배정규정에도 불구하고 지방자치단체가 사업선택의 자율권을 갖도록 규정하는 제도이다.[12)]

따라서 지방재정조정을 위한 현행 제도의 개선은 다음과 같이 이루어져야 할 것이다.

① 국고보조사업의 신청주의를 활성화

② 국고보조금제도의 차등보조율제도의 실질적 활용

③ 지방교부세(보통교부세)제도의 자치단체 간 재정력격차를 보다 더 객관적·합리적으로 측정할 수 있는 지표·분석방법의 개발과 배분과정에 적용

④ 조정교부금제도의 자치구에 대한 재정지원 및 조정기능의 활성화

3) 제도 간 연계성 강화

지방재정조정제도의 총체적 효율성·형평성을 동시에 증진시킬 수 있는 방향의 연계성 강화를 모색하여야 할 것이다. 지방재정조정제도, 특히 지방교부세제도와 지방세제도(관련변수) 간의 연계성을 강화시켜 줌으로써 지방재정조정제도의 운영에 필수적인 형평적 요인을 체계적으로 고려할 수 있도록 하여 제도 간의 유기성을 증진시키는 동시에, 각 제도의 고유기능을 활성화시킨다. 지방재정조정제도의 운영과정에서 자치단체의 자율성을 제고시켜 다음과 같이 연계성 기능이 세 가지 제도 속에 자동적으로 내장될 수 있도록 하는 것이 바람직하다.

① 국고보조사업 중 유사·영세사업을 점진적으로 통·폐합하여 포괄보조금적 성격으로 발전시켜 나감으로써 보조금제도의 효율성을 증진시켜 나감.

② 모든 지역의 획일적 발전보다는 지역주민의 수요와 특수성을 반영할 수 있도록 제도개선을 모색함.

③ 장기적으로 자치단체 간의 재정력격차가 사회적으로 기대하는 최저수준(social minimum)을 넘어선 다음에는 국고보조금제도의 차등보조율제도 등 각종 차등지원제도를 폐지시킴으로써 재정조정제도의 효율성을 증진시킴.

④ 국고보조사업의 신청주의가 정착되고 합의에 의한 사업시행이 가능해진 후에는 '지방비 의무부담비율 상한제'는 폐지하고, 국고보조사업에 대한 지방비 우선배정규정을 폐지하는 것을 검토함.

4) 이해당사자 간 협의 및 합의에 의한 제도운영

지방재정조정제도가 조화를 이루며 효율적으로 운영되기 위해서는 제도 그 자체보다는 이해당사자 간 협의와 합의에 의한 제도운영이 필요하다. 단기적으로 현재 실효성을 확보하지 못하고 있는 국고보조사업의 협의체계를 협의시기 및 협의방법 등을 조정하여 활성화시켜야 한다. 협의과정에서 국가의 시책과 자치단체의 선호가 조화를 이루도록 하여야 하나, 불가능할 때에는 지방비 우선배정규정과 앞에서 제안한 지방비 의무부담비율 상한제를 이용하여 상호 견제가 가능하도록 한다.

15

지방교부세 · 조정교부금 · 재정보전금

제 1 절 지방교부세의 의의와 성격

1. 지방교부세의 의의

지방교부세(local share tax)제도는 지방재정조정제도 중 가장 핵심적인 것으로, 국가수입 중 일부(내국세수입의 19.13%)를 재정력이 취약한 지방자치단체의 행정운영에 필요한 재원으로 교부하여, 자치단체 간 재정을 조정함으로써 지방행정의 균형적인 발전을 기하기 위한 제도이다. 따라서 지방교부세는 지역 간의 재정불균형, 세원의 대도시 편재 등에 따른 문제를 합리적으로 조정하기 위한 조정재원으로, 본질적으로는 지방세의 대체적 재원의 성격을 갖는 일종의 간접과징형태의 지방세라고도 할 수 있다. 이러한 지방교부세를 통하여 중앙정부는 사실상 지방세수입의 결손을 보충하는 지방세 납세자로서의 역할을 수행하는 것이다.

2. 지방교부세의 성격

국가재정과 지방재정의 불균형을 완화하고, 지역 간의 재정불균등을 시정하는 기능을 수행하고 있는 지방교부세의 성격은 다음과 같다.

첫째, 지방교부세는 국가와의 세원공유에 따른 세원배분의 한 형태로서 지방자치단체의 고유재원이라는 성격을 지니고 있다. 즉, 지방교부세를 중앙정부에 의한 하향적인 재원원조로 이해하기보다는 본래 지방세로 배분되어야 할 세원을 지방자치단체의 세원편재에서 비롯되는 재정격차의 심화를 방지하기 위해 국세로서 징수하고, 일정한 합리적인 기준에 의거해 지방에 재배분되어 지방고유재원으로 사용되는 것이다.

둘째, 지방교부세는 국가와 지방 간의 세원배분을 보완하는 성격을 가지고 있다. 따라서 국가는 지방재정교부금이라는 '금(金)'명칭(주는 입장 강조)을 사용하는 데 대해, 지방에서는 국가가 지방을 대신해 징수하는 지방세라는 의미로서 지방교부세라는 '세(稅)'명칭(받는 입장 강조)을 사용한다.[1]

셋째, 지방교부세는 원칙적으로 그 비도(費途)에 대한 제한이 없는 지방자치단체의 일반재원이다. 따라서 지방교부세의 운용에서는 지방자치단체의 자주적인 판단을 존중함으로써, 국가가 그 용도를 제한하거나 조건을 붙이는 것이 금지되어 있다. 이러한 점에서 비도가 지정되어 지원되는 국고보조금과는 그 근본성격이 다른 것이다.

제2절 지방교부세의 재원 및 배분방식

지방교부세제도의 운용근거는 지방교부세법이다. 지방교부세의 재원은 '국세[2]와 지방세의 조정 등에 관한 법률' 제5조의 규정에 의하여 국가가 지방자치단체에 양여하는 금액을 제외한 내국세[3] 총액의 19.24%(2004년까지는 15.0%)이다.[4] 추가경정예산의 경우와 내국세의 예산액과 결산액의 차액 발생으로 지방교부세는 증감된다. 이러한 지방교부세는 분권교부세(내국세의 0.83%)와 폐지된 지방양여금 도로사업 보전분(8,500억 원)을 제외한 교부세 총액의 96%인 보통교부세와 4%인 특별교부세로 구분된다.

이러한 지방교부세와는 별도로 2005년 종합부동산세의 신설로 인해 발생하게 되는 재산세 감소분을 보전하고, 자치단체 간 재정형평성을 제고하기 위해 중앙정부가 징수한 종합부동산세 총액을 예산으로 계상하여 지방자치단체에 전액 교부하는 종합부동산세 교부금이 있다. 그리고 지방자치단체

1) 오연천(1987), p. 312; 日本自治省(1994), p. 9 등 참조.

2) 국세란 국가가 부과하는 조세 중 소득세, 법인세, 상속세(증여세 포함), 재평가세, 부당이득세, 부가가치세, 특별소비세, 주세, 전화세, 인지세, 증권거래세, 관세, 임시수입부과세, 교육세, 교통세, 농어촌특별세를 말한다.

3) 국세 중 관세와 목적세 및 다른 법률에 의하여 특별회계의 재원으로 사용되는 세목은 제외된다.

4) 1983년 법정률 부활 이후 17년 동안 고정되어 왔던 지방교부세 법정률 13.27%를 본격적인 민선자치 이후 주민의 기대수요에 부응하고, 국가사무의 지방이양 확대로 인하여 2000년 15.0%로 상향조정되고, 2005년 증액교부금과 지방양여금의 폐지 및 정비된 국고보조금의 흡수로 인한 분권교부세 신설로 19.13%로 조정되었다. 그리고 2006년 분권교부세의 인상(내국세의 0.83%→0.94%)으로 지방교부세의 법정률은 19.24%이다. 참고로 일본의 교부세 재원은 소득세·주세의 32%, 법인세 35.8%, 소비세의 29.5%, 담배세의 25%이다.

의 '교육비특별회계'와 관련된 사항으로 지방교육재정교부금법에 의한 '지방교육재정교부금제도'가 있는데,[5] 이는 지방교부세와는 별도로 운영되고 있다.

1. 보통교부세

보통교부세의 기능은 지방자치단체의 기본적인 행정의 일정 수준을 유지하기 위한 일반재원을 보장하고자 한 것이다. 보통교부세의 재원은 분권교부세(내국세의 0.94%)와 폐지된 지방양여금 도로사업 보전금(8,500억 원)을 제외한 지방교부세 총액의 96%로 되어 있다. 이러한 보통교부세는 서로 대응되는 기준재정수요액과 기준재정수입액이라는 개념을 사용하여, 연도별로 전 자치단체를 대상으로 산정되는 (기준재정수요액－기준재정수입액), 즉 재정부족액을 기초로 하여 교부한다([그림 15-1] 참조). 지방자치단체별로 산정된 재정부족액의 합산액이 보통교부세 총액을 초과하는 경우에는 각 지방자치단체의 재정부족액을 비례적으로 감액(조정률의 적용)하여 보통교부세 지급액을 결정한다. 만약 반대로 재정초과액이 발생한 지방자치단체는 보통교부세 교부대상에서 제외되는 불교부단체가 되는데, 불교부단체에의 포함 여부는 매년 변동될 수 있다. 그런데 자치구의 경우에는 특별시·광역시에 합산하여 산정하고, 이를 당해 특별시·광역시에 교부한다. 그리고 지방자치단체의 폐치·분합 또는 구역변경이 있을 때에는 행정자치부 장관은 당해 지방자치단체에 교부할 보통교부세를 조정하도록 되어 있다.[6]

5) 지방자치의 실시와 더불어 교육·학예사무를 다루는 교육자치(심의의결기관인 교육위원회, 집행기관인 교육감 등)가 실시되고 있는데, 교육재정의 안정적 확보를 위해 ① 목적세인 교육세가 있고, ② 시·도세의 교육비특별회계전출이 있다. 교육세수입 전액은 각 시·도에 지방교육재정교부금으로 양여된다. 교육세는 부가세성격을 갖고 있어서 국세인 특별소비세, 주세, 교통세 등과 지방세인 경주·마권세, 담배소비세, 자동차세, 주민세 균등할, 등록세, 재산세, 종합토지세 등에 부과되고 있다. 지방세에 부가되는 교육세는 결국 지방교육세가 되었다. 지방교육재정교부금법 제11조 ②에 의거해 특별시 및 광역시는 특별·광역시세 총액의 1,000분의 36에 해당하는 금액을, 도는 도세 총액의 1,000분의 36에 해당하는 금액을 각각 매 회계연도 예산에 교육비특별회계 전출금으로 계상하여야 하며, 추가경정예산에 의하여 특별·광역시세 또는 도세의 총액이나 담배소비세의 증감이 있을 경우에는 전출금도 이를 증감하여야 하고, 특별·광역시세 또는 도세의 총액이나 담배소비세의 예산액과 결산액의 차액으로 인한 전출금의 차액은 이를 늦어도 다음 다음 연도의 예산에 계상하여 정산하여야 한다(2001년 1월 1일부터 시행).

그림 15-1 보통교부세 산정절차

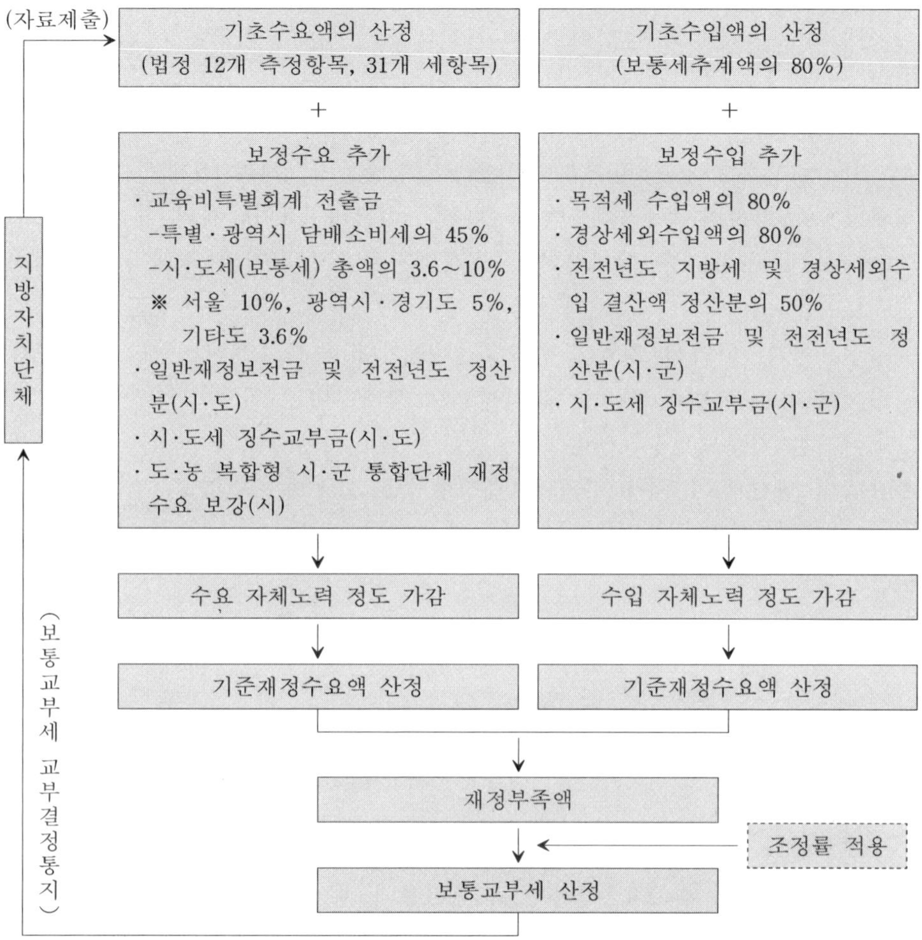

보통교부세 산정방법은 보편적으로 이용할 수 있는 공표된 자료, 지정

---

6) 시와 군을 통합하여 도·농 통합형태의 시를 설치하는 경우에 지방교부세법에 의하여 당해 도·농 통합형태의 시에 교부하는 지방교부세는 당해 도·농 통합형태의 시가 설치된 후 최초로 개시하는 회계연도부터 5년간 당해 시의 동지역과 읍·면지역을 각각 분리하여 산정한다. 이는 도·농 통합에 따라 특히 농어촌지역 및 그 주민에 대하여 발생할 수 있는 불이익을 방지하고, 기존의 이익을 보호하며, 개발을 지원하기 위하여 정한 특례이다. 1994년 말 신설된 '도·농 통합형태의 시설치에 따른 행정특례 등에 관한 법률' 제6조 참조.

통계 등 공신력이 있는 자료를 기초로 해서 법규에서 정한 방식과 절차에 의한다. 이는 지방자치단체 스스로 보통교부세의 수령규모에 대한 사전 예측이 가능하도록 법정화한 것이다.

(1) 기준재정수요액의 산정

기준재정수요액(基準財政需要額)은 각 지방자치단체가 실제로 지출한 실적치나 지출하고자 하는 예산액이 아니라, 이른바 '자치단체의 적정재정수요액(national minimum)'을 의미한다. 즉, 지방자치단체 각각의 구체적인 재정지출규모가 아닌 자치단체의 객관적인 행정여건을 고려하여 산정된 표준적인 재정수요이다. 따라서 지역의 특수한 사정이나 독자적인 판단에 의해서 실시되어야 하는 특별한 수요는 원칙적으로 제외된다.

이러한 기준재정수요액은 ① 지방교부세법 시행령에서 정한 측정항목별 수요액의 합산액(기초수요액)과 ② 측정항목을 설정할 수 없고, 법령에 의하여 필수적으로 지출되어야 할 경비(보정수요액)의 합계이며, 여기에 수요인센티브가 적용된다.

기준재정수요액＝기초수요액＋보정수요액＋수요인센티브
＝∑항목별(측정단위수치×단위비용×보정계수)
＋보정수요액＋수요인센티브

기준재정수요액 산정의 기본 요소로서 측정항목과 측정단위는 대통령령(지방교부세법 시행령)으로 정하고, 단위비용과 보정계수는 부령(지방교부세법 시행규칙)으로 정한다.

1) 측정항목

측정항목이란 기준재정수요액을 합리적으로 산정하기 위한 전제로서 설정한 수요측정항목이다. 수요포착 대상이 되는 경비별 구성비 중 대표성 및 특성을 고려하는데, 일반적으로 경비의 비중이 높고, 경비의 성격상 독립된 항목을 택하여 선정하게 된다. 측정항목수가 어느 정도 되어야 적정한가 하는 데는 여러 가지 논의가 있을 수 있다. 측정항목수를 적게 하면 측정항목별 경비의 특성을 제대로 반영하기 어려워 산정의 적정성을 확보하기 어렵고, 이를 지나치게 세분화할 경우에는 산정과정이 복잡하게 되는 문제를 지니게 된다. 현행 측정항목은 지방예산(일반회계 세출예산기준)을 기능별·성질별로 분류하여 표준유형의 경비로 구분·설정하고 있다. 이들 측정항목은 일반예산과목구조에 상응한 항목들로 현재 입법 및 선거관리비, 일반행정비 등 12개 측정항목과 의회비, 농업비, 지역경제비, 하천비 등 31개 세항목으로 지방교부세법 시행령 제5조 제1항에 규정되어 있다([표 15-1] 참조).

2) 측정단위

측정단위란 수요측정항목별 지방재정수요액을 합리적·객관적으로 측정하기 위한 각 측정항목의 단위이다. 예를 들면, 홍보비-인구수, 징세비-가구수, 인건비-지방공무원 정원, 도로유지비-도로의 면적, 하천비-하천의 연장 등이며, 이는 지방행정을 유형(부문)별로 구분하고, 그 부문별 재정수요의 양을 측정하는 단위로서 자치단체의 각종 행정의 집행에 소요되는 경비의 다과가 당해 측정단위의 수치의 다과로 표현되는데, 인구수와 가구수가 주종을 이루고 있다.

이러한 측정단위는 가급적 선정된 측정항목의 경비특성을 잘 반영할 수 있어야 한다는 것이 기본 요건이 된다. 따라서 측정단위의 선정은 일단 선정된 측정항목별로 자치단체의 실제지출액과 관련된 통계수치의 상관도분석을 통해 이루어진다. 상관도분석의 결과 상관계수가 높게 나타나고, 측정항목과 통계수치의 적용에 적합성을 검토하여 결정하여야 한다. 통계는 자치단체의 임의성이 개입될 소지가 없는 공식적인 통계를 사용하는 것을 원칙으로 하여야 한다. 그러나 이러한 통계선정이 실제로는 어려움이 많은데, 수요의 왜곡을 최대한 줄이기 위해서는 측정항목을 다시 조정하여야 하는 문제가 발생하기도 하며, 자치단체의 통계정비가 부실한 경우에는 더욱 문제가 된다. 측정단위는 기준재정수요액 산정상 엄격한 객관성을 유지하기 위해서 공신력이 강하고 관계관청이나 지방자치단체의 자의가 가해질 여지가 없는 것 중에 비교적 간단히 조사할 수 있는 통계를 중심으로 정하고 있으며, 통계작성의 기준은 지방교부세법 시행령 제5조 ②에 규정하고 있다. 현재 측정단위는 20종([표 15-1] 참조)이다.

표 15-1 보통교부세 기준재정수요액 산정의 측정항목 및 측정단위

측 정 항 목 (12개 항목, 31개 세목)		측 정 단 위 (20종)
1. 입법 및 선거관리비	① 의회비	지방의원수
	② 선거비	선거구수
2. 일반행정비	① 인건비	지방공무원정원
	② 일반관리비	인구수
	③ 행정정보화비	가구수
	④ 읍·면·동비	통리수
	⑤ 징세비	가구수
3. 교육 및 문화비	① 문화·체육비	인구수
	② 홍보비	인구수
4. 보건 및 생활 환경개선비	① 보건위생비	인구수
	② 청소비	가구수
	③ 환경공해비	인구수
	④ 공원녹지비	공원면적
5. 사회보장비	① 사회복지비	인구수
	② 노인복지비	노령인구수
	③ 기초생활보장비	국민기초생활보장 수급자수
6. 주택 및 지역사회 개발비	① 도시계획비	인구수
	② 지역개발비	행정구역면적
7. 농수산개발비	① 농업비	경지면적
	② 수산비	수산업종사자수
	③ 임업비	임야면적
8. 지역경제개발비	① 지역경제비	사업체종사자수
	② 관광진흥비	인구수
9. 국토자원 보전개발비	① 상수도비	급수인구
	② 하수도비	인구수
	③ 도로개량비	미개량 도로면적
	④ 도로유지비	도로의 면적
	⑤ 하천비	하천의 연장
10. 교통관리비		자동차대수
11. 민방위관리비		민방위대원수
12. 소방관리비		가구수

3) 단위비용

단위비용이란 특별시, 광역시, 도, 시, 군 등 동종단계별 표준적인 조건을 구비한 지방자치단체가 합리적이고 타당한 수준에서 지방행정을 수행하는 경우나 표준적인 시설을 유지하는 경우에 측정항목(세항목)별로 소요되는 경비의 측정단위당 비용이다. 이는 보통교부세의 산정에 사용하는 동종단체별 경비액을 결정하기 위해서 측정단위의 수치에 곱하게 될 단가로서의 의미를 갖는다. 즉, 단위비용은 기준재정수요액의 규모와 밀접한 관련을 갖고 있어서, 기준재정수요액의 규모가 현실 재정상태와 비교하여 현저히 낮다고 하면 단위비용이 과소하게 책정된 것이고, 높다고 하면 단위비용이 과대책정된 것이라고 할 수 있다.

현재 단위비용은 지방교부세법 시행규칙에서 정하고 있는데, 물가상승, 기타 단위비용 결정요인의 변동이 있을 경우에는 이를 반영하여 조정하고 있다.

	시	군
· 도시계획비: 인구 1인당	38,750원	74,540원
· 지역개발비: 행정구역면적 천m^2당	12,170원	9,740원
· 하 천 비: 하천연장 1m당	41,300원	15,100원

이 같은 단위비용은 자치단체에서 이루어지는 행정에 필요한 제반 경비로서 ① 인건비, ② 법령에 의해서 지방자치단체의 의무적 부담으로 되어 있는 경비, ③ 경상적인 사무비와 사업비, ④ 기타 지방자치단체의 행정집행상 필요한 모든 경비가 포함되어 있다. 다만, 특별한 목적수행을 위해 별도 운영되는 특별회계의 경비와 단위비용의 산정기초가 되는 행정의 범위가 제한된 범위의 특정 자치단체에서만 이루어지고 있는 경우라든가, 사무자체가 보편성이 있다 하더라도 그 질이나 양의 수준이 다른 자치단체를 현저하게 초과하고 있는 경우에는 제외되게 된다.

4) 기준재정수요액의 보정

기준재정수요액을 보정하는 방법에는 보정계수를 적용하는 것과 보정수요를 산정하여 가산하는 두 가지 방법이 있다.

① 보정계수

보정계수는 기준재정수요액을 산정할 때, 지역마다의 상이한 지리적·사회적 제반 여건을 고려하지 못하고, 단위비용을 획일적으로 적용하거나 기타 사유로 인하여, 각 자치단체의 기준재정수요액이 현저히 불합리할 때 현실재정수요에 근접할 수 있도록 일정한 기준에 따라 수요액을 합리적으로 조정하는 계수이다. 이는 자치단체별 수요가 실제보다 과다·과소산정되는 문제점을 보완하기 위한 것이다. 이러한 보정계수의 적용은 단위비용의 일률적 적용에 따른 문제 중 객관적이고 표준화가 가능한 문제에 대해 통계적으로 객관적·과학적인 방법을 통해 보완하여 수요액 산정을 합리화하는 의미를 갖는다.

예 시

표준시의 인구 1인당 청소비(단위비용)가 2,000원인 경우 쓰레기처리장이 먼 A시는 2,200원이 필요하고, 쓰레기처리장이 가까운 B시는 1,800원이 필요하다면, 기준재정수요액 산정시 A시는 단위비용을 할증하고, B시는 단위비용을 할감하게 된다. 따라서 산정방식은 다음과 같다.

A시 청소비의 기준재정수요액＝A시 인구×2,000원×1.1

B시 청소비의 기준재정수요액＝B시 인구×2,000원×0.9

여기서 1.1 또는 0.9를 보정계수라 부르며, 지방교부세법 시행규칙 제5조에 경비별 보정산식이 규정되어 있다.

이러한 (단위수치×단위비용)이 갖는 불합리성의 근거로는 ① 인구수·가구수·자동차대수 등 수치의 다소와 밀집도에 따른 비용의 체증·체감이 고려되지 않는다는 것(예컨대, 인구수가 많은 단체는 수요액이 과다계산되고, 적은 단체는 과소계상되는 결과를 초래함), ② 단일측정단위의 적용으로 인한 실질재정수요 포착의 미흡, ③ 시설투자관련 비용이 없는 단체에 대한 고려 미흡, ④ 낙후지역, 도서·벽지지구의 특수성에 대한 고려 미흡 등이 있다.

② 보정수요액

보정수요액은 지방교부세법 제7조 및 시행령 제7조의 규정에 의하여 측정항목 및 측정단위의 형태로는 산정할 수 없는 행정상 또는 재정상의 수요가 발생하는 경우 해당되는 경비를 가산해 주는 보정이다. 따라서 보정수요액은 측정항목을 설정할 수 없는 경비 중 보편·타당하면서도 수요의 규모가 큼에 따라 기초수요액으로 반영할 수 없는 경우로서 미반영시에는 재정격차가 심화될 것이 예상되는 수요를 대상으로 하되, 그 대상을 법령에 규정하여 보정하고 있다.

현재의 보정수요 반영항목(시·도)으로는 지방교부세법 시행규칙 제5조 제2항에서 규정하는 일반재정보전금 수요, 교육비특별회계 전출금 수요, 시·도세 징수교부금 수요, 도·농 복합형 시·군 통합단체 재정수요 등이 있다.

5) 수요인센티브

지방자치단체가 한정된 재원을 가지고 합리적인 재정을 운영하기 위해서는 재정운영의 비효율성을 제거하고 방만한 재정운영을 억제하는 노력이 요구된다. 수요인센티브제는 이러한 자치단체 재정운영의 건전성을 도모하고, 자구노력을 촉진·유도하는 차원에서 세출과 관련하여 자치단체별 자구노력의 정도를 기준재정수요액에 가감반영하는 것이다.

현재 자치단체별 자구노력의 정도를 지방교부세법 시행규칙 제5조의 3 제2항에 의거하여 지방공무원정원 운영, 비정규직 상근인력 운영, 경상경비 절감 운영, 지방상수도요금 현실화, 읍·면·동 통합운영, 지방청사(면적) 관리 운영 등 6개 수요인센티브 항목을 설정하고 각 인센티브 항목별 평가기준을 마련하여 평가한 결과를 기초수요액에 가감하고 있다.

(2) 기준재정수입액의 산정

기준재정수입액(基準財政收入額)은 기준재정수요액에 대응하는 개념으로서, 각 자치단체의 재정수입을 합리적으로 측정하기 위하여 각 지방자치단체에 대해 지방교부세법 제8조에 의거하여 산정한 금액이다. 따라서 기준재정수요액이 지방자치단체의 실제 재정수요를 나타내는 것이 아닌 것과 같이, 기준재정수입액도 자치단체의 실제 수입실적이 아니라 가능한 한 객관적인 기준이 되는 표준수준의 일반재원수입액으로서 산정된다.

현행 기준재정수입액은 지방교부세법 제8조의 규정에 의하여 지방세법상 표준세율의 100분의 80에 상당하는 율인 기준세율로 산정한 당해 자치단체의 보통세수입액을 기초수입액으로 하고, 여기에 보정수입액을 더하며, 수입인센티브를 가감하여 산정하고 있다.

기준재정수입액＝기초수입액＋보정수입액＋수입인센티브

1) 기초수입액

기초수입액은 임시적인 수입, 의존적인 수입, 특정 목적에 의한 수입은 제외하고 자치단체가 공통적·일반적인 방법에 의해 수입되고 재원이 활용되는 지방세 중 보통세 수입액(표준세율로 산정)의 80%만을 대상으로 산정한 금액이다. 이와 같이 보통세 추계액의 80%만을 기초수입액으로 반영하는 이유는 지방세입의 여력을 확보하게 하여 지방재정의 신축성을 보완하고 자치단체의 징세노력을 촉진하기 위한 것이다.[7] 따라서 보통세 추계액의 20%는 [그림 15-2]에서 보듯이 자치단체가 독자적으로 해결해야 할 재정수요에 충당하게 하기 위한 유보재원으로 볼 수 있다.

그림 15-2 기준재정수요액과 기준재정수입액의 관계

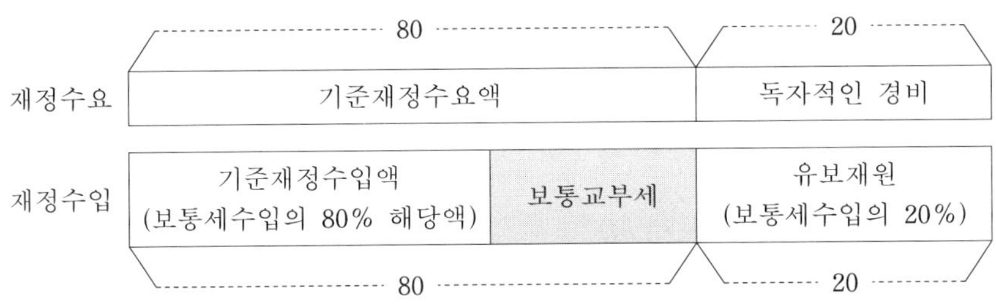

7) 기준재정수입액이 지방세의 일부(기준세율 80%)만을 기준재정수입액으로 산정하는 이유는 다음과 같다. 첫째, 다양한 형태인 250개 자치단체의 재정수요를 완전히 포착하는 것은 원래 불가능하고 한계가 있기 때문에 기준재정수요액에 반영되지 못하는 스스로의 시책을 행할 재원적 여지를 남기고 지방재정의 재정자유도와 신축성을 보완할 필요가 있다. 둘째, 만일 지방세 중 보통세 전액을 기준재정수입액으로 산정하여 보통교부세액을 배분한다면 지방세수가 적을수록 보통교부세의 배분규모가 커지게 됨으로써 지방정부의 징세노력을 촉진하기는커녕 오히려 감소시킬 수 있기 때문에 자치단체의 재정확충을 위한 자체 징세노력을 제고하는 일종의 간접적인 인센티브를 제공한다.

일본의 경우에는 광역자치단체와 기초자치단체 간에 차등을 두고 있는데, 광역단체(道·府·縣)는 기초단체(市·町·村)에 비해 의무적 성격이 강한 행정이 많고, 그 내용도 획일적이어서 비교적 포착이 용이한 반면에, 시·정·촌의 경우에는 수도 많고 행정의 내용도 천차만별이어서 획일적으로 산정하는 것은 지극히 곤란하므로, 이러한 사정을 고려하여 기준세율을 도·부·현은 80%로 하고 시·정·촌은 75%로 하고 있다.[8)]

2) 보정수입액

보정수입액은 지방교부세법 제8조에서 규정한 보통세의 80%에 상당한 기준재정수입액을 보완하기 위한 것으로, 지방교부세법 시행령 제8조에 의거하여 목적세수입과 경상세외수입을 그 대상으로 하고 있다. 그리고 목적세 및 세외수입의 징수전망 또는 징수실적 등에 기초한 수입의 변동요인을 감안하여 보정하도록 하고 있다.

현재 보정수입액은 ① 목적세 수입액의 80%, ② 경상세외수입액의 80%, ③ 전전년도 지방세 및 경상세외수입 결산액 정산분의 50%, ④ 일반재정보전금 및 전전년도 정산분 전액, ⑤ 시·도세 징수교부금 및 전전년도 정산분 전액 등이다.

3) 수입인센티브

수입인센티브제는 수요인센티브제와 동일한 취지로 세입확충과 관련하여 지방자치단체가 자구노력과 책임을 다하는 정도를 기준재정수입액 산정에 반영하기 위한 것이다. 따라서 자치단체의 건전재정운영을 도모하고, 자치단체의 세입확충 노력을 촉진·유도하기 위하여 자치단체별 자구노력의 정도를 지방교부세법 시행규칙 제5조의 3 제2항의 규정에 근거하여 현재 지방세징수율 제고, 주민세 개인균등할 인상, 과표현실화 운영, 탄력세율 적용, 경상세외수입 확충, 지방세 체납액 축소, 지방세 세원(새로운 형태의 부과세원) 발굴 등 7개 수입인센티브 항목을 설정하고 각 인센티브 항목별 평가기준을 마련하여 평가한 결과를 기초수입액에 가감하고 있다.

8) 自治省財政局 編(1992), pp. 264～265.

2. 특별교부세

특별교부세는 객관성·통일성을 중시하는 보통교부세의 산정과정상 필연적으로 발생할 수밖에 없는 획일성과 시기적인 이유로 인해, 기준재정수요액 또는 기준재정수입액 산정시 반영할 수 없었던 구체적인 사정을 고려해서 특별히 교부하는 것으로, 보통교부세의 기능을 보완해서 지방교부세제도 전체의 타당성을 확보하기 위한 제도이다. 이러한 특별교부세 규모는 총액(분권교부세와 지방양여금 도로사업 보전분은 제외)의 4%이고, 비도제한이 가능하며, 보통교부세 불교부단체라도 특별교부세는 받을 수 있다.

(1) 교부대상 및 배분비율

특별교부세의 교부대상과 배분비율은 지방교부세법 제9조의 규정에 의하여 다음과 같다.

① 보통교부세의 기준재정수요액 산정방법으로 포착할 수 없는 특별한 재정수요가 있을 때 교부하는 지역현안수요는 국가적 장려·시범시책사업, 지방재정결함보전·전국체전 준비 등 지원, 시·군·구별 지역현안사업 등을 대상으로 특별교부세 재원의 50%를 교부한다.

② 보통교부세의 산정기일 후에 발생한 재해로 인하여 특별한 재정수요가 있거나 재정수입의 감소가 있을 때 교부하는 재해대책수요는 수해·태풍 등의 응급복구 및 항구복구사업에 대한 재원보전을 위해 특별교부세 재원의 나머지 50%를 교부한다.

③ 지방행정 및 재정운용실적이 우수한 지방자치단체에 대한 재정지원은 재해대책수요의 잉여예상분을 재원으로 하여 정부합동평가 우수단체, 재정진단분석 우수 자치단체, 우수 행정·재정실적 자치단체, 기타 우수 정책추진 자치단체에 교부한다.

이와 같이 특별교부세를 교부하는 이유는 무엇보다도 보통교부세의 획일적인 산정방법에서 생기는 수요·수입이 현실과 상당한 차이에서 생기는 오차의 시정이라 하는 목적과 연도 도중에 발생한 재해 등 예측할 수 없었던 사태에 대처한다고 하는 목적 등에 있으며, 이는 모두 보통교부세의 보완적 기능이라고 할 수 있다.

(2) 교부시기와 방법

특별교부세의 교부시기는 지방교부세법 시행령 제9조 제1항에 의거하여 당해 자치단체의 신청에 대한 심사를 통해 교부하게 된다. 다만, 신청이 없는 경우에도 행정자치부 장관이 필요하다고 인정하는 경우에는 일정한 기준을 정하여 교부할 수도 있다. 따라서 지방교부세법 시행령 제9조 제2항의 규정에 따라 교부조건 또는 용도제한이 있는 사업의 경우에는 당해 조건 및 용도에 따라 집행되어야 하며, 교부조건이나 용도위반 사용시 반환조치되거나 다음 연도 교부세에서 감액조정된다.

그리고 연도 중 그 용도가 지정되고, 소요 전액이 교부되는 특별교부세는 추경예산의 성립 이전에 이를 사용할 수 있으며, 이는 동일 회계연도 내에 차기 추경예산에 계상하도록 되어 있다(지방재정법 제45조).

3. 분권교부세

(1) 분권교부세의 의의와 도입배경

분권교부세는 2004년 정부의 국고보조금 정비방안[9]에 따라 지방이양된 국고보조사업이 지방에서 효과적으로 정착될 수 있도록 용도의 제한이 없이 자치단체의 일반예산으로 지원하는 한시적 재원이다. 따라서 분권교부세 재원의 성격은 보통교부세와 유사하지만, 산정방식에 있어서는 보통교부세와 다소 다르게 운영되며, 재원이 일반재원으로 교부되므로 자치단체에서는 종전의 국고보조금 이양사업을 신축적으로 운영할 수 있게 된다.

이러한 분권교부세는 지방교부세의 일종이므로 재원의 성격상 집행잔액에 대한 정산절차가 없으며, 특정 목적 재원으로 운영되지 아니한다. 그리고 과거 국고보조금의 교부를 받은 당해 자치단체로 직접 교부됨으로써 종래의 사업이 계속적·안정적으로 시행할 수 있게 된다. 그러나 일부 광역적 조정기능이 필요한 사업은 시·도 본청으로 일괄 교부하게 되므로, 시·도지사는

9) 정부혁신위원회가 확정한 국고보조금 정비방안에 의하면 2004년도 기준으로 총 533개 국고보조사업(12.7조 원) 중에서 163개 사업(1.1조 원)은 지방으로 이양하고, 126개 사업(3.6조 원)은 국가균형발전특별회계로 이관하며, 나머지 233개 사업(7.9조 원)은 국고보조사업으로 그대로 유지하기로 하였다.

사업수요 등을 고려하여 시·군·구청장과 협의하여 추진하게 된다.

그리고 분권교부세제도는 2005년부터 2009년까지 5년간 한시적 운영되며, 2010년부터는 폐지하여 보통교부세에 통합하여 운영하게 되는데, 그 이유는 자치단체 간 재정규모의 현격한 격차발생에 따른 지방재정충격을 최소화하고, 종전의 보통교부세 불교부단체는 분권교부세를 교부받지 못하게 되어 사회복지시설 등 기존의 보조금사업을 계속 추진하는 데 상당한 어려움이 예상되기 때문이다.

(2) 분권교부세의 재원

국고보조금 지방이양사업에 소요되는 재원인 분권교부세는 2004년 국고보조사업의 지방이양 당시를 기준으로 한 지방교부세율 인상분(내국세의 0.83%가 2006년 0.94%로 조정됨)과 순수 지방세 확충액의 일부(담배소비세 인상)로 충당하게 된다. 즉, 정부는 국고보조사업을 지방으로 이양하면서 소요되는 재원대책으로 분권교부세를 신설하여 우선, 현행 지방교부세율을 내국세의 0.83% 분만큼 상향조정하여 8,454억 원(88%)을 확보하고, 담배소비세 인상으로 늘어나는 지방세 4,200억 원 중에서 1,127억 원(27%)을 지방이양사업에 활용하도록 한 것이다.

(3) 분권교부세의 배분방법

분권교부세 교부대상은 지방교부세법 시행령 제10조의 2 제1항에 의거하여 지방이양사업의 성격에 따라 크게 경상적 수요와 비경상적 수요로 구분하여 분권교부세를 배분한다. 따라서 경상적 수요는 지방이양사업 중에서 일정 수준의 재정수요를 계속적으로 보전할 필요가 있고 객관적인 산식화가 가능한 사업에 대한 수요로서 자치단체별 종전 5년간 보조금 평균교부액과 지방이양사업과 관련된 통계를 적용하여 산정한다. 비경상적 수요는 국고보조금 이양사업 중 특정 자치단체의 사업수요로 인해 재정수요를 보전할 필요가 있는 사업에 대한 수요로서 이를 일반수요와 특정 수요로 구분하여 일반수요는 인구수와 재정력을, 특정 수요는 중앙부처의 중·장기계획 등을 반영하여 산정하고 있다. 이러한 산정의 기초자료는 관련 중앙부처와 자치단체로부터 자료를 검증받아 활용한다.

제3절 지방교부세의 관리

1. 산정자료의 제출 및 검사

각 자치단체장은 교부세 산정자료를 행정자치부 장관에게 제출하여야 하고(지방교부세법 시행령 제3조 제1항), 각 자치단체장은 행정자치부에 제출한 교부세 산정에 기초가 되는 자료를 대장화(臺帳化)하여 비치·관리하여야 한다. 산정관련 자료는 모두 공개된다. 산정자료는 검사를 받는데, 도지사는 교부세 산정자료의 검사를 행정자치부 장관으로부터 위임받을 수 있다(지방교부세법 시행령 제3조의 2). 또한 도지사는 시장·군수가 제출한 자료를 심사하고 의견을 붙여 행정자치부 장관에게 제출하여야 한다(지방교부세법 시행령 제3조 제2항). 검사결과 허위기재로 판명된 경우에는 부당교부세로 시정조치된다. 현재 기준재정수요액, 수입액 산정작업 및 단위비용 산정작업 등 교부세 배정작업을 제외한 전 과정에 지방자치단체가 직접 참여하고 있다.

2. 지방교부세의 내시

지방교부세의 내시(內示)는 보통교부세의 경우 매년도의 기준재정수입액이 기준재정수요액에 미달하는 자치단체에 대하여 그 미달액을 기초로 산정한 액(교부액)과 지방교부세법 제9조의 규정에 의한 특별교부세 교부액으로 지방교부세의 주관부처인 행정자치부가 지방자치단체에 시달하는 문서의 내용을 말하는 것으로, 향후 예산배정 및 자금배정을 전제로 교부되는 금액을 미리 알려 주는 행정 내부적 행위를 의미한다. 따라서 지방교부세의 내시액은 곧 교부액을 의미하며, 지방교부세의 내시가 이루어질 경우 지방자치단체는 이를 기초로 자치단체예산에 계상할 수 있다. 그리고 국회예산(안) 의결이 확정됨에 따라 시·도에 교부결정을 통지한다. 일반적으로 보통교부세는 전년도 11월중에 내시, 12월중에 교부결정을 통지하게 되며, 특별교부세는 전년도 12월중 또는 당해 연도중 수시로 결정·통지되고 있다.

3. 지방교부세 예산운영

지방교부세의 예산운영은 예산회계법 제35조의 규정에 의한 예산배정요구서를 행정자치부 장관이 작성하여 기획예산처 장관에게 제출하고, 기획예산처 장관은 예산배정요구서와 월별 자금계획에 의거, 4분기별 예산배정계획을 작성하게 된다. 분기별로 기획예산처에서 행정자치부에 배정하는 지방교부세 예산배정액은 지방교부세 내시액 규모에 따라 당해 자치단체에 재배정하게 되며, 재배정된 예산의 범위 내에서 자금배정이 이루어지도록 하고 있다.

4. 지방교부세 자금교부

지방교부세의 자금은 행정자치부 장관이 기획예산처 장관에게 제출한 월별 자금배정계획에 의거 매월 국세의 징수실적 등을 고려하여 배정하게 된다. 행정자치부 장관이 기획예산처 장관에게 제출하는 월별 자금배정계획은 지방자치단체의 지방교부세 월별 소요액을 조사·반영한 것으로 지방자치단체 자금운용계획에 의거하여 수입·관리한다. 이 지방자치단체 자금운용계획은 지방자치단체별로 월별 자금수요와 월별 자체수입액의 차액으로 산출되며, 분기별 예산배정계획 내에서 운용될 수 있도록 조정을 거친 후 확정된다. 지방교부세의 자금송금은 매월 실시하게 된다.

5. 부당교부세의 시정

지방교부세 산정자료를 과장·허위기재하거나 법령의 규정을 위반(예산편성지침의 무시 등)하여 ① 현저하게 과다한 경비를 지출하거나, ② 확보하여야 할 수입의 징수를 태만히 한 것으로 판명된 경우 부당교부세로서 반환명령, 감액 등 시정조치된다(지방교부세법 제11조).

그림 15-3 부당교부세 및 이의신청 결과의 조치

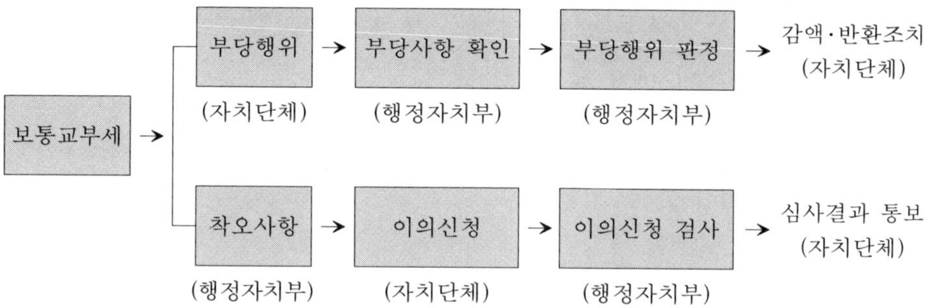

6. 이의신청 등 구제제도

보통교부세의 결정통지를 받은 후 30일 이내의 이의신청 등 구제제도가 있다. 이의신청을 받은 행정자치부 장관은 30일 이내에 이를 심사하고 그 결과를 통지하여야 한다. 이의신청이 타당하다고 인정되는 경우에는 다음 교부세 산정시 가산 또는 감액한다.

제 4 절 조정교부금

1. 조정교부금제도의 의의

조정교부금제도[10)]는 특별시·광역시별로 자치구 간 세원분포의 불균형으로 인한 재정불균형을 해소하고, 자치구 간 행정의 일정한 수준을 확보하기 위해 시세 중 일부 세목을 일정한 기준에 따라 자치구에 교부하는 제도

10) 1988년 지방자치법의 개정으로 특별시와 광역시(1995년 이전의 직할시)의 행정구가 자치구로 되면서(지방자치법 제2조) 자치단체로서 별도의 법인격을 부여받게 됨에 따라 자치구도 자치행정을 수행할 수 있는 재정적 기반확립이 요구되면서 시본청과 자치구 간 사무기능 배분에 상응하는 재원배분 차원에서 조정교부금제도가 도입되었다.

이다. 따라서 조정교부금제도는 본질적으로 시와 자치구 간의 수직적 형평보다는 자치구 상호간의 수평적 형평에 더 큰 비중이 있는 것이다. 즉, 조정교부금제도의 주요 의의는 지방교부세와 마찬가지로 ① 자치구 간 재정력의 형평화와 ② 자치구에 대한 재원보장 등이다.

이러한 조정교부금의 운영은 지방자치법 제160조 및 동 시행령 제57조에 근거하고 있으며, 조정교부금의 교부율, 산정방법, 교부시기 등은 특별시와 광역시별로 제정된 '자치구의 재원조정에 관한 조례'에서 규정하고 있다.

2. 조정교부금의 재원

조정교부금의 재원은 특별시·광역시의 시세수입 중 취득세와 등록세 합산액의 일정률이며, 2005년 현재 조정교부금의 교부율은 서울 50%, 부산 51%, 대구 52%, 인천 50%, 광주 70%, 대전 68%, 울산 58% 등이다. 도시별로 교부율이 차이가 나는 이유는 자치단체별로 자체의 재정형편에 따라 교부율을 시의 조례로서 정하기 때문이다.

3. 조정교부금의 교부방법

조정교부금은 특별시·광역시가 재정적 결함이 생기는 자치구에 교부하는데, 보통교부금(90%)과 특별교부금(10%)으로 구분·운용된다. 보통교부금의 교부방식은 기준재정수요(이른바 civil minimum)와 기준재정수입으로 산정되는 지방교부세(보통교부세) 교부방식과 유사하다. 즉, 각 자치구의 기준재정수입액과 기준재정수요액을 산정하여 기준재정수입액이 수요액에 미달하는 자치단체에 대해 부족재원을 교부율에 의하여 지원한다. 이를 위해 자치구청장은 조정교부금의 산정에 필요한 자료를 작성하여 시장에게 매년 제출하여야 한다. 특별교부금은 특별교부세와 그 용도가 유사하다.

제5절 재정보전금

1. 재정보전금제도의 의의

재정보전금[11]은 시·군에서 징수하는 도세(공동시설세와 지방교육세는 제외)의 27%(인구 50만 이상 시의 경우 47%)에 해당하는 금액을 도가 재정보전금의 재원으로 확보하여 일정한 기준에 따라 관할 구역 내의 시·군에 배분하는 제도로서 일종의 광역자치단체인 도에 의 한 시·군 재정조정제도의 일환으로 볼 수 있다. 따라서 재정보전금제도는 광역과 기초자치단체 간의 수직적 재정조정과 지역 내 기초자치단체 간 수평적 재정조정의 기능을 수행하기도 하므로 재정형평화교부금의 성격을 지니고 있다.[12]

이러한 재정보전금은 일반분(총액의 90%)과 시책분(10%)으로 구분하여 운용되고 있는데, 일반분은 인구 60%와 도세 징수실적 40%의 비율로 시·군에 배정하고, 시책분은 지역개발사업 등 시책수요를 감안하여 배정하게 된다. 또한 일반분 중 일부를 특별분으로 하여(비율은 조례로 정하게 되는데, 경기도의 경우 25% 적용), 보통교부세의 불교부단체에 조정 배분한다.

---

11) 2000년부터 시행된 재정보전금은 지방자치단체의 세입 중 도세징세교부금의 불합리한 점을 개선하면서 발생하게 되는 세입결손을 보전하기 위해 새로이 도입되었다. 그동안 도세의 시·군 위임징수에 따른 도세징수교부금은 당초 제도적 목적이 순수 징세비용의 보전보다는 기초자치단체의 세수보전수단으로 활용되었는데, 오히려 시·군 재정의 빈익빈 부익부현상을 심화시키는 동시에 도의 재정조정기능을 제대로 수행하는 데 기여도가 미약하여 제도개선이 필요하다는 논의가 장기간 제기되었다. 따라서 도세징수 처리비의 보전과 도의 재정조정기능의 강화라는 측면에서 도세징수교부금 제도의 개선과 시·군 재정의 형평화를 위한 새로운 재정조정수단의 강구가 필요하게 되었다. 즉, 도세징수교부금을 도와 시·군 간 재정조정효과보다는 도입 당시의 원래 취지대로 수수료로 환원하고, 이에 따라 확보되는 도의 가용재원은 당해 시·군 간의 재정조정에 활용하는 것이 지방재정의 균형발전을 위해 바람직할 수도 있다는 주장이 제기되었다. 이에 따라 도세징수교부금이 3%로 통일되면서, 제도개편에 따른 부작용을 최소화하기 위해 잔여 27%(시·군), 47%(50만 이상 시)를 시·군 재정보전금으로 교부하게 되었다.

12) 서정섭(2003), pp. 23~24.

2. 재정보전금의 운영

(1) 시·도의 시·군에 대한 재정보전(지방재정법 제29조)

시·도지사(특별시장 제외)는 시·군에서 징수하는 광역시세·도세(공동시설세와 지방교육세는 제외)의 27%(인구 50만 명 이상의 시와 자치구가 아닌 구가 설치되어 있는 시의 경우에는 47%)에 해당하는 금액을 시·군에 대한 재정보전금으로 확보하여 인구, 징수실적, 당해 시·군의 재정사정, 기타 대통령령이 정하는 기준에 따라 당해 시·도(특별시 제외)의 관할구역 안의 시·군에 배분한다.

(2) 재정보전금의 종류와 배분(지방재정법 시행령 제36조)

① 재정보전금의 종류는 시·군의 행정운영에 필요한 재원을 보전하기 위한 일반재정보전금과 시·군의 지역개발사업 등 시책추진을 지원하기 위한 시책추진보전금 및 보통교부세가 교부되지 아니하는 시·군에 대하여 그 재정적 결함을 보전하기 위하여 지급하는 특별재정보전금이 있다. 일반재정보전금은 지출용도를 정하지 아니하고 일반재원으로 배분하나 시책추진보전금은 원칙적으로 지출용도를 정하여 특정 재원으로 배분한다.

② 일반재정보전금의 재원은 재정보전금 총액의 90%에 해당하는 금액으로 하고, 시책추진보전금의 재원은 재정보전금 총액의 10%에 해당하는 금액으로 한다. 특별재정보전금의 재원은 일반재정보전금의 일부 금액으로 하되, 경기도의 경우에는 일반재정보전금의 25%에 해당하는 금액으로 하고, 경기도를 제외한 시·도(특별시 제외)의 경우에는 행정자치부 장관이 정하는 범위 안에서 시·도 조례가 정하는 비율에 해당하는 금액으로 한다.

③ 일반재정보전금의 배분은 일반재정보전금 총액에서 특별재정보전금을 공제한 총액의 60%에 해당하는 금액은 당해 시·군의 인구수에 따라 배분하고, 40%에 해당하는 금액은 당해 시·군의 광역시세·도세 징수실적에 따라 배분하며, 특별재정보전금은 당해 시·군의 재정결함금액에 비례하여 배분한다. 시책추진보전금은 원칙적으로 신청을 받아 심사하여 배분하는데, 필요하다고 인정하는 경우에는 신청이 없는 경우에도 배분할 수 있다. 시책추진보전금은 조건을 붙이거나 용도를 제한할 수 있다. 시책추진보전금의

용도는 지역개발사업, 재해 등 특별한 재정수요가 있거나 또는 특별한 재정수입 감소가 있는 경우 등이다.

④ 일반재정보전금·시책추진보전금 및 특별재정보전금의 구체적인 배분기준·산정방법 및 배분시기 등에 관하여는 시·도 조례로 정한다.

(3) 재정보전금의 배분시기 및 통지

재정보전금은 매 회계연도 개시 전에 해당 자치단체에게 배분할 재정보전금 중 일반재정보전금을 통지하여야 한다. 다만, 연도중에 재정보전금의 총액이 변경되거나 기타 특별한 사유로 재정보전금이 변경된 때에는 그 때마다 이를 통지하여야 한다. 배분된 일반재정보전금은 매월 징수실적을 기준으로 하여 다음 달까지 배분하여야 한다. 다만, 시책추진보전금은 그러하지 아니하다.

(4) 재정보전금의 시정 등

재정보전금 산정에 필요한 자료를 과장 또는 허위로 기재함으로써 부당하게 재정보전금을 배분받았거나 받고자 하는 때에는 정당하게 받을 수 있는 금액을 초과하는 부분의 금액에 대하여 반환하게 하거나 감액할 수 있다. 관련규정을 위반하거나 예산 미확보 등으로 당해 사업을 추진하지 못하는 경우에 배분할 시책추진보전금을 감액하거나 이미 배분한 시책추진보전금의 일부를 반환하게 할 수 있다.

(5) 재정보전금에 대한 이의신청

재정보전금의 결정통지를 받고 재정보전금 산정기초 등에 대하여 이의가 있는 때에는 그 통지를 받은 날부터 30일 이내에 이의를 신청할 수 있다. 이의신청을 받은 경우에는 그 신청을 받은 날부터 30일 이내에 이를 심사하여 그 결과를 통지하여야 한다.

16

보조금 및 국가균형발전특별회계

제1절 보조금의 의의 및 분류

1. 보조금의 의의

보조금(grants-in-aid, subsidy)이란 기관과 기관 간(예컨대, 국가-지방 간, 상·하 기관 간 등)에 서로 이해가 얽혀 있거나, 서로 협력하여 사무를 실시할 때, 일정한 행정수준의 설정이나 특정한 시책의 장려 등을 위한 정책수단으로서, 사무의 일부 또는 전부를 대신하여 수행하는 단체 또는 개인 등에 대하여, 그에 소요되는 경비(경상적 경비 또는 자본적 경비)의 전부 또는 일부를 지원(교부, 부담, 보조)하는 것을 말한다. 따라서 지방재정수입원으로서의 중요성과 함께 소득배분기능을 포함하는 보조주체의 정책실현수단으로서의 의의를 갖고 있다.[1)]

지방자치단체 외에 미약하기는 하지만, 보조금은 개인이나 기타 법인에 대한 시설자금이나 운영자금 지원까지 포함된다. 보조금 이외에 부담금, 조성금, 장려금, 위탁금 등의 명칭도 사용되고 있다.

보조금은 용도와 각종 수행조건 등을 지정(money with string)해서 교부하는 특정 재원으로서 보조자의 일(시책)을 강요하는 제도라고 할 수 있다. 따라서 보조를 받는 피보조자나 단체에 대해서는 그 자금의 집행에 관하여 보조자의 행정적 감독과 재정적 통제를 받을 의무가 주어지며, 그 집행결과에 대해서는 보조자의 승인을 받아야 한다. 그리고 보조금을 집행하고 남은 잔액은 일반용도로 쓸 수 없고, 반드시 정산하여 반납하여야 한다. 대개 자비부담(matching fund)이 따르는데, 이는 보조사업을 받는 당사자도 이익이 있으므로 분담하라는 취지이다. 예컨대, 국고보조 40%, 도비 10%, 시·군비 10%, 주민(수익자)부담 20%, 국가의 재정융자금 20% 등이다. 보조금사업자가 순수한 보조금만으로 사업을 추진한다면 사업의 성패에 대한 애착이나 관심도가 낮아질 것이므로, 사업당사자의 관심과 애착을 더 높이기 위해서 자비부담이 있어야 한다는 것이다.

1) 임성일(1991), p. 39.

2. 보조금의 운영근거

보조금의 운영근거는 지방자치법, 지방재정법 그리고 개별법인 생활보호법, 의료보호법, 전염병예방법, 하천법, 택지개발촉진법, 재해구호법 등 보조사업관련 법령과 보조금의 예산 및 관리에 관한 법률 및 동 시행령이며, 시·도에는 보조금관리조례가 있다. 보조금의 운영책임은 기획예산처 장관 또는 사업추진주체(중앙관서 등)의 장이다.

보조금의 예산 및 관리에 관한 법률의 주요 내용은 ① 신청주의 도입(제4조), ② 지방비 부담의 사전협의(제7조), ③ 보조금심의위원회 설치(제15조), ④ 보조대상 사업 및 기준보조율(제9조), ⑤ 차등보조율의 적용(제10조), ⑥ 영세보조금의 통합(제20조), ⑦ 지방비 부담의무(제13조) 등으로 되어 있다.

3. 보조금의 분류

(1) 보조주체에 따른 구분

보조금에는 국가에서 교부하는 국고보조금과 시·도에서 교부하는 시·도비보조금이 있다.

국고보조금이란 국가의 감독을 받는 의존재원으로서, 국가사업과 지방사업의 연계를 강화하고 국가의 정책적 필요에 따라 지방사업의 지원 또는 국가위임사무의 수행을 위하여 사업비의 일부 또는 전부를 지방자치단체에 지원하는 제도이다.

시·도비보조금이란 시·도의 감독을 받는 의존재원으로서, 광역자치단체인 시·도와 기초자치단체인 시·군·구 간 사업의 연계를 강화하고 시·도의 정책적 필요에 따라 시·군·구 사업의 지원 또는 시·도 위임사무의 수행을 위하여 사업비의 일부 또는 전부를 시·군·구 등에 지원하는 제도이다.

(2) 지출목적이나 경비의 성질에 따른 구분

보조금은 지출목적이나 경비의 성질에 따라 ① 교부금, ② 부담금, ③ 협의의 보조금의 세 종류로 분류할 수 있다(지방재정법 제21, 22, 23, 27조 등 참조).

교부금(交付金)은 국가가 스스로 해야 할 사무를 지방자치단체 등에 위임하여 수행하는 경우에, 국가가 그 소요경비를 전액 교부하는 것이다. 예컨대, 국민투표, 국회의원선거, 병사교부금, 민방위교부금 등과 같이 주로 기관위임사무에 해당한다. 시·군·구에 대한 시·도의 사무위임 경우에도 유사하다.

부담금(負擔金)은 지방자치단체 또는 그 기관이 법령에 의하여 실시해야 할 국가와 지방자치단체의 공동관심사무로서 국가에서 부담하지 않으면 안 될 경비를 국가가 그 전부 또는 일부를 부담하는 경비이다. 예컨대, 전염병 예방, 재해복구사업 등과 같이 주로 단체위임사무에 해당한다.

협의의 보조금(補助金)은 국가가 특정한 행정사무의 집행을 장려·조장하거나 지방재정의 어려움을 지원하기 위해 교부하는 경비이다. 예컨대, 지하철건설, 농수산물도매시장 건립, 농공지구 조성, 경지정리, 임대주택 건설 등과 같이 주로 자치사무에 해당한다. 시·도와 시·군·구 간에도 유사하다.

이와 같이 지출목적이나 경비의 성질에 따른 보조금의 세 종류를 지방예산 분류방식과 연계시키면 (순수)국가사무, (순수)자치사무, 공동(공통)사무 등의 구분과 함께 경비분담구조의 확립에 큰 도움이 될 것이다. 그런데 보조금의 예산 및 관리에 관한 법률에 따르면, (순수)국가사무, (순수)자치사무, 공동(공통)사무 간의 구성비율은 각각 약 1/3씩 차지하고 있다.

일본의 국고지출금은 ① 국고부담금, ② 국고보조금, ③ 국고위탁금의 세 종류로 대별된다.[2)]

국고부담금은 법령이 정하는 바에 따라 국가에 일정한 책임이 있는 사무에 관하여 국가가 이에 필요한 경비의 전부 또는 일부를 의무적으로 부담하는 것으로서 항목·선정기준·부담비율 등이 법정화되어 있는데, 국가계획사업에 대한 공공사업비 국고부담금, 중앙과 지방 간 이해를 같이 하는 사업에 부담하는 공동국고부담금, 재해복구부담금 등으로 구분된다(우리 나라의 부담금 해당).

국고보조금은 국가가 지방자치단체의 재정을 원조하고 또는 특정한 사업을 장려할 목적으로 교부하는 것으로 장려보조금, 조성금, 원리금 상환금, 손실보상금 등이 있다(우리 나라의 보조금 해당).

---

2) 일본 지방재정법 제10조, 제10조의 2, 제10조의 3, 제10조의 4, 제11조 등 참조. 국고지출금(① 국고부담금, ② 국고보조금, ③ 국고위탁금)의 표현이 우리 나라의 경우보다는 더욱 명확한 용어사용이라고 판단된다.

국고위탁금은 국가(중앙정부)사무를 국민의 편리나 경비의 효율성 등을 이유로 지방자치단체에 위탁하여 처리하는 경우에 그에 필요한 경비를 전액 교부하는 것이다(우리 나라의 교부금 해당).

(3) 보조형태에 의한 구분

보조금을 지급하는 형태, 즉 일정한 금액 또는 비율이냐에 따른 구분이다. 정액보조금은 보조대상인 사무의 사업수량에 일정한 단가를 곱한 액을 교부하거나 매년 일정액을 교부하는 방법이다. 정률보조금은 지출경비의 일정 비율을 보조하는 방법이다. 지방자치법 제114조에 의해 국가보조율을 법령으로 정하도록 규정하고 있다.

(4) 신청 여부에 의한 구분

지방자치단체가 국고보조사업을 수행하고자 할 때에는 일반적으로 보조금의 교부신청을 하게 되는데, 이러한 사전신청 여부에 따라 신청보조금과 무신청보조금으로 구분할 수 있다.

신청보조금은 보조사업을 수행하려는 자가 보조하려는 자에게 관계법령 및 지침 등에 의하여 예산계상을 신청하고 이에 따라 받는 보조금이다. 이와 같은 보조금신청제도가 갖는 의의는, 첫째 지방의 계획과 의사가 보조사업에 반영된다. 둘째, 보조사업이 당초 계획대로 수행되도록 유도한다. 셋째, 지방자치단체별 보조사업의 종합적인 파악과 함께 사업별 우선순위가 사전에 반영된다. 넷째, 지역개발계획, 중기재정계획 등과의 사전연계를 통해 사업추진의 일관성, 계획성을 확보할 수 있다. 다섯째, 각 자치단체가 스스로 사업필요성, 지방비 부담능력 등을 감안하여 신청함으로써 건전재정을 도모할 수 있다는 데 있다.

무신청보조금은 재해발생 등 사전에 예측하지 못한 사유로 인하여 보조금의 교부가 불가피한 경우, 기타 중앙정부가 국가의 주요 시책 수행상 보조금의 교부가 불가피하다고 인정하는 사업 등에 교부되는 보조금 등이다.

(5) 교부조건에 의한 구분

국고보조금 가운데는 이를 교부함에 있어 국가가 지방자치단체에 준수조건을 제시해 주는 것이 있는가 하면, 이런한 조건을 제시하지 않는 것도 있다. 보조조건들은, 예컨대 지방비의 일정액(률) 부담 의무화, 보조금 사용 목적의 한정, 보조대상 행정수준에 대한 규제 등이 있다. 보조조건이 붙지 않는 보조금을 일반적 보조금(general grants), 보조조건이 붙는 보조금을 특정적 보조금(specific grants)이라 한다.

일반적 보조금은 일정한 범위 또는 지역의 사업이나 일정한 효과를 가져오는 사업의 촉진을 도모하기 위하여 그러한 취지에 맞는 사업에 소요되는 경비의 재원에 충당할 조건으로 교부하는 보조금을 말하는데, 포괄적 보조금(block grants)이라고도 한다. 일반적 보조금은 보조금의 교부에서 그 총액과 비도의 범위만을 지정해 주고 보조금을 충당할 경비의 세목, 수량, 단가 등을 지방자치단체의 선택에 맡김으로써 조세보다 효율적인 집행을 기하는 동시에 지방재정의 자주성을 강화하고자 하는 데 있다.

특정보조금은 특정 사업에 필요한 경비를 원조하기 위하여 그 사용처를 한정하여 지출하는 보조금으로서 이미 국가로부터 교부되는 시점에서 그 용도가 지정되어 있다.

(6) 시행주체에 의한 구분

시행주체에 따라 직접보조금과 간접보조금으로 구분된다. 직접보조금은 국가로부터 교부된 보조금을 지방자치단체가 직접 집행하는 경우로서 우리 나라에서는 재해위험지구 정비사업, 자전거도로 정비사업비 등의 보조금이 여기에 속한다. 간접보조금은 국가로부터 교부된 보조금이 지방자치단체를 통하여 민간(단체)이나 타기관에 재교부되는 보조금을 말한다. 우리 나라의 경우에는 공동양식어장사업비, 일반경지정리사업비 등과 같이 실수요자가 주민인 국고보조사업은 지방자치단체가 직접적으로 보조금을 집행하지 않고 이를 주민(마을)에게 재교부하여 집행하도록 하고 있다.

제2절 보조금이 지방재정에 미치는 영향

국고보조금은 특정 행정서비스의 일정 수준 확보, 국가의 통합적인 시책추진, 신규사업의 보급과 장려, 특수재정수요에의 대응 및 사업위탁에 대한 보전과 같이 중앙정부가 행정지도의 필요성과 함께 지역 간 외부효과(interjurisdictional externalities), 특히 파급효과(spill-over effect)[3)]에 의한 재원배분의 비효율성을 시정하기 위하여 지출된다. 이로 인하여 순기능이든 역기능이든 여러 가지 영향을 받게 되는데, 이를 요약하면 다음과 같다.

1. 재정지출 증가 및 재정력 보강

일반적으로 지방자치단체에 국고보조금이 교부되면 전액지원이든 일부지원이든 모두 재정지출은 증가한다. 재정지출의 증가는 부족한 재원을 마련하기 위해 고심하고 있는 지방자치단체의 재정력을 어느 정도 보강할 수 있다. 즉, 기존의 지출항목에서 전액보전이 이루어지면 그 보전액에 상당하는 금액만큼 여유재원이 생겨서 예산상으로는 이 재원을 다른 사업비에 충당할 수 있다.

또한 일부보전의 경우에도 재원부족 때문에 축소지출하게 될 지출항목의 재정지출을 그 보전부문만큼 증가시킬 수 있는 것이다.

---

3) 파급효과란 이익의 확산현상이라고도 하는데, 원래 행정서비스의 특수성에서 비롯된 것으로서 행정서비스에 의한 수익의 범위가 보조를 받는 지방자치단체의 영역에만 한정되지 않고 확산효과를 발생하여 인근 지방자치단체에까지 광범위하게 미치는 현상을 말한다. 지방재정이 취약한 지방정부로서는 보조가 없을 경우 해당 지역 주민뿐 아니라, 인근지역 주민의 편익도 동시에 증대시키는 스필오버 성격을 갖는 사업(예컨대, 도로, 교육 등)을 수행하기 어렵다(J. A. Lay and M. A. King, 1990, p. 143; 이상희, 1992, pp. 529~534 참조). 예컨대, 수도권의 대중교통체계에 엄청난 영향을 미치는 서울시 지하철사업의 경우 국고보조의 필요성이 인정된다.

2. 지방재정의 자율성 약화

보조금의 예산계상 신청이 없는 보조사업의 경우에도 국가시책 수행상 부득이하여 국고보조금이 계상됨으로써(보조금의 예산 및 관리에 관한 법률 제5조) 지방비 부담을 수반할 경우 지방자치단체로서는 자체사업의 지출에 예정했던 재원 중에서 지방비 부담액만큼 부족현상을 나타내므로, 결국 당해 자치단체의 재정운영상 압박과 경직성을 초래하는 요인이 된다. 또한 국가로부터 새로이 보전되는 것은 물론 지역주민의 요구와 희망에 의해 교부되는 것일지라도 국가의 지시 및 통제내용이 강하기 때문에 지방자치단체가 사업의 투자우선순위를 결정하는 데 크게 영향을 미친다. 그뿐만 아니라 보조사업 수행에 행·재정상의 감독을 받게 되어 자치단체의 재정상 자율성은 약화될 수밖에 없다.

3. 지역 간 재정력격차 및 불균형 심화

국고보조사업과 관련하여 지방자치단체가 지방비 부담능력이 없어 보조사업을 포기해야 할 경우, 재정력이 양호한 자치단체 위주로 보조사업이 수행됨으로써 자치단체 간의 재정력격차와 함께 지역 간의 불균형이 심화되어 자치단체의 불만을 초래할 수도 있다.

제3절 보조방법 및 업무절차

1. 보조방법

보조금의 예산 및 관리에 관한 법률에 의거하여, 보조방법은 기준보조와 차등보조의 두 가지가 있다. 1988년부터 보조금예산을 편성할 때 신청주의(차등보조 요구 포함)가 도입되었다.

(1) 기준보조

기준보조는 보조금이 지급되는 대상사업, 경비의 종목, 국고보조율을 법령에 정해진 기준에 따라 보조하는 방식이다. '국비-지방비' 간 기준보조율은 보조금의 예산 및 관리에 관한 법 제9조와 동 시행령 제4조 ① 그리고 별표(158개 항목)에 규정되어 있다. 기준보조율이 정해져 있지 않은 사업은 중앙예산부처가 20%, 30%, 40%, 50%, 70%, 80%, 100% 또는 정액 등의 보조수준을 결정하도록 되어 있다.

그리고 국고보조사업의 지방비 분담과 관련된 '시·도-시·군·자치구' 간 기준부담률은 지방재정법 제22조 ①과 시행령 제33조 ① 및 부령의 별표에 규정되어 있다. 기준부담률이 정해져 있지 않은 사업은 지방자치단체 상호간의 이해관계와 사업성격을 참작하여 행정자치부 장관이 매년 지방자치단체 예산편성지침으로 정한다. 다만, 다른 법령에서 달리 정하여진 경우에는 해당 법령을 적용한다.

(2) 차등보조

차등보조는 지역 간의 균형발전을 위하여 보조금의 예산편성시 필요하다고 인정되는 보조사업에 대하여는 당해 지방자치단체의 재정사정을 감안하여 기준보조율에 일정률(10%, 15%, 20% 등)을 가감하여 인상·인하보조율의 두 가지 방식으로 보조하는 것이다. 인상보조율의 경우 특별시와 광역시는 제외되며, 인하보조율은 보통교부세 불교부단체에 적용된다.

차등보조율이 적용되는 대상사업으로는 ① 기준보조율이 100%인 보조사업, ② 다른 법률에서 국고보조율이 구체적으로 정해져 있는 보조사업을 제외한 국고보조사업 중 매년 국가예산편성지침서에 차등보조율 적용대상 사업으로 선정한 사업들이다.

차등보조의 적용기준은 보조금의 예산 및 관리에 관한 법률 시행령 제5조에서 규정하고 있다. 인상보조율의 적용기준은 ① 인건비 자체충당능력지수, ② 재정력지수, ③ 기본적 세출소요비중, ④ 기타 당해 지방자치단체의 재정사정 및 그 지역에서의 보조사업의 발전도와 당해 회계연도의 국가재정사정 등의 종합적 내용이며, 이에 대한 판단은 매년 중앙정부가 하게 된다. 인하보조율의 적용기준은 서울특별시의 경우 기준보조율에 20%, 광역시 경우 15%, 도·시·군의 경우 10%를 차감적용하게 된다.

종합점수=인건비 자체충당능력지수+재정력지수
+100/기본적 세출소요비중

참고로 재정력지수(기준재정수입액÷기준재정수요액)는 지방정부가 기초적인 행정수요를 어느 정도 자율적으로 해결할 잠재력을 갖고 있느냐를 파악할 수 있는 지표인데, 지방교부세법에 의하여 보통교부세를 지방자치단체별로 배분하기 위하여 산정되는 자료에 의한다. 인건비 자체충당능력지수((지방세수입+경상적 세외수입)÷공무원 인건비)는 인건비를 자체수입으로 얼마만큼 충당할 수 있느냐를 평가하는 지표이다. 기본적 세출소요비중((경상적 경비+채무상환경비)÷일반회계 세출예산규모)은 기본적 세출소요가 얼마만큼 충당될 수 있느냐를 판단하는 지표이다.

2. 보조금의 업무절차

국고보조금은 보조금의 예산 및 관리에 관한 법률과 지방재정법 등에 의거하여 [그림 16-1]과 같은 절차에 따라, 보조금 집행계획의 수립, 보조금의 신청, 보조금예산의 편성, 보조금예산의 통지, 보조금의 교부신청과 교부결정, 보조사업의 수행, 보조금의 정산, 사후관리 등 일련의 체계에 따라 관리·운영되고 있다.

(1) 신규 및 계속사업 계획서 제출

각 중앙사업관서의 장은 신규 및 계속사업 계획서를 2월 말까지 기획예산처 장관에게 제출한다(예산회계법 제25조 ①).

(2) 예산편성지침의 시달

기획예산처 장관은 각 중앙관서의 장에게 전년도 3월 31일까지 예산편성지침을 시달한다(예산회계법 제25조 ②).

그림 16-1 국고보조금의 업무절차

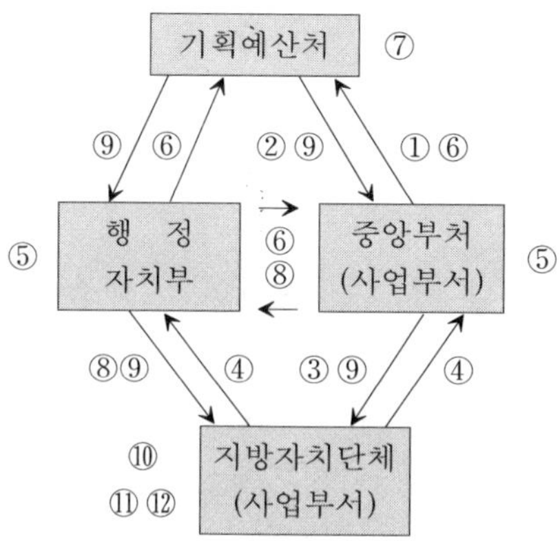

① 신규 및 계속사업 계획서 제출(2월 말까지)
② 예산편성지침의 시달(3월 말까지)
③ 신청지시
④ 예산계상 신청 및 보고·제출(4월 말, 5월 말)
⑤ 신청내용에 대한 검토
⑥ 지방비 부담 협의 및 예산요구
⑦ 기획예산처의 검토와 보조금예산안의 확정 및 국회제출(10월 2일까지)
⑧ 보조금 사업계획안 · 예산안의 가내시(10월 15일까지)
⑨ 보조금관련 예산확정(12월 2일까지) 및 확정통지
⑩ 보조사업 수행자의 지방비 부담
⑪ 보조사업의 수행
⑫ 보조금의 정산

(3) 신청지시

각 중앙관서장은 예산계상 신청에 필요한 사항을 보조사업 수행자(지방자치단체, 민간 등)에게 시달하는데, 이에 따라 시·도에서도 시·군에 신청지시를 하게 된다.

(4) 신청(일괄신청 포함) 및 보고

시·군·구의 사업부서(실·과·소)에서 보조금신청서를 시·도의 관련사업부서(실·과)에 제출하면, 시·도의 사업부서는 이를 취합하여 일괄 검토 · 조정한 다음 보조사업의 우선순위 등에 대한 의견을 첨부하여 해당 중앙부처의 사업부서(실·과)에 보조금 예산계상을 전년도 4월 30일까지 신청하여야 한다. 그리고 신청한 내용을 5월 31일까지 행정자치부 장관에게 보고하여야 한다(지방재정법 제24조). 그리고 각 중앙사업관서의 장도 보조금관련 예산요구서를 5월 31일까지 기획예산처 장관에게 제출하여야 한다(예산회계법 제25조 ③).

(5) 신청내용에 대한 중앙관서의 검토

각 중앙관서장은 보조금 예산계상 신청자에게 신청내용(사업계획, 금액산정 착오 유무, 자기자금 부담능력 등)에 대한 자료 및 설명요구와 함께 의견을 듣고 교부 여부를 결정하여야 한다.

(6) 지방비 부담 협의 및 예산요구

해당 중앙사업관서의 장은 지방자치단체의 부담을 수반하는 보조금의 예산을 기획예산처 장관에게 요구하고자 할 때에는 행정자치부 장관과 보조사업계획에 대하여 협의하도록 되어 있다. 행정자치부 장관은 지방비 부담경비 협의에 대한 의견서를 해당 중앙사업관서의 장과 기획예산처 장관에게 전년도 6월 20일까지 제출하여야 한다. 해당 중앙사업관서의 장은 행정자치부가 통보한 보조금 및 지방비 부담계획을 토대로 중앙예산부처와 예산안을 협의한다.

(7) 기획예산처의 검토와 보조금예산안의 확정 및 국회제출

기획예산처 장관은 보조금 예산계상 신청자에게 신청내용에 대한 자료 및 설명을 요구하여 의견을 충분히 수렴한 후 보조금심의위원회에 부의하여 정부예산안을 확정한다. 기획예산처의 장은 확정된 정부예산안을 전년도 10월 2일까지 국회에 제출한다(헌법 제54조 ② 및 제30조).

(8) 보조금 사업계획 및 예산의 통지(가내시)

각 중앙관서장은 지방자치단체에 대한 보조금예산안의 내역을 회계연도의 전년도 10월 5일까지 행정자치부 장관에게 통보하여야 한다. 행정자치부 장관은 자치단체별로 '국고보조금 및 지방비 부담계획'을 수립하고 그 내용을 매년 10월 15일까지 자치단체의 장에게 통보하여야 한다(지방재정법 시행령 제35조).

(9) 보조금관련 예산확정 및 사업계획·예산의 통지(취소·변경 및 확정)

각 중앙관서장은 예산이 국회에서 심의·확정(12월 2일까지, 헌법 제54조

②)된 후에는 그 내역을 보조사업 수행자에게 즉시 확정통지하여야 한다(보조금의 예산 및 관리에 관한 법률 제12조 ①). 각 중앙관서장은 천재·지변 기타 사정의 변경 및 법령위반 등에 의한 사유발생시에는 교부결정의 취소 및 변경을 보조사업 수행자에게 통지한다.

(10) 보조사업 수행자의 지방비 부담

보조사업 수행자(지방자치단체)는 행정자치부 장관이 협의조정한 지방비 부담경비에 대하여 지방예산에 우선 계상하여야 한다(보조금의 예산 및 관리에 관한 법률 제13조, 지방재정법 제22조 ②).

(11) 보조사업의 수행

보조사업 수행자는 보조사업의 추진실적보고서를 중앙관서장에게 제출하고, 중앙관서장은 보조금의 금액을 확정하며 사용잔액은 반환을 명한다.

(12) 보조금의 정산

보조사업 수행자는 보조금 사용잔액을 중앙관서장에게 반환(정산)한다.

제4절 국가균형발전특별회계

1. 설치배경

지방재정 지원규모의 양적인 팽창에도 불구하고 이전재원 중 중앙정부에 의하여 용도·기준이 사전에 정해지는 국고보조금이 큰 폭으로 증가하여 왔다. 이로 인해 지역의 투자 우선순위보다는 중앙의 선호에 따라 재원이 배분되고, 지역사업의 투자효율성이 저하되는 등의 문제가 야기되며, 지방재정의 중앙의존도가 높아지면서 지방 스스로 세수확대를 위해 노력할 유인이 부족하였다.

이에 따라 지역사업 재원을 통합·연계하여 중앙부처 시각보다는 지역특성 및 우선순위에 따른 사업추진이 가능하도록 재정지원체계를 개선하기 위하여 국가균형발전특별회계를 2004년 신설하였는데, 동 특별회계의 설치 의의를 살펴보면 다음과 같다.

첫째, 그 동안 각 부처가 운용하여 왔던 다수의 특별회계(양여금, 토지관리 및 지역균형개발, 농어촌 구조개선 등) 및 일반회계를 통해 개별·분산 추진하고 있는 균형발전사업을 하나의 특별회계로 통합하여 체계적으로 지원한다.

둘째, 균형발전특별회계의 일부 재원을 지방자치단체에 대하여 총액으로 사전배분(top-down)하여 그 동안 지방자치단체가 각 부처가 제시한 사업에 대한 예산확보에만 치중함으로써 발생한 지역계획과의 연계 부족 및 자원배분의 왜곡 초래 등의 부작용을 억제한다.

셋째, 지방의 기획능력 및 경쟁력 강화를 통한 자립형 지방화의 기반을 구축하게 한다.

넷째, 지방자치단체의 투자 우선순위에 따라 대상사업을 결정하고 재원을 포괄적으로 지원하여 지방의 자율성을 확대한다.

2. 균형발전특별회계의 대상사업 및 운영방향

(1) 대상사업

국가균형발전특별회계는 국가균형발전계획(5개년계획)과 예산편성을 유기적으로 연계하여 지역개발, 혁신발전을 체계적으로 추진하고, 지역사업의 수요자인 지방자치단체의 특성과 우선순위를 최대한 반영하여 국가균형발전 시책을 효과적으로 지원하기 위한 것이다.

따라서 동 회계의 대상사업은 국가균형발전특별법 제34조 제2항 및 제35조 제2항의 규정에서 규정하고 있는데, 국가균형발전특별법 시행령(제36조 별표)에 규정된 사업 및 지방자치사무이거나 지방사무로 전환된 사업은 대상에서 제외하고 있다. 그리고 균특회계를 지역개발계정의 3개 그룹사업(① 지자체 자율편성사업, ② 균형발전기반 지원사업, ③ 재해예방관련, 개발제한구역관련 사업 등의 기타 사업)과 지역혁신계정 사업(지역산업 진흥, 지방대학 육성 등 지역혁신지원사업)으로 구분하여 운용하고 있다.

1) 지역개발사업 계정

가. 지자체의 다음 각 호의 사업에 대한 보조사업 등

· 낙후지역 및 농산어촌의 개발 관련사업
· 지역사회 기반시설의 확충 및 개선 관련사업
· 지역의 문화·예술 및 관광자원의 개발 및 확충 관련사업
· 지역의 고용창출 등 지역경제 활성화 관련사업
· 지역의 특성 있는 향토자원의 개발 및 활용 관련사업
· 개발제한구역 관리와 관련된 사업
· 기타 지역개발 등과 관련하여 기획예산처 장관이 정하는 사업

나. 국가균형발전특별회계 지원대상에 제외되는 사업

① 국가균형발전특별법 시행령 규정사항(시행령 제36조 별표)

· 여권발급 등 국가를 대신하여 지방자치단체가 수행하는 사무경비보조
· 기초생활보장, 장애인복지, 여성복지, 보훈 등 취약계층에 대한 복지 지원
· 초·중등 교육지원을 위한 교육자치단체 보조
· 수질오염 방지, 대기오염 방지, 폐기물처리 등 환경개선 관련보조
· 에너지정책 수행 관련보조
· 논농업직불, 친환경농업직불, 양식어업직불 등 농어업인에 대한 직불 관련보조
· 자동차교통관리개선특별회계의 지방도 구조개선사업(2006년까지)
· 기타 기획예산처 장관이 정하는 사업

② 지방자치사무이거나 국가사무에서 지방사무로 전환된 사업

2) 지역혁신사업계정

· 지역혁신체계의 구축 및 활성화 관련사업
· 지역전략산업 육성 관련사업
· 지방대학 육성 및 지역인적자원의 개발 관련사업
· 지역의 과학기술의 진흥 및 특성화 관련사업
· 지역 정보화의 촉진 및 정보통신의 진흥 관련사업
· 공공기관·기업 및 대학 등의 지방이전 관련사업

· 기타 지역혁신 촉진과 관련하여 기획예산처 장관이 정하는 사업

(2) 운영방향

균특회계의 재원배분방법은 기존 국고보조금과는 달리 지역개발계정(지자체 자율편성사업)의 경우 지역의 낙후도 등을 반영한 공식에 따라 시·도별로 배분하고, 균형발전기반 지원사업은 해당 기초자치단체별로 사업별 예산신청 한도를 부여하고 있다. 특히, 지자체 자율편성사업을 대상으로 차등보조율을 도입하여 신활력지역으로 선정된 시·군의 사업에 대하여는 신청한도

그림 16-2 국가균형발전특별회계 예산편성업무 흐름도

예산안 편성지침 시달 (3월 말) ↓	· 균특회계 대상사업
지자체 예산신청 (4월 말) ↓	· 시·도지사는 시·군·구의 요구 및 지역발전계획을 종합하여 부처·균형위에 예산신청 · 지역개발사업 계정 세출사업은 지자체별 예산신청 한도 내에서 우선순위를 명시하여 신청
주무부처의 예산안 제출 (5월 말) ↓	· 각 주무부처는 지자체 예산신청서를 기초로 예산안을 작성하여 제출 · 각 주무부처가 지자체의 신청내용을 조정시 그 사유 및 내역 첨부(지역개발계정 사업은 금액조정 없이 필요시 검토의견만 제출)
균형위 검토의견 제출 (6월 말) ↓	· 균형위는 지자체의 예산신청에 대해 지자체 간 중복성, 국가균형발전계획과의 연계성 등을 검토하여 그 의견을 기획예산처에 제출
예산안 협의·보완 (6~8월)	· 기획예산처는 시·도지사의 예산신청에 대한 주무부처의 예산안과 균형위의 검토의견, 재정여건 등을 감안하여 예산안 협의·보완 · 지역별 낙후도, 지자체의 재정상황 등을 고려하여 필요시 지자체별로 차등 지원

범위 내에서 국고보조율을 10% 상향하여 적용하되 보조율 상한율은 80%이다. 그리고 국가균형발전특별회계 운영에 대한 평가, 즉 예산 집행실적 및 세출구조조정실적에 대한 평가를 통하여 우수 지방자치단체에 대해서는 인센티브 재원을 추가로 지원한다.

이러한 국가균형발전특별회계의 대상사업은 국고보조사업과 달리 [그림 16-2]와 같은 예산절차에 의거하여 추진하게 된다.

지방재정관리

개관

우리 나라의 대다수 지방자치단체는 본질적으로 그 재정수지기반이 취약할 뿐 아니라 지방선거에 당선된 자치단체장 및 지방의회 의원들의 선거공약 이행, 주민의 복지욕구의 분출 및 재정수요의 급증에 따르는 재정적인 부담이 가중되고 있다. 이로 인해 급증되는 재정수요와 재원확충의 곤란이라는 상충된 재정환경에 직면한 지방자치단체가 선택해야 할 방안은 보다 적은 지출로 보다 나은 공공서비스를 제공할 수 있도록 재정운용의 효율성을 제고하는 길밖에 없다.

따라서 지방자치단체가 주민의 세금을 정당하게 사용하는 유일한 경우는 같은 돈을 들여서 민간보다 지방자치단체가 하는 것이 사회적·경제적으로 더 나은 때 뿐이라는 기본 전제하에 지방재정지출이 수반되는 모든 행정활동에 대한 분석·평가를 기초로 지출구조와 관리·운영 측면의 비효율성을 과감히 극복하고 재정지출의 성과를 극대화시키는 지방재정 관리방안을 모색하는 것이다.

따라서 제6편에서는 지방재정위기의 극복과 지방재정지출의 효율성을 제고하기 위해 도입된 지방재정관리제도를 살펴본다.

① 재정위기의 배경과 원인, 외국(미국, 일본)의 재정위기 및 재정위기관리 사례를 의거한 재정위기관리의 주체, 단계, 방식 등의 지방재정위기관리제도 도입방안에 대해 고찰한다(제17장).

② 현행 단년도 예산의 원칙을 탈피하여 예산의 시계를 3년 이상으로 연장하여 중·장기적 재정정책을 수립하고 이를 기초로 조달가능 재원을 합리적으로 배분하는 중·장기재정계획제도(지방재정법 제33조)에 대해 고찰한다(제18장).

③ 한정된 가용재용으로 투자효율을 극대화하고 사업의 투자우선순위를 판단하기 위해 각 투자사업별로 타당성을 분석하는 투·융자심사제도(지방재정법 제37조 및 지방사업투자심사규정)에 대해 고찰한다(제19장).

④ 재정운영상황을 건전성·효율성·계획성 측면에서 면밀히 분석하여 재정운영의 문제요인을 밝혀 내고 그 대책을 강구하여 재정위기를 사전적·사후적으로 예방·관리하는 재정분석·진단제도(지방재정법 제55조 및 지방재정 분석·진단실시규정)에 대해 고찰한다(제20장).

⑤ 주민의 알 권리를 충족시키고 재정운영의 투명성을 확보하며, 지방재정의 방만하고 자의적인 재정운영에 대한 (주민)통제장치로서의 재정정보공개(공시)제도(지방재정법 제60조)에 대해 고찰한다(제21장).

⑥ 재정운영의 손익상태(수익, 비용)와 재산상태(자산, 부채, 자본)를 거래가 발생한 시점(발생주의)에 따라 회계처리하는 복식부기제도의 도입방안(지방재정법 제53조)에 대해 고찰한다(제22장).

17

지방재정의 위기관리

제 1 절 지방재정위기의 의의와 원인

1. 재정위기의 의의

어떤 재정상태를 재정위기로 볼 것인지의 문제는 먼저 재정위기에 대한 개념적 정의가 설정되어야 할 것이다.[1] 일반적으로 지방재정의 위기적 상황은 수입과 지출 간 격차규모, 현금흐름의 부족상황, 지불능력 등을 기준으로 재정압박(fiscal stress), 재정위기(fiscal crisis), 재정파산(bankruptcy) 등과 같이 다양한 형태로 발생할 수 있다.[2]

미국 회계검사국(General Accounting Office: GAO)은 재정위기란 "해당 지역사회가 자신보다 나은 지역사회와 동등한 공공서비스수준을 달성하기 위해 해당 지역주민이 실질적으로 높은 세부담을 감내하는 상태"로 정의하고 있는데,[3] 이는 재정위기의 본질적인 측면을 포착하지 못한 정의라고 할 수 있다. 이보다는 "일정한 공공서비스수준하에서 수입과 지출 간 불균형으로부터 발생한 현금흐름의 지속적인 부족"(펜실베이니아주 재정위기법 제47조)이 재정위기에 대한 올바른 정의라고 판단된다. 그리고 이러한 상태가 확대재생산되어 재정위기가 회복불가능한 재정상태를 재정파산이라고 할 수 있을 것이다.

요컨대, 재정위기란 재원부족이나 방만한 재정운영에 따른 과도한 재정지출로 자치단체가 기본적으로 공급해야 할 공공서비스가 충족되지 못함으

---

1) 브래드버리(Katharine L. Bradbury)는 재정압박의 형태를 예산적 재정압박과 시민적 재정압박으로 구분하고, 전자는 지방정부의 예산이 단기적으로 균형을 이루지 못하는 상태이며, 후자는 공공서비스 제공과 재원조달의 기능이 아주 취약한 상태로 현재의 조세부담으로 낮은 질과 양의 서비스를 제공하거나, 높은 서비스수준 유지를 위한 높은 조세부담의 상태라고 말한다(Katharine L. Bradbury, 1982, pp. 33～44). 그로브(Standford M. Grove)와 발렌트(Maureen G. Valente)는 현금지불능력(cash solvency), 예산지불능력(budgetary solvency), 장기적인 지불능력(long-run solvency), 서비스수준 지불능력(service-level solvency)으로 구분하여 재정위기의 발생가능성을 진단하였다(Standford M. Grove and Maureen G. Valente, 1986, p. 7).

2) 이효(1998).

3) Anthony G. Cabill and Joseph A. James(1992), p. 92.

로써 자치단체로서의 기능이 정지될 우려가 높은 재정상태를 말하며, 재정파산이란 이러한 재정상태를 근본적으로 재구축하지 않고는 자치단체로서의 기본적인 기능조차 회복될 가능성이 없는 재정상태를 의미한다.

즉, 재정위기란 일시적인 세수감소나 지출증가로 인하여 발생한 재정수지가 악화되는 재정상태라기보다는 상당 기간 구조적으로 재정수지가 악화되어 자치단체 스스로의 자구노력만으로는 재정수지의 개선이 불가능한 재정상태라고 할 수 있다.

2. 재정위기의 원인

재정위기의 원인은 국가·지역·시대적 배경에 따라 다양하나 크게 내부적 원인과 외부적 원인으로 구분할 수 있다.[4)]

(1) 내부적 원인

이는 자치단체 내부의 통제력 결함 때문에 발생하는 것으로 본질적인 원인이라고 할 수 있다. 구체적으로 보면 정치·사회적인 측면에서는 정치적 동기에서 비롯된 과도한 지출, 주민욕구의 분출, 조세저항의 증대 등을 들 수 있다.

경제적인 측면에서는 취약한 과세기반, 자본·소득의 역외이전, 지역경제의 환류기능 미흡 등을 들 수 있다. 기술적·행정적인 측면에서는 비효율적인 예산운영, 전문성 및 재무정보의 부족, 비효율적인 징세방법, 수입의 과대추정 등을 들 수 있다.

(2) 외부적 원인

이는 주로 경제환경의 변화로부터 발생하여 그 파급경로가 복잡하다는 특징이 있다. 따라서 자치단체가 직접적으로 통제할 수 있는 범위가 매우 제한된다. 구체적으로 세계경제 및 국내경제의 변화로부터 발생하는 산업 및 상업적 기반의 상실과 산업구조의 변화에 따른 자치단체 및 해당 지역의 기반이 되는 특정 산업의 침체, 인구구조의 변화 등이 이에 해당된다. 이

4) 이상용 외(1996), pp. 8～10.

표 17-1 재정위기의 유발요인

구 분	유발요인
세 입	· 주민 1인당 경상세입의 감소, 지방세수입 감소 · 자주재원비율 감소, 세입부족비율 증가
세 출	· 주민 1인당 경상지출액 증가, 주민 1인당 공무원수 증가 · 인력 및 조직의 비효율성(총정원 대 현원 인건비)
운영상황	· 순경상수입에 대한 경상적자비율의 증대 · 사업손실의 발생(지방공기업, 공사, 공단)
부채구조	· 순경상수입에 대한 부채비율의 증가 · 순경상수입에 대한 채무상환액 비율의 증가 · 지방채 현재액의 과다
지역사회의 수요/자원	· 인구규모의 급속한 감소 · 주민 1인당 소득의 감소 · 빈곤가구 및 공적 부조대상자 비율의 증가 · 실업률 증가 및 직장수의 감소

표 17-2 재정압박의 판단기준

평가사항	판단기준
총부채액이 총부동산 시장가치에서 차지하는 비중	10% 이상
총부채의 증가율	과세기반(tax base)의 증가율 또는 1인당 GRP 증가율을 현저히 상회
주민 1인당 총부채액	−
단기성 부채	당해 회계연도에 상환되지 못하고 이월되는 경우
장기채무 원리금 상환액이 자체재원에서 차지하는 비중	20~25% 초과

요인들은 세수의 결함과 재정지출의 급격한 증가를 동반함으로써 재정위기의 단초를 제공한다.

한편, 보조금의 감소로 나타나는 정부 간 재정관계의 변화도 재정위기의 주요 원인으로 작용하고 있다. 구체적인 재정위기의 유발요인 및 재정압박의 판단기준을 예시적으로 살펴보면 [표 17-1], [표 17-2]와 같다.

3. 재정위기의 이론모형

재정위기의 원인은 이론적 측면에서 네 가지 모형, 즉 ① 사회·경제적 모형(socio-economic model), ② 정치적 모형(political model), ③ 관료주의 팽창모형(bureaucratic expansion model), ④ 내부관리모형(internal management model)으로 설명할 수 있다. 사회·경제적 모형은 재정위기의 원인을 외부적 측면에서 접근한 반면에 내부관리모형은 내부적 요인을 중시하며, 나머지 모형은 외부적·내부적 요인 모두가 재정위기의 원인으로 작용한다고 보고 있다.[5)]

(1) 사회·경제적 모형

이 모형은 재정위기를 설명하는 전통적인 접근방법으로 외부적 요인(경제적·인구통계학적 요인)을 중시한다. 즉, 해당 지역의 경제적 기반이 되는 특정 산업의 쇠퇴와 함께 연령별·소득별 인구구조의 변화가 재정수입 및 재정지출에 영향을 주어 재정위기를 초래한다는 입장이다. 예컨대, 중산층이나 자산가들의 교외이전은 세수입의 감소를 가져오는 반면에 빈곤층, 실업자, 노약층의 유입은 재정지출의 증가를 가져와 세입과 세출 간의 괴리가 발생하게 되는데, 이것이 재정위기의 원인으로 작용하게 된다는 것이다.

(2) 정치적 모형

이 모형은 정치적 여건의 가변성이 재정위기를 초래한다는 것이다. 따라서 자치단체장이 처해 있는 정치적 상황이나 입장, 지방의원들의 정치적 동기 등에 따라 재정지출이 급증함으로써 재정위기가 초래된다는 것이다. 예컨대, 자치단체장이 개인의 정치적 입지강화를 위해 업적과시형 사업을 추진하거나 전시성·행사성 경비를 과다지출하게 되고, 지방의회와의 관계 또는 주민의 인기에 영합하기 위한 소규모 분산투자나 무리한 복지사업을 하게 되는데, 이것이 재정위기를 초래하는 원인이 된다는 것이다.

미국의 경우 공무원노조의 임금인상이나 해당 지역의 정치적 색채도 재정위기의 원인으로 작용한다. 예컨대, 민주당 색채가 짙은 지역이 공화당 색채가 짙은 지역에 비하여 지출삭감에 소극적으로 대처함으로써 재정위기를

5) 이상용 외(1996), pp. 10~12.

초래한다는 사례보고가 있다.

(3) 관료주의 팽창모형

이 모형은 공공선택이론의 영향을 받아 재정위기의 원인을 비시장적 의사결정 측면에서 접근한다. 지역주민의 공공서비스에 대한 선호를 정확히 시현하기 위해 관료의 기능이 강화되고, 이에 따라 정부조직이 팽창함으로써 재정위기가 발생하게 된다는 것이다. 다시 말해서, 공공부문은 근본적으로 가격메커니즘이 결여되어 있기 때문에 정부조직이 과도하게 비대해진다는 것이다.

따라서 관료는 기본적으로 조직의 규모로 자신의 권위를 인식하며, 이에 따라 비합리적인 권한을 행사하여 지출이 증가하며, 또한 정부지출로부터 혜택을 받는 계층은 지속적으로 그 혜택이 증가하기를 원하여 정부조직의 과도한 팽창으로 연결된다는 것이다.

(4) 내부관리모형

이 모형은 자치단체의 불건전한 내부관리에 의해 세입의 감소, 예산의 과도한 지출이 발생함으로써 재정위기가 발생한다는 것이다. 이와 같은 현상은 주로 실무자들의 관리능력 부족에서 기인하며, 실무자들은 대체로 단기적 측면에서 재정을 운용함에 따라 당해 자치단체 전체의 재정운용이 통일적·종합적으로 이루어지지 않음으로써 비효율적인 예산지출이 발생하게 된다.

따라서 세입과 세출에 대한 예측능력의 부족으로 인하여 재정수지의 불균형이 발생하는 것이다. 특히, 상급정부로부터 지급되는 보조금의 경우에는 그 성격상 변동폭이 커서 수입의 정확한 예측을 어렵게 하는 것도 재정위기의 원인이라고 할 수 있다. 그리고 자치단체가 제공하는 공공서비스의 범위가 클수록 재정위기가 발생할 수 있으며, 이 밖에 시대의 변화를 제대로 반영하지 못하여 법률체계가 상호 모순됨으로써 재정위기가 발생하기도 한다.

제 2 절 재정위기 관리의 외국사례

1. 미국의 사례

미국의 재정위기는 대공황 이후 1930년대, 오일쇼크 영향에 따른 1970년대 초·중반 두 차례에 걸쳐 발생하였으며, 최근의 재정위기는 1975년대 초·중반의 재정위기 연장선상에서 파악할 수 있다. 1970년 중반 이후 미국의 재정위기는 지역적·경제적 요인 등으로 매우 다양한 성격을 갖고 있어 대도시를 중심으로 발생한 1930년대 재정위기와는 달리 뉴욕시를 제외하고는 대부분 소도시나 특별구에서 발생했다는 특징이 있다. 다만, 이 시기의 재정위기는 공통적으로 정부 간 재정관계로부터 발생했다는 사실에 주목할 필요가 있다.

1930년대 미국의 재정위기는 대공황 및 이로 인한 세수의 급감과 재정지출의 급증이 동반되어 일어났으며, 상급정부의 재정·금융지원이 아닌 이해당사자 간의 협의(뉴욕시)나 위원회(시카고시)를 활용하는 재정위기 관리방식을 채택하였다. 이는 재정위기가 외부적 충격으로 인하여 촉발되었고, 공정성 확보와 자치권 유지를 지향하는 재정위기 관리방식을 취했다는 데 그 의의가 있다.

1970년대 중반 이후 미국 지방정부의 재정위기는 1930년대와는 달리 대부분 소도시나 특별구 등에서 발생한바, 이는 보조금 삭감, 행정사무의 위임 등 정부 간 행·재정관계로부터 재정압박이 누적되었음을 의미한다. 이에 따라 재정압박과 재정부담 해소를 위해 공채발행과 아울러 복지비의 증가가 복합적으로 작용하여 재정위기가 초래되었다.

재정위기의 관리는 지방정부의 자치기능을 인정하면서 재정·금융지원을 통하여 재정위기를 극복하는 방식과 일정 기간 시장의 해임과 의회의 기능을 정지한 가운데 파산관리인 또는 파산법을 통하여 재정건전화를 추구하는 방식으로 구분된다. 재정·금융지원의 경우, '긴급재정관리위원회' 또는 '재정심사위원회'와 같은 위원회를 설치하여 재정건전화에 필요한 권한 및 기능을 부여하고 있다.

한편, 1990년대 오렌지 카운티(County of Orange)가 취한 파산신청에 의한 재정위기 관리방식은 파산법이 규정한 채무조정절차에 따르고 있음을 알 수 있다. 즉, 파산법원은 자치권을 일시 정지시키고 파산관리인을 파견하여 채권자와의 채무조정절차를 밟게 하는 한편, 위원회를 구성하여 재정위기 관리방안을 모색하도록 하고 있다.[6)]

2. 일본의 사례

일본의 자치단체는 전후 두 차례(1950년대 초반과 1970년대 중반)의 재정위기를 경험한 바 있는데, 1차 재정위기는 한국전쟁의 특수가 끝난 직후 발생하였고, 2차 재정위기는 오랜 기간의 고도성장이 끝나고 저성장경제로의 전환과 함께 1973년 오일쇼크에 의해 촉발된 것으로 국가재정의 위기상황과 동반하여 발생하였다.

일본의 지방재정위기 관리는 자치단체가 스스로 실시하는 자주재건방식을 중심으로 '지방재정재건촉진특례조치법'에 근거하여 중앙정부가 재정·금융지원을 하는 준용재건방식을 병행하고 있는 점이 특징이다.

자주재건방식에서는 자치단체가 재정건전화 계획을 수립하여 중앙정부의 승인을 얻은 후 주민에게 공개하도록 하고 있다. 그리고 예산의 편성보다는 예산의 집행, 조직 및 운영의 합리화에 중점을 두는 재정위기 관리방식이다.

준용재건방식에서는 재정재건채(財政再建債)의 발행과 이에 대한 이자지급, 특정 공공사업에 대한 국고보조율 인상 등이 법적으로 규정되어 있고, 중앙정부는 대장성 자금운용부 자금, 임시특별교부금, 지방채의 발행 등을 통하여 재정·금융지원을 실시하는 것이다.[7)]

6) 서정섭(1997) 참조.
7) 板田期雄(1981) 참조.

제3절 지방재정위기 관리의 주체와 단계

1. 재정위기 관리의 주체

재정위기 관리제도는 자치권을 일정 부분 제한할 수도 있다는 점에서 재정위기의 판단은 해당 자치단체의 단체장과 의회 및 주민이 주체가 되는 것이 바람직하다. 즉, 먼저 해당 자치단체가 스스로 재정위기 관리상태를 판단하고 타당성이 입증되면 구체적인 재정위기 관리단계로 전환하는 것이다.

이는 자치권의 제한 내지는 일시정지를 스스로 인정한다는 의미를 갖게 되어 지방자치원리에 부합하는 절차라고 할 수 있다. 실제로 미국과 일본의 예를 보면, 재정위기의 판단은 1차적으로 해당 자치단체의 판단에 전적으로 귀속되어 있다. 물론 해당 자치단체는 재정위기에 직면하였다는 사실을 은폐하거나 왜곡할 수 있다는 우려가 제기될 수 있으나, 재정진단을 중심으로 한 조기경보체제가 구축되어 있고, 재정상태에 대한 정보의 공개를 의무화하면 무리 없는 해결이 가능하며, 지방자치원리를 준수한다는 측면에서도 1차적으로 재정위기의 판단은 자치단체의 자율에 일임하는 것이 바람직하다.

요컨대, [그림 17-1]에서 보듯이 해당 자치단체의 1차적인 재정위기 관리신청에 대해 해당 단체의 신청이 타당한가, 재정위기의 상태가 어느 정도인가, 재정위기 관리단계로 이행해야 하는가 등과 같은 최종적인 판단과 관리주체로는 지방자치단체의 관할감독기관, 제3의 독립기관(사법부 등), 이해

그림 17-1 재정위기 관리의 단계와 주체

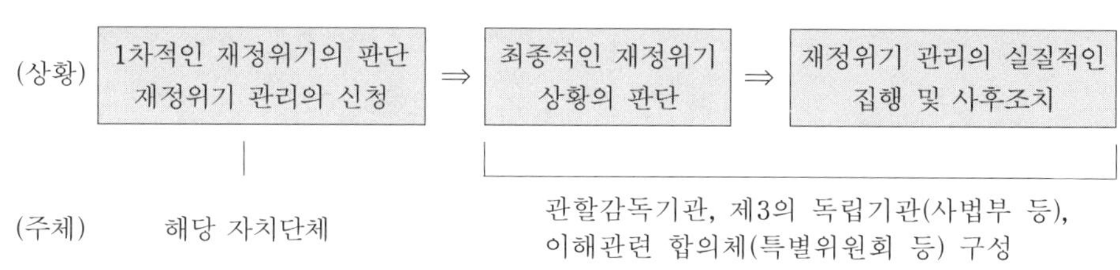

관련 주체로 구성된 합의체(특별위원회 등) 등을 고려할 수 있다.

(1) 관할감독기관

우선 지방자치단체에 대해서는 관할감독기관인 중앙정부(행정자치부)가, 기초자치단체에 대해서는 광역자치단체가 재정위기의 판단 및 관리의 주체로 하는 방안을 고려해 볼 수 있다. 이 경우 재정건전화 계획을 포함한 모든 재정위기 관리를 상급감독기관이 수행하게 됨으로써 단기간 내에 집중적인 재정·금융지원이 가능하다. 즉, 재정건전화를 충족시킬 수 있는 재정수단의 확보가 용이하고 중앙과 지방의 재정연계하에서 재정지원 및 재정건전화의 협조체제를 구축할 수 있다.

그러나 우리 나라 자치단체들의 재정자립도는 매우 낮은 실정이며, 지방교부세를 포함한 재정조정제도가 완전히 객관화되지 못한 상황에서 중앙정부가 재정위기 관리의 주체가 되면 자치단체의 독립성이 상당 정도 침해될 우려가 있다. 특히, 현행 지방재정제도는 행정자치부가 기채승인권을 갖고 있는 등 자치단체의 재정적인 자율권이 보장되어 있지 않기 때문에 재정위기의 책임을 중앙정부(행정자치부) 및 광역자치단체가 어느 정도 공유하고 있다는 점에서 한계가 있다.

또한 관할감독기관이 일방적으로 재정건전화 계획을 수립·시행하는 경우 자치단체의 여건을 경시할 우려가 있기 때문에 자치단체와 긴밀한 협조체제가 요구된다.

(2) 제3의 독립기관(사법부)

무엇보다 공정성 확보라는 측면에서 장점을 갖고 있다. 따라서 해당 자치단체의 반발과 불필요한 오해의 소지를 해소하는 데 적합한 방안이라고 할 수 있다. 그러나 자치권을 일정 부분 제약할 것으로 예견되는 재정위기의 판단을 법리적 측면에서 접근하게 되면 많은 시간이 소요되어 시의적절한 대책을 마련하기가 곤란하며, 재정위기 관리단계에서 과연 실효성을 어느 정도 확보할 수 있는가에 대해서는 회의적이다. 따라서 실효성을 확보하기 위해서는 관리주체의 권한과 해당 자치단체의 의무에 관한 법적 근거가 마련되어야 할 것이다.

(3) 이해관련 주체로 구성된 합의체(특별위원회)

공정성과 실효성이 동시에 확보가능하다는 측면에서 장점이 있다. 즉, 해당 자치단체의 단체장과 의회, 채권자 등을 포함한 이해당사자와 상급감독기관, 회계 및 재무분야의 민간전문가 등을 위원으로 위촉하여 위원회를 구성하면 사법부와 상급감독기관의 장점인 공정성과 관리의 실효성을 확보할 수 있다.

반면에 상이한 성격의 주체가 통합되어 있어 상호간 유기적인 협력체제가 이루어지지 않을 경우 일관성 및 안정성이 유지되기 어렵다는 단점이 있다.

2. 재정위기 관리의 단계

(1) 제1단계: 자치단체의 자구노력

제1단계는 재정위기가 실질적으로 발생하지는 않았으나 재정상태가 대단히 악화, 재정위기가 예견되어 재정건전화를 위해 자치단체 스스로가 인건비 절약, 불필요한 경비를 축소하는 등 자구책을 강구하는 단계라고 할 수 있다. 따라서 재정위기 관리 이전의 예방적·사전적 조치를 취하는 단계이다. 만약 자치단체가 세입증대나 지출삭감 등의 충분한 자구노력을 했음에도 불구하고 재정위기를 극복할 수 없는 경우에는 상급정부의 재정·금융지원이나 파산에 의한 재정재건과정을 거치게 된다.

미국 및 일본의 사례분석에 의하면, 재정위기에 직면한 자치단체는 일반적으로 먼저 자구노력의 단계를 밟고 있으나 이를 법률적으로 강제화하고 있지는 않다. 미국의 경우, 연방파산법원에서 부채의 지불능력 여부를 기준으로 자치단체의 파산을 결정하기 때문에 이 과정에서 자구노력에 대한 평가가 이루어지며, 일본의 경우에는 자구노력방식과 재정·금융지원방식의 선택은 자치단체 스스로가 자유롭게 결정하고 있다.

(2) 제2단계: 재정·금융지원

미국의 재정재건과정은 크게 해당 자치단체의 자치기능을 인정하느냐, 인정하지 않느냐에 따라 적용방법이 다르게 나타나는데, 재정·금융지원에 의한 재정위기 관리는 자치기능을 가능한 한 인정하면서 시행되는 방식이라고 볼 수 있다. 즉, 재정위기에 빠진 자치단체의 자치기능을 인정하는 경우, 해당 주정부는 재정상태를 분석한 후 특별대책위원회를 주 산하에 설치하고 위원회로 하여금 재정·금융지원 등 향후 대책을 마련하도록 하고 있다. 이 위원회의 설치는 주의 일반법으로 규정하기도 하고, 재정국에 자치단체의 재정상태에 대한 심사기능을 부여함으로써 재정위기의 대책을 제도화하고 있다.

일본의 경우에는 기본적으로 자치권을 인정한 가운데 재정위기 관리가 시행되기 때문에 재정·금융지원방식을 이용하여 재정위기를 관리한다고 해서 해당 자치단체의 의회나 단체장의 기능이 정지되지는 않는다. 그러나 재정건전화 계획을 통하여 중앙정부로부터 재정통제를 받기 때문에 실제로는 자치권에 일정 부분 제약이 가해진다고 볼 수 있다.

요컨대, 자치권의 인정 여부와는 별개로 상급정부로부터 재정·금융지원을 받게 되면 재정권을 중심으로 한 자치권이 일정 부분 통제를 받게 되며, 그럼에도 불구하고 재정·금융지원단계를 거치는 것은 1단계보다는 재정상태가 더 불안정하다는 것을 의미한다.

(3) 제3단계: 파산에 의한 재정구제

2단계와 같은 전면적인 재정·금융지원에도 불구하고 재정위기가 매우 심각하여 재정재건이 어렵다고 판단되면, 주파산관리인제도(州破産管理人制度)나 연방파산법을 적용하여 재정건전화 계획을 추진한다. 여기에서의 파산이란 지방정부의 해산이 아니라 파산관리인이나 연방파산법원의 감독하에 이루어지는 채무조정절차를 의미하며, 그 기간 동안 자치단체장 및 지방의회의 기능이 일시 정지된다.

즉, 제2단계의 위원회 설치에 의한 재정·금융지원이 자치단체 스스로의 재정건전화 노력을 지원하기 위한 제도적 시스템이라면, 파산은 관리인이나 사법기관과 같이 정치적 책임을 지지 않는 제3자가 자치단체의 행·재정에 광범위한 개입 및 통제를 통하여 자치단체의 일정 기능을 한시적으로 담당하는 재정위기 관리방식이라고 볼 수 있다.

(4) 평　　가

재정위기 관리의 단계는 기본적으로 재정위기 관리의 주체 및 방식과 연계하여 검토되어야 하나, 우리 나라의 경우에는 먼저 충분한 자구노력을 기울였는지의 여부를 평가한 후, 자구노력만 가지고는 재정위기가 극복될 수 없다고 판단되면 전면적인 재정·금융지원단계로 이행하는 방식을 고려해 볼 수 있다. 물론 이를 위해서는 객관성과 신뢰성이 높은 재정진단제도의 확립이 요구된다.

제3단계 파산에 의한 재정구제는 자치권을 일시적으로 정지해야 하는 어려움이 있어 정치적 갈등을 야기할 우려가 높으므로 충분한 시간을 갖고 신중하게 검토하는 것이 바람직하다. 만약 재정위기 관리를 제2단계까지만 고려한다면, 제1단계에는 자구노력을 객관적으로 평가할 수 있는 평가항목 및 평가기준을 마련해야 하며, 제2단계에서는 일본의 예와 같이 지원가능한 재정·금융지원의 정책수단, 재정건전화 계획의 구체적인 내용과 이의 실효성 제고를 위한 의무적인 실천방안 등의 내용을 법률적 측면에서 보완하여야 할 것이다.

제4절 지방재정위기 관리의 방식

1. 행정적 접근

행정적 접근방식에는 두 가지 유형, 즉 기존 행정기구를 활용하는 방법과 재정위기만을 대상으로 특정 행정단위(예: 위원회)를 설치하는 방법을 고려할 수 있다.

(1) 기존 행정기구의 활용

재정위기 관리를 최단기간 내에 시행하고자 할 경우 기존 행정기구를 활용하는 방안도 검토가 가능한데, 이 경우 활용가능한 기존 행정부서는 광역자치단체에 대해서는 행정자치부의 지방재정세제국, 기초자치단체에 대해서는 광역자치단체의 예산담당관실을 주무부서로 할 수 있다.

이러한 기존 행정기구의 활용은 여타 방안, 특히 새로운 행정기구를 신설하는 방안에 비하여 복잡하지 않으면서 단기대책으로서의 유용성 확보가 가능하다는 장점이 있다. 그러나 재정위기를 전담하는 행정기구 없이 재정위기를 관리하게 되면, 그 중요성에도 불구하고 재정위기 관리가 타업무에 부수된 업무로 전락하게 되며, 충분한 전문성 확보가 미흡하게 된다. 이는 궁극적으로 재정상태를 지속적으로 점검하여 재정위기를 조기에 예방한다는 차원에서는 불충분한 대안이며, 종합적·체계적인 재정위기 관리를 어렵게 할 우려가 있다.

기존 행정기구의 활용에 있어서 행정자치부는 자치단체의 우선순위, 지출욕구, 수입원, 여타 재정수단을 감시함으로써 재정건전화 계획에 대하여 절대적인 통제를 행사할 수 있다. 행정자치부의 1차적 책임은 재무관리에 대한 규제 및 지침의 확립, 준수 여부의 점검이며, 필요시 개선조치를 취할 수 있다. 그러나 기존 행정기구의 활용방법은 자치단체에 권고할 수는 있으나, 자치단체가 이를 채택·실행하는 데 직접적으로 요구할 수 없다는 점이 한계로 작용한다. 즉, 지방재정조정제도를 통하여 간접적으로 유도할 수 있을 뿐이다.

(2) 새로운 기구의 설치

새로운 기구의 설치는 재정위기 관리의 전담부서로서 기초자치단체를 담당하는 광역자치단체, 광역자치단체를 담당하는 중앙정부(행정자치부)하에 새로운 행정기구를 설치하는 방안이다. 이 방안은 자치단체의 재정상태를 전문적으로 담당할 수 있게 되어 전문성이 제고됨으로써 적절한 지도 및 감독이 가능하며, 따라서 재정위기사태를 미연에 방지할 수 있어 예방효과가 제고된다. 특히, 신뢰성 높은 신용평가기관이 전무한 현실여건을 고려하면 단기방안으로서 고려할 수 있다.

그러나 자치권을 최소한도로 제한하면서 재정위기를 효율적으로 관리하기 위해서는 법적 근거하에 재정·금융지원이 이루어져야 함을 고려하면 근본적인 대안이 될 수 없다.

새로운 행정부서의 설치형태로서 제시될 수 있는 대안으로 민간전문가를 포함한 위원회의 설치가 검토가능한데, 이 위원회 구성은 학계전문가, 회계사 등 민간재무전문가, 지방의회 및 자치단체장이 추천한 인사, 정부실무자, 채권자 등을 포함하여 10인 이내로 할 수 있다.

위원회의 권한은 재정위기시 과세 및 채권발행에 대한 권한 등 재정권을 통제하며, 위원회가 수립한 재정건전화 계획은 법적 구속력을 갖도록 할 필요가 있다. 위원회는 그 성격상 사전예방보다는 사후조치에 중점을 두게 되어 실질적인 재정위기를 관리하는 데 정책의 실효성을 확보할 수 있고, 위원회가 객관성을 인정받을 경우에는 불필요한 오해를 받지 않아도 된다는 장점이 있다. 특히, 채권자, 지역주민, 정부의 이해관계를 적절하게 조정하는 데 비교우위를 확보하기에 유리하며, 이는 해당 자치단체의 재정수지를 개선하는 데 크게 도움을 줄 수 있다.

그러나 위원회는 상시기구가 아닌 관계로 지속적·정기적인 감독이 곤란하여 재정위기에 대한 사전예방능력이 부족하고, 실제상황에서 위원들 간 이해관계를 조율하는 것이 가능한가에 대한 의문과 비록 가능하다 해도 시급성을 요하는 재정위기 관리에 신속하게 대처할 수 있는가에 대해서는 불명확하다는 문제가 있다.

(3) 직무대행자 지정제도의 도입

재정위기 관리방안의 하나로 독일에서 시행하고 있는 직무대행자 지정제도, 즉 국가가 지정한 대행자가 지방자치단체 업무의 일부 또는 전부를 대행하게 하는 방안도 고려해 볼 수 있다.

독일의 지방자치법은 지방자치단체의 기관이 정상적으로 구성되지 아니하거나 정상적인 업무의 수행이 어려울 정도로 위법상태가 발생하는 경우에 그 업무를 수행하게 하는 감독수단을 채택하고 있다. 또한 지방재정이 극도로 악화되어 적법한 업무의 수행이 불가능한 경우에도 직무대행자를 선임할 수 있다.

이러한 직무대행자 지정제도는 자치단체의 자치권을 상당 부분 제한하는 조치이기 때문에 엄격한 요건을 요구하고 있다. 즉, 지방자치단체의 위법행정에 대한 감독수단은 여러 가지가 있으며, 보다 유연한 감독수단으로 지방행정의 위법상태를 극복할 수 있는 경우에는 자치권을 침해하는 직무대행자의 지정은 허용되지 아니한다. 만약 지방자치단체의 재정운용이 법률의 규정에 위반되거나, 재정악화로 법률에 규정된 지출을 할 수 없게 된다든가, 재정원칙을 유지할 수 없다면 이 요건은 충족된다고 볼 수 있다.

독일의 경우 직무대행자의 관할관청은 주정부별로 상이하게 운용되고 있다. 즉, 일반감독수단과 마찬가지로 법적인 감독관청과 동일한 경우도 있고, 상급 지방자치단체의 관할로 보는 경우도 있으며, 최고감독관청인 내무부 장관의 관할로 하는 경우도 있다. 그리고 직무대행자의 자격은 바이에른주만 규정하고 있는데, 이에 따르면 제1시장이 직무대행자로 지정될 수 있고, 그가 거부하는 경우에만 내무부 장관이 법적 감독관청을 직무대행자로 지정할 수 있다. 그러나 이 경우에도 개인을 단독으로 직무대행자로 지정할 수 없다. 그 밖의 주에서는 직무대행자의 선임은 감독관청의 재량에 따르며, 관할감독관청은 사인(私人)을 직무대행자로 지정하거나 지방자치단체의 공무원 또는 감독관청의 공무원을 지정할 수도 있다.

직무대행자의 법적 지위와 관련하여 직무대행자를 국가기관으로 보느냐, 아니면 지방자치단체의 기관으로 보느냐 하는 것은 직무대행자에 대한 국가의 감독범위에 차이를 가져올 수 있다. 직무대행자를 국가기관으로 보는 견해는 일시적인 지방자치의 중지와 국가행정에 의한 지방자치행정의 대체를 의미하는 것이다. 이는 자치권을 본질적으로 침해하는 것이므로 직무대행자의 법적 지위는 지방자치단체의 기관으로서의 지위에 있다고 보아야 할 것이다. 따라서 지방자치단체의 기관이 정상적인 업무수행이 가능한 여건이 갖추어지면, 즉시 직무대행자를 해임하고 그 권한을 지방자치단체에 반환해 주어야 한다.

한편, 법률상의 요건이 구비되지 않은 직무대행자를 감독관청이 지정하거나 지방자치단체의 활동이 정상적으로 운용됨에도 불구하고, 직무대행자를 해임하지 않는 경우에는 해당 지방자치단체는 소송을 제기하여 자치권을 회복할 수 있어야 한다.

이러한 독일의 직무대행자 지정제도는 지방자치단체의 자치권을 존중하면서도 법적 감독의 범위를 벗어나지 않는다는 점에서 이 제도의 도입타당성이 있다고 볼 수 있다. 그러나 직무대행자 지정요건이 재정위기뿐만 아니라 다른 요인까지 포괄적으로 규정되어 있어 잘못 운용될 경우 자치권을 상당히 침해할 우려가 있다.

따라서 지방재정의 운용원칙을 사전에 법률로써 규정하고 이를 준수하는 데 현저한 장애가 발생한 경우에 한하여 감독관청이 직무대행자를 지정할 수 있도록 하는 것이 바람직하다. 그러나 직무대행자 지정제도에 대한 충분한 사전 연구가 진행되지 못한 상태에 있기 때문에 실제로 도입하고자 할 경우에는 이에 대한 심층적인 연구가 요구된다.

2. 입법적 접근

입법적 접근은 다시 재정위기가 발생한 자치단체에만 적용되는 특별법과 모든 자치단체에게 적용되는 일반법(예: 재정위기법)으로 분류할 수 있다.

미국의 경우를 살펴보면, 1970년대 중반 이후에는 일반법으로 대처하고 있으며, 재정위기법은 기존의 주정부와 자치단체 간의 관계를 유지하면서 다음의 사항을 포괄하고 있다.

① 재정위기(채무불이행, 특정 기간 내 기본적인 행정서비스 제공불능) 결정을 위한 기준설정

② 재정위기시 소송할 수 있는 당사자에 대한 정의

③ 재정위기시 재정상태를 나타내는 계획의 승인 및 개발에 이용되는 절차

④ 재정건전화 계획을 개발·실행할 행정 및 조정메커니즘의 확립

⑤ 재정건전화 계획을 수립할 실무자와 조정자에게 부여되는 권한과 조건

(1) 지방자치법 또는 지방재정법에 규정

기존의 지방자치법 또는 지방재정법에 재정위기 관리에 대한 사항을 규정할 수 있다. 현행 지방재정법은 재정분석·진단의 실시(제55조), 매 회계연도 세입·세출예산의 집행상황 및 지방채 현황 등의 재정운영상황의 공시(제60조), 재정운영에 관한 보고(제54조)에 의거, 어느 정도 재정건전화를 유도할 수 있는 제도적 장치가 마련되어 있으나, 그 내용이 구체적이지 못할 뿐

만 아니라 법적 구속력도 미약한 실정이다.

2005년에 개정된 지방재정법 시행령 제65조 제4항에서 재정진단 결과 필요하다고 인정되는 경우 당해 자치단체에 대해서 조직개편, 채무상환, 세입증대 및 신규사업의 제한 등을 내용으로 하는 지방재정건전화 계획을 수립하여 시행할 수 있다고 규정하고 있으나 재정위기의 기준, 재정건전화 계획의 절차 및 주체 등에 관하여 구체적으로 명시되어 있지 않은 상태이다.

따라서 ① 재정진단 및 그 결과의 공개를 의무화, ② 재정위기의 단계별 기준설정, ③ 재정감시기구의 설립 및 권한, ④ 재정위기 발생시 재정건전화 계획 등에 관한 사항을 조문화할 수 있다.

이 방안은 점진적인 개선이라는 측면에서 불필요한 오해와 비판을 경감할 수 있다는 장점이 있으나, 지방재정법을 보완하는 방법만 가지고는 재정위기 관리에 필요한 구체적인 내용을 포괄할 수 없다.

(2) 지방재정위기관리법(가칭)의 제정

중·장기적으로 지방자치단체의 재정위기를 사전에 예방하고 재정위기 발생시 사후적 조치를 명시하는 재정위기에 관한 독립적인 법률로서 지방재정위기관리법(가칭)의 제정을 고려할 수 있다. 이러한 지방재정위기관리법에는 다음 사항을 포괄할 수 있다.

① 재정진단의 의무부과

② 재정위기의 요건

③ 재정건전화 주체

④ 재정건전화 주체의 권한과 의무

⑤ 재정위기시 자치단체 및 지방의회의 기능

⑥ 재정건전화계획서의 작성과 준수

지방재정위기관리법의 제정은 보다 광범위하고 구체적으로 재정위기 관리에 관한 제반 사항들을 명시할 수 있고, 파산법이 재정위기 발생 이후를 대상으로 하는 데 반하여 예방적 조치와 사후대책을 모두 포괄한다는 측면에서 효율적인 재정건전화를 도모할 수 있다는 장점이 있다. 그러나 파산법과 마찬가지로 불필요한 정치적 갈등을 유발할 수 있으며, 시행의 전제로서 재정진단지표와 같은 사전예방제도와 함께 공신력이 높은 신용평가의 확립이 요구되는 등 치밀한 준비가 요구된다는 제약이 따른다.

3. 사법적 접근(미국의 연방파산법)

파산법은 여타 방안에 비하여 자치단체의 자치권을 침해하는 정도가 가장 높다는 점에서 정치적 비용이 클 뿐만 아니라 현재 논란이 되고 있는 중앙과 지방 간 세원배분, 지방재정조정제도 등의 문제가 개선되지 않은 상태에서 파산법을 적용한다는 것은 행정자치부가 자기 책임을 다하지 못했다는 자기모순에 빠지는 결과를 초래한다.

지방자치의식이 강한 미국의 경우에도 파산법의 적용은 대부분 자치단체가 아닌 학교구나 특별구에 한정되어 있다는 사실을 감안할 필요가 있다. 파산관리인제도 역시 주정부의 일반법에 규정된 것이 아니고 상황에 따라 주의회의 의결을 거치는 특별법의 형태를 지니고 있다. 첼시시의 파산관리인방식은 미국에서도 극히 예외적인 사례이며, 따라서 이를 확대해석하거나 일반화하기는 곤란하다.

그리고 미국 지방정부의 파산은 자연인과 법인처럼 자치단체에게도 채무자의 지위를 부여한다는 연방파산법 제109조에 기초하고 있다. 원래 연방파산법은 채무자를 재정적 위기로부터 보호하고 재건의 발판을 만들어 주어 지방행정의 공백이 발생하지 않도록 하자는 자치행정의 이상을 반영한 것이다. 따라서 연방파산법 제109조는 바로 이러한 의도를 자치단체에게도 확대 적용하려는 것으로 자치단체의 자치권에 대한 제약 없이 지방재정의 건전화를 이루기 위한 것이다.

지방정부의 파산(municipal bankruptcy)을 규정하고 있는 연방파산법 제9장에서는 ① 자치단체에 대한 강제적 파산을 불허(제901조)하며, ② 파산선고의 경우에도 자치단체의 고유권한에 제약을 가할 수 없으며(제903조), ③ 파산선고는 연방파산법원의 관할이다. 그러므로 이로 인한 중앙정부의 정치적·행정적 통제는 배제되어 있고, 법원도 자치단체의 의사에 반해서 세입 등에 대한 간섭이 불가능하게 되어 있다(제904조).

연방파산법 가운데 지방정부의 파산(제9장)은 일반적 규정, 시행, 계획의 세 부분으로 구성되어 있는데, 그 내용을 요약하면 다음과 같다.

(1) 일반적 규정

일반규정(General Provisions)에서는 Title 11(파산)의 다른 조항에 대한 적용 여부, 제9장의 용어에 대한 정의, 재판권의 제한과 법원의 권한 등을 규정하고 있다.

(2) 시 행

지방정부의 파산신청이 적법한가를 심의한 후 시행(administration)에 들어간다. 파산신청의 자격요건은 ① 파산신청기관이 지방정부이거나 이에 준하는 기관일 것, ② 파산신청이 파산신청기관의 직접 신청에 의한 것일 것, ③ 지방정부의 파산신청이 해당 주의 주법(州法)으로 허용하고 있을 것, ④ 파산신청기관이 채무불능상태에 있을 것 등이다.

파산신청에 대한 이의신청, 공고 및 심리 후 법원은 채무자가 선의로 파산신청을 제출하지 않았거나 파산신청이 필요조건을 충족하지 못하는 경우 파산신청을 각하할 수 있다.

파산신청이 허용되면 파산법원은 구제를 명하고, 이에 따라 채무조정 및 재정재건절차가 시작된다. 이 때 소송개시, 구제명령 및 소송각하에 대한 내용이 공고되는데, 공고는 소송이 제기된 구역 내에서 발행되는 1개 신문에 적어도 주당 1회, 연속 3주 동안 공고하여야 한다.

공고와 심리 후 파산법원은 다음의 경우 소송을 기각할 수 있다.

① 채무자의 연기가 채권자에게 불이익을 초래하는 경우

② 정해진 기간 내에 계획을 제출하지 않는 경우

③ 계획이 정해진 시간 내에 파산법원에 의해 수용되지 않는 경우

④ 수정계획의 제출을 위한 추가적인 시간의 요구가 거부된 경우

⑤ 계획승인 후 계획상의 중대한 결함이나 특별한 상황의 발생으로 계획종료에 의해 파산법원이 재판권을 보류한 경우

(3) 채무조정계획

① 채무조정계획의 제출

· 채무조정계획(plan)은 채무변제기간이나 채무변제액의 변경으로 해당

자치단체의 수입과 지출을 감안하여 작성되어야 함.

· 공채의 변제도 변제기간의 연장, 변제금액의 감액 등의 변경이 이루어짐.

· 채무조정계획은 실행가능하고 파산법, 주법, 채권자의 승인에 입각해야 함.

② 계획의 수정

· 채무자는 승인 전에 언제라도 계획을 수정할 수 있으나 최소한의 조건은 충족시켜야 함.

· 채무자가 수정된 계획을 제출하면 수정된 계획이 채무조정계획으로 됨.

③ 승인: 파산법원은 다음의 경우 채무조정계획을 승인한다.

· 채무조정계획이 연방파산법 제9장에 규정되어 있는 조건을 충족하는 경우

· 채권자에게 지불될 비용 총액이 명확하고 적절한 경우

· 채무자가 계획을 집행하는 데 필요한 조처를 취하는 것이 법률로 금지되지 않은 경우

· 채무조정계획이 채권자의 최고이익을 설정하고 실현가능한 경우

④ 만약 상기 조건이 충족되지 않은 경우에는 채권자는 계획에 이의를 제기할 수 있으며, 계획이 채권자에게 수용되기 위해서는 채권 총액의 2/3 이상의 금액을 소유한 채권자의 동의와 채권자 총수의 1/2 이상의 동의를 얻어야 한다.

18

지방재정계획

제 1 절 지방재정계획의 의의와 기능

1. 지방재정계획의 의의

중기지방재정계획(mid-term local financial planning)제도는 이른바 계획예산제도(planning-programming-budgeting system: PPBS)에 포함되는 개념[1])으로서 지방의회가 집행기관을 통제하기 위하여 채택해 온 단년도 예산편성방식에서 벗어나, 예산의 시계를 3년 이상으로 연장하여 개발계획의 실효성을 뒷받침하기 위한 것이다. 즉, 사업의 우선순위가 책정된 중기재정계획을 수립하고, 이를 기초로 하여 재원배분방향을 매년 연동화하여 계획함으로써 예산편성 및 집행의 합리화, 즉 한정된 재원을 가장 능률적으로 사용하여 주민의 복지를 최대한으로 향상시키려는 제도이다.[2])

여기서 연동화 계획(rolling plan)이란 중·장기계획의 집행과정에서 매년 계획내용을 수정 · 보완하며 계획기간을 계속하여 1년씩 늦추어 가면서 동일한 연한의 계획을 유지해 나가는 제도를 말한다. 따라서 중기재정계획은 개발계획과 단년도 예산을 중·장기적 시계에서 동태적으로 연결시킬 수 있다.[3]) 중기재정계획은 거시적 예산결정(macro budgeting), 하향적 정책결정(downward policy making)이라고 할 수 있고, 당해 연도 예산은 미시적 예산결정(micro budgeting), 상향적 정책결정(upward policy making)이라고 할 수 있다.[4])

지방자치단체의 예산은 1년을 단위로 편성 · 집행되므로, 중·장기적 개발사업을 추진하는 데는 많은 제약을 가하게 된다. 따라서 전통적인 통제목적 위주의 단년도 예산제도의 제약성을 보완하여 중·장기에 걸치는 재정운용정책을 먼저 수립하고, 이에 따른 재원동원 및 배분방향을 계획함으로써 현행

1) Allen Schick(1966), pp. 246～250; Charles L. Schultze(1973), pp. 5～6.
2) 김동건(1986), p. 255; James C. Snyder(1977), p. 80; 立田清士(1982), pp. 127～129.
3) 미국 국방부는 사업계획과 예산 간의 괴리현상을 방지하기 위하여 투자사업계획과 재정계획을 동시에 수립하는 PFP(program and financial plan)에 기초하여 예산을 편성하고 있다(Tomas, 1979, pp. 29～32).
4) John C. Campbell(1977) 등 참조.

단년도 예산편성의 합리성을 제고시키려는 데 중기지방재정계획의 필요성이 인정된다.[5)]

그러므로 중기지방재정계획은 다음과 같은 특성을 갖는다.

① 중기지방재정계획의 수립주체는 지방자치단체이며, 당해 지방자치단체의 지역개발계획을 재정적 측면에서 지원하는 자금배분계획이다.[6)]

② 중기지방재정계획은 가변적 계획이다. 즉, 중기지방재정계획은 해마다 변화해 가는 경제동향, 국가재정 등 환경에 따라 조정하고 또한 계속적으로 최신의 것으로 개정해 나가는 성질의 것이다.

③ 중기지방재정계획의 주된 내용은 투자적 사업계획이다. 중기지방재정계획은 수입과 지출의 양면에 걸쳐 그 양과 구성내용을 중·장기로 예측하여 재정활동의 계획화를 유도하는 것인데, 그 주된 초점은 행정수준의 향상에 투입되는 투자재원의 조달과 배분을 계획하는 것이다.

2. 중기재정계획의 기능과 한계

중·장기지방재정계획은 수립주체인 지방자치단체가 당해 단체의 지역계획을 재정적으로 뒷받침하는 자금계획, 재정수요의 무한성과 재정공급의 유한성을 동시에 고려하는 수지균형계획, 그리고 한정된 재원을 부문별·사업별로 적절히 배분하는 자원배분계획으로, 계획지향의 예산제도에 입각하고 있다. 따라서 중·장기지방재정계획은 일반적으로 ① 지역발전을 위한 정책형성의 합리화·계획화 기능, ② 국가시책 등 상위계획과의 연계기능, ③ 지방재원의 확충기능, ④ 재정운영의 지표적 기능, ⑤ 지방자원사업의 합리적 선정 및 투자효율의 극대화 기능, ⑥ 지방의회에 대한 예산심의의 준거제공기능 등의 다양한 기능을 수행한다.[7)]

(1) 중기지방재정계획의 기능

현행 단년도 예산제도의 제약성을 보완하여 예산의 시계를 3~5년 이상

5) 地方財政調査研究會(1985), p. 266.
6) Robert D. Lee and Ronald W. Johnson(1977), pp. 239~240.
7) 한국지방행정연구원(1987), pp. 8~10.

의 중·장기를 대상으로 하는 재정정책을 수립하고, 이에 따라 재원동원 및 배분을 계획하는 중·장기지방재정계획의 기능 및 기대효과를 보면 다음과 같다.

첫째, 지방자치단체가 매년도 예산을 편성하고 사업계획을 수립할 때 보다 확실한 준거기준을 제공한다. 예산편성지침을 작성하기 이전에 중·장기재정계획의 연동계획에 대한 예산당국의 시안을 작성하고, 이를 기초로 하여 자원배분방향을 제시한 예산편성지침을 시달하고 주무부처가 좀더 명확한 방향감각을 가질 수 있다.

둘째, 중·장기적 재정전망하에서 합리적인 재정정책을 수립하고, 건전재정을 확립하는 데 기여한다. 중·장기재정계획은 수년에 걸친 가용재원을 미리 추계하여 재원을 동원·분배하기 때문에 투자우선순위에 따라 불요불급한 사업을 억제할 수 있고, 그 판단을 보다 신중하게 할 수 있다.

셋째, 중·장기재정계획은 부서별 가용재원의 한계를 사전에 예측할 수 있도록 한다. 그러므로 예측된 총재정규모의 범위 내에서 행정서비스의 안정적 공급을 가능하게 하고, 무계획적인 예산요구나 급격한 정책변경을 피할 수 있다.

넷째, 예산담당 부서나 기관이 각 사업부서의 예산요구액을 중·장기재정계획에서 제시된 내용을 통하여 사정할 수 있으므로 예산편성을 위한 업무량을 감소시킬 수 있다.

다섯째, 재정운영의 실무자나 정책결정자가 재원배분과 관련된 의사결정을 할 때 중·장기적이고 종합적인 시계를 갖게 하는 동시에, 지방자치제 실시에 따라 구성된 지방의회나 압력단체를 합리적으로 설득하는 자료로 제시할 수 있고, 재정지출의 장기방향을 미리 제시함으로써 주민들에 의한 지나친 재정수요의 유발을 방지할 수 있다.

(2) 중·장기지방재정계획의 한계

중·장기지방재정계획제도의 도입은 지방자치에게 재원분배의 합리화와 의사결정과정의 개선에 기여하지만, 이 제도가 갖는 일반적인 제약점과 그 운용상 제기될 수 있는 문제점은 다음과 같다.[8)]

8) 이규환(1987), pp. 23~25; 이상용(1992), p. 5 등 참조.

첫째, 경기가 불안정하고 경제여건이 불확실한 상황하에서는 세입·세출에 대한 정확한 예측이 곤란하여, 일정한 기준에 의하여 추계된 세입·세출의 전망액과 현실의 재정운영결과인 결산 간에는 상당히 괴리가 발생하게 된다.

둘째, 중·장기재정계획에 포함된 사업을 재정상황의 변화에도 불구하고 당연히 집행해야 하는 것으로 인식하기 쉽고, 이에 신규재정수요가 누적화될 경우 지방재정규모의 팽창을 가져오게 되어 재정운용의 경직성을 심화시키는 결과를 가져온다.

셋째, 각 부처 간의 할거주의(sectionalism)가 심할 경우에는 소관 부서의 부문적 이익에만 집착할 우려가 있어 투자재원의 합리적 분배가 곤란하다.

넷째, 계획에 대한 인식이 부족하며, 계획기법의 개발 정도가 낮고, 계획수립에 요구되는 기초통계가 정비되어 있지 않은 상황하에서는 각 부서에서 제출하는 중·장기적 사업이나 정책대안이 면밀한 분석과 검토가 이루어지지 않고 제시될 가능성이 크므로, 중·장기지방재정계획 자체의 타당성이 문제가 된다.

마지막으로, 중·장기재정계획을 도입·정착시키려면 실제적으로 합리화를 지향하는 운용자의 의식과 행동이 절실히 요구되므로, 정책결정자의 의식개혁이 전제되어야 한다.

제 2 절 지방재정계획의 외국사례

1. 발달배경

1960년대에 들어 미국·유럽 제국은 지방재정의 계획적 운용을 통한 재정효율화를 위하여 중기재정계획제도를 운영해 오고 있다.[9]

외국의 중·장기재정계획 중 대표적인 것으로는 ① 영국의 중기재정계획

9) 二橋正弘·河野榮(1983), pp. 113～117; 이규환(1992), pp. 55～70; 김기옥(1992), pp. 390～392; 이상용(1992), pp. 6～8 등 참조.

(Comprehensive Spending Review), ② 스웨덴의 공공지출계획(Spring Fiscal Policy Bill),[10] ③ 미국의 중기재정전망(Mid-Session Review)과 자본투자계획(Capital Improvement Program),[11] ④ 일본의 재정중기전망(Medium-term Fiscal Projection and Estimate)과 재정계획,[12] 그리고 공공투자기본계획[13] 등을 들 수 있다. 이 재정계획의 수립배경상 공통점은 제2차 세계대전 후 미국·유럽 제국에서는 복지국가를 추구하는 과정에서 사회보장정책 등 후년도에 걸친 다액의 재정부담을 수반하는 시책이 증대하는 반면에, 경제성장률은 점차 저하됨에 따라 재정수입의 신장이 둔화되어 심각한 재정위기에 직면하게 되었다는 점이다.

이로 인하여 이 국가들이 재정규모의 과도한 팽창을 억제하고, 한정된 자원을 보다 적정하게 배분하기 위한 노력의 일환으로 수립하게 된 재정계획은 공통적으로 재정재건계획으로서의 성격을 띠고 있었으며, 재정의 건전성을 확보하기 위한 재정재건의 방법과 표준을 제시하는 목적을 갖고 있었다. 그러나 각 국가의 사정이나 재정제도의 차이로 인하여 재정계획의 특성, 작성방법, 예산관계 등에서 서로 상이한 형태로 운용되고 있다.

2. 일반적 성격

대다수 국가에서 실시하고 있는 재정계획은 계획의 대상기간이 대개 5년이며, 계획의 탄력성을 확보하기 위해 매년 새로운 예산이 편성될 때마다 수정이 가능하도록 연동방식을 채용하고 있으며, 추계방식으로는 현행 제도와 시책을 전제로 하여, 현행 정책의 큰 변화가 없다는 가정하에서 장래 재정부담을 연도별·항목별로 추계하여 전망하고, 이미 확정된 신규시책은 계상하되, 그 밖의 시책은 예비적 장치를 설정하는 방식을 택하고 있다. 그리

10) 기획예산처(2001), pp. 8～9 참조.

11) 미국의 많은 도시정부들은 10년 단위로 도시계획시설의 집행을 확정하는 자본투자계획을 수립하여 시민들에게 발표하고 철저하게 집행하여 예측가능성을 높이고 있다. 그런데 자본투자계획은 복식예산제도상 경상예산(operating budget)이 아닌 자본예산에 편성시키고 있으며, 자본투자계획이 포함된 중·장기재정계획의 수립이 의무화되어 있다.

12) 地方財政調査硏究會(1985), pp. 266～286.

13) 日本 自治省(1994) 참조.

표 18-1 주요국의 재정계획제도 개요

구 분	영 국	미 국	스 웨 덴	일 본
명 칭	Comprehensive Spending Review	Mid-Session Review	Spring Fiscal Policy Bill	Medium-term Fiscal Projection and Estimate
법적근거	재정안정법	예산통제법	국가예산법	재정구조개혁법
성 격	· 경제·재정운영의 중·장기 청사진으로서 중기재정을 전망 · 예산서류의 일부로서 의회에 제출되나 후년도 예산을 구속하지 않음.	· 대통령이 의회에 제출하는 예산서류의 일부로서 의회의 의결을 요하지 않으며, 후년도 예산을 구속하지 않음. · 중기재정전망의 성격이 강함.	· 예산제출 전에 의회에 제출 · 예산안 편성지침으로서 후년도 예산을 구속함.	· 예산심의의 참고자료로서 의회의 의결을 요하지 않으며, 후년도 예산을 구속하지 않음.
대상범위	· 지출한도 설정(경상지출 및 투자규모 제한) · 중기재정목표 설정 · 중기재정목표 달성을 위한 전략(부문별 재원배분, 우선순위 등)	· 경제전망(10년간 추계치) · 연방정부(통합예산)의 세입·세출 · 차입금, 채무, 재정적자 규모 · 의무·재량지출의 예산통제법 준수 여부	· 중기재정의 목표 설정 · 경제전망 · 재정운영계획(세출분야별 지출상한 제시, 세입증가율 전망, 국가부채 등 제시)	· 일반회계의 세입·세출 · 재정구조개혁 추진 방향 · 경제여건, 일반세출 등을 감안한 재정의 중기전망
계획기간	수립연도를 포함하여 5년간	수립연도를 포함하여 5년간	수립연도를 포함하여 3년간	계획기간은 5년간인데, 최초의 2년간은 실제로 편성된 예산액을 사용하여 실질적인 기간은 3년임.
운용방식	rolling system	rolling system	rolling system	rolling system
참 고	이 밖에 네덜란드는 1967년부터 3년간의 재정계획을, 덴마크는 1966년부터 계획기간 5년간의 재정계획을 수립하고 있으며, 프랑스는 경제계획 중에서 주로 공공지출부문 내에서의 투자지출을 대상으로 하여 계획승인제도가 설정되어 있지만 재정계획은 수립되어 있지 않음.			

자료: 기획예산처(2001).

고 이러한 계획내용이 장래의 예산편성을 구속하지 않는 점을 기본적인 성격으로 하고 있다([표 18-1] 참조).

한편, 중기재정계획제도는 주로 자본예산과 연계하에 활용되고 있다. 중·장기적 성격이 될 수밖에 없는 자본예산의 편성 및 운용이 지방재정의 계획적 운용을 유도하고 있다. 자본예산(capital budget), 일명 복식예산(dual budget)제도는 그 도입 이유가 지방자치단체 입장에서 분출하는 주민의 욕구를 전부 수용하여 소화하는 것이 어렵다는 전제하에서 각종 이익집단들이 끊임없이 제기하는 공공시설 등에 대한 엄청난 확보압력을 합리적으로 해결해 주는 수단으로서 활용되는 예산구조이다. 따라서 도로와 지하철 등 각종 교통시설, 상·하수도시설, 공원시설, 기타 각종 복지시설 등에 대한 투자요구가 지역주민들로부터 발생하게 되는데, 복식예산제도를 통해 지역주민은 자기들의 요구가 예산제도면에서 어떻게 반영되는가를 확인할 수 있으므로, 주민들에게 무리한 요구를 자제시킬 수 있는 근거가 되는 것이다.

제3절 지방재정계획의 수립을 위한 준비사항

1. 지역의 경제 · 사회적, 재정적 요건 및 현황분석

중·장기지방재정계획을 수립하기 위한 준비사항으로 지방재정에 영향을 미치는 요인에 대한 분석이 정확하게 이루어져야 한다. 이는 어떠한 종류의 계획을 수립하는 경우에나 계획에 영향을 미치는 요인에 대한 현황분석과 그 경위의 파악은 계획수립을 위한 기초적인 작업으로, 이것에 의해 문제의 소재가 규명되고, 앞으로의 전망이 탐색되어 개혁 · 발전을 위한 계획이 수립되기 때문이다.

따라서 재정현황에 영향을 미치는 요인을 환경적 요인, 경제적 요인, 재정적 요인으로 대분하여 외생적 변수와 내생적 변수에 대한 분석이 요구되는 것이다.[14]

14) David C. Slater(1984), pp. 128～130; S. M. Groves and M. G. Valente(1986), pp. 3～7.

표 18-2 지역발전의 추이와 현황분석

분석대상	내 용
1. 인구추이	· 인구의 증감(사회증감, 자연증감), 세대수 및 인구밀도 · 연령별 인구, 인구집중지역의 인구, 면적, 인구밀도 및 주간연구
2. 산업 및 노동력 추이	· 산업별 취업자수 · 산업별 · 경영규모별 사업소수 및 종업원수 · 공업제품 출하액, 노동생산성 · 도·소매업별 상점수, 종업자수 및 연간 상품판매 · 농업인구, 경지면적, 농업조생산액 등
3. 토지이용상황 추이	· 지목별 면적 및 목조 · 비목조가옥의 상면적 · 택지의 용도별 최고지가
4. 공공시설의 정비 및 이용상황	당해 단체가 설치 또는 관리하는 산업, 사회복지, 생활환경, 교육 등의 공공시설 정비상황 및 이용상황
5. 국·도립시설상황	당해 단체의 구역에 설치되어 있는 국·도립 및 공사 · 공원 등의 시설로 주민이용에 제공되고 있는 시설현황
6. 공공시설상황	당해 단체의 구역에 설치되어 있는 국·도립 및 공사 · 공원 등의 시설로서 주민이용에 제공되고 있는 시설현황

자료: 地方財政調査研究會(1985), pp. 273～274.

(1) 지역의 경제 · 사회적 요건 및 현황분석

지역의 경제 · 사회적 요건은 항상 변화하고 있으며, 이에 따라 행·재정 수요도 달라지게 되므로, 이에 대한 변동추이와 현황파악은 계획수립에 기본적인 요건이 된다.

따라서 각 지방자치단체가 안고 있는 지역적 과제와 변동경향을 파악하기 위하여는 ① 인구, ② 산업 및 노동력, ③ 토지이용, ④ 도로, 상·하수도 등 공공시설의 보급, ⑤ 공공투자 등에 대한 과거의 추이와 현황을 분석해야 한다([표 18-2] 참조).

(2) 재정적 요건 및 현황분석

지방자치단체의 재정추이와 현황분석은 당해 단체의 재정상 특징과 문제점을 파악하여 장래 재정운영의 방향을 설정하는 동시에, 중·장기지방재

표 18-3 지방재정의 추이와 현황분석

분석대상	내 용
1. 수지상황	· 형식수지, 실질수지, 단년도수지, 실질단년도수지의 추이 · 적자단체의 적자원인 규명
2. 세입상황	· 과목별 세입의 증감상황과 구성비 추이 · 일반재원의 증감상황 · 세목별 세수입의 증감상황과 세율 및 징수율 추이 · 일반재원과 특정 재원, 자주재원과 의존재원, 경상재원과 임시재원의 구성비 추이
3. 세출상황	· 기능(목적)별·성질별 세출의 증감상황과 구성비 상황 · 경상·투자부문별 경비의 구성비 추이
4. 재정구조상황	· 경상수지비율(경상일반재원에 대한 경상적 경비충당 일반재원의 비율) 추이 · 증가일반재원의 성질별 경비충당상황 추이 · 일반재원 증가율에 대한 인건비충당 일반재원 및 의무적 경비충당 일반재원 증가율 · 일반재원에 대한 공채비충당 일반재원비율 추이 · 각종 시설과 관련하여 경상적 경비와 수입의 증감상황 및 경상적 경비에 대한 사용료·수수료비율 · 비목별 기준재정수요액과 그에 대응하는 비목에 관한 일반재원 충당액과의 대비 추이 · 기준재정수입액에 대한 기준재정수요액의 비율 추이
5. 후년도 재정 부담상황	· 지방채 현재액의 추이 및 금후의 증감전망, 채무부담행위에 기초한 익년도 이후의 지출예정액 상황 · 공채비비율, 지방채 허가제한비율의 추이와 예측

자료: 地方財政調査研究會(1985), pp. 274～275.

정계획 수립의 기초자료를 구하기 위한 것으로서 ① 수지상황, ② 세입상황, ③ 세출상황, ④ 재정구조상황 등을 분석하여야 한다([표 18-3] 참조).

2. 계획기준 및 기본 지표의 설정

(1) 계획기준의 설정

중·장기지방재정계획의 수립에서 고려되어야 할 계획기준으로서 ① 계획범위, ② 계획기간, ③ 가격표시방법, ④ 계획운용방식에 대한 검토가 있어야 한다.

1) 계획범위

재정계획의 대상범위는 일반회계를 기준으로 할 수도 있지만, 지방재정상의 문제는 일반회계 이외의 공기업특별회계나 기타 특별회계에 내재되어 있는 경우가 적지 않기 때문에 특별회계상의 문제가 발생할 때에는 일반회계로부터 지원·출자되는 것이 보통이며, 또한 특별회계의 규모나 기능면에서 총재정수지나 지역경제에 대한 영향력이 크기 때문에, 재정계획의 대상범위에 특별회계를 포함시키는 것이 바람직하다. 특히, 중·장기지방재정계획이 지방자치단체의 재정추이를 명확히 하고 계획적인 재정운영을 도모한다는 의미에서 대상범위를 일반회계로 한정하는 것은 재정계획의 기능을 반감시키는 결과가 되는 것이다.

2) 계획기간

지방재정계획은 지방자치단체의 시책을 실현하기 위한 구체적인 실행계획으로서의 성격을 가지고 있으므로, 이 계획의 실효성 확보가 요구된다. 이러한 관점에서 볼 때, 계획기간이 지나치게 장기가 되면 지역사회·경제의 변동상황 등 지방재정에 영향을 미치는 제 요인에 대한 예측의 불확실성이 커지는 반면에, 지나치게 단기가 되면 계획 그 자체의 의의가 상실되기 쉽다.

따라서 지방재정계획에 담겨진 정책목표의 실효성 확보, 사회·경제적 정세에 대한 정확한 예측을 위하여 5년 정도가 하나의 기준이 된다. 특히, 우리 나라의 정부계획이나 정부의 중기재정계획기간이 5년임을 고려할 때 지방재정계획의 기간은 5년 정도가 적당하다.

3) 가격표시방법

중·장기지방재정계획의 가격기준을 불변가격으로 할 것인지, 경상가격으로 할 것인지는 경제상황에 따라 고려되어야 한다. 즉, 경제가 안정되어 인플레이션율이 낮은 상황에서는 불변가격과 경상가격 모두 유용한 기준이 될 수 있다. 그러나 경제가 불안정하여 인플레이션율이 높은 상황에서는 경상가격을 기준으로 할 경우 경상가격 추정의 기준적용이 어렵고, 전망치의 가변폭이 크게 되는 문제점이 있으며, 불변가격을 기준으로 할 경우 미래연도에 환산작업이 요구된다는 한계가 있으나, 실질적 성장을 용이하게 파악할 수 있고, 재정계획에 나타난 예상액마다 각기 다른 인플레이션율을 적용해서 계산하는 것을 피할 수 있다는 장점도 있다.

따라서 이상과 같은 점을 고려하여 물가변동을 상정한 경상가격을 기준으로 하면서 불변가격을 병용하는 것이 바람직하다.

4) 계획운용방식

중·장기지방재정계획은 가변적인 사회·경제정세, 행·재정계획의 수정, 지역경제지표의 불확정성 및 의존재원 파악의 곤란성 등으로 인하여 실제와의 괴리가 있게 마련이다. 따라서 중·장기적 재정계획과 단년도 예산의 연계 및 재정계획 자체의 탄력성을 확보하기 위한 제도적 장치가 필요한데, 이러한 가장 일반적인 기법이 연동화 방식이다. 즉, 재정계획의 집행과정에서 매년 계획내용을 수정·보완하되, 계획기간을 계속하여 1년씩 늦추어 가면서 동일한 연한의 계획을 유지해 나가는 것이다.

그러나 단순히 연동방식만을 계획운용방식의 기준으로 채택할 경우 재정계획이 예산편성의 결과를 추인하는 것이 되어 계획이 재정에 종속되는 결과로 될 위험성을 안고 있다. 따라서 예산편성과 재정계획을 연계시킴은 물론 재정계획 자체에도 연동방식 이외에 계획의 탄력성을 확보하기 위한 조치가 필요한데, 이에 대한 구체적인 기법은 연구·개발되어야 하겠지만, 여기서 몇 가지 대안을 제시하면 다음과 같다.

① 사업부문별 우선순위의 조정

② 단위사업별 대안작성

③ 사업기간의 신축성 부여 등

(2) 기본 지표의 설정

상술한 재정계획기준이 설정된 다음에 계획수립에 일반적으로 적용되는 기본 지표는 국가의 기간적인 계획(국토종합개발계획, 신경제 5개년계획), 정부중기재정계획, 재정경제부에서 매년 발표하는 경제운용계획, 지역정책에 관한 계획 및 지방자치단체 또는 특정 지역의 중·장기계획(도종합개발계획), 지역경제동향 등에 의거하여 설정되어야 하는데, 대표적인 기본 지표는 다음과 같다.

1) 국민경제지표

국민경제지표는 여러 국가상위계획에 의거하여 설정되는데, 여기에는 인구, GNP, 1인당 GNP, GNP deflator, 조세부담률, 고정자본 형성, 도매(소비자)물가상승률, 산업구조, 국민소득, 사회보장 이전, 환율, LIBOR 금리, 국내금리, 내국세, 지방재정교부금 등이 있다.

2) 지역경제지표

지역경제지표는 당해 지역의 발전목표와 잠재력을 고려하여 지방자치단체 스스로가 설정하게 되는데, 여기에는 인구, 가구, GRP규모, 주민소득, 지역 내 고정자본 형성, 재정부담률, 재정규모, 산업별 취업구조 등이 있다.

제4절 지방재정의 예측기법과 계획수립절차

1. 예측기법의 개발

지방자치단체는 그 지역의 종합적 의사결정의 주체로서, 현대사회의 커다란 흐름 속에서 주민복지를 실현하기 위하여 장래의 미지적 요인을 미리 발견·예시하여야 한다. 그러나 미지의 사상(事象)에는 의사결정과 그 효과 사이에는 타임 래그(time lag), 사회구조 변화 등이 작용하여 그 예측이 용이하지 않다.

특히, 지방재정의 장래를 예측한다는 것은 대단히 곤란한 작업이다. 이는 세계정세의 변화, 세입원의 주축인 지방세의 외부의존성(개인소득의 신장, 지역경제활동의 신장, 국가 전체의 경기동향) 등 경제·사회환경과 밀접한 관련을 맺고 있을 뿐만 아니라, 보조금 등은 국가·도의 정책에 크게 의존하고 있으며, 지방채의 발행 등도 국가의 법적 운용상의 한계, 사업별 기채충당률 등이 상이하다. 이러한 점에서 중·장기재정예측을 기초로 하여 건전하고 정확한 재정계획을 수립하는 것은 대단히 곤란한 작업임을 알 수 있다.

따라서 미래연도를 대상으로 지방자치단체의 종합계획으로서의 지역개발계획이나 실시계획으로서의 재정계획 수립시에는 그 의사결정의 전제조건으로서 예측에 대한 기법의 연구·개발이 요구된다. 이러한 예측방법으로서 통계적 방법을 적용한 계량적 모델과 예측자의 판단하에서 일정한 비율이나 탄성치를 적용하는 적상형 모델이 재정예측시에 적용될 수 있다.[15)]

(1) 계량적 모델

1) 회귀분석법

지방재정 예측시에 사용되는 회귀분석법(regression analysis method)은 지방재정과 밀접한 관련을 맺고 있는 독립변수(예컨대, 물가지수, 개인소득, 인구수 등)와 종속변수 간의 양적 관계를 통계학적 기법을 이용하여 만든 추정식의 통계적 유의성을 검증하여 장래의 재정을 예측하는 방법이다.[16)]

이러한 회귀분석모형의 일반적인 작성절차는 다음과 같다.

첫째, 회귀분석모형 작성 전의 문제로서 분석대상에 대하여 정성적 분석을 하고 요인 간의 관계를 파악하기 위하여 분석대상의 영역을 명확화하는 동시에 분석목적에 합치하는 데이터를 수집·가공·정리한다.

둘째, 현행 제도 및 그 배경인 이론을 정식화한다. 즉, 개개의 사상(事象, 종속변수)을 설명하는 제 요인(독립변수)의 인과관계를 방정식으로 나타내 논리적 가설을 구체화한다.

셋째, 이론적 가설에 따라 모형의 정식화가 이루어지면, 과거의 데이터를 이용하여 방정식의 계수(parameter)를 추정하게 되는데, 일반적인 추정방식으로 최소자승법이 이용된다.

넷째, 추정된 모형이 현실적으로 어느 정도 적합한가를 여러 기준에 의

15) 이에 대한 구체적인 내용은 John Matzer, Jr.(1984), pp. 74~77; Roy Bahl and Larry Schroeder(1979), pp. 10~22; 淺野大三郎(1985), pp. 142~143 등 참조.

16) 최근 각국에서 볼 수 있는 지방재정계획을 위한 재정예측모형으로서 당해 단체의 특징을 고려한 회귀분석모형에 의한 방법이 개발·적용되고 있다. City of Vancouver (1983) 참조.

해 검정하게 되는데, 일반적으로 결정계수(R^2), t값, D.W.비, F값, MAPE 등의 방법을 통하여 모형의 타당성을 검사한다.

마지막으로, 이 단계를 거쳐 작성된 회귀분석모형을 이용하여 장래의 재정을 예측하기 위하여 시뮬레이션(simulation)을 실시한다.

2) 시계열분석법

시계열분석법(time-series method)은 지방재정에 관한 과거의 자료를 시간 흐름에 따라 동적으로 분석한 다음, 그 추세나 경향을 파악하여 장래의 재정을 예측하는 방법으로서 추세가 명확하고 비교적 안정적이며, 과거의 데이터를 가용할 때 이용된다.

따라서 시계열분석모형은 변화가 심하지 않고, 경제적·정치적 상황에 크게 의존하지 않는 세입항목을 예측하거나 점증적인 예산(incremental budget) 원리가 적용되는 세출항목을 예측하는 데 적합한 것으로서[17] 시간변수(T)를 독립변수화한 방정식에 의해 지방재정을 예측하게 된다.

(2) 적상형 모델

적상형 모델에 의한 지방재정예측은 계량적 모델과는 달리 다양한 기법을 조합시켜 장래의 재정을 예측하는 것이다. 예컨대, 지방세를 예측하고자 할 경우 ① 과거 지방세수 신장률의 평균을 구하고, 그 신장률을 전년도의 지방세수에 차례로 곱하여 예측하는 방법, ② 과거의 지방세수신장률과 경제성장신장률 간의 탄력치를 구하고, 그것을 장래의 상정경제성장률에 곱하여 예측하는 방법, ③ 과거의 지방세수가 전국의 지방세수에서 차지하는 비율에 의거하여 예측하는 방법 등이 있는데,[18] 최근 비교적 많이 사용되는 것은 탄성치방식이다.

이상과 같이 중·장기지방재정계획을 수립하는 데 사용되는 재정예측모형은 각기 문제점과 제약요인이 있으므로, 당해 단체의 세입·세출상의 특성을 잘 반영할 수 있는 모형을 선정하는 동시에 포괄적·정성적인 검토를 충

17) Thomas D. Lynch(1979), pp. 143～147.
18) 淺野大三郎(1985), pp. 129～130; 한국지방행정연구원(1987), pp. 117～118 참조.

분히 하여 장래의 재정을 예측하여야 할 것이다.[19)]

2. 재정계획의 수립절차

중·장기재정계획을 수립하는 방법으로는 ① 재정공급계획을 먼저 작성한 후 가용재원을 추계하고, 그 범위 내에서 재정지출규모를 결정하는 방법, ② 재정지출계획을 먼저 수립한 후 이를 충족할 재원을 마련하는 방법, ③ 재정공급계획과 재정지출계획을 병행하여 수립하는 경우로 수입과 지출의 상호조정을 통하여 적정한 선에서 그 규모와 분배를 결정하는 방법 등이 있다.[20)]

이상의 세 가지 방법 중 가장 이상적인 것은 재정수요를 먼저 추계한 다음에 재정공급을 계획하는 두 번째 방식이나, 재정의 건전화를 위해서는 가용재원을 먼저 판단하고, 그 범위 내에서 투자재원을 배분하는 첫번째 방식이 유용할 것이다. 그런데 우리 나라의 지방재정상황을 고려할 때, 건전재정을 위한 첫 번째 방식을 채택하는 것을 원칙으로 하되, 부득이한 투자수요에 대해서는 세 번째의 절충방식을 부분적으로 활용하는 것이 바람직할 것이다.

따라서 중·장기지방재정계획의 수립은 일반적으로 다음과 같은 절차에 의한다. 먼저 재정규모와 함께 일반재원과 특정 재원의 추계에 의한 세입규모를 전망하고, 둘째 기본 재정지출수요인 인건비, 경상사무비 및 시설유지 등 경상사업비에 대한 수요를 추계한 후 이들을 세입전망액에서 차감하여 가용재원규모를 결정한다. 셋째, 가용재원규모가 판단되면 계속사업과 신규사업 등 단위사업에 대한 타당성을 분석하여 우선순위를 결정한 후 투자수요를 판단하고, 마지막으로 총가용재원의 한도 내에서 이를 조정하여 부문별 재원배분구조를 결정한 후 최종적으로 재원대책을 강구한다.

이와 같은 재정계획 수립절차에 의한 재원배분이 합리성을 확보하기 위하여는 지역발전을 위해 설정된 기본 구상과 기본 지표를 통하여 제시될 수 있는 합리적인 정책목표가 설정되고, 정책방향을 결정하는 과정을 거쳐 재

19) 鈴木慶明(1976), p. 101.
20) 국토개발연구원(1980), p. 540.

그림 18-1 지방재정계획의 수립과정

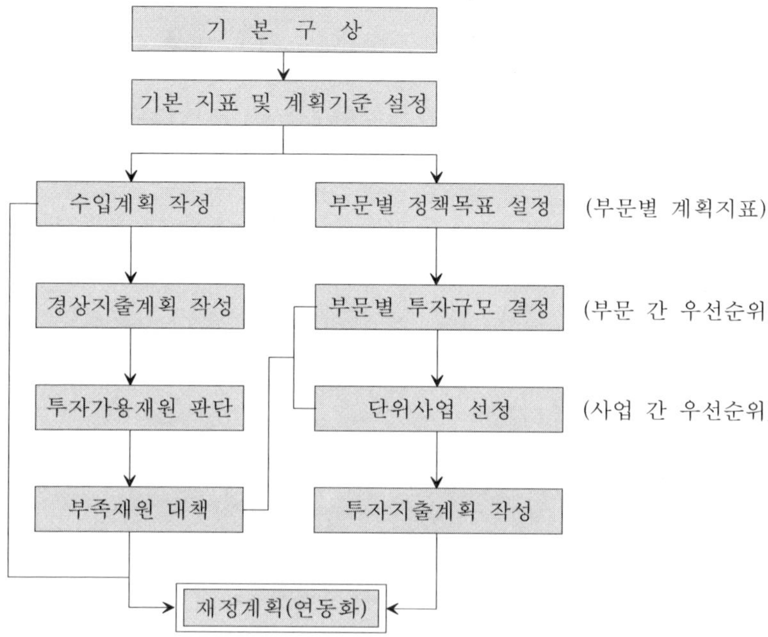

원배분이 되어야 하는 동시에, 재원배분이 부문별로 이루어지고 부문 간 우선순위에 따라 적정규모가 결정되어야 할 것이다.

이상의 재정계획 수립절차에서 제시된 사항을 중심으로 바람직한 지방재정계획 수립과정을 도시하면 [그림 18-1]과 같다.

19

지방투자심사

제1절 투자심사의 의의와 기법

1. 투자심사의 의의

자본과 자원이 희소하고 재원이 한정된 상황하에서 지방재정의 계획적·효율적 운용을 보장하고, 투자효율을 극대화하며, 투자사업의 적정성과 사업의 우선순위를 판단하기 위하여 사업계획과 관련된 모든 요소와 장래의 발생가능한 여건을 분석·검토하는 데 투자심사의 의의가 있다.[1)]

또한 투자사업에 대한 경제적·사회적·재무적·기술적 타당성을 사전에 분석·평가하여 경제성이 낮은 투자의 억제와 투자사업의 부실화를 사전에 예방할 수 있으며, 가용재원을 고려하여 당해 연도의 부문별 투자우선순위를 정함으로써 정책결정과 예산편성의 기초자료로 활용이 가능하게 되어 투자효율의 극대화와 예산의 절약을 이룰 수 있는 데 투자심사의 필요성이 인정된다 할 수 있다. 즉, 투자사업이 심사과정을 거침에 따라 ① 비효율적 투자억제 및 투자사업 부실화의 사전예방, ② 내용이 미비한 사업계획의 시행 전 사전보완, ③ 투자사업 결정을 위한 자료의 체계적 분석, ④ 부문별 투자사업에 대한 우선순위 결정 등과 같은 효과를 가져온다.

공공사업을 투자심사하는 방법은 다음과 같이 다양한데, 투자심사의 목적과 사업성격에 따라 적합한 분석방법을 선택하는 것이 중요하다.

(1) 비용·편익분석

경제적 능률성에 기초하여 사업이 수행되기 이전에 사업의 비용과 편익을 비교하여 평가하는 분석방법이다. 이 방법은 가장 객관적이고 명료하게 정책판단의 근거를 제시할 수 있으나, 비용과 편익을 계량화하는 어려움, 공공투자의 외부효과, 할인율 결정 등의 문제가 제기된다.

---
1) 부산직할시(1988), p. 5.

(2) 비용효과분석

일정한 목표를 달성하기 위한 사업이 여러 종류가 있을 때, 그 목표를 달성하기 위한 가장 효과적인 사업을 결정하는 방법이다. 이 분석은 비용과 편익의 화폐가치화가 곤란한 사업의 평가에 주로 적용되는데, 사업평가자의 주관성이 개입될 소지가 크다.

(3) 목표달성분석

비용·편익분석이 지나치게 계량화에 치우친 나머지 공공투자사업의 목표 상호간의 비중이나 집단 간의 이해관계를 충분히 고려하지 못한다는 점에 착안하여 고안된 방법이다. 이 분석은 투자사업의 목표를 구체화하고 사업관련 이해집단의 의견을 반영할 수 있으나, 분석자의 주관적 판단이 개입될 소지가 크다.

(4) 비용목표분석

사업에 관련되는 투입과 산출관계를 구체화하고 사업의 비용곡선을 결정하여 사업의 목표와 수준을 설정하는 방법으로서, 사업목표의 변화에 따른 사업비용의 변화를 분석하는 데 주로 이용된다.

(5) 비용제약분석

사업수행에 있어 제약조건의 유·무에 따라 사업비용이 달라지는 데 기초하여 사업결정을 하는 방법이다.

(6) 재무분석

개별 사업주체의 입장에서 현재 및 미래의 재정상태를 분석하는 것으로 사업주체의 재무적 관리능력, 채무부담능력 등을 파악한다. 이는 손익계산서, 자금수지명세서, 대차대조표에 의해 요약된다.

특히, 지방투자사업의 타당성 분석은 사업의 공공적 성격과 자금원의 다양성 등에 연유하여 경제성 분석과 재무적 분석을 병행하는 것이 바람직하다. 이러한 경제성 분석(비용·편익분석)과 재무분석(현금흐름분석)을 지방투자

그림 19-1 공공투자사업의 종합분석

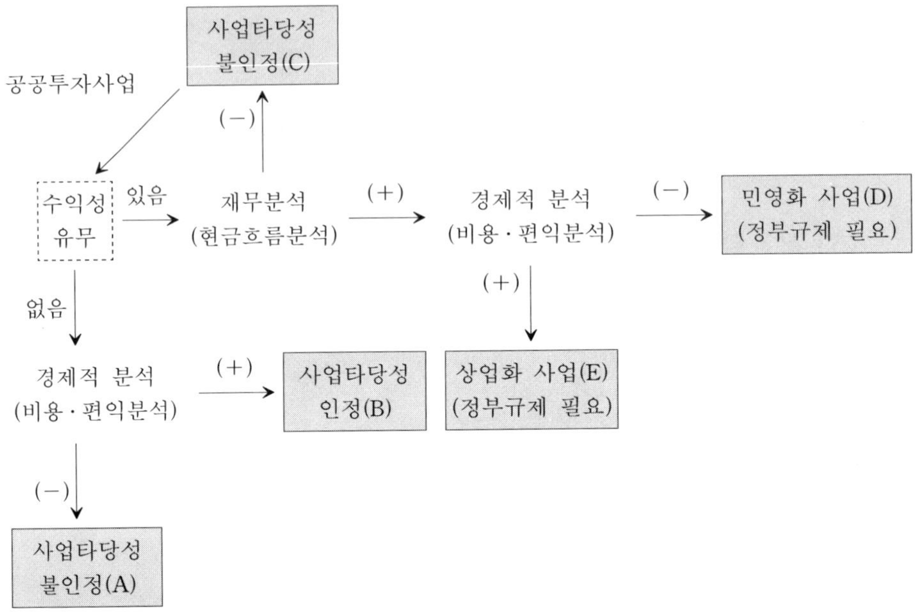

사업에 대해 함께 적용하는 경우 다섯 가지의 분석결과를 도출할 수 있다[2] ([그림 19-1] 참조).

① A: 경제성(사회복지)으로 인하여 사업타당성이 인정되지 않는 사업

② B: 경제성(사회복지)으로 인해 공공부문에서 실시하는 사업

③ C: 재무적인 이유(자금조달능력)로 인해 사업타당성이 인정되지 않는 사업

④ D: 공공사업의 민영화 대상사업(단, 경제성(사회복지) 측면에서 정부감독 필요)

⑤ E: 상업화 대상사업(단, 사회적 외부성과 분배적 형평성 측면에서 정부규제 필요)

2) Kirk C. Harlow and Duane Windsor(1988), pp. 918~928.

2. 투자심사의 기법

공공기관이 투자사업을 채택하는 과정 가운데 핵심적 요소로서 당해 사업에 대해 타당성의 정도와 여러 사업 간 우선순위의 결정이 포함되는데, 이러한 투자심사는 크게 투자사업의 타당성 분석과 투자순위 결정으로 구분된다. 이 중 투자사업의 타당성 분석에서는 주로 경제적 분석과 재무적 분석이 중심이 되며, 투자순위 결정은 투자부문 간 우선순위 결정, 그리고 사업 간 우선순위 결정이 포함된다. 따라서 이러한 투자심사의 기법에 대해 이론적으로 기술하고자 한다.

(1) 투자심사의 타당성 분석방법

1) 경제적 분석: 비용·편익분석

비용·편익분석(cost-benefit analysis)은 공공지출에 대한 의사결정을 평가하기 위하여 이용되는 주요 분석도구로서, 특정 사업계획이 집행되었을 때, 사회의 모든 구성원들이 얻을 수 있는 모든 비용과 편익(유형적인 것과 무형적인 것, 계량화가 용이한 것과 곤란한 것 등을 포함)을 체계적으로 비교·검토하는 것이다. 따라서 이 분석은 희소자원의 사용에 대한 의사결정을 지원하는 기법이며, 사업의 편익과 비용을 측정하여 국민경제의 관점에서 사업타당성을 판단하게 한다. 그리고 비용·편익분석은 투자사업을 어떠한 형태와 규모로 시행할 것인가를 결정하기 위하여 사업이 착수되기 전에 투자심사를 실시하는 사전 개념으로서 자원을 가장 효율적으로 활용하는 데 그 목적을 두고 있으므로, 이 분석을 평가하기 위한 합리적인 기준은 경제적 능률이 된다.[3)]

이 기법은 1930년대 수자원계획에 적용된 이래 인적 자원계획(교육, 훈련, 보건, 복지, 이주), 수송, 도시재개발, 주택, 법과 명령, 오락시설, R&D,

3) 이러한 비용·편익분석에 의한 공공프로젝트의 평가기준은 결국 사회적 편익이 사회적 비용을 상회한다는 사회적 후생의 증진에 그 근거를 두고 있다. 이를 후생경제학적으로 표현하면 “타인의 후생수준을 저해하지 않고 어떤 사회구성원 또는 한 사회집단의 후생을 개선한다”는 파레토개선이 잠재적으로 수용되는 경우, 즉 ‘잠재적 파레토개선(a potential Pareto improvement)’이 비용·편익분석의 합리적 근거가 된다는 것이다. 이에 대한 구체적 내용은 이만우(1988) 참조.

방위, 도시개발, 지역개발사업에 적용되고 있다.

가. 비용·편익분석의 전제조건

비용·편익분석을 실시할 때 그 전제가 되는 것으로는 할인율, 사업의 내구연수, 적용가격, 세금·보조금·차입금에 대한 이자지불 처리 등의 문제를 들 수 있는데, 이에 대해 살펴본다.

① 할인율(discount rate): 할인율이란 현재재와 장래재 간의 교환비율이다. 공공사업의 편익과 비용은 일시에 발생하는 것이 아니라, 수년도에 걸쳐 발생하는데, 공공사업의 타당성은 현시점에서 평가되어야 하므로, 미래에 발생하는 편익과 비용은 현재가치로 환산하여 비교하여야 한다. 즉, 미래의 편익과 비용을 현재가치로 할인하여야 하는데, 이 때 적용되는 이자율이 할인율이다. 이러한 할인율이 너무 높으면 순편익의 현재가치(NPV)가 작아지므로 사회적으로 필요한 사업이 불합격판정을 받을 수 있고, 할인율이 너무 낮으면 불필요한 사업이 타당성 있는 사업으로 평가될 수 있다. 따라서 높은 할인율은 편익이 단기간에 걸쳐 집약적으로 발생하는 단기투자에 유리하고, 낮은 할인율은 장기간에 걸쳐 편익이 발생하는 장기투자에 유리하다.

일반적으로 공공투자사업에서의 사회적 할인율을 결정할 때 검토되는 이자율로는 민간할인율(private rate of return on capital), 사회적 시간선호율(social rate of time preference), 사회적 기회비용률(social opportunity costs rate of capital)이 있다.[4)]

첫째, 민간할인율은 민간자본시장에서 형성된 시장이자율을 중심으로 결정되는 할인율을 말하는데, 현재와 미래의 소비에 대한 소비자선택을 반영한다.

둘째, 사회적 시간선호율이란 서로 다른 시점에서 소비에 대한 상대적 소망성의 사회적 평가를 나타내는데, 이는 시장이자율이 소비자들의 진정한 시간선호를 반영하지 못하고, 공공사업이 창출하는 외부효과를 반영하기 위해서는 공공투자에 대한 할인율로서 사회적 시간선호율이 필요하다는 것이다.

셋째, 사회적 기회비용률은 공공사업의 재원이 궁극적으로 민간부문으로부터 나오며, 따라서 공공투자는 민간투자 또는 현재의 소비기회를 대신

4) Jeffrey A. Kolb and Joel D. Scheraga(1990), pp. 381～385.

하기 때문에 자원이 공공사업에 쓰이지 않고 민간부문에 사용되었을 때 얻을 수 있는 기회비용, 즉 민간투자의 수익률을 공공사업의 할인율로 해야 한다는 것이다.

이러한 이유에서 공공투자에 적용하는 할인율은 현실적으로는 국채이자율, 정부금융기관의 장기이자율, 민간투자수익률, 시장이자율의 가중평균치, 전 산업의 평균수익률 등을 고려하여 결정된다.[5)]

② 사업의 내구연수(project's life): 사업의 내구연수는 공공사업의 물리적 평균예상수명으로서 사업유형에 따라 상이하고, 동일유형이라도 신규사업의 건설시점, 수요변화, 기술개발 등에 의해 영향을 받는다. 일반적으로 할인율의 수준이 높을수록 내구연수의 결정이 사회자본가치에 미치는 효과가 작다. 이러한 현상은 미래가치를 현재가치로 전환하는 경우 할인율과 내구연수의 관계를 보면 알 수 있다.

$$X_0 = \frac{X_t}{(1+i)_t}$$

여기서, X_t: 최종연도 가치
X_0: 현재가치
i: 할인율
t: 내구연수

③ 적용가격: 비용·편익분석에서는 보다 진정한 사회적·경제적 가치를 반영하고자 잠재가격(shadow prices) 또는 계산가격(accounting prices)을 사용한다. 여기서 잠재가격이란 재화나 용역의 내재적 가치를 말하는데, 완전경쟁적인 시장가격으로 조정한 가격으로서 자원의 기회비용이며, 민간부문으로부터 공공사업으로 이전된 자원의 진정한 가격이다.[6)]

5) 공공투자에 대한 사회적 할인율의 결정방법으로서 사회적 시간선호율과 사회적 기회비용률을 결합시키고자 하는 접근이 시도되고 있다. 결합방법으로는 잠재가격접근(shadow price approach)과 자금의 가중평균비용접근(weighted average cost of funds approach)이 있다(J. A. Schofield, 1987, pp. 89~90). 우리 나라의 경우 공금리 7%선, 시장실세금리 9~10%선을 감안하면 공공투자사업에서 적정할인율은 7~10%선에서 적용하는 것이 바람직하다.

6) 잠재적 가격은 시장가격이 믿을 수 없거나 사용할 수 없을 때 편익과 비용의 화폐가치에 대한 주관적인 판단에 의해 결정된다(W. D. Dunn, 1981, p. 259).

④ 세금, 보조금, 지불이자의 처리: 비용·편익분석에서는 세금, 보조금, 실업수당 등은 이전지급으로 처리되므로 비용·편익에 계산되지 않으며, 차입금에 대한 이자지불은 사회 전체로 보아 이용자본에 대한 총수익의 일부이기 때문에 계상하지 않는다.

나. 비용과 편익의 추정

비용·편익분석에서는 화폐적 비용·편익은 제외하고 해당 사업의 실질적 편익과 실질적 비용을 비교하여 사업의 타당성을 분석한다. 실질적 편익이란 공공사업의 최종소비자가 얻는 편익이고, 실질적 비용이란 대체사업에 사용될 자원을 당해 사업으로 이전시킴으로써 희생된 자원의 기회비용을 말한다.

화폐적 비용·편익이란 공공사업에 의해 화폐가격(상대가격)이 변화하여 발생한 비용·편익으로, 어떤 부문의 이익이 타부문의 손실에 의해 발생할 경우 사회 전체적 관점에서 이익과 손실이 상쇄되므로 화폐적 비용·편익은 비용·편익분석에서 제외된다.

실질적 편익과 비용은 다시 직접적인 것과 간접적인 것, 유형적인 것과 무형적인 것으로 구분된다. 직접적인 편익과 비용이란 공공사업의 1차적인 목적과 관련된 것이고, 간접적인 편익·비용은 공공사업의 2차적인 목적, 즉 사업의 목적과 직접적으로 관련되지 않는 부산물의 성격을 띤 것을 말한다.[7)]

유형적인 편익·비용이란 시장에서 평가될 수 있는 것이고, 무형적인 편익 비용은 시장에서 평가될 수 없는 것으로 대부분의 외부효과가 여기에 속한다. 편익과 비용의 유형을 관개사업을 예로 들어 살펴보면 [표 19-1]과 같다.

다. 투자결정기준(지표)

비용·편익분석의 주요한 투자결정기준으로는 순현재가치, 편익·비용비, 내부수익률의 세 가지가 있으며, 그 밖에 연평균등가가치법, 자본회수기간, 평균수익률기준이 있다.[8)]

이러한 투자효율지표는 각기 적용하는 목적과 투자사업의 특성에 따라 다음과 같은 장·단점을 지니고 있다.

---

7) W. D. Dunn(1981), pp. 245～248; P. H. Rossi and H. E. Freeman(1982), pp. 274～291 참조.

8) J. A. Schofield(1987), pp. 28～36.

표 19-1 편익과 비용의 유형(관개사업)

구 분	편 익	비 용
1. 실질적인 것		
· 직접적 유형	농산물의 생산증대	파이프시설의 비용
무형	깨끗한 환경	자연환경의 파괴
· 간접적 유형	토양침식의 방지	하천유로의 전환
무형	농촌사회의 보존	야생생물의 감소
2. 화폐적인 것	농기계산업의 상대적 향상	

① 순현재가치(net present value: NPV): 이것은 편익의 현재가치 총계에서 비용의 현재가치 총계를 공제한 순차액을 말하는데, 계산결과 양(+)의 수치가 나오면 적용된 사회적 기회비용 또는 할인율하에서 투자할 가치가 있는 사업으로 판정된다. NPV는 계산과정이 간단한 이점은 있으나 적절한 할인율의 선택이 어렵고, 상대적 지표가 아니기 때문에 대체투자사업 간의 순위결정에 혼동을 초래할 수 있다. 즉, 사업규모가 클수록 수익률에 관계없이 우선순위가 높은 결과가 된다(단, 투자수익률이 같은 사업이라면 NPV가 클수록 유리한 사업이라고 판단할 수 있다). 이러한 NPV의 산정공식은 다음과 같다.

$$NPV=\sum_{t=1}^{n}\frac{B_t-C_t}{(1+i)_t}$$

여기서, B_t: 각 연도의 편익
C_t: 각 연도의 비용
t: 1, 2, 3, ……, n
n: 사업의 내구연수
i: 이자(할인)율

② 편익 · 비용비(benefit-cost ratio: B/C ratio): 이것은 투자사업으로 발생하게 될 편익의 현재가치 총계를 비용의 현재가치 총계로 나눈 비율을 말한다. B/C ratio는 투자효과의 판정기준으로 적용하는 경우에 두 가지 어려운 점이 있다. 첫째, 적정할인율의 결정시 공공투자사업의 할인율로서 자본의 사회적 기회비용, 시장이자율, 사회적 시간선호율 간의 합의점이 없으며, 둘

째 편익·비용비의 경우 공공사업으로 인한 수익이 조기에 발생할수록 유리한 사업으로 판정되고 수익이 서서히 증대하는 사업은 그 효과가 작다고 판단될 우려가 있다.

이러한 B/C ratio의 산정공식은 다음과 같다.

$$\text{B/C ratio} = \sum_{t=1}^{n} \frac{B_t}{(1+i)_t} \Bigg/ \sum_{t=1}^{n} \frac{C_t}{(1+i)_t}$$

③ 내부수익률(internal rate of return: IRR): 내부수익률이란 사업에서 발생하는 편익의 현재가치 총계와 비용의 현재가치 총계를 같게 하거나 사업의 순편익 현재가치를 0으로 만드는 할인율을 뜻하는데, 이는 투자된 자본의 가득력(earning power of capital)을 의미한다. 만일 가득력이 사회의 평균기회비용보다 높으면 투자대상으로서의 가치가 있는 사업이라고 판정된다. IRR를 투자결정기준으로 사용하는 경우에는 두 가지 문제점이 있다.

첫째, 사업내용기간중에 시설대체비와 같은 비교적 큰 투자비용으로 인하여 편익과 비용의 현재가치의 차액이 음(−)으로 나타나는 경우 복수의 내부수익률이 나오는데, 이 경우 어느 것이 진정한 내부수익률인지 판단하기 어렵다.

둘째, 내부수익률은 투자비용의 크기는 물론 투자연도, 수익발생연도 및 사업내구연수의 함수이므로 내구연수가 짧은 사업의 수익성이 과장될 수 있고, 자본의 회임기간이 긴 사업, 즉 사업시행 후 비교적 오랫동안 편익이 발생하지 않는 사업은 불리한 것으로 판정되며, 편익이 시공 초기에 발생할수록 유리한 사업으로 판정된다는 점이다.

그러나 IRR는 사전에 할인율을 결정할 필요가 없는 장점이 있으며 보편적으로 사용되는 기준인데, 그 산정공식은 다음과 같다.

$$\text{IRR} = \sum_{t=1}^{n} \frac{B_t - C_t}{(1+i)_t} = 0 \text{일 때의 할인율}(i)$$

④ 자본회수기간(pay-back period: PBP): 총편익이 총비용을 상쇄시킬 수

표 19-2 투자결정기준 비교

기 준	평 가
NPV	· NPV≥0인 경우 사업타당성 인정됨. · 가장 원만한 기준이지만 대규모 사업이 우선적으로 선택됨. · NPV와 함께 IRR의 크기를 병행하여 투자순위를 결정하는 것이 바람직함.
B/C ratio	· B/C≥1인 경우 사업타당성 인정됨. · 여러 사업 간의 투자순위 결정에는 부적절함. · 사업의 음(−)의 간접효과를 비용으로 처리하는지, 음(−)의 편익으로 처리하는지에 따라 B/C ratio가 달라짐.
IRR	· IRR>i(사회적 할인율)인 경우 사업타당성 인정됨. · 사업의 특성에 따라 복수의 IRR가 나타나는 경우 어느 것이 진정한 IRR인지 알 수 없음. · 사업 간 내구연수가 다른 경우 단순히 IRR를 기준으로 투자순위를 결정할 수 없음. · 자본회수기간이 긴 사업의 경우 불리한 사업으로 판정됨. · IRR와 NPV를 함께 고려하는 것이 바람직함.

자료: 내무부, 『지방재정실무교재』(1992), pp. 40~41.

있는 기간을 판단하는 방법을 말하는데, 자본회수기간이 짧을수록 투자의 우선순위가 높다고 볼 수 있다. 즉, 비용회수기간(cost-recovery periods)이 짧을수록 유리한 사업이다.

이러한 PBP의 산정공식은 다음과 같다.

$$\sum_{t=1}^{n}\frac{B_t-C_t}{(1+i)_t}=0$$

여기서, n: 자본회수기간

이러한 비용·편익분석의 주요 투자결정기준인 NPV, B/C ratio, IRR지표를 상호 비교하여 살펴보면 [표 19-2]와 같다.

이 밖에 NPV기준에 속하는 연평균등가가치(equivalent annual value: EAV) 방법과 평균수익률(average rate of return: ARR)방법이 있다.[9]

9) J. A. Schofild(1987), pp. 34~36.

2) 재무적 분석

재무적 분석(financial analysis)은 사회 전체의 관점이 아니라 투자사업 참여단체의 관점에서 실제의 비용과 편익을 측정하고 사업체의 재무제표 내용을 분석·검토하여 재무상의 건전성과 경영상의 수익성을 검토하는 방법이다. 재무분석에서는 소득의 분배문제나 자본의 소유권, 현금수지의 건전성이 구체적으로 취급되어야 하며, 재무적인 측면에서 자금순환과정, 투자예산액, 차입금 등을 분석하고 개별 사업체에 귀속되는 금전적인 이윤을 평가한다.

이러한 재무적 타당성 분석의 목적은 다음과 같다.

첫째, 사업주체의 재무자립도, 수익성, 채무상환능력, 위험부담 정도를 측정하고 건전한 자금조달계획을 수립한다.

둘째, 순이익상태, 재고자산에의 투자상태, 채권의 회수실적, 고정자산에의 투자상태, 자본상태 등을 발견한다.

셋째, 사업계획이 투자가의 참여의욕을 유발하기에 충분한 가치가 있는 사업인가의 여부를 판단하는 기초가 된다.

넷째, 투자사업 참여자에 대한 재무적 영향을 평가한다. 이것은 사업주체의 현재 재무상태 및 미래 재무상태의 예측에 기초하여 이루어진다.

다섯째, 투자사업에 대한 건전한 재무계획을 제공한다.

여섯째, 사업시행에 대한 책임을 잘 이행하는가와 관련하여 사업주체의 재무적 관리능력을 평가한다.

가. 재무분석의 전제조건

① 적용가격: 재무분석은 세금, 보조금 등을 포함한 시장가격을 적용한다.

② 세금, 보조금, 지불이자의 처리: 세금은 비용으로, 보조금은 수입으로 지불이자는 비용에 포함시킨다.

③ 재무수익성은 이자율, 융자금액, 원리금 상환, 자기부담금비율 등의 여러 가지 재무조건에 의해 근본적으로 영향을 받는다.

④ 현재와 미래의 재무상태 평가에 있어 재무분석은 다음과 같은 세 가지 재무상태표에 의한다.[10)]

㉠ 손익계산서: 손익계산서(income and expenditure statements 또는 profit and loss statement)는 일정 기간(보통 1년)의 재무적인 운영결과를 요약

10) J. Price Gittinger(1972), pp. 133~155.

표 19-3 손익계산서(상수도사업)의 예시

수　입(A)	지　출(B)
· 영업수익 -급수수익 -수탁공사수익 -온천수익 -기타 영업수익 · 영업외수익 -수입이자 -타회계부담금수입 -기타 영업외수익 · 기간외수입 -고정자산처분수익 -전기손익수정수익	· 영업비용 -원수 및 정수비 -배수 및 급수비 -업무비 -관리비 -수탁공사비 -온천사업비 -감가상각비 -자산감모비 · 영업외비용 -지급이자 -이연상각비 -기타 영업외비용 · 기간외비용 -고정자산처분손실 -전기손익수정손실 · 예비비
당기순이익＝A－B	

표 19-4 자금수지표(교통사업)의 예시

자 금 유 입	자 금 유 출
· 건설자금 -자체자금 -정부보조금 -차관금 -공채금 · 운영수입 -영업수입 -영업외수입	· 건설비(연도별 건설투자계획) · 운영비(연도별 운영비 추계) · 대체투자비 · 공채 및 차관 상환금액 · 차량구입비 · 자기자본이윤

한 것으로 일정 기간 손익결정에 대한 반복비용(recurrent cost)과 관련된다. 손익계산서에 의해 일정 기간의 순이익(net profit)이 산출된다.

㉡ 자금수지표: 자금수지표(sources and applications of funds statements 또

표 19-5 대차대조표 예시

자　　산(A)	부　　채(B)	자　　본(C)
· 유동자산 · 가동설비자산 · 비가동설비자산 · 무형고정자산 · 투자 및 기타 자산 · 이연자산	· 유동부채 · 고정부채 · 이연부채	· 자본금 · 자본잉여금 · 이익잉여금
자산(A)＝부채(B)＋자본(C)		

는 cash flow statement)는 경상계정과 자본계정에 대한 모든 현금흐름을 나타낸다. 즉, 사업체의 유입자금과 유출자금을 정리한 것으로, 이러한 자금의 조달방법과 투자사업기간의 현금잉여(cash surplus)를 나타낸다.

㉢ 대차대조표: 대차대조표(balance sheets)는 사업주체의 재무관리능력과 투자사업에 대한 재무적 영향을 평가하는 것으로 사업주체의 자본구조 판단에 필수적이다. 이러한 대차대조표에는 채무비율(debt-equity ratio), 단기부채와 장기부채의 관계, 유동성비율(liquidity ratio) 등이 제시된다.

나. 투자결정기준(지표)

재무분석의 방법은 각기 고유의 장·단점이 있으므로 분석대상과 목적에 따라 적절한 방법을 선택해야 한다. 공공투자의 경우 자금수지분석, 손익분석, 수익률분석이 사용된다.[11)]

① 자금수지분석(sources and uses of fund analysis): 사업주체의 입장에서 본 현금자금의 유입과 유출흐름을 분석하는 것으로 자금의 합리적 운용을 위한 자금운영계획을 말한다.

자금계획을 작성하는 방법에는 요소별 분석에 의한 방법과 비교대차대조표에 의한 방법이 있는데, 요소별 분석방법에 따르면 다음과 같다.

이 때 자금유출항목과 자금유입항목을 요소별·원천별로 살펴보면 다음과 같다.

11) 한국과학기술연구소(1980), p. 390; 국토개발연구원(1980), p. 482.

㉠ 자금유출항목: 건설비, 운영비, 대체투자비, 공채 및 차관 상환금액, 차량구입비 등

㉡ 자금유입항목: 건설자금, 운영수입 등

이러한 자금유출과 유입을 분석하여 단년도 자금적자, 누적적자, 흑자전환기, 누적흑자 총액 등에 대하여 검토함으로써 투자사업기간에 걸쳐 자금수지상황을 파악하는 것이다.

② 손익분석(profits and losses analysis): 이익계획을 효과적으로 수행하기 위한 것으로 투자사업의 손익분기점이 어느 시기에 이루어지고 투자비 회수시기가 언제인가 등에 대해 분석한다.

손익분석을 위한 수익적 수입과 지출항목은 다음과 같다.

㉠ 수익적 수입: 영업수입(요금수입), 영업외수입(임대수입, 이자수입 등)

㉡ 수익적 지출: 영업비용(시설유지비, 사업관리비, 감가상각비), 영업외비용(지급이자, 기타 비용)

그리고 손익분기점이란 일정 기간 수익적 지출과 수익적 수입이 일치하는 수입연도 시점을 말하며, 이익계획을 효과적으로 수행하기 위한 수단이다. 따라서 손익분기점분석을 통해 단기적인 이익계획, 원가절감, 수요변화에 따른 변동비의 증감이나 고정비의 변화가 이익에 미치는 영향을 분석할 수 있다.

손익분기점의 산출공식은 다음과 같다.

$$R_t = C_f\left(1 - \frac{C_n}{R}\right)$$

여기서, R_t: 분기점의 수입

C_f: 고정비

C_n: 변동비

R: 수입

③ 수익률분석: 크게 재무적 내부수익률(financial rate of return: Firr)과 순현재가치에 의해 투자사업의 재무적 수익성을 분석하는 방법이다.

재무적 내부수익률법은 자본의 한계효율(marginal efficiency of capital)을 실제면에서 응용한 것으로, 재무적 내부수익률이란 투자에서 발생하는 현금

수입의 현재가치를 투자에 소요된 현금의 현재가치와 일치하도록 하는 할인율을 말한다.

재무적 내부수익률의 산출공식은 다음과 같다.

$$I=\frac{Q_1}{(1+r)}+\frac{Q_2}{(1+r)^2}+\cdots\cdots+\frac{Q_n}{(1+r)^n}+\frac{S}{(1+r)^n}$$

여기서, Q_1, Q_2, ……, Q_n: 매기의 예상수익
I: 투자액
n: 내구연수
r: 재무적 내부수익률
S: 잔존가치

순현재가치분석은 투자사업의 예상총수익 현재가치와 예상총비용 현재가치를 이용하여 투자사업의 순현재가치와 수익성지수를 구하여 투자사업의 재무적 타당성을 분석하는 것이다.

여기서 예상총수익의 현재가치(V)와 예상총비용의 현재가치(C)를 수식으로 나타내면 다음과 같다.

$$V=\frac{R_1}{(1+k)}+\frac{R_2}{(1+k)^2}+\cdots\cdots+\frac{R_t}{(1+k)^t}+\frac{S}{(1+k)^t}$$

$$C=I+\frac{C_1}{(1+k)}+\frac{C_2}{(1+k)^2}+\cdots\cdots+\frac{C^t}{(1+k)^t}$$

여기서, R_1, R_2, ……, R_n: 매기의 수익
C_1, C_2, ……, C_n: 매기의 비용
k: 할인율
t: 시설의 내구연수
I: 투자액
S: 잔존가치

따라서 순현재가치$=V-C$, 수익성 지수$=V/C$가 된다.

(2) 투자순위의 결정방법

공공투자사업의 우선순위 결정에서는 경제적 수익성이나 재무적 수익성 뿐만 아니라, 사회복지의 증진에 영향을 미치는 소득분배나 다른 산업에 대한 파급효과 등의 요인도 고려되어야 한다. 특히, 지방사업의 경우 국가 전체의 정책방향과 지역주민의 욕구 등을 조사하여 반영하는 것이 요구된다. 왜냐하면, 지방사업의 경우 경제적·재무적 기준에 의한 투자순위를 그대로 정책가치로 수용할 수는 없으며, 여기에 정책적 가치판단에 따른 우선순위의 재조정이 불가피하기 때문이다.

따라서 지방사업에 대한 투자순위 결정시 고려해야 하는 정책적 요인은 ① 국가정책방향 및 상위계획의 투자정책방향, ② 주민욕구(주민선호), ③ 투자사업이 초래하는 분배적 공평성, ④ 예산재원의 범위, ⑤ 소요자금의 조달 또는 원리금 상환능력, ⑥ 자금원천, ⑦ 다른 투자계획과 관련한 당해 사업의 지역사회에서의 긴급성(시급성), ⑧ 국가 또는 상급정부의 요구(성과수준) 등이다.[12)]

1) 투자순위의 결정과정

우선순위 결정방법으로는 의사결정분석(decision analysis), 단순다속성평가기법(simplified multiattribute rating technique: SMART), 분석체계법(analytic hierarchy process: AHP), 사회적 판단법(social judgment theory: SJT) 등이 있는데,[13)] 이 기법들은 일반적으로 ① 평가기준의 선정, ② 평가기준의 수준(척도)결정 및 점수부여, ③ 평가기준 간 상대적 중요성에 의한 가중치 결정, ④ 평가기준의 점수와 가중치를 결합하여 사업의 총점수를 산출하고, 이에 기초하여 사업 간 투자순위의 결정과 같은 과정에 의해 투자사업의 순위를 설정하게 된다.

2) 투자순위의 결정방법

투자순위의 결정방법은 투자순위 결정절차와 연관되어 있다. 그런데 이

12) 내무부, 『'93지방재정투·융자사업 심사지침』, 1992 참조.
13) 각 방법에 대한 구체적 내용은 Gloria A. Grizzle(1985), pp. 333~350 참조.

는 사업의 평가기준은 어떠한 요소에 착안하여 선정할 것인가, 각 평가기준의 수준 내지 척도는 어떻게 정할 것인가, 투자사업의 총점수를 구하기 위한 공식은 어떻게 결정하는가 등의 문제로서 투자사업의 성격, 지역사회의 조건 등을 감안하여 당해 사업의 평가에 적합한 방법을 선택하여 실시하는 것이 중요한데, 이에 대한 구체적인 적용방법은 본장의 제3절에서 다루기로 한다.

제2절 투자사업심사의 종류와 대상사업

1. 지방투자사업의 판단

지방자치단체는 지역단위의 조직체로서 국가체제의 틀 속에서 운영되므로 중앙정부의 정책을 수용해야 하고, 지역주민의 특성과 투자목표 간 갈등으로 인해 투자사업의 판단이 많은 제약하에서 이루어진다.[14] 따라서 이러한 투자사업 판단시의 고려요인을 감안하여 지방자치단체는 투자사업별로 투자사업의 판단방법, 기술선택, 사업규모, 사업입지 등을 결정하여야 하는데, 이에 대해 살펴보기로 한다.

14) 국가에 비해 지방자치단체가 어떠한 투자사업을 실시할 것인가에 대한 투자사업의 판단은 지역여건, 재원조달방식, 국가와의 연계성 등을 고려할 때, 대단히 어려운 일이다. 첫째, 각 지방자치단체는 하나의 지역단위 조직체로서 국가체계(national system)의 하위부분을 구성하고 있어 중앙정부의 투자방향, 기준, 우선순위를 어느 정도 수용하여 투자사업을 판단하여야 하고, 둘째 지역단위의 개발계획은 다양한 목적과 목표를 포함하고 있고, 이들 목표는 상호 일치되지 않아 개발계획상의 목표들 간 우선순위를 설정하는 것이 용이하지 않으며, 셋째 지방자치단체는 지역경제 및 국가나 광역자치단체로부터 일정의 자원배분(resource allocation)에 의존하고 있기 때문에, 극히 복잡한 과정을 거쳐 투자사업을 판단하여야 하며, 넷째 지방자치단체는 투자사업 판단에 필요한 인력, 조직, 정보 등에서 상당한 제약을 받고 있으며, 다섯째 지역의 특성, 특히 지역주민의 특성으로 인해 사업판단시 어려움이 발생하기도 한다는 것이 그 구체적인 이유라고 할 수 있다.

(1) 투자사업의 판단방법

지방자치단체가 투자사업을 판단하는 접근방법으로는 하향적 접근, 상향적 접근, 참여적 접근방법의 세 가지가 있다.[15)]

1) 하향적 접근방법

하향적 접근(top-down approach)은 외적 요인에 의해 지방자치단체의 주요한 문제와 잠재력을 평가하는 것으로서 국가발전계획, 특수한 국가적 변수(국가의 기준과 가치, 개발전략, 우선순위, 제약성 등)에 의존한다. 따라서 지방투자사업의 방향, 우선지역, 목표, 개발에의 참여 같은 문제가 외부요인에 의해 결정되는 것이다([그림 19-2] 참조).

2) 상향적 접근방법

상향적 접근(bottom-up approach)은 지방자치단체의 내적 요인을 조사·분석하여 투자사업의 전략과 우선순위, 목표, 제약성 등을 판단하는 것이다.

그림 19-2 하향적 접근

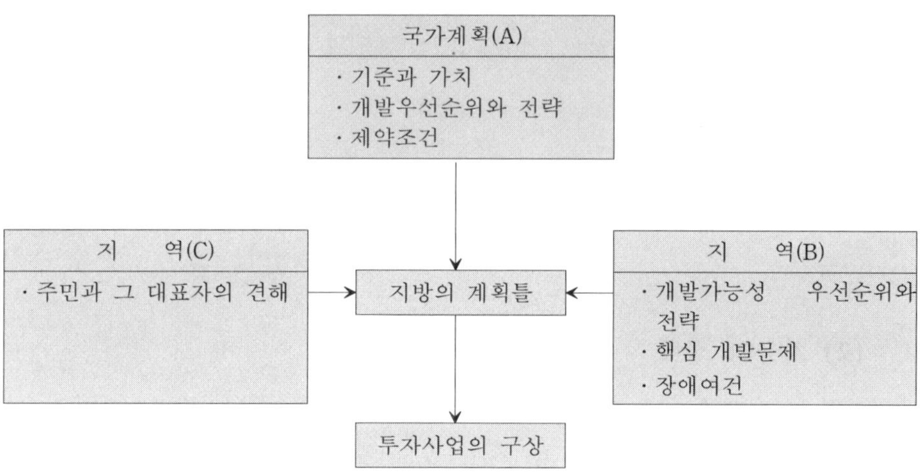

15) Om Prakash Mathur(1985), pp. 24~32.

그림 19-3 상향적 접근

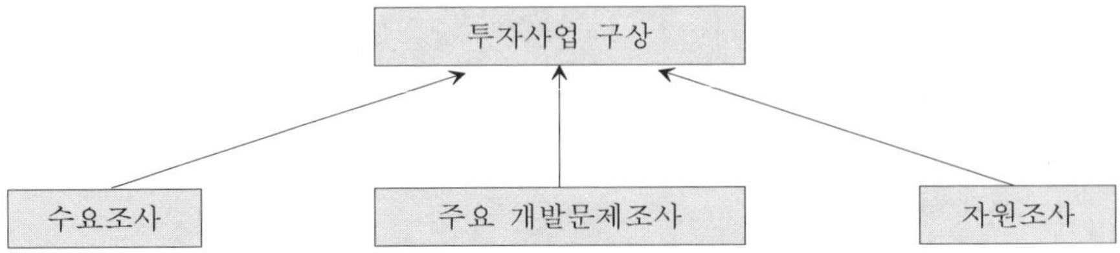

따라서 당해 자치단체의 자원, 투자수요, 문제점에 대한 면밀한 분석이 요구된다. 이 방법의 주요 이점은 지역 자체의 특성과 문제점이 투자사업의 판단시에 충분히 반영될 수 있는 점이다([그림 19-3] 참조).

3) 참여적 접근방법

참여적 접근(participatory approach)은 지방투자사업의 판단에 있어 지방수준의 다양한 집단, 즉 지방자치단체, 지역조직의 대표자, 민간조직, 주민 등이 적극적으로 참여함으로써 보다 의미 있고 생산적인 투자사업이 판단될 수 있다는 점에 기초하고 있다. 그러나 참여적 접근은 공간단위(spatial unit)의 설정이 전제가 된다. 즉, 참여의 가능성과 효율성 관점에서 지역이 너무 넓을 경우 요구수요의 파악이 어렵고, 각 집단의 요구를 조화시키는 데 어려움이 있기 때문이다.

따라서 앞에서 설명한 세 가지 접근은 실제에 있어 종합적으로 이루어져야 하는데, 여기서 투자사업 판단의 통합과정을 살펴보면 [그림 19-4]와 같다.

(2) 기술의 선택

기술의 선택문제는 자본과 노동단위의 결합비율, 즉 지방자치단체가 이용가능한 노동, 자본, 기술, 능력, 자원 등의 적정한 선택과 관련되므로 다음 사항을 고려하여 결정하여야 할 것이다.[16]

16) Om Prakash Mathur(1985), pp. 37～39.

그림 19-4 통합과정

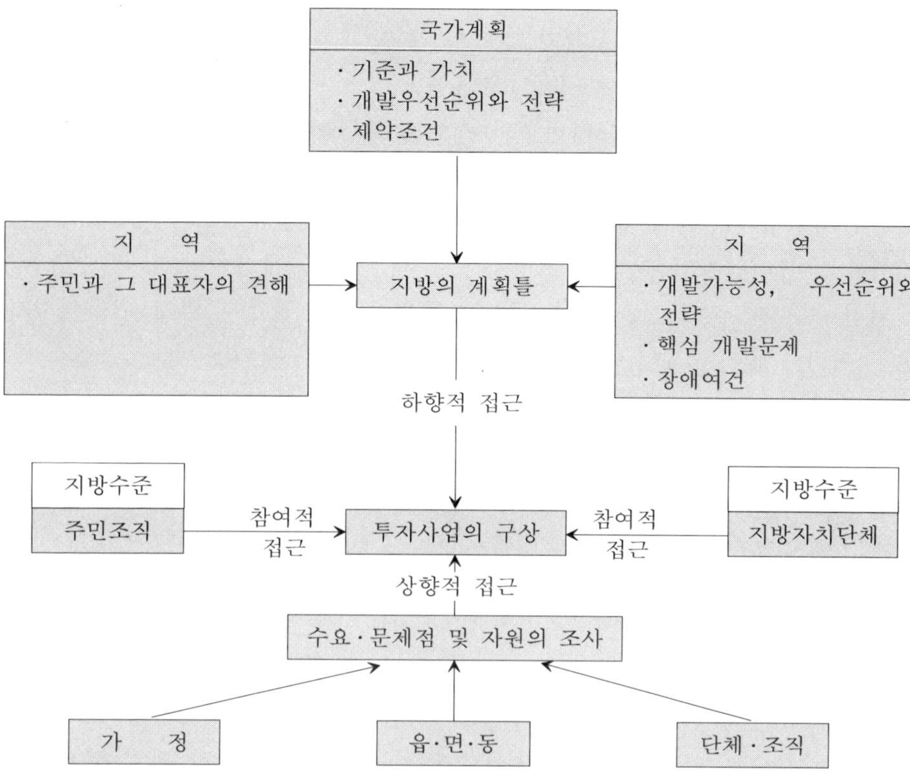

① 높은 고용잠재력(high employment potential)

② 자본과 희소자원의 단위당 높은 생산성(high productivity)

③ 지역 내 원자재, 특히 과거에는 가치판단이 낮았던 원재료에 대한 활용의 최대화

④ 소규모, 분할된 지방시장에 상응한 생산규모(scale of production)

⑤ 저렴한 운영비와 유지비

(3) 사업규모와 사업입지의 결정[17)]

① 사업규모(size of project)는 투자사업의 비용과 효과에 중대한 영향을

17) Om Prakash Mathur(1985), pp. 39~45.

미치므로 다음 사항을 고려하여 결정해야 할 것이다.

㉠ 투자수요의 형태와 성격: 투자수요의 성격은 인구변동과의 관련성, 소득변화의 가격변동에의 민감성 등을 과거 추이에 기초하여 판단하되, 지역주민의 기대수준을 고려한다.

㉡ 사업규모에 따른 사업비용의 추이검토: 사업규모의 대·소에 따른 비용의 증감효과를 분석한다.

② 사업입지(location of project)는 사업비용에 직접적으로 영향을 미치는 것이므로 사업입지의 선정은 지역사회의 결점해결, 개발유도 및 집중의 경제원리 적용가능성 등을 고려한 비용·효과분석의 결과에 의해 이루어져야 할 것이다.

2. 투자심사의 종류

이상과 같은 투자사업의 판단을 거친 후에 이루어지는 지방사업에 대한 투자심사의 종류는 자체심사, 시·도심사, 중앙심사의 세 가지가 있다.[18)]

(1) 자체심사

자체심사 지방자치단체(시·도, 시·군·자치구)가 자체 내에서 투자사업을 심사하는 것으로 기초심사와 종합심사가 있는데, 기초심사란 사업주무국(과)의 주관하에 사업규모의 적정성, 사업시행의 타당성 등과 관련하여 사업규모, 기술적 사항(공법 등), 사업비, 재원조달계획, 시설운영계획 등을 검토하는 것이다.

종합심사는 투자심사부서 주관하에 투자심사위원회를 구성하여 운영하

18) 내무부(현 행정자치부)는 1988년 4월 6일자로 지방재정법을 전면 개정하면서 중·장기 지방재정계획제도를 법제화하여 도입하게 되고, 투자계획의 합리적 수립과 관련한 투자재원의 효율적 배분을 위하여 1989년 중기지방재정계획 수립시에 투자심사가 부분적으로 추진되었다. 그리고 1991년 6월 12일에 '지방사업 투자심사규정'(내무부훈령 제1026호)의 제정에 의한 투자심사의 법제화가 마련되어 각 지방자치단체에 1992년 지방사업 투자사업지침을 시달하였으며, 1992년 8월 6일에는 이를 수정·보완하여 '지방재정 투·융자사업 심사규칙'(내무부령 제570호)을 마련하여 1993년도부터 매년 지방재정 투·융자사업 심사지침을 지방자치단체에 시달하고 있다. 또한 각 지방자치단체는 이를 근거로 자체투자심사규정을 마련하여 지방재정 투·융자사업에 대한 투자심사를 실시하고 있다(이상용 외, 1993a, pp. 1～2).

게 되는데, 여기에서는 투자수요 및 투자우선순위의 조정작업이 이루어지고, 자체심사결과를 사업부서와 예산부서에 통보한다.

(2) 시·도심사

시·도심사는 시·군·자치구가 자체심사를 마친 투자사업 중 일정 기준에 의해 시·군·자치구가 시·도에 심사를 의뢰한 사업에 대해 시·도(투자심사부서, 투자심사위원회)가 투자심사하는 것이다. 이는 시·군·자치구의 투자사업에 대해 상급단체인 시·도가 필요한 사항(시·도비 지원 여부 등)을 검토·조정하기 위한 것이다.

(3) 중앙심사

중앙심사는 시·도와 시·군·자치구가 자체심사를 마친 투자사업 중 일정 기준에 의해 시·도와 시·군·자치구가 행정자치부에 심사를 의뢰한 사업에 대해 행정자치부(중앙투자심사위원회)가 투자심사하는 것이다.

이 경우 시·도와 시·군·자치구는 다음의 서류를 행정자치부에 제출하여야 한다.[19)]

① 중앙심사대상 사업의 단위사업계획서

② 투자사업 우선순위표(자체심사대상 사업 포함)

③ 회계별 가용재원 판단서

④ 기타 투자심사에 필요한 자료(단체장의 의견서, 사업입지 도면 등)

이는 시·도와 시·군·자치구의 투자사업에 대해 중앙정부 차원에서 필요한 사항(자체심사의 적정성 여부, 재원조달계획 등)을 검토·조정하기 위한 것이다.

3. 투자심사의 범위와 대상사업

(1) 투자심사의 대상범위

지방사업 투자심사는 일반회계와 특별회계의 모든 사업에 대해 총사업비를 기준으로 하되, 총사업비에는 보상비, 설계비, 입찰공고비 등 부대적

19) 지방재정 투·융자사업 심사규칙(행정자치부령 제47조) 제3조.

경비도 포함하며, 반드시 실시설계용역 전 단계부터 심사한다.

투자부문의 분류는 일반회계와 특별회계를 구분하지 않고 통합하여 크게 10개 부문, 즉 일반행정, 문화 · 체육 · 청소년 · 관광, 청소 · 환경 · 상수도 · 하수도, 사회보장 · 보건, 주택 · 지역개발, 농수산개발, 지역경제개발, 국토자원보존개발, 도로 · 교통, 민방위 · 소방의 부문으로 분류하고 있다.

(2) 투자심사의 대상사업

투자심사대상 사업의 결정은 자체심사의 경우에는 총사업비를 기준으로 하고, 시·도심사에서는 총사업비와 시·군·자치구 간의 관계를 기준으로, 그리고 중앙심사는 총사업비, 시·도 간의 관계, 외자도입 여부, 국가경제 및 사회정책적 요인을 기준으로 하여 이루어지고 있다. 이를 구체적으로 살펴보면 [표 19-6]과 같다.

표 19-6 투자심사대상 사업

자체심사	시·도심사	중앙심사
① 시·군·자치구: 총사업비(용역비 등 각종 부대경비 포함) 10억 원 이상 30억 원 미만인 신규사업과 전액 자체재원(시·군·자치구비)으로 추진하는 신규사업 ② 광역시·도: 총사업비가 20억 원 이상 200억 원 미만의 신규 투·융자사업과 사업비 전액 자체재원(시·도비)으로 추진하는 신규사업 ③ 서울특별시: 총사업비가 30억 원 이상 200억 원 미만의 신규투·융자사업과 전액 자체재원(시비)으로 추진하는 10억 원 이상 사업	① 총사업비가 30억 원 이상 200억 원 미만 시·군·자치구의 신규투·융자사업 ② 2개 이상의 시·군·구와 관련되는 10억 원 이상의 신규사업	① 2개 이상의 시·도와 관련되는 총사업비 10억 원 이상의 신규투·융자사업 ② 외국의 차관을 도입하여 시행하는 총사업비 10억 원 이상의 신규투·융자사업 ③ 10억 원 이상 행사성경비 신규투·융자사업 ④ 10억 원 이상을 외국에 투자하는 사업 ⑤ 총사업비 200억 원 이상의 신규투·융자사업

자료: 행정자치부, 『2005년도 지방재정 투·융자사업 심사지침』, 2005.

제3절 지방사업 투자심사의 기준과 방법

1. 투자심사의 기준

지방사업, 즉 지방재정 투·융자사업에 대한 투자심사는 지방정부라는 공공경제주체가 지역발전과 주민의 복지증진을 위해 실시하는 투자사업이다. 따라서 민간부문에서 시행하고 있는 사업에 대한 평가기준 이외에 지역주민과의 관계, 분배의 공평성, 사업이 지니는 특성, 재원 및 예산과의 관계 등의 관점이 동시에 검토되어야 한다. 투자평가기준은 일률적인 것은 아니지만, 공공사업의 경우 일반적인 심사사항은 다음과 같다.

① 기초심사, 입지선정, 시공기술 및 시공방법의 타당성

② 사업규모의 적정성, 가능한 대안의 모색 및 대안 간의 비교·분석

③ 재무·경제적 수익성, 비용·편익분석 또는 비용·효과분석, 장래의 불확실성 또는 여건변동에 대한 고려

④ 소요자금 조달 및 원리금 상환능력, 자금원천, 자치단체의 재원충당능력

⑤ 주민욕구(주민선호), 주민의 숙원도, 사업완성시의 수혜 정도, 지역발전 및 지역경제의 활성화에 대한 기여도

⑥ 예산·재원의 범위 및 지역계획에서의 사업우선순위

⑦ 다른 투자계획과 관련한 당해 사업의 지역사회에서의 긴급성(시급성)

⑧ 투자사업이 초래하는 분배적 공평성

⑨ 국가의 장기계획 및 경제·사회정책과의 부합성

⑩ 중·장기 지역계획 및 지방재정계획과의 연계성

⑪ 국가 또는 상급정부의 요구수준

이러한 투자심사사항을 고려하면서 지방사업에 대한 투자심사의 내용을 크게 투자경제성, 주민대응성, 사업의 성격, 투자재원의 조달이라는 네 가지 관점에서 파악해 보면 다음과 같다.

(1) 투자경제성

사업에 투자되는 비용과 사업실시로 얻게 되는 편익(수익)의 관계에 기초하여 사업을 평가하는 것으로 다음의 의미를 담고 있다.

① 경제적 수익성: NPV, B/C ratio, IRR, PBP 등에 의해 파악

② 재무적 수익성: 순이익, 재무수익률 등에 의해 파악

③ 사업파급효과: 사업실시로 나타나게 되는 직·간접적 효과(고용 및 소득증대, 지역부존자원의 활용, 지역기업의 참여, 관련산업의 촉진, 지역기반시설의 확충, 지역경제 활성화, 행정개선 등)가 미치는 범위 내지 정도로서 비용·편익 분석시 계량화 가능한 범위 내에서 판단.

(2) 주민대응성

주민욕구, 주민수혜의 범위·정도, 민원발생 등과 관련한 사업에 주민의사의 반영 정도를 나타내는 것으로 다음의 의미를 담고 있다.

① 주민요구도: 주민의 욕구충족과 관련하여 다수의 주민이 집단적·계속적으로 사업을 요구하거나 민원문제와 관련하여 집단적·계속적으로 사업에 대해 반대 또는 불평하는 범위와 정도이다.

② 주민수혜도: 사업의 편익(효과)을 얻는 주민의 대상범위·정도와 관련한 것으로 주민수혜는 투자효과가 미치는 범위(전 주민수혜, 다수 주민수혜, 일부 주민수혜 등), 계층(저소득층, 중간소득층, 고소득층 등), 집단(농민, 아동, 노인, 부녀자, 장애자, 생활보호자 등)에 대해 평가할 수 있다.

(3) 사업의 성격

지방사업이 지니는 특수성, 중요도, 긴급성, 계속성 등과 관련한 것으로 다음의 의미를 담고 있다.

① 사업의 필수성: 주민생활에 기본적이고 필수적인 사업으로서 공공성이 강한 사업 등을 평가한다.

② 국가 또는 상위계획과의 부합성: 국가계획, 상위계획, 지역개발계획 등의 투자정책목표와 부합하는가를 평가한다.

③ 사업의 완급성(시급성): 집행중인 계속사업의 마무리, 시급히 착수 또

는 완공되어야 할 사업(재해복구, 비상대책사업 등), 시설이 노후·불량하여 시급히 개량·수선이 요구되거나 대체가 필요한 사업, 기존 시설의 확장 등

④ 사업의 계속성: 사업기간, 사업실시 연수, 사업완공시기 등

(4) 투자재원의 조달

자금의 원천 또는 종류, 예산확보의 정도, 재원충당능력 등과 관련한 것으로 다음의 의미를 담고 있다.

① 자금원 또는 종류: 중앙정부 또는 상급정부로부터의 이전재원(보조금, 지방양여금 등), 차입자금(차입금, 공채, 차관자금 등), 민자 또는 분양수익금, 주민자부담, 순지방비(지방세, 세외수입, 지방교부세 등)

② 예산확보의 정도와 재원충당능력: 제한된 예산범위 내에서 사업비의 확보계상 정도, 차입금에 대한 원리금 상환능력 등을 평가한다.

2. 투자심사의 방법

(1) 투자심사기준의 선정

앞에서 살펴본 투자평가기준의 내용을 감안하면서 계량화가 가능한 범위 내에서 투자평가기준으로서 경제적 내부수익률,[20] 재무적 내부수익률, 주민수혜도, 사업요구도, 재원확보율의 다섯 가지 기준을 선정하여 정리하면 다음과 같다.

① 경제적 내부수익률(economic internal rate of return: Eirr): 사업에서 발생하는 편익의 현재가치와 비용의 현재가치를 같게 하거나 순편익의 현재가치를 0으로 만드는 할인율로서 투자자본의 가득력을 말한다. 즉, Eirr은

$$\sum_{t=1}^{n} = \frac{B_t - C_t}{(1+i)^t} = 0$$

일 때의 할인율(i)이다(제1절 참조).

20) 투자의 경제성을 판단하는 투자평가기준으로서 경제적 내부수익률 대신에 NPV, B/C ratio 등을 사용할 수도 있다.

② 재무적 내부수익률(financial internal rate of return: Firr): 투자에서 발생하는 현금수입의 현재가치를 투자에 소요된 현금의 현재가치와 일치하도록 하는 할인율이다. 즉, Firr은

$$I=\frac{Q_1}{(1+r)}+\frac{Q_2}{(1+r)^2}+\cdots\cdots+\frac{Q_n}{(1+r)^n}+\frac{S}{(1+r)^n}$$

일 때의 할인율(r)이다(제1절 참조).

③ 주민수혜도: 주민수혜도는 여러 가지 지표로 나타낼 수 있는데, 이 중 (당해 자치단체의 수혜인구/당해 자치단체의 총인구)로 표시할 수 있다. 예컨대, 사회복지사업의 경우 (당해 자치단체의 사회복지 대상자/전국 사회복지 대상자의 평균)으로 나타낼 수 있는데, 이러한 것으로는 영세민수, 장애자수, 생활보호 대상자수, 요보호아동수, 요보호노인수, 요보호부녀자수 등이 있다.

④ 사업요구도: 사업요구도는 (당해 자치단체의 현재 성과수준/전국의 현재 성과수준의 평균), (당해 자치단체의 현재 성과수준/동일계층 자치단체의 현재 성과수준의 평균), (당해 자치단체의 현재 성과수준/국가가 제시하는 성과수준 목표치) 등의 지표에 의해 표시할 수 있다.

이러한 성과수준지표로는 하수처리율, 쓰레기 소각처리율, 주택보급률, 도로율, 도로포장률, 하수도보급률, 하수관거 정비율, 하천개수율, 상수도보급률 등이 있다.

⑤ 재원확보율: 자체재원 충당능력, 즉 (순지방비/총사업비)에 의해 평가한다.[21] 단,

㉠ 총사업비＝외부재원＋순지방비

㉡ 외부재원＝보조금, 지방양여금, 차입금, 공채, 차관, 민자, 수익금, 주민부담 등

㉢ 순지방비＝지방세, 세외수입, 지방교부세

21) 지방자치단체가 자금조달과 관련하여 상급정부나 외부기관과 협의·조정을 거쳐 투자사업에 대한 재원조달계획이 수립된 경우에는 총사업비 중 외부재원의 비중이 어느 정도인가를 평가하는 외부재원비율(외부재원/총사업비)을 재원확보율의 지표로 고려할 수 있다.

(2) 평가척도의 설정 및 점수부여

각 투자평가기준의 평가척도는 3단계로 구분하되, 이는 국가 및 지방자치단체의 여건을 고려하여 국가가 제시하는 성과수준의 목표치, 전국 평균치 또는 동일계층 단체의 평균치 등에 기초하여 상·중·하의 분포에 따라 설정하고 각 단계에 따라 1~3점을 부여한다([표 19-7] 참조).

여기서 K광역시의 도로개설사업을 예시로 투자심사방법을 살펴보기로 한다. 단, 아래 예시에서의 평가기준의 종류와 수 및 평가척도, 평가기준에

표 19-7 평가척도의 설정 및 점수부여

평가기준	내 용	평가척도 및 점수부여		
		3점	2점	1점
· Eirr	–	20% 이상	10~20%	10% 이하
· Firr	–	20% 이상	10~20%	10% 이하
· 주민수혜도	수혜인구비율[1)]	50% 이상	20~50%	20% 이하
· 사업요구도	현재 성과수준비율[2)]	0.7 이하	0.7~1.0	1.0 이상
· 재원확보율	자체재원 충당능력[3)]	60% 이상	30~60%	30% 이하

주: 1) 수혜인구비율=당해 자치단체의 수혜인구/당해 자치단체의 총인구
2) 현재 성과수준비율=당해 자치단체의 현재 성과수준/동일계층 자치단체의 현재 성과수준의 평균
3) 자체재원 충당능력=순지방비/총사업비

예 시 신안동-북부서-문화동 간 도로개설사업(K시, 2005년도)

평가기준(i)	평가척도 및 점수부여			
	3점	2점	1점	점수(S)
· Eirr	20% 이상	10~20%	10% 이하	2
· Firr	20% 이상	10~20%	10% 이하	2
· 주민수혜도	50% 이상	20~50%	20% 이하	1
· 사업요구도	0.7 이하	0.7~1.0	1.0 이상	2
· 재원확보율	60% 이상	30~60%	30% 이하	3

주: 1) 주민수혜도=(수혜인구/K시의 인구)=50/1,238(천 명)=4%
2) 사업요구도=(K시의 도로율/전체 시 도로율의 평균)=(13.91%/15.72%)=0.88
3) 재원확보율=(순지방비/총사업비)=10,500/13,600(백만 원)=77.2%

대한 점수, 평가기준의 가중치 부여 등은 각 지방자치단체가 사업별로 당해 자치단체의 여건과 사업특성을 고려하여 결정한 후에 각 사업에 적용하여야 할 것이다. 다음 예시는 K시 도로개설사업에 대해 앞의 [표 19-7]의 평가척도 및 점수부여를 적용해 본 것이다.

앞으로 설명되는 평가기준 간 가중치 결정과 투자사업의 총점수 산정에 적용된 사업은 K시의 도로개설사업이다.

(3) 평가기준 간 가중치 결정

사업의 평가기준 간에는 그 중요성에 있어 차이가 존재하기 때문에 기준 간의 상대적 가중치를 설정하여야 한다. 이러한 가중치를 구하는 방법은 여러 가지가 있지만, 여기에서는 평가기준을 2개씩 쌍으로 상호 비교하여 가중치를 구하는 방법을 살펴보고자 한다.

이러한 평가기준 간 가중치 결정은 다음과 같이 4단계를 거쳐 실시될 수 있다.[22)]

첫째, 평가기준 간 상대적 중요성을 나타내는 척도를 [표 19-8]과 같이 규정한다.

둘째, 평가기준을 2개씩 상호 비교하여 척도를 부여한다([표 19-9] 참조).

셋째, 앞의 평가기준을 2개씩 쌍으로 비교한 평가기준의 상대적 중요성의 내용을 매트릭스로 배열한다.

넷째, 평가기준 간 매트릭스([표 19-10])에서 행(row)의 기하평균[23)]을 취

표 19-8 평가기준의 비교척도

크 기	정 의
1	두 가지 기준이 똑같이 중요하다.
3	하나의 기준이 다른 하나의 기준보다 약간 더 중요하다.
5	하나의 기준이 다른 하나의 기준보다 중간 정도로 더 중요하다.
7	하나의 기준이 다른 하나의 기준보다 훨씬 더 중요하다.
9	하나의 기준이 다른 하나의 기준보다 절대적으로 더 중요하다.

22) Gloria A. Grizzle(1985), pp. 331～359.

23) 기하평균이란 n개의 양수 a_1, a_2, ……, a_n이 있을 때, 이들 수의 곱의 n제곱근이다. 즉, $\sqrt[n]{a_1,\ a_2,\ \cdots\cdots,\ a_n}$ 의 값이다.

표 19-9 평가기준 간 척도부여(K시 사례)

비 교	크 기	비 교	크 기
· Eirr과 Firr	5	· 사업요구도와 주민수혜도	3
· Eirr과 사업요구도	1	· 사업요구도와 재원확보율	3
· Eirr과 주민수혜도	3		
· Eirr과 재원확보율	5		
· Firr과 사업요구도	−3	· 주민수혜도와 재원확보율	3
· Firr과 주민수혜도	−3		
· Firr과 재원확보율	1		

주: 양(+)의 부호: 왼쪽기준이 오른쪽기준보다 더 중요함을 나타냄.
음(−)의 부호: 왼쪽기준이 오른쪽기준보다 덜 중요함을 나타냄.

표 19-10 평가기준 간 비교척도 매트릭스(K시 사례)

구 분	Eirr	Firr	사업요구도	주민수혜도	재원확보율
· Eirr	1	5	1	3	5
· Firr	1/5	1	1/3	1/3	1
· 사업요구도	1	3	1	3	3
· 주민수혜도	1/3	3	1/3	1	3
· 재원확보율	1/5	1	1/3	1/3	1

주: 행(row)의 기준이 열(column)의 기준보다 더 중요하면 크기가 정수로 표시되며, 행의 기준이 열의 기준보다 덜 중요하면 크기가 정수의 역수로 표시됨.

하여 각 평가기준의 가중치를 구한다. 즉,

$$\text{Eirr의 가중치} = \sqrt[5]{1\times5\times1\times3\times5} = 2.37$$

이다. 이와 같이 하여 각 평가기준의 가중치를 구하여 정리하면, Firr 0.47, 사업요구도 1.93, 주민수혜도 1.00, 재원확보율 0.47이다. 그런데 앞의 가중치는 평가기준 간에 표준화시켜야 한다. 따라서 평가기준의 가중치의 합이 1이 되도록 하여 표준화시켜 정리하면 [표 19-11]과 같다.

표 19-11 평가기준의 가중치(K시 사례)

평가기준(i)	1차 가중치	표준화된 가중치
계	6.24	1.00
· Eirr	2.37	0.37
· Firr	0.47	0.08
· 사업요구도	1.93	0.31
· 주민수혜도	1.00	0.16
· 재원확보율	0.47	0.08

(4) 사업의 총점수 산정 및 사업 간 투자순위결정

평가기준의 점수와 가중치를 결합하여 사업의 총점수를 구하고, 이에 기초하여 투자순위를 정한다. 총점수(overall score: OS)는 각 평가기준의 점수(score: S)와 가중치(weight: W)를 곱한 값의 합계로 한다. 즉,

$$OS = W_1 \cdot S_1 + W_2 \cdot S_2 + \cdots\cdots + W_n \cdot S_n = \sum W_i \cdot S_i$$

여기서, i: 평가기준(1, 2, ……, n)
W_i: 각 평가기준의 가중치
S_i: 각 평가기준의 점수
OS: 사업의 총점수

이와 같이 각 평가기준의 점수와 가중치를 곱하여 총점수를 구하고서 큰 점수를 얻은 사업부터 우선순위를 부여한다. 따라서 총점수(OS)는 $\sum S_i \cdot W_i = 1.77$이다. 이러한 투자심사방법을 체계화하면 [표 19-13]과 같다.

표 19-12 사업의 총점수(K시 사례)

평가기준(i)	점수(S_i)	가중치(W_i)	$S_i \cdot W_i$
계	10	1.00	1.77
· Eirr	2	0.37	0.74
· Firr	2	0.08	0.16
· 사업요구도	1	0.31	0.31
· 주민수혜도	2	0.16	0.32
· 재원확보율	3	0.08	0.24

표 19-13 투자심사체계도

평가기준의 선정(i)	· 투자경제성, 주민대응성, 사업성격, 투자재원 조달의 네 가지 관점에서 사업특성에 따라 타당한 평가기준을 지방자치단체가 자율적으로 선정함. · 예시적으로 경제적 내부수익률(Eirr), 재무적 내부수익률(Firr), 사업요구도(현재 성과수준비), 주민수혜도(수혜인구비), 재원확보율(자체재원 충당능력)을 선정할 수 있음.
평가척도의 선정 및 점수부여(S_i)	· 평가기준의 상·중·하 분포에 따라 3단계로 구분하고 1~3점을 부여함.
평가기준 간 가중치결정(W_i)	가중치 결정의 4단계 · 평가기준 간 상대적 중요성에 대한 척도의 정의 · 평가기준 간 2개씩 쌍으로 비교척도 부여 · 비교척도 매트릭스의 작성 · 비교척도 매트릭스 행(row)의 기하평균값을 평가기준의 가중치로 택하고, 이들 가중치의 합을 1로 하여 표준화시킴.
사업의 총점수 산정	· 평가기준의 점수와 가중치를 결합하여 사업의 총점수를 구함. 즉, $OS = \sum S_i \cdot W_i$
사업 간 투자순위 결정	· 총점수가 큰 사업부터 우선순위를 부여

제4절 지방사업 투자심사의 과정 및 실무절차

1. 지방사업 투자심사의 과정

투자사업의 타당성을 분석할 때는 다음과 같은 과정을 거치게 된다([그림 19-6] 참조).

첫째, 투자수요와 공급능력을 분석하여 수요와 공급의 차를 발견하고, 그 수급차를 해결하기 위한 투자사업의 규모 및 기술조건, 입지 등을 결정한다.

둘째, 투자사업의 경제적·재무적 수익성을 분석하여 사업타당성을 평가한다.

셋째, 투자사업 실시와 연관하여 투자사업의 주체와 수혜자(주민)의 관점에서 재원충당능력, 주민요구도, 주민수혜도, 국가정책과의 부합성, 예산재

그림 19-6 투자심사과정

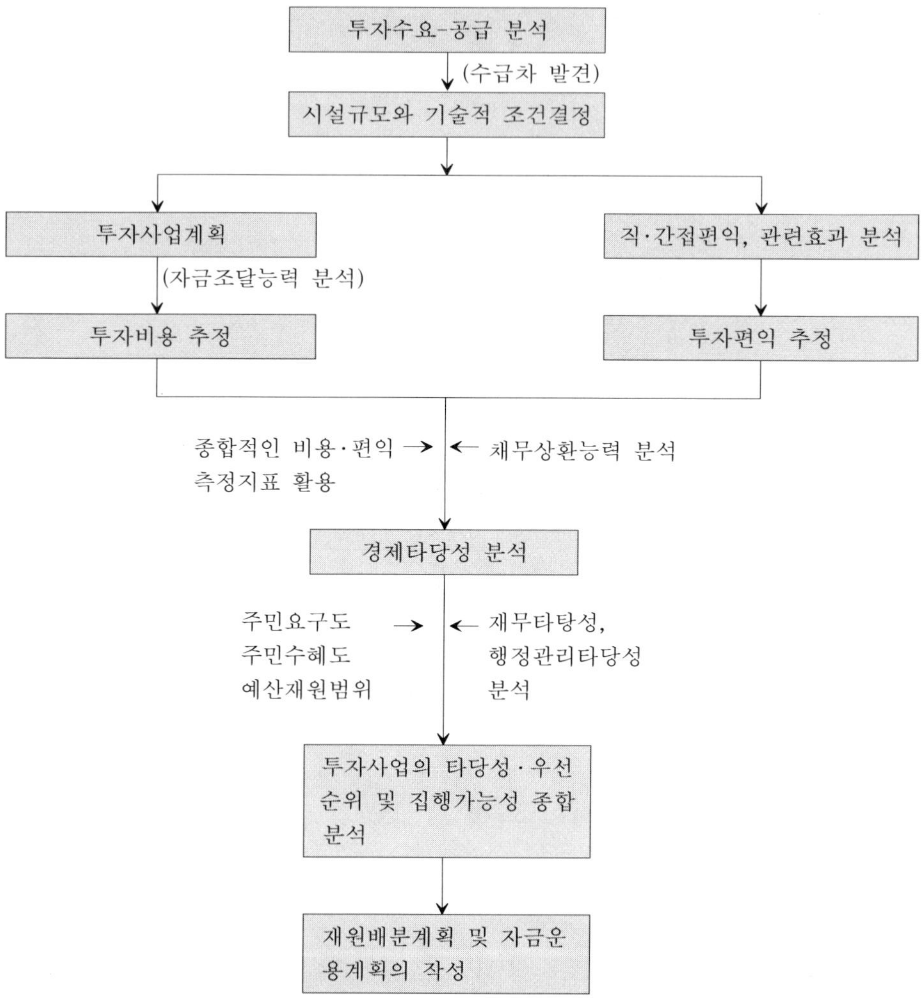

원의 범위 등을 고려하여 사업의 투자우선순위를 결정한다.

마지막으로, 사업의 투자우선순위와 투자부문 간의 재원배분을 감안하여 재원배분계획 및 자금운용계획을 작성한다.

2. 투자심사의 실무절차

지방자치단체의 경우 투자우선순위의 결정은 사업이 속하는 회계단위로 이루어지되, 개별 사업 투자심사시 서면심사와 함께 현지심사를 병행 실시하며, 사업비의 재원에 따라 자체심사, 시·도심사, 중앙심사로 구분하여 실시된다. 이러한 지방투자 심사절차는 [그림 19-7]과 같이 사업주무부서에서 익년도 투자사업계획을 수립하여 5월 말까지 투자심사부서에 투자심사를 요구하면 기획(관리)실장 주관하에 실무작업반을 구성하여 7월 말까지 개별 사업에 대한 투자심사를 실시하고 종합조정을 거쳐 사업 간 우선순위를 결정

그림 19-7 투자심사의 실무절차

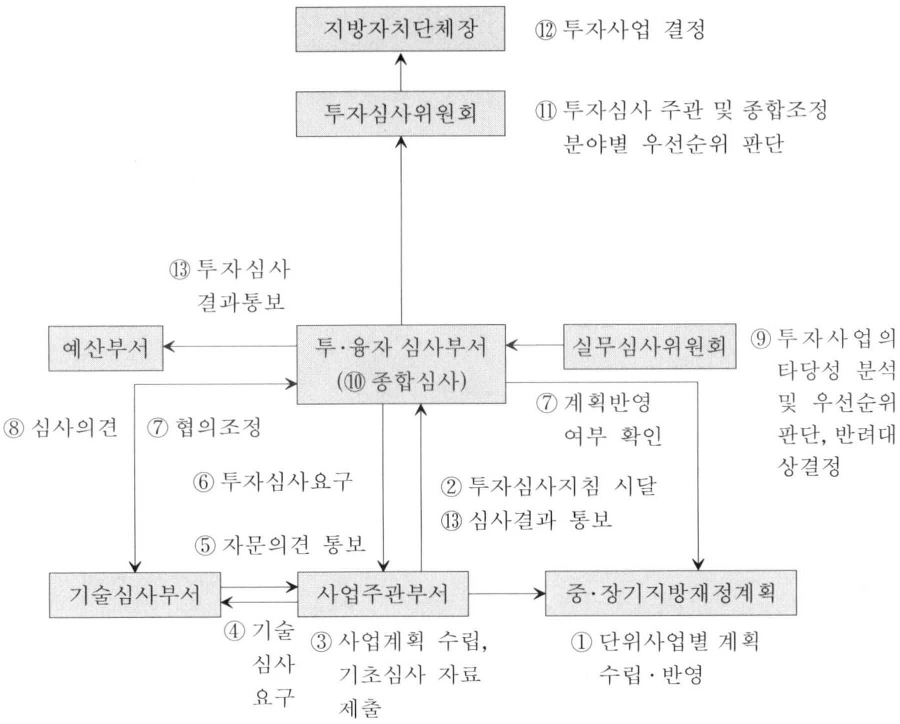

자료: 행정자치부, 『2005년도 지방재정투·융자사업 심사분석지침』, 2005.

한 다음 예산편성에 반영하도록 한다.

실무작업반은 투자담당관, 기획담당관, 예산담당관, 기술심사담당관, 시설계획과장, 당해 사업관련 과장, 재정기획계장, 투자심사계장, 관계전문가(필요시)로 구성한다.

3. 투자심사와 재정운용체계의 연계

지방재정운용체계는 계획-운용-평가 및 환류체계를 통해 재정운용의 효율성을 제고시킨다. 즉, 중·장기적 관점에서 중기재정계획을, 단기적 관점에서 투자심사, 예산운용, 심사분석기능이 연계되도록 한다([그림 19-8] 참조).

또한 현재 재정계획순기(5월 말)와 투자심사순기(6월 말)가 불일치하고 투자심사확정 이후 변동요인이 발생하여 예산편성과의 연계가 곤란하므로 투자심사를 거친 후 중기재정계획의 연동화 작업이 이루어지고, 이에 기초하여 예산이 편성되도록 투자심사순기를 조정한다[24]([그림 19-9] 참조).

그림 19-8 지방재정 운용체계

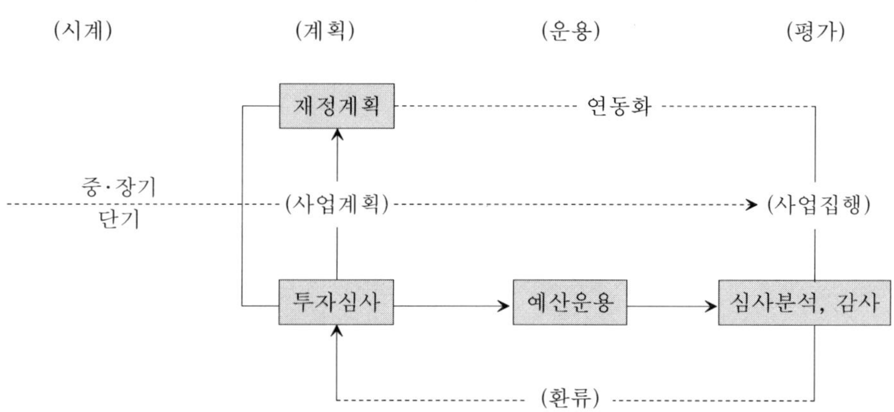

24) 이상용(1992), p. 33.

그림 19-9 지방재정 운용순기

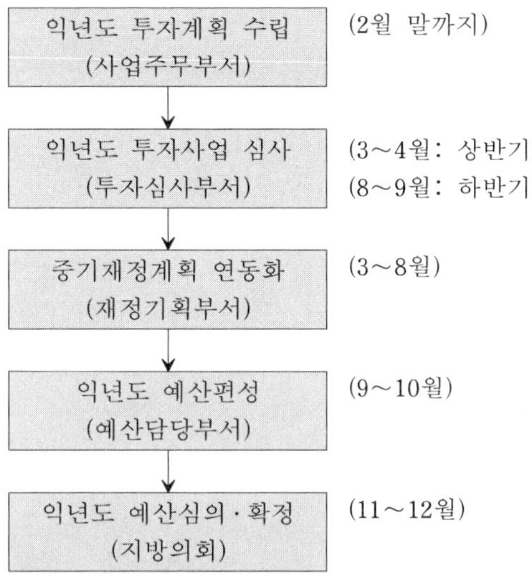

20

지방재정 분석 · 진단

제 1 절 지방재정 분석·진단의 의의와 단계

1. 재정분석·진단의 개념

진단[1]은 무엇을 진단할 것인가 하는 진단대상의 영역에 따라 그 정의를 달리하고 있으나, 공통적으로 진단을 언급할 때는 진단 그 자체가 목적이 아니라, 어떤 대상에 대한 진단결과 파악된 문제점에 대한 처방을 모색하는 일련의 과정[2]으로 파악하는 경향이 있다. 진단이 도시를 대상으로 할 때는 어떤 도시의 상태를 표준이나 기준이 되는 도시상태와 비교하여, 그 차이의 크고 작음의 정도에 따라 진단항목의 상대적 위상을 정상상태 또는 비정상상태로 판단하는 일로 받아들여지고 있다.[3] 그리고 조직을 대상으로 한 진단은 조직의 현재상태를 분석·평가하고 조직의 문제점을 찾아 내어 조직의 효율성을 증진시키기 위한 방법들을 개발하는 과정[4]으로 정의되고 있다.

지방자치단체의 재정수준 및 상태를 알기 위한 방법으로 재정분석(financial analysis), 재정평가(financial evaluation), 재정진단(financial diagnosis)의 용어가 혼용되어 사용되고 있는데, 여러 학자들에 의해 제시된 재정분석, 재정평가, 재정진단의 개념을 살펴보면 다음과 같다.

일반적으로 재정분석 또는 재정평가란 지방자치단체가 주민이 필요로 하는 재화와 서비스를 공급할 재정적인 능력이 있는 것,[5] 지방자치단체가 지방행정수요 충족을 위하여 비도가 정해지지 않은 자주적 재원으로 충당할

1) 요즘, '진단'이라는 용어가 조직진단, 재정진단, 경영진단, 도시진단, 방재진단 등으로 사용되고 있으나, 진단의 목적, 검토내용, 절차, 방법, 결과조치 등에서 상이한 입장을 취하고 있다. 진단의 목적으로 한국지방행정연구원에서 연구된 것으로 도시진단을 위한 「도시지표의 개발 및 적용에 관한 연구」(1994), 조직진단을 위한 「지방자치단체의 조직진단」(1994)이 있으며, 지방자치경영협회에서는 지방공기업을 대상으로 경영진단·평가를 시행하고 있다.
2) 정순오 외(1995), p. 18.
3) 정순오 외(1995), p. 18.
4) Michael I. Harrison(1989), p. 1.
5) 오연천(1987).

수 있는 능력과 관련된 것으로 세입·세출의 양 측면을 고려한 재정규모의 적정성, 재정구조의 탄력성, 재정운용의 건전성을 평가하는 것,[6] 각 지방자치단체가 1회계연도 동안 재정을 얼마나 건전하게 운영하였는지를 평가하는 것[7]으로 정의하고 있다.

일본에서는 재정분석이라는 용어를 주로 사용하고 있으며, 이는 재정구조, 재정운영, 세입비율, 세출비율, 공무원 봉급, 서비스수준 향상 등의 상태를 분석하는 것으로 정의하고 있는데, 이 때 용어사용상 일반적·개괄적으로 분석하는 경우를 재정분석, 심도 있게 분석하는 경우를 재정(또는 경영)진단으로 다소 구분하여 사용하고 있다.[8] 그리고 스탠더드 앤드 푸어스(Standard & Poor's)나 무디스(Moody's) 등 미국의 지방자치단체 신용평가기관은 세입능력에 비해 부채규모가 적정한가의 재정신용도를 평가하는 것으로 정의하고 있다.[9]

또한 ICMA(International City Management Association)에서 개발하여 미국의 중·소도시에서 자기재정상태를 점검하는 데 사용하고 있는 재정동향분석체계(Financial Trend Monitoring System: FTMS)에서는 자치단체의 현금지불능력, 예산상의 지불능력, 장기지불불능 징후의 요인을 진단하는 것으로 정의하고 있다.[10] 이상을 살펴볼 때, 학자들은 재정분석 또는 재정평가의 용어로, 일본은 재정분석으로, 미국의 신용평가기관은 재정평가의 의미로 각각 사용하고 있는데, 미국에서 사용되고 있는 FTMS는 우리 나라에 도입된 재정진단의 용어에 근접하고 있음을 알 수 있다.

한편, 우리 나라에서 1998년부터 실시된 재정분석에 이어 2000년도부터 실시되고 있는 지방재정진단은 재정운영 부진단체에 대하여 재정운영 부진요인을 밝히기 위해 특정 자치단체의 재정에 대한 정밀조사를 하는 것이다. 지방재정법 제118조에 의한 지방재정진단은 전 자치단체를 대상으로 하는 재정분석·평가와 달리 재정의 건전성과 효율성이 현저히 떨어진 자치단체를 대상으로 하는 것으로 규정하여 재정분석, 재정평가와 재정진단을 개념

6) 한국지방행정연구원(1988b).
7) 이상용(1993b), p. 3.
8) 板田期雄 編(1984) 참조.
9) 김종순(1995a), p. 70.
10) 이상용 외(1993b), pp. 10~13.

적으로 달리 구분하고 있다. 그리고 재정분석의 결과를 토대로 재정지도를 함과 동시에 재정진단 대상단체 선정, 진단실시 및 그 결과를 공개하고, 재정재건을 위한 재정건전화 계획을 수립하도록 동조에 규정하고 있다. 따라서 우리 나라의 지방재정법에서 규정하고 있는 지방재정진단 및 그 제도는 다음과 같이 정의될 수 있다.

첫째, 재정분석과 재정진단의 개념을 구분하여 사용하고 있다.[11] 재정분석은 자치단체의 재정현황과 운용실태를 대상으로 자치단체 간 비교·분석하는 것이다. 그러나 재정진단은 재정분석의 결과 재정의 건전성과 효율성이 현저히 저하된 자치단체 및 재정위기가 우려되는 자치단체를 대상으로 정밀분석을 실시하여 재정건전화를 위한 대책을 강구하는 것이다.

둘째, 재정진단은 모든 자치단체를 대상으로 하는 것이 아니라 재정분석의 결과를 기초로 하여 문제단체로 지정된 특정 단체만을 대상으로 정밀조사하는 것이다.

셋째, 재정진단은 현지실사가 수행되어야 하며, 재정운영의 부실을 초래하는 요인을 추출하여 재정건전화를 위한 방안을 제시하는 것이다.

넷째, 재정진단은 재정분석의 결과로 선정된 재정운영 부실단체를 대상으로 정밀하게 재정운영상황을 점검하는 것이다. 재정분석의 대상은 1회계연도 동안의 재정운영상황을 그 건전성과 효율성이 기준이 되는 데 반해, 재정진단은 당해 연도뿐만 아니라 과거, 현재, 미래의 상황을 환경적(구조적)·조직적·재정적 차원에서 정밀분석하는 것이다.

따라서 재정진단은 당해 연도 동안의 전 자치단체 재정운영상황을 건전성과 효율성의 측면에서 재정분석을 하고, 그 결과 재정운영이 부실하다고 판단되는 자치단체를 대상으로 현지실사를 중심으로 종합적인 재정정밀진단을 실시하여 재정운영 부실의 문제요인을 판별해 내는 동시에 그 처방을 위한 대책을 강구하는 일련의 과정을 말한다.

2. 지방재정 분석·진단제도의 필요성

지방재정 분석·진단제도는 지방자치단체의 재정운영상황을 분석하여

11) 지방재정분석·진단실시규정(행정자치부 훈령 제34조) 제2조 참조.

그 운영의 건전성과 효율성 등이 현저히 떨어진 단체를 대상으로 정밀재정진단을 실시한 후 각종 제도개선 및 재정건전화 계획을 수립·시행하도록 하여 지방재정의 건전화를 유도하기 위한 제도이다.

지방재정 분석·진단제도의 도입·시행에 대하여 자치단체 입장에서는 재정자율권의 통제, 사업활동의 제한, 재정위기감 조성, 재정통제제도 강화 등의 부정적 견해를 피력하고 있다. 물론, 이 제도가 중앙정부 주도로 이루어질 경우 이러한 견해를 완전히 부정할 수는 없다. 그러나 지방재정의 방만한 운영 및 비효율적 운영은 결국 국가재정에 간접적으로 영향을 미치기 때문에 중앙정부는 지방재정이 건전하게 운용되도록 해야 할 의무가 있다. 또한 구조적으로 재정이 취약한 단체의 경우 자치단체 스스로 재정건전화를 모색해야 하지만, 중앙정부도 이들 단체에 대한 재정건전화 대책에 적극적으로 지원해야 한다. 즉, 중앙정부는 지방재정의 경향을 분석하여 지방재정이 건전하게 운영되도록 재정정책을 수립함은 물론 자치단체에 대한 재정지원·지도 등을 강구해야 한다. 그리고 자치단체는 재정운영의 문제요인을 밝혀 스스로 해소함과 동시에 중앙정부에 적극적으로 지원을 요청해야 하며, 지역주민에게도 재정운영상황을 공개하여 주민의 적극적인 협조 및 재정운영의 투명성을 보장해야 한다. 이러한 재정운영이 가능할 때 진정한 지방자치의 이념이 실현될 것이다.

지방재정 운영에 대하여 중앙정부 및 지방자치단체가 책임과 의무를 다할 수 있도록, 다시 말해 건전한 지방재정이 운영될 수 있도록 하기 위한 것으로 지방재정 분석·진단제도를 도입·시행함은 물론 재정운영에 이를 적극적으로 활용해야 한다.

3. 지방재정 분석·진단의 단계

현행 법체계상 지방재정 분석·진단은 [그림 20-1]과 같이 재정보고서 서식 시달 및 제출단계→재정분석단계→재정진단 실시대상 단체 선정단계→재정진단 실시단계→재정진단결과 조치단계로 이루어진다.

그림 20-1 지방재정진단의 절차

(단 계)	(내 용)	(주 체)
재정보고서 서식 시달 및 제출 ↓	분석 및 진단내용 자료작성	행정자치부, 지방자치단체
재정보고서 분석 ↓	재정분석	재정분석실시단
재정진단대상 단체 선정 ↓	재정대상 단체 선정	지방재정분석진단위원회 (행정자치부)
재정진단 실시 ↓	정밀재정진단	재정진단실시단
재정진단결과 조치	지방재정 건전화 계획 수립 등의 조치	행정자치부 광역자치단체

제2절 지방재정 분석·진단의 외국사례

1. 미국의 사례

(1) ICMA의 재정동향분석체제

재정동향분석체제(FTMS)는 ICMA가 1986년에 개발한 자치단체의 자기재정진단시스템이다. 이는 지방자치단체의 재정상태에 영향을 미치는 요인들을 밝혀 내고 체계화함으로써 그 요인의 측정·분석을 가능하게 하는 틀로서, 이를 통해 지방자치단체가 당면하고 있는, 또한 대두하게 될 재정문제를 파악하고, 이러한 문제점을 해결할 수 있는 예방책을 개발하는 데 목적을 둔 진단제도이다.

FTMS가 분석·평가하고자 하는 재정상태의 내용을 살펴보면 다음과

같다.[12)]

① 적정수준의 공공서비스 제공에 따르는 재원조달능력

② 일시적인 국가경기 후퇴나 지역경제의 불황에 대응할 수 있는 지방재정의 탄력성 여부

③ 지역경제의 활성화를 위한 적정수준의 재정투자능력 보유

한편, FTMS는 지방자치단체의 재정상황에 영향을 미치는 요인으로 환경적 요인, 조직적 요인, 재정적 요인 등의 12개 요인으로 구분하여 제시하고 있다([그림 20-2] 참조).

환경요인으로는 지역사회의 수요와 자원, 외부경제상황, 정부 간 제약상황, 자연재해와 긴급사태, 정치 · 문화 등을, 재정요인으로는 세입, 세출, 운영상태, 채무구조, 미적립부채, 자본설비상태 등을, 조직요인으로는 재정관리 관행과 입법정책 등을 들고 있다.

[그림 20-2]에 나타난 화살표의 방향에 따르면 환경적 요인은 조직적 요인에 영향을 미치고, 이는 다시 재정적 요인에 영향을 미치게 된다. 이들 상호간에는 인과관계가 있으며, 영향력과 정보의 흐름에 일정한 경향을 보인다. 즉, 환경적 요인들은 일련의 조직적 요인들을 통해 여과되고, 그 결과 지방자치단체의 내부 재정상태를 나타내 주는 일련의 재정적 요인들을 산출하게 되는 것이다.

환경적 요인(environmental factors)은 지방자치단체에 대한 외부 영향력으로서 행정서비스 수요를 유발하면서 동시에 그에 필요한 재원제공 역할을 한다. 예를 들어, 산업유치로 인한 노동인구의 증가는 지방자치단체로 하여금 인구증가가 필요로 하는 추가적 서비스를 제공해야 한다. 그러나 다른 한편으로 지역 내 인구증가는 세입의 증가를 가져온다.

조직적 요인(organizational factors)은 환경요인상의 변화에 대한 지방자치단체의 대응을 의미하는 것으로서 서비스감축, 조직정비 및 축소, 조직의 효율성 제고, 세원발굴 및 세율인상 등의 행·재정상의 대처를 통하여 건전한 재정상태를 유지하는 노력을 의미한다.

재정적 요인(financial factors)은 환경적 요인과 조직적 요인의 영향력 결과이다. 만일 환경적 요인의 수요가 환경적 요인이 제공하는 재원보다 크고,

12) S. M. Groves and M. G. Valente(1986), pp. 1～2.

그림 20-2 지방재정상황의 영향요인

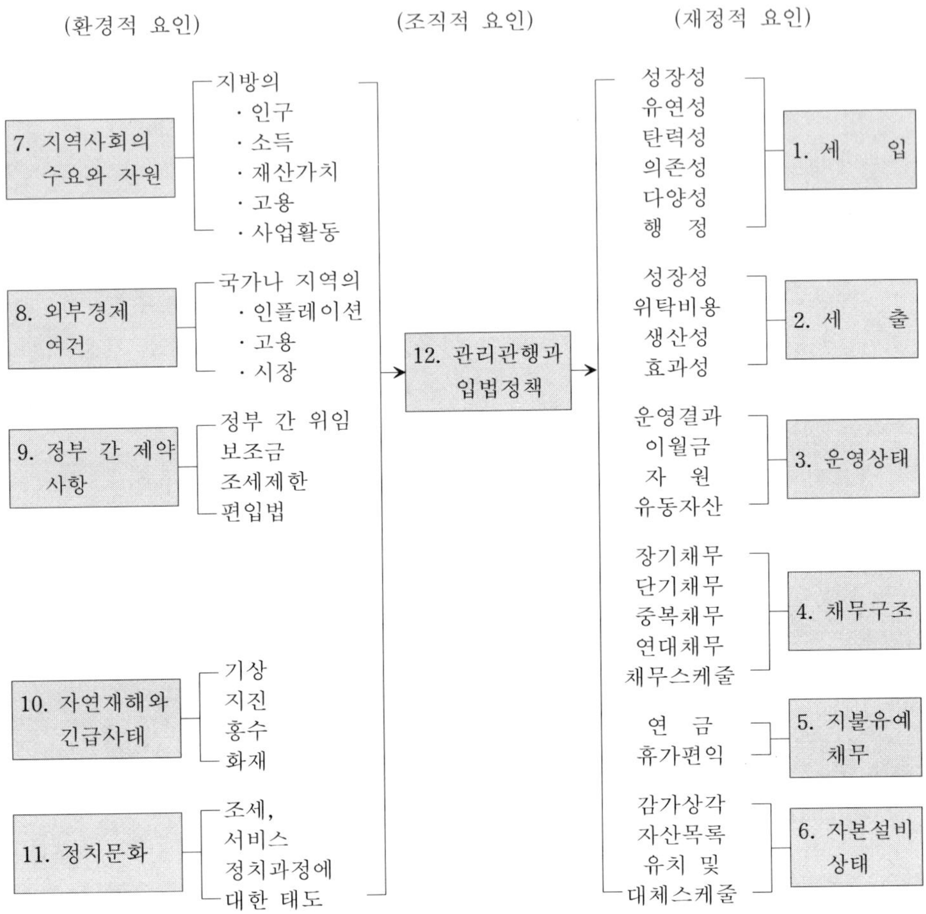

자료: 이상용 외(1993c), p. 11.

조직이 수요와 재원 사이의 균형을 맞추는 데 적절한 대응을 하지 못한다면 재정요인은 현금지급불능, 예산상의 지급불능, 장기지급불능의 상태에 빠지게 된다.[13)]

한편, FTMS는 다음과 같은 상황이 지속적으로 계속되는 경상적자의

13) S.M. Groves and M.G. Valente(1986), pp. 3~5.

발생과 적자의 만성화로 인한 재정위기의 가능성이 있는 것으로 판단하고 있다.

① 장기적으로 감당할 수 없는 서비스의 공급이나 지출

② 현재의 재정적자를 야기하는 각종 요인(과세기반의 위축, 생산성의 감소)의 간과

③ 현재 자체적인 재정곤란상태의 심화

[표 20-1]은 FTMS의 재정상황에 미치는 요인 중 재정요인에 속하는 지표와 지표의 해석기준을 보여 주고 있다.

지금까지 FTMS에 대해 살펴보았는데, 이 제도는 하나의 재정관리도구로서 지방자치단체의 재정력을 평가하는 데 유용하게 사용될 수 있다는 장점이 있다. 그러나 FTMS에 의한 방법은 요인설정에 있어서 이러한 요인이 왜 설정되었는지에 대한 이론적인 설명이 부족하며, 또한 어떠한 재정문제가 발생한 이유가 무엇인지에 대한 구체적인 해답을 제시하지 못하는 데 한계가 있다.

(2) 신용평가제도

미국의 경우 연방정부 차원의 공식적인 재정진단을 정기적으로 실시하지는 않으나, 스탠더드 앤드 푸어스나 무디스와 같은 지방채 신용평가기관이 평가한 지방채 신용등급과 함께 ICMA가 1986년에 개발한 FTMS가 지방자치단체 스스로 재정위기의 발생가능성을 사전에 파악하기 위한 자가진단 시스템으로 활용되고 있다.

신용평가제도는 스탠더드 앤드 푸어스나 무디스와 같은 신용평가기관이 지방채투자가들의 요구에 의하여, 지방자치단체가 발행하는 지방채에 대하여 신용등급을 부여하여 낮은 신용등급을 받은 단체에 대해서는 지방채시장에서 높은 이자비용을 부담하게 하는 제도이지만, 연방정부가 재정적으로 취약한 지방자치단체를 구분하여 연방보조금을 지급하기 위한 판단기준으로 활용되고 있다.

신용평가(credit rating)를 하는 데는 경제적 요인, 재정적 요인, 차입요인 등이 고려되는데, [표 20-2]와 같이 스탠더드 앤드 푸어스는 경제적 요인, 차입요인, 행정적 요인, 재정적 요인을 고려대상으로 삼고 있다. 경제적 요

표 20-1 재정지표 및 재정위기 유발요인

재정상태 결정요인	재정지표	재정위기 유발요인
세입지표	1인당 세입규모 목적재원 이전재원 탄력적 조세수입 임시수입 부동산관련 세입 체납부동산 과세 사용료수입범위 세입부족	1인당 경상세입의 감소 순경상세입에 대한 목적재원 세입비율의 증가 순경상세입에 대한 의존재원비율의 증가 순경상세입에 대한 탄력적 경상세입비율의 감소 순경상세입에 대한 임시세입비중의 증가 부동산세입의 감소 부동산세입 징수액 대비 체납세액비율의 증가 서비스관련 총지출에 대한 사용자수수료 수입의 비율감소 실제경상세입에 있어 세입부족비율의 증가
세출지표	1인당 지출액 주민 1인당 공무원수 고정비용 부가급여	불변가격기준 1인당 경상지출액 증가 1인당 지방공무원수의 증가 순경상지출에 대한 고정비율의 증가 임금과 보수에 대한 부가급여액 비중증가
운영상황	경상적자 사업손실 일반이월금 유동자산	순경상수입에 대한 일반재정 경상적자비율의 증대 불변가격기준 사업손실 발생 순경상세입에 대한 이월금비율 감소 경상부채에 대한 현금/단기투자 자본금의 비율감소
부채구조	경상부채 장기부채 채무상환 중복채무	순경상세입에 대한 부채비율의 증가 평가자산에 대한 직접장기채무비율의 증가 순경상세입에 대한 순직접채무상환액의 비율증가 평가자산에 대한 장기적 중복기채액의 비율증가
미지급부채	미충당연금 연금기금 공무원 누적휴가 유지노력	자산평가에 대한 미충당연금채무의 비율증가 연금지급액에 대한 연금자산가치의 감소 지방공무원 1인당 사용하지 않은 병·휴가일수의 증가 단위자산당 고정자산의 보수·유지비용의 감소
자본설비의 상태	자본지출수준 감가상각비	순경상지출 대비 경상재원으로부터의 자본지출 3년 연속 감소 고정자산비용에 대한 감가상각비율의 감소
지역사회의 수요자원	인구 중위연령 주민 1인당 소득 빈곤가구 및 공적 부조대상자 재산가치 공한율 고용기반 사업활동	인구규모의 급속한 감소 중위연령의 상승 개인소득성장률 또는 절대액의 감소 빈곤가구 및 공적 부조대상자의 비율증가 시장가격의 성장둔화 및 감소 전 부문개발에 대한 주거지 개발비용의 증대 주거용·상업용·공업용 건물의 공한율 증가 실업률의 증가 및 직장수의 감소 사업단위의 수, 영업면적 등 사업활동의 쇠퇴

자료: 김종순(1995a), pp. 67~69.

표 20-2 스탠더드 앤드 푸어스의 신용평가시 고려요인

고려요인	고 려 요 소
경제적 요인	지역사회의 인구, 위치, 교통망, 사회간접자본, 자연자원, 고용, 소득, 재산가치, 상품판매활동
차입요인	차입부담에 관한 각종 자료와 비율, 미래의 재원충당과 자본소요
행정적 요인	지방정부의 조직, 재정계획과 재산세행정, 노사관계, 위험관리능력
재정적 요인	회계관리기준과 방법, 세입의 구성, 지출패턴, 각 연도 재정성과의 유동성, 예산계획, 연금

표 20-3 지방채의 신용등급평가표

무디스 (Moody's)	스탠더드 앤드 푸어스 (Standard & Poor's)	신용상태 및 원리금 상환능력
Aaa	AAA	최상의 신용상태, 상환능력 극히 양호
Aa	AA	상급의 신용상태, 상환능력 매우 양호
A	A	중상급의 신용상태, 상환능력 양호
Baa BBB	BBB	중급의 신용상태, 상환가능
Ba and lower	BB, B, CCC, CC, C	투기적 투자, 상환능력 낮음

자료: George Kaufman(1981), p. 314.

인에는 위치, 교통망, 사회간접자본, 자연자원과 같은 지역사회의 특성과 인구, 고용, 소득, 재산가치, 그리고 상품판매활동 등이 고려되며, 차입요인에는 차입부담에 관한 각종 자료와 차입비율 및 미래의 재원충당과 자본소요 등이 고려된다. 행정적 요인에는 지방정부의 조직, 재정계획과 세정(재산세), 노사관계, 위험관리능력 등이 고려된다. 마지막으로 재정요인에는 회계관리기준과 방법, 세입의 구성, 지출양태, 각 연도 재정성과의 유동성, 예산계획 그리고 연금 등의 각종 요인이 고려되고 있다.

한편, 무디스와 스탠더드 앤드 푸어스 양사의 지방채에 대한 신용등급 평가기준과 평가조건은 [표 20-3], [표 20-4]와 같다.

표 20-4 건전신용평가의 조건

신용평가 검토사항	재정압박의 판단기준
총부채액이 총부동산가치에서 차지하는 비중	10% 이상인 경우 (5% 미만이면 매우 양호)
총부채의 증가율	과세기반의 증가율 및 1인당 GRP증가율을 현저히 상회
1인당 총부채액	$1,300 이상인 경우 ($550 이하면 양호)
단기성 부채	당해 회계연도에 상환되지 못하고 이월되는 경우
장기채무의 원리금 상환액이 자체재원에서 차지하는 비중	20~25%를 초과하는 경우, 단기채무 원리금 상환액을 포함. 40% 초과

자료: George Kaufman(1981), p. 313.

이러한 신용평가는 다양한 자료를 참조하여 지방정부의 재정력을 분석하고 있으나, 근본적으로 투자가의 관점에서 실시되고 있다. 그러나 상이한 분석가들이 동일한 자료를 다르게 평가하는 경우가 많아 재정력을 정확히 파악하지 못한다는 비판[14)]이 있다. 따라서 광범위한 자주과세권과 경제행정권한을 보유하고 있는 미국의 지방정부와는 상이한 우리 나라의 지방자치단체에 이 제도를 그대로 도입하기에는 상당한 문제가 있으나, 신용평가는 기본적으로 실용적인 필요성에서 이루어진다는 점에서 검토해 볼 만한 가치는 있다.

2. 일본의 사례

일본의 경우 지방자치단체의 재정력을 평가하고 진단하는 공식적인 제도는 존재하지 않으나 다음과 같은 세 가지 방법을 통하여 지방자치단체의 재정운영을 분석·진단하고 있다.

14) Daniel Rubinfield(1991), p. 111 참조.

표 20-5 결산통계(보통회계) 주요 조사사항

· 결산수지 · 이월액 · 세입 -세입내역 -경상·임시별, 일반재원·특정 재원상황 -지방세 징수실적 · 세출 -세출내역 및 재원내역 -경상·임시별, 충당일반재원·특정 재원현황 -성질별 세출상황	· 자금수지 · 지방채 -지방채 현재액 상황 -지방채 차입선별 및 이율별 현재액 상황 -지방채조상상환액 및 공채비비율 상황 -지방채 연도별 상황 · 채무부담행위 -채무부담행위 상황 -채무부담행위 목적별 상황 · 기타

주: 구체적인 주요 내용은 地方自治協會(1988), pp. 59～63 참조.

(1) 주요 재정지표의 분석

일본의 지방자치단체는 우선 결산통계를 통하여 해당 자치단체의 재정 건전성을 분석한다. [표 20-5]는 결산통계의 주요 조사사항으로 결산수지, 세입내역 및 재원별 상황, 세출내역 및 재원별 상황, 지방채, 채무부담행위의 장래 재정부담 등 지방재정의 모든 사항을 보여 주고 있다.

그러나 재정을 분석할 때 이러한 모든 내용을 일률적으로 분석하기는 불가능하기 때문에 그러한 내용을 종합적으로, 그리고 간편하게 분석할 수 있는 지표를 개발하여 활용하고 있다. 이러한 재정분석의 기준으로 재정구조의 건전성, 재정운영의 건실성, 재정구조의 탄력성, 세입·세출비목의 건전성을 들 수 있으며, 이에 대한 지표로서 자주재원비율, 실질수지비율, 경상수지비율, 의무적 경비비율, 인건비비율, 공채비비율, 재정력지수 등이 제시되고 있다.

(2) 유사단체와의 비교·분석

재정분석을 할 경우 유사단체의 지표값과 비교함으로써 해당 단체의 재정특색 및 문제점을 파악하고 있다.

일본의 경우 자치성에서 연도마다 결산통계를 기준으로 재정지수표를 작성하여 어떤 단체가 재정분석을 하고자 할 때, 구체적이고 현실적인 비교

자료를 제공한다. 다시 말해, 재정진단을 자치단체 스스로 하도록 유도하는 것이다.

도·도·부·현(都·道·府·縣)의 광역자치단체는 재정지수표를 활용하고, 시·정·촌(市·町·村)의 기초자치단체는 인구와 산업구조에 따라 자치단체를 유형화하여, 그 유형 내 단체의 결산액을 인구 1인당 또는 평균치로 지수화한 후 재정지수표를 작성·공표한다. 여기서 한 유형 내의 지수는 재정의 바람직한 모습을 표현한 것은 아니지만, 각 유형의 표준적 재정운영의 실상을 나타낸 것이라고 할 수 있으며, 건전한 재정운영을 위한 현실적 지표로 사용되고 있다.

시·정·촌의 경우 유사단체의 유형화를 인구와 산업구조를 각각 몇 단계로 구분하고 서로 조합하여 유형화한다.[15] 일본의 경우 시·정·촌의 수가 3,000여 개에 달하여 이러한 방법의 유형화가 유의하나, 우리 나라의 경우 이와 같이 유형화할 경우 어떤 유형에는 단지 1～2개의 자치단체만 포함되어 유형화의 의미가 반감된다.[16]

(3) 종합적 자기재정진단

일본은 최근 들어 지방자치단체의 주요 재무지표들을 분류하여 그 현황을 나타내는 20개 지표, 운영노력을 나타내는 20개 지표, 공공시설의 정비수준을 나타내는 20개의 스톡지표로 분류하여 개별적으로 지표값을 계산하되, 자치단체 간의 비교는 물론 종합적인 자기진단이 가능하도록 하는 종합적인 경영진단의 방법이 개발되고 있으며,[17] 시·정·촌의 건전재정운용의 판단기준으로 다음과 같은 세 가지 기준을 설정하고 있다.

① 재정운용이 건실하고 수지균형을 잘 유지하고 있는가?

② 재정구조가 경기변동이나 행정수요의 변화에 즉각 대응할 수 있도록 탄력성이 있는가?

③ 주민생활 향상이나 지역산업의 발전에 즉각 대응할 수 있는 적절한

15) 板田期雄(1984), p. 111 참조.

16) 한국지방행정연구원(1989c) 참조.

17) 평가방법은 지표마다 5단계로 평가하되, 원칙적으로 5점(500단체), 4점(500단체), 3점(1,000단체), 2점(500단체), 1점(500단체)으로 분포되도록 배점한다. 종합평가는 현황, 운영, 스톡의 3분류체계별로 개별 지표의 평점을 합계한 종합평점을 사용한다.

표 20-6 일본의 재정진단표

현황지표	운영지표	스톡지표
경상수지비율	경영수지비율(유단비교)	도로개량률
실질수지비율	단년도수지비율	도로개량률(유단비교)
재정력지수	지방채 허가제한비율	도로포장률
공채비비율	인구 1인당 세입액(유단비교)	도로포장률(유단비교)
실질채무잔고비율	시·정·촌세 징수율	인구 1인당 공원면적
기금잔고비율	징세비율(유단비교)	분뇨위생처리율
세수증가율	보육경비부담률(유단비교)	쓰레기수입률
납세의무자비율	인구 1인당 직원급	상수도보급률
지방채 세입비율	Laspeyles지수	하수도보급률(유단)
징세비용률	인구 천 명당 직원수	공·사립유치원 보육소수용률
종속인구비율	직원 평균연령	인구 천 명당 공·사립병원
보육경비부담률	고령직원비율	진료소 병상수
Laspeyles지수	제 수당제도 전년증가율	인구 천 명당 집회시설면적
인구 천 명당 직원수	인구 1인당 물건비	소방펌프충족률
직원 평균연령	물건비 대전년도 증가율	비목조교사 면적비율
인구 1인당 직원급	이상부담률	아동 1인당 교사율
보통건설사업비충당	보통건설사업비율	아동 1인당 교사면적
일반재원비율	단독사업비율	교사면적 부족학교비율
단독사업비충당	공영기업 출자금	실내운동장 설치비율
일반재원비율	대전년도 증가율	
조출금충당 일반재원비율		

주: 유단은 유사단체를 의미함.
자료: 地方自治協會(1988), pp. 218～222.

행정수준이 확보되어 있는가?

이러한 세 부문의 재정력 측정지표는 [표 20-6]과 같다.

제3절 지방재정분석의 기준과 지표

1. 재정분석의 내용과 기준

지방자치단체의 재정상태(financial condition)란 지방자치단체의 각종 시책·사업에 소용되는 경비의 지불능력 및 주민이 요구하는 각종 서비스와 지역발전기반시설의 유지·확충과 지역상황의 변동수요 대처능력을 의미한다. 이러한 지방자치단체의 재정상태는 과거의 재정운영 결과와 밀접한 관련이 있기 때문에, 각 지방자치단체가 당해 단체의 재정상태에 영향을 미치는 요인을 파악하고, 당면하고 있는 재정상의 문제점을 분석하여, 해결할 수 있는 정책대안을 모색하기 위해서는 재정운영의 결과에 대한 평가가 선행되어야 한다.[18)]

이러한 지방재정분석은 지방자치단체의 재정운영 결과에 대한 가치를 부여하는 것을 의미한다. 그러므로 지방재정상태를 정확하게 진단하여 합리적인 재정운영의 기틀을 마련하기 위한 재정분석의 내용과 기준이 제대로 설정되어야 하며, 이러한 분석내용과 기준에 적합한 지표를 개발하고, 개발된 지표를 통하여 재정상태를 분석하여야 할 것이다.

따라서 지방재정분석은, 첫째 각 자치단체의 재정상태가 어떠했는가? 둘째, 각 자치단체가 재정운영을 어떻게 했는가? 셋째, 각 자치단체가 재정운영의 결과 그 성과가 어떠했는가를 분석해야 한다. 이러한 재정분석은 각 자치단체의 ① 재정상태, ② 재정운영, ③ 재정성과(투자효과)의 내용이 포함되어 분석이 이루어지는 것이다.

그리고 분석기준은 분석내용별로 어떠한 측면을 분석할 것인가에 대한 기준이므로 분석내용의 하위분석을 하는 데 기초가 되는 것이다. 이러한 하위분석의 기초를 설정하는 이유는 분석내용을 구체화시키는 작용을 하며, 지표개발의 준거가 되기 때문이다.

이러한 지방재정의 분석내용과 분석기준을 체계화하고, 이에 의거한 지표를 예시하면 [표 20-7]과 같다.

2. 재정분석의 지표

(1) 재정현황

재정상황을 파악하기 위해서는 재정규모의 적정성과 재정구조의 건실성을 분석해야 하며, 재정규모의 적정성을 분석하기 위해서는 세입 측면의 재원충당능력과 세출 측면의 행정서비스 공급능력을 분석해야 한다. 그리고

18) 이상용(1993b), p. 25.

표 20-7 재정분석의 기준별 지표개발

분석부문	분석·평가내용의 기준			사용가능 지표
	목표기준 (1차 기준)	분석내용 (2차 기준)	지표개발가능 기준 (3차 기준)	
재정현황부문	재정규모의 적정성	재원충당능력 (세입)	기본적 행정수요에 대한 자율적 해결의 잠재력, 재정적 자립수준 및 경제능력, 실제 세부담능력 분석	재정력지수, 자주재원비율, 1인당 지방세 부담액
		행정서비스 공급능력 (세출)	행정서비스의 총량적 공급능력, 지역주민과 직접 관련된 행정수요의 적극적 대처능력 분석	주민 1인당 세출규모, 주민 1인당 투자비
	재정구조의 건실성	총재원 및 용도별 재원구조	독자적 시책 추진여력 재원 정도, 매년도 일정하게 보장되는 세입재원 정도, 의무적·경상적 경비의 자체수입 충당재원 정도 분석	일반재원비율, 경상일반재원비율, 인건비 자체충당능력, 경상적 경비 자체충당능력
		채무구조	차입금액의 누적 정도, 채무로 인한 주민부담 가중 및 재정압박 정도 분석	지방채잔액지수, 주민 1인당 채무액
재정운영부문	재정운영의 안정성	수지균형 유지 정도	총재정운영상 감축곤란한 경비운영상의 수지균형 운영 정도 분석	실질수지비율, 경상수지비율
		재원확충의 부채성 정도	재원확충의 부채성 정도 분석	지방채수입비율
		예산편성, 사업추진, 계획적 진행 여부	미실행예산 운영분석	사고이월 사업비비율
	효율적 재정운영의 노력성	재원확보노력	자주재원 확보노력 및 형평성 유지, 여유자금 효율적 관리 여부 분석	세수증가율, 지방세징수율, 경상적 세외수입증가율, 체납세액정리율, 이자수입비율
		효과적 재원지출능력	효과적 재정지출 여부 분석	투자적 경비비율
		예산절감노력	경상경비의 예산절감 여부 분석	경상예산절감률
	재정운영의 탄력성	행정수요의 대응 정도	행정수요에 적극적 대응수준의 분석	재정압박지수
		재원사용의 대응 정도	재원사용의 경직성 정도 분석	인건비비율, 의무적 경비비율, 지방채 부담비율
	예산편성의 적정성	경상경비 운영의 객관성·합리성 여부	각종 불요불급 경상경비 팽창운영의 상황분석	각종 경상경비비율, 비목별 1인당 경비
재정성과부문	공공시설확보 및 행정수준 향상	주민생활과 양적·질적으로 관련된 공공시설 기타 행정서비스의 확보 및 향상 정도 분석		각종 공공시설 충족도—전국적, 단체·계층별로 동일한 기준으로 측정

자료: 이상용(1993b), pp. 27～28.

표 20-8 재정현황지표

평가기준	평가지표	산정방식	지표의미
재원충당 능력면	재정력지수	기준재정수입액/기준재정수요액 *매년도 지방교부세 산정조서 참조	· 지방자치단체가 기본적인 행정수요를 자율적으로 해결할 잠재력을 갖고 있는가를 파악하는 지표 · 재정력지수가 클수록 재정운영상의 자율성 정도가 강하다고 볼 수 있음.
	자주재원 비율	(자주재원/세입 총액)×100 *자주재원=지방세+세외수입 (지방채 제외)	· 지방자치단체의 재정적 자립수준 또는 경제적 자치능력을 측정하는 지표로서 자주재원비율이 높을수록 재정기반의 안정성 및 행정활동의 자율성이 있다고 볼 수 있음.
	주민 1인당 지방세 부담액	지방세액/인구수	· 지방세수입이 많을수록 지방재정의 세입구조는 안정성을 갖고 있으며, 1인당 지방세 부담액을 자치단체 간에 비교해 보는 기준으로 삼을 수 있음.
행정 서비스 공급능력	주민 1인당 세출규모	세출 총액/인구수	· 자치단체가 지역주민을 위하여 제공하는 행정서비스의 총량적 공급능력 · 1인당 세출규모가 클수록 행정서비스의 공급능력이 많다고 볼 수 있음.
	주민 1인당 투자비	투자비/인구수 *투자비=자본지출+융자금+출자금	· 투자비는 지역개발뿐만 아니라 지역주민의 복리수준 향상과 직접 관련되는 비용 · 투자비규모가 클수록 지역주민의 행정수요에 보다 적극적으로 대처할 수 있는 능력이 있다고 볼 수 있음.
총재원 및 용도별 재원 구조	일반재원 비율	(일반재원/세입 총액)×100 *일반재원=지방세+세외수입(지방채 제외)+보통교부세	· 일반재원은 경비의 비도에 아무런 제한 없이 사용되는 경비 · 일반재원비율이 클수록 자치단체가 독자적인 시책을 추진할 수 있는 여력이 좋다고 볼 수 있음.
	경상일반 재원비율	(경상일반재원/세입 총액)×100 *경상일반재원=지방세+경상적 세외수입+보통교부세	· 경상일반재원의 매년도 일정한 세입이 보장되는 재원으로서 경상일반재원비율이 높을수록 재정의 안정성이 높음.
	인건비 자체 충당지수	인건비/자주재원 *인건비=급여+상여금+기타직 보수+수당+피복비+급량비+일용인부임	· 자치단체가 의무적 경비인 인건비를 자체수입으로 어느 정도 충당하고 있는가를 나타내는 지표로서 지표값이 낮을수록 인건비 충당능력이 높다고 볼 수 있음.

표 20-8 계 속

평가기준	평가지표	산정방식	지표의미
총재원 및 용도별 재원 구조	경상적 경비의 자체 충당지수	경상적 경비/자주재원 *경상적 경비=인건비+물건비+경상이전+보전재원(지방채 원리금 상환금)+관서당 경비	· 자치단체가 필수적으로 소요되는 경상적 경비를 어느 정도 충당하고 있는가를 나타내는 지표 · 지표값이 낮을수록 경상적 경비의 자체 충당능력이 높다고 볼 수 있음.
채무구조	지방채 잔액지수	지방채 현재액/일반재원 *지방채 현재액(매년 12월 말 기준)=원금+이자	· 자치단체의 표준적인 수입에 대하여 어느 정도의 차입금액이 누적되어 있는가를 파악하기 위한 지표 · 지방채 발행능력이나 재정운영의 건전성을 측정할 수 있는 동시에 지방채 발행의 한계를 제시하는 기준으로 활용할 수 있음.
	주민 1인당 채무액	지방채 현재액/인구수	· 자치단체 채무는 지역주민의 조세로서 상환 · 1인당 채무액이 많을수록 주민부담 가중 및 재정압박요인이 됨.

자료: 이상용(1993b), pp. 29~30.

재정구조의 건실성을 분석하기 위해서는 총재원 및 용도별 재원구조와 채무구조를 분석하여야 할 것이다.

이상과 같이 재정상황의 여러 측면을 분석하기 위한 지표 및 의미는 [표 20-8]과 같다.

(2) 재정운영

재정운영을 분석하기 위해서는 ① 재정운영의 안정성, ② 재정운영의 노력성, ③ 재정운영의 탄력성, ④ 예산편성의 적정성을 평가하여야 한다. 재정운영의 안정성은 수지균형 정도, 재원확충의 부채성 정도, 예산 및 사업의 계획적 집행 측면을 평가하여야 하며, 재정운영의 노력성은 재원확보노력, 효과적 재원지출능력, 예산절감노력 측면에서 평가하여야 하며, 재정운영의 탄력성은 행정수요의 대응 정도와 재원사용의 경직화 정도면에서 평가해야 하고, 예산편성의 적정성은 각종 경상경비의 예산편성을 파악하여 그 적정성 여부를 평가해야 한다.

표 20-9 재정운영지표

평가기준	평가지표	산출방식	지표의미
수지균형 유지면	실질수지 비율	(실질수지액/일반재원)×100 *실질수지액＝세입결산액－세출결산액－익년도 이월액(사고이월＋명시이월＋국도비 반납금)	· 당해 연도 재정운영결과 실질적인 재정수지를 나타내는 지표 · 실질수지가 높을수록 재정운영을 건실하게 하는 여력이 높아졌다고 볼 수 있음.
	경상수지 비율	(경상적 경비/경상일반재원)×100 *경상적 경비＝인건비＋물건비＋경상이전＋보전재원＋관서당 경비 경상일반재원＝지방세＋경상적 세외수입＋보통교부세	· 인건비 등 감축하기 곤란한 의무적 성격이 강한 경상적 경비에 경상일반재원으로 충당되는 정도를 나타내는 지표로서 재정운영의 건전성를 측정하는 데 유효함. · 보통 지표값이 80%를 초과하게 되면 재정구조의 탄력성과 건전성이 상실되고, 100%를 초과하면 아주 불건전한 재정상태를 나타내게 됨.
재원확충의 부채성면	지방채 세입비율	(지방채 세입액/세입 총액)×100 *지방채＝원금＋이자	· 당해 연도 총세입에서 지방채 세입이 어느 정도인지를 나타내는 지표 · 지표값이 높을수록 지방재정의 압박요인이 됨.
예산운영 사업 추진 계획적 진행면	이월사업비 비율	(이월사업비/세입 총액)×100 *이월사업비＝사고이월비	· 이월사업비 비율이 높을수록 예산운영 및 사업추진이 계획대로 진행되지 못했다고 볼 수 있음.
재원 확보면	세수 증가율	{(당해 연도 지방세액－전년도 지방세액)/전년도 지방세액}×100	· 당해 연도의 자주재원 확보를 위하여 얼마나 노력했는가를 나타내는 지표 · 지표값이 높을수록 재정운영에 대한 노력을 많이 했다고 볼 수 있음.
	지방세 징수율	(지방세 징수액/지방세 부과액)×100	· 세수증가율과 동일
	경상적 세외수입 증가율	{(당해 연도 경상적 세외수입－전년도 경상적 세외수입)/전년도 경상적 세외수입}×100	· 사용료 및 수수료 수입은 자체수입의 주요한 세입원 · 지표값이 높을수록 자주재원 확충을 위하여 노력했다고 볼 수 있음.
	체납액 정리율	(당해 연도 체납액 징수액/전년도 말 체납액)×100	· 조세의 형평성 유지와 세수확충을 위하여는 체납액정리율이 높을수록 바람직함.
	이자수입 비율	(이자수입/세입 총액)×100	· 여유자금의 효율적 관리 여부를 파악하기 위한 지표임.
효과적 재원 지출면	투자적 경비비율	(투자적 경비/세출 총액)×100 *투자적 경비＝자본지출＋융자금＋출자금	· 투자적 경비는 재정지출의 효과가 자본형성으로 나타나는 경비 · 이 비율이 높을수록 지역주민의 행정수요에 많이 부응했다고 볼 수 있음.

표 20-9 계 속

평가기준	평가지표	산출방식	지표의미
예산 절감면	경상예산 절감률	(경상경비 절감액/예산액)×100 *대상비목: 국내여비+국외여비+수용비 및 수수료+재료비 기타+특별판공비+관서당 경비+정보비+보상비	· 각종 경상경비에 대한 예산절감을 얼마나 했는지를 나타내는 지표 · 지표값이 높을수록 예산절감을 위하여 많이 노력했다고 볼 수 있음.
행정수요 적극적 대응면	재정압박 지수	자주재원증가율/세출결산증가율	· 자치단체의 주수입원인 지방세를 위주로 한 자주재원 증감에 따른 재정지출의 신축성을 파악할 수 있는 지표 · 지표값이 높을수록 바람직한 재정운영상태로 볼 수 있음.
재원사용의 경직성면	인건비 비율	(인건비/세출 총액)×100 *인건비=급여+상여금+기타직 보수+수당+피복비+급량비+일용인부임	· 세출 총액에서 인건비가 차지하는 비중 · 지표값이 높을수록 재정운영이 경직화되어 있다고 볼 수 있음.
	의무적 경비비율	(의무적 경비/일반재원)×100 *의무적 경비=인건비+관서당 경비+지방채 원리금 상환금+징수교부금(시·도)+시설유지비+공과금+국고지원에 따른 지방채 부담분	· 인건비 등 의무적·비탄력적 성격의 정도가 높은 경비가 일반재원규모에서 어느 정도인지를 나타내는 지표 · 지표값이 높을수록 재정운영이 경직화되어 있다고 볼 수 있음.
	지방채 부담비율	(지방채 상환액/일반재원)×100 *지방채=원금+이자	· 당해 연도에 상환하는 채무액이 일반재원규모에서 차지하는 비율이 어느 정도인지를 나태내는 지표 · 지방채 부담비율이 높을수록 재정운영의 탄력성이 낮다고 볼 수 있음.
예산편성의 적정성	"예산편성 평가지표 및 산출방식" 참조		· 각종 경상경비의 전체 세출부분에서 차지하는 비율과 비목에 따른 1인당 경비가 얼마나 되는지를 판단하는 지표 · 경상경비의 기준을 설정하고 예산운영에 반영할 필요가 있음.

자료: 이상용(1993b), pp. 31~33.

이러한 재정운영 측면을 나타내는 지표와 그 의미를 살펴보면 [표 20-9]와 같다.

(3) 재정성과

재정성과의 평가는 자치단체별로 투자대상의 우선순위가 다르기 때문에 재정성과를 평가하기란 쉬운 일이 아니다. 또한 투자성과가 단기에 나타나기도 하나 대체로 장기간이 경과된 후에 나타나기 때문에 매년 평가하는 것은 적절하지 못하다.

따라서 현재 전국적으로 통일된 가장 기본이 되는 것을 대상으로 재정성과를 분석하고자 하나, 이 또한 자치단체별 특성을 고려하지 못하는 점이 되어 적절한 분석이 되지 못한다. 그러므로 자치단체별 특성에 따라 분석내용을 달리해야 하며, 매년 분석하기보다는 5년에 한 번 정도 분석하는 것이

표 20-10 분석대상 지표

평가지표	산 출 방 식
1. 도로연장비율	{(당해 연도 도로연장－전년도 도로연장)/전년도 도로연장}×100 *도로연장(km)＝지방도＋특별 · 광역시도＋시·군도
2. 도로포장률	(포장도연장/도로연장)×100 *도로: 1번 항목과 동일
3. 상수도보급률	(급수인구/인구수)×100
4. 하수도보급률 (면적기준)	{현재 배수구역 면적(km^2)/계획 배수구역 면적(km^2)}×100
5. 하천개수율	{기개수연장(km)/요개수연장(km)}×100 *하천개수＝지방하천＋준용하천
6. 쓰레기수거율	{연간 쓰레기수거량(t)/연간 쓰레기배출량(t)}×100
7. 분뇨처리율	{연간 분뇨수거처리량(kl)/연간 분뇨배출량(kl)}×100
8. 경지정리율	{경지정리면적(ha)/경지정리계획면적(ha)}×100
9. 1인당 도시공원 면적	도시공원면적(천m^2)/인구수
10. 노인복지시설	{노인복지시설 수용인원/노인인구(65세 이상)}×100
11. 인구 천 명당 문화시설 확보율	문화시설면적/인구수(천 명) *문화시설(연면적)＝박물관＋시민회관＋미술관＋문예회관＋공보관＋문화원
12. 소방차량 1대당 인구수	인구수/소방차수

자료: 이상용(1993b), p. 36.

바람직할 것이다. 전국적으로 동일한 분석대상 지표로는 [표 20-10]과 같은 지표를 들 수 있다.

제4절 지방재정분석의 방법과 대상

1. 지방재정분석의 비교기준 설정

항목별 재정정보의 양·불량을 단체별로 비교·분석하기 위해서는 비교기준이 필요하게 된다. 이 비교기준에 비추어 보아서 특정 지방자치단체의 특정 재정정보가 상대적으로 '좋다', '나쁘다' 등을 판정하게 되는 것이다. 법적으로는 동급의 지방자치단체(시 또는 군)라 하더라도 지방자치단체는 각각 역사적 배경, 자연적 특색, 지리적 조건, 사회경제적 상황 등이 상이하므로 행·재정 운영여건은 모두 다르다. 그러므로 시·군을 평균개념으로 동일시해서는 안 되는 것이다.

그런데 지방자치단체의 행·재정 운영상황을 정확하게 진단하고 비교·분석·평가하기 위해서는 행·재정여건이 유사한 단체별로 구분하여 분석·평가하여야 하므로, 지방자치단체의 유형화(grouping) 작업이 선행적으로 요구된다. 이러한 유형화에 의한 동일유형 내의 지방자치단체를 대상으로 하여 공간상의 상호 비교·분석과 시간상의 상호 비교인 시계열분석을 적용해 볼 수 있는 것이다. 이러한 비교·분석을 통해서 당해 자치단체의 특색이나 문제점을 파악할 수 있게 된다. 비교기준을 설정하는 방법은 다음과 같이 여러 가지 방안을 열거할 수 있다.

① 전국 모든 자치단체의 평균치

② 동급자치단체의 평균치: 광역시·도별, 시·군·자치구별

③ 동일지역 내에서 시·군의 재정분석을 하기 위해 해당 지역 내의 시·군별 동급자치단체의 평균치

④ 동급자치단체(특히 시·군의 경우)를 어떤 기준에 따라 유형화하여 유사자치단체 간의 비교기준으로 활용하는 방안 등이다.

이러한 유형화 기준으로 고려할 수 있는 것은 각 자치단체의 특색을 잘 나타내는 인구, 산업구조, 지역특색(시의 경우 공업, 상업, 교육, 군사 등, 군의 경우 농업, 수산업, 산간오지, 자치구의 경우 공업, 상업, 주택 등), 재정력지수, 1인당 재정규모, GRP 등을 들 수 있다.

2. 지방재정분석방법

(1) 대상규모 비교

예컨대, 재정규모, 지방세규모, GNP(1, 2, 3차 산업별), GRP(1, 2, 3차 산업별), 소득금액, 인구수, 도로연면적, 동사무소 등 관공서의 수처럼 절대값, 절대금액을 평면적으로 단순비교하는 것이다. 참고로 지방교부세 측정단위의 산정기준은 모두 절대치에 해당된다.

(2) 상대규모 비교

인구수, 행정구역 면적 등 요소를 감안하는 상대적인 비교·분석방법으로서, 측정단위당 항목별 규모를 서로 비교하는 것이다. 측정단위당 상대규모의 비교가 필요한 이유는 지역공간별로 해당 분석항목의 결정인자가 상이하여 절대규모만으로는 당해 지역의 상태가 어떠한지를 올바로 분석·판단하기 어렵기 때문이다. 일반적으로 가장 용이하고 이해하기 쉬운 측정단위는 인구수이다. 예컨대, 1인당 GNP, 1인당 GRP, 주민 1인당 지방재정규모와 지방세 부담규모, 인구밀도, 주민 1인당 도로면적, 면적당 동사무소의 수, 주택당 가구수 등을 열거할 수 있다.

(3) 구성비율 비교

통상 백분율, 비중이라는 용어로도 쓰이고 있는 비율을 비교하는 것인데, 자주 활용되고 있는 것으로는, 예컨대 엥겔계수, 소득 중 교육비 또는 문화비가 차지하는 비중, GNP 중 1차, 2차 또는 3차 산업의 비중, 인구 중 고령자 또는 장애자의 비율, 도로율, 도로포장률, 세입항목(지방세, 세외수입, 지방채수입, 지방교부세, 보조금)별 구성비율, 지방재정 자립도, 가용재원비율 등을 들 수 있다.

(4) 지수비교

웹스터(Webster)사전에 의하면 지수(index)란 "Anything used to indicate or point out, as a point or as an indicator in a scientific instrument"라고 설명하고 있다.[19] 예컨대, 물가지수, 주가지수처럼 일정 시점(특정 연도)을 기점(기준연도)으로 하고 기준연도의 기준치를 1.00 또는 100으로 하여 그 후의 증감추세를 계수로 표현한 것으로서, 지수의 연도별 추세분석은 연도 간 비교를 통해서 어떤 경향치를 발견하는 데 도움을 준다. 따라서 재정계획이나 지방채 발행계획을 수립하기 위하여 미래치를 예측하는 데는 과거의 시계열자료가 매우 중요한 참고가 된다.

(5) LQ비교

위치값(locational quotient: LQ)은 유사단체를 고려한 비중을 비교하는 방법으로서 상대적으로 무엇이 더 비중이 높은가, 두드러지는가, 즉 특화 정도를 알 수 있는 분석방법이다.[20] LQ는 다음 식에서 나타내는 바와 같이 당해 단체의 총규모에서 차지하는 특정 항목의 비중을 유사단체의 해당 항목이 유사단체의 총규모에서 차지하는 비중으로 나눈 값이다

$$LQ = \frac{\text{당해 단체의 특정 항목 비중}}{\text{유사단체의 특정 항목(평균) 비중}}$$

$$= \frac{\text{당해 단체의 특정 항목 규모/당해 단체의 총규모}}{\text{유사단체의 특정 항목 규모/유사단체의 총규모}}$$

LQ가 1이면 당해 단체의 특정 항목의 비중과 유사단체의 특정 항목의 비중이 동일함을 의미하고, LQ가 1보다 크면 당해 단체의 그것이 유사단체의 그것보다 크고, LQ가 1보다 작으면 그 반대이다. 예를 들어, 도로점유율을 국제적으로 비교할 때, 가상 통계치로서 서울 18%, 도쿄 20%, 뉴욕 38%, 워싱

19) '지수'는 여러 가지 의미로 사용되고 있다. 예를 들면 ① 2^2, 3^3과 같은 제곱표시, ② 지능지수, 물가지수, 주가지수처럼 여러 지표(indicator)에 가중치를 부여하여 합성시킴으로써 복합적 의미를 갖도록 가공한 것, ③ 물가지수, 주가지수처럼 일정한 때를 기준으로 시기에 따른 증감변화 등을 표시하고 있다.

20) 몫(quotient)이란 얻어진 값으로서, 어떤 수를 다른 수로 나누어 얻은 값이다.

턴 40%, LA 42%, 그리고 선진국 대도시의 평균도로점유율이 만약 25%라고 하면 서울의 LQ는 0.72, 도쿄의 LQ는 0.8, 뉴욕의 LQ는 1.52, 워싱턴의 LQ는 1.6, LA의 LQ는 1.68이 되는 것이다.

3. 지방재정분석의 대상

(1) 시계열분석

1) 사전적·사후적 과정분석

사전적 분석이란 각종 예측기법을 동원하여 수립된 재정계획 및 예산에 관한 분석으로서, 수입은 어떤 항목에서 얼마나 확보하기로 계획하였나, 그리고 지출은 어떤 항목에 얼마나 사용하기로 계획하였나 등을 분석·평가하는 것이다. 사후적 분석이란 실적분석·결산분석으로서 계획·예산대로 집행되었나를 평가하는 것이다.

2) 단년도분석과 다년도추세분석

단년도분석은 특정 연도에 한한 분석이고, 다년도추세분석은 시계열분석으로서 지방재정을 계획적으로 운영할 때 사전적 계획수립 및 각종 예측작업을 하는 데 필수적이라고 할 수 있는 각종 항목별 자료의 경향치 발견에 도움을 준다.

(2) 행·재정의 책임범위분석

한 국가에서 발생하는 모든 활동 중에서 공공부문이 담당하는 비중, 다시 말하면 주민의 욕구에서 발생되는 각종 주민수요가 민간부문과 공공부문 중 어느 부문에 의하여 주로 충족되고 있느냐를 상대적으로 비교하기 위하여, 예를 들면 총재정(일반회계·특별회계·정부기금 등 포함)규모 대 GNP비율, 조세부담률 등의 지표를 통하여 국가 간 비교·분석한다.

(3) 중앙정부와 지방정부 간 연계분석

수직적 차원에서 균형·불균형(격차)을 분석하는 것이 집권도·분권도분석이고, 수평적 차원에서 균형·불균형을 분석하는 것이 지역 간 재정(재정력, 경제력)격차분석이다. 여기서 집권도·분권도분석이란 공공부문이 담당하는 영역이라 하더라도 중앙과 지방 간 역할분담의 정도가 어떠하냐 하는 것을 분석하는 것으로서, 예컨대 GNP에서 차지하는 중앙재정과 지방재정의 비중비교, 중앙과 지방 간의 재정규모 비교, 국세와 지방세 간의 세원배분비율 등을 갖고 평가하는 것이다. 복수지방정부 간의 비교 및 격차분석에서는 분석의 의미를 보다 살리기 위하여 전 지방정부를 유형화하는 선행작업이 필요하다.

(4) 총계분석과 순계분석

총계분석과 순계분석의 구분은 중복된 예산을 포함시켜 분석했느냐, 아니면 제외시켜 분석했느냐에 의한 구분이다. 예산 총계는 중복된 부분이 많기 때문에 실질적인 지방재정을 분석하기 위해서는 순계에 의한 분석이 필요하다.[21] 예산이 중복되는 경우는 자치단체 상호간의 경우와 동일자치단체 내 회계 간의 경우 두 가지가 있다. 첫째, 자치단체 상호간의 예를 보면 광역자치단체인 도는 그 관할구역 내의 시·군에 대하여 보조금, 교부금, 부담금, 대행사업비, 위탁금 등으로 재원을 지원하고 있으며, 시·군은 이를 집행하고 그 잔액이 있을 경우 반환금으로 반납하고 있다. 그리고 여러 자치단체 간에 광역행정의 필요에 따라 어떤 사업을 공동으로 추진하기 위하여 재원을 각각 부담하는 경우도 있다. 이 경우 도단위 전체 예산으로서 시·군의 예산을 단순히 취합할 경우 중복계상분이 발생하게 된다. 둘째, 동일 자치단체 내 회계 간의 예를 보면 일반행정활동에 관한 일반회계와 특별한 사업 또는 자금을 관리하기 위한 특별회계 간에 중복되는 경우가 있는데, 이는 전입금·전출금의 형식으로 양 회계에 계상되고 있다.

순계분석을 하는 것은 지방재정운용에서 순수한 재원이 얼마나 되느냐 하는 것을 알기 위함인데, 특별시·광역시의 경우는 회계 간의 중복이 대부

---

21) 현재 정부(행정자치부)의 각종 자료에서 발표되고 있는 순계예산규모는 자치단체 간 또는 회계 간 중복계산된 부분을 공제한 예산으로서 '지방자치단체 총예산규모'를 나타낼 때는 순계규모로 사용하고 있다. 따라서 순계예산규모의 세입은 받는 단체 또는 회계에서 공제하고, 세출은 주는 단체 또는 회계에서 공제하므로 회계별·단체별의 세입과 세출예산규모가 상이한 것이다. 그리고 세출예산 총계규모는 단체 간 또는 회계 간 중복계산된 부분을 공제하지 않은 예산으로 '지방자치단체별 예산규모'를 나타낼 때 사용하고 있다(행정자치부, 『지방자치단체 예산개요』, 2000, p. 117).

분이고, 시·군의 경우는 단체 간의 중복이 많다.

제5절 지방재정 분석·진단의 주체와 진단표

1. 재정분석·진단실시단의 구성

지방자치단체의 입장에서 보면 재정분석의 결과를 신뢰할 수 있어야 한다. 그 이유는 재정분석의 결과로 재정진단단체가 선정되기 때문이다. 재정분석·진단의 신뢰성 확보를 위하여 지방재정법 시행령 제65조 제3항에서 객관성과 전문성을 확보할 수 있는 제3의 기관에 의해 재정분석과 재정진단을 실시하도록 규정하고 있다. 따라서 재정분석→재정진단→재정건전화 계획 수립 등의 단계별 절차의 일관성 및 객관성 유지를 위해 제3의 기관에 의한 재정분석·진단이 이루어지게 되는데, 이의 구성방법 및 임무에 대해 살펴보기로 한다.

(1) 임 무

재정분석·진단실시단의 기능은 재정분석·진단제도의 전 과정을 거쳐 재정건전화 계획의 수립에 이르기까지 통일적이고 일관되게 업무를 수행하는 것이다. 즉, 재정보고서의 서식작성, 재정보고서 분석방법 개발, 재정보고서 분석(재정분석), 재정진단단체 선정기준 설정 및 단체선정, 재정정밀진단, 문제요인 파악, 재정건전화 계획 수립 등 재정진단 결과조치, 정책제언 등의 모든 업무를 일관되게 재정분석·진단실시단에 일임하여 일관성 및 계획성을 유지하는 것이다. 중앙정부가 직접 재정분석·진단의 업무를 수행하는 것보다는 중립적이고 준독립적인 성격을 지닌 재정분석·진단실시단이 중앙정부와 자치단체의 지원하에 재정분석·진단 실시와 재정건전화 계획을 수립하는 것은 객관성과 공정성을 보장하여 자치단체의 수용력을 제고하기 위한 것이다.

지방재정분석·진단실시규정(행정자치부 훈령 제34호)에 의거하여 구성되는 재정분석·진단실시단은 재정분석과 재정진단의 실시결과를 후술하는 재정분석·진단위원회의 심의와 행정자치부 장관과 시·도지사에 제출하도록 되어 있다.

(2) 구 성

지방재정운영의 분석·진단은 그 방법의 객관성과 결과의 활용에 대한 공정성이 보장되지 않으면, 지방자치단체로부터의 이의제기와 거센 항의가 예상되는 동시에 제도의 실효성 확보가 곤란하다. 따라서 단일 분석·진단주체의 자의적 판단을 방지하고, 분석·진단방법 및 결과조치 및 활용방안에 대한 신뢰성을 확보하기 위해 전문연구기관이 주관하는 재정분석·진단실시단을 설치하되, 재정·조직·인사·회계 등의 전문가가 반드시 포함되도록 구성하여야 할 것이다. 이러한 재정분석·진단실시단과는 별도로 설치·운영되고 있는 지방재정분석·진단위원회는 재정분석·진단관련 지표선정, 방법결정, 결과발표, 결과조치 및 활용방안 건의, 재정건전화 계획수립 등과 관련한 자문을 하는 동시에 재정분석·진단실시단을 감독할 수 있다.

지방재정법 시행령 제66조 제4항에 의거하여 행정자치부에 구성·운영되는 지방재정분석·진단위원회의 기능은 다음과 같다.

① 지방재정 분석·진단의 시행을 위한 전문기관 의뢰

② 지방재정분석 결과에 따른 재정진단 대상 선정

③ 지방재정진단 실시결과에 대한 평가

④ 지방재정 분석·진단결과의 공개

⑤ 지방재정 분석·진단제도의 개선

⑥ 지방재정건전화 계획·이행결과의 평가

⑦ 기타 재정분석·진단 및 지방재정건전화 계획과 관련하여 행정자치부 장관이 부의하는 사항

2. 재정진단표 작성

재정진단은 재정운영 부진의 원인을 밝혀 문제요인을 해소시킴을 목적으로 하기 때문에 현지실사의 정밀진단이어야 한다. 그리고 정밀진단은 문

제가 나타나고 있는 부문을 중심으로 이루어져야 한다. 따라서 진단기준이 진단대상 단체 모두에게 적용될 수는 없다.

이러한 재정진단을 효율적으로 수행하기 위해서는 재정진단표가 작성되어야 하는데, 재정진단표는 재정진단의 지침이 되며, 진단내용이 구체적으로 포함되어 있어야 한다. 이는 재정진단시에는 재정관련 지표만이 아니라 경제적 지표 및 기타 지표 등도 분석이 이루어져야 하기 때문이다. 따라서 재

표 20-11 표준재정진단표의 예시

진단부문	진단항목(진단지표 및 진단시 착안사항)		
	환경적 요인 (재정수요·재원조달)	조직적 요인 (재정관리관행·입법정책)	재정적 요인
세입부문	· 자치단체의 -인구(규모, 성별) -소득 -고용(실업) -사업활동 -인플레이션 -조세저항 -지역경제 침체 -재해 * 세입기반: 악화 * 세출증대: 지속	· 계획·전문성 -세입에 악영향을 미치는 행정실무나 정책 -비용통제 결여, 세입평가 결함 -세입징수·관리의 비효율성 · 세입·요율조정(탄력세율, 사용료·수수료율) · 재정관리 관행 -사고이원 -수지균형회계처리 -장기채무 · 경상적자 지속 -예비비 활용 -단기차입 · 어떤 조치로 세입증가? · 과도한 지출증가인가? -자산처분 · 입법정책 -상충된 정책 -비일관성 정책 -불완전정책	· 주민 1인당 세입↓ · 특정재원(%)↑ · 이전재원(%)↑ · 1회성 세입(%)↑ · 체납액(%)↑ · 세입부족(%)↑ · 차입액(%)↑ · 재정자립도(%)↓ · 재정자주도(%)↓ · 재정력지수↓
세출부문			· 주민 1인당 지출액↓ · 인건비(%)↑ · 고정비용(%)↑ · 이전지출부담(%)↑ · 신규사업지출(%)↑ · 가용재원율(%)↓ · 투자비비율(%)↓ · 인건비충당지수↓
세입·세출 운영부문			· 경상적자(%)↑ · 사업적자(%)↑ · 이월금(%)↑ · 유동재원(%)↓ · 장기채무(%)↓ · 채무상환(%)↑
진단 질의 사항	· 경상비를 충분히 지출할 수 있으며, 지출불가시에 어떻게 대처할 것인가? · 재정수요에 탄력적으로 대처할 수 있도록 외부환경으로부터 조달가능한 자원의 정도는 어느 정도인가? · 관리관행과 재정정책은 환경의 변화에 적절히 대응하도록 되어 있는가?		

정부실단체의 재정부진 원인을 밝히는 데 1차적 목적이 있기 때문에 그러한 요인을 추출할 수 있도록 진단표가 작성되어야 한다.

그러므로 재정진단표 작성은 다음과 같은 요인에 유의하여 작성되어야 할 것이다.

① 자치단체 간 재원조달과 재정수요에 따른 환경적 영향요인

② 자치단체 내부의 행정적 관리관행과 입법정책 등의 조직적 요인

③ 재정상황을 나타내는 재정적 요인: 재정적 요인의 경우 세입부문, 세출부문, 재정운영부문의 고려

이를 기초로 재정진단의 부문·내용과 진단에 필요한 지표 및 착안사항을 고려한 표준재정진단표를 예시하면 [표 20-11]과 같다. 물론 이 재정진단표가 완전한 것으로 또는 모든 자치단체에 적용될 수 있는 것은 아니지만 표준재정진단표로 활용할 수는 있을 것이다.

21

지방재정정보 공개

제 1 절 지방재정정보 공개의 의의

1. 지방재정정보 공개의 개념

지방자치를 주민의 정치참가만이 아니고 주민의 일상생활에서의 공동이익을 위한 의사결정의 과정으로 파악한다면, 관련정보의 취득이 절대로 필요하고 그 전제조건으로 알 권리도 확립되어야 할 것이다.

지역사회에서 정보의 생산주체는 개인일 수도 있고, 지방자치단체나 사회단체일 수도 있는데, 이 중 주민에게 직접 관련 있는 일반생활정보의 대량생산을 담당하는 주체는 지방자치단체라 할 수 있다. 따라서 지방자치단체는 주민에 대한 정보센터의 기능을 수행하게 되며, 이의 충실한 수행에는 공무원의 도덕성에 기초한 정보의 공개화가 요구된다. 여기서 정보의 공개화란 수집·처리·관리하고 있는 각종 행정정보를 주민에게 공개하는 것을 의미한다. 주민이 알고자 하는 정보를 주민에게 공개하는 것은 지방자치행정에의 주민참여가 요구되는 과제와도 맥락을 같이 하는 것이다.

일반적으로 정보의 공개(information disclosure)란 정부와 시민의 입장으로 구분하여 살펴볼 수 있다. 먼저, 정보공개를 수행하는 기관으로서의 정부 입장에서 볼 때, 주민의 정보공개청구를 전제로 하는 소극적 의미의 정보공개 또는 청구공개(access)와 공개청구를 전제로 하지 않고 정부가 자발적 또는 의무적으로 보유정보를 공개하는 정보공표(dissemination)를 포함하는 넓은 의미이다. 그리고 정보공개의 고객인 주민의 입장에서 볼 때, 청구공개는 주민의 알 권리(right to know)의 적극적 측면인 access권을, 정보공표는 알 권리의 소극적 측면인 정보수령권을 보장하기 위한 것을 의미한다.[1)]

이와 같이 정보공개의 개념을 공개기관의 자발적 의사 유무 또는 공개고객의 청구 여부를 기준으로 정보청구공개와 공개정보공표로 구분하는 이유는 정보수혜자와 공개대상 정보의 범위설정 및 행정의 책임성에 미치는 영향력의 크기에 차이가 날 것이기 때문이다.

1) 이승종(1993), p. 226.

이러한 정보공개가 지방재정부문에 파급된 배경에는 정보화 사회가 진전되었고, 특히 본격적인 지방자치실시로 인하여 대량의 정보가 지방자치단체에 집적되었으며, 지역주민의 재정정보에 대한 관심도가 높아지고 있기 때문에 지방재정법 제60조[2]에 지방재정정보 공개의 법적 근거를 마련한 데에서 찾을 수 있다.

그런데 이 법에서 제시하고 있는 정보공개는 주민의 공개청구를 전제로 하지 않고 지방자치단체가 의무적으로 재정운용상황을 소극적으로 공개하는 정보공표에 초점을 두고 있는 것으로 보인다. 그러나 여기에서는 지방재정정보 공개제도가 주민의 알 권리 차원에서 재정운용의 투명성 확보, 지역주민의 참여수단, 재정운영의 합리화를 도모하기 위해 필요한 것으로 인식하고 재정정보 공개를 주민의 청구공개 개념이 내포된 것으로 해석하기로 한다.

2. 지방재정정보 공개제도의 필요성

정보공개가 필요한 이유에 대해서는 논자에 따라 상이할 수 있으나, 한편으로는 정부의 책임성 제고, 알 권리의 보장, 대의제 민주정치의 보완, 부패방지, 개방된 정부 등의 측면에서, 또 다른 한편으로는 행정에의 시민참여와 관련하여 정보공개의 당위성과 참여로 인한 효과라는 측면에서 정보공개의 필요성을 찾을 수 있다.

여기에서 전자의 측면은 주로 정부가 소유하고 있는 정보는 모두가 원래 주민소유의 대상이 되며, 따라서 주민은 그것에 대하여 알 권리가 있을 뿐만 아니라, 마땅히 통제하고 비판할 수 있음을 인식한 데서 비롯된 것이다. 그리고 후자의 측면은 행정에의 적극적인 주민참여가 가능하게 되고, 이로 인해 행정의 목표의식에 대한 공유가 될 수 있음을 강조하게 된다는 것이다.

따라서 지방재정정보 공개의 필요성도 지방재정정보에 대한 주민의 알

2) 지방재정법 제60조(재정운영상황의 공시 등): 지방자치단체의 장은 관련법령에 의하여 매 회계연도마다 1회 이상 세입·세출예산의 집행상황, 발생주의와 복식부기에 의한 재무보고서, 지방채·임시차입금 등의 채무현재액, 채권관리현황, 기금운용현황, 공유재산의 증감 및 현재액, 통합재정정보, 기타 재정운영에 관한 중요 사항을 주민에게 공시하여야 한다.

권리 보장이란 기본 전제하에 정보공개를 통해 기대할 수 있는 효과로서 재정운용의 투명성 확보, 지역주민의 참여제고, 재정운영의 합리화 도모 외에 중앙정부 등의 정책판단자료 제공 등을 들 수 있는데,[3)] 이에 대해 살펴보기로 한다.

(1) 재정운용의 투명성 확보

과거 정부의 행정정보는 통치를 위해서 생산된 것일 뿐, 주민의 사용을 위하여 생산된 것이 아니라는 그릇된 암묵적 가정에 기초하여, 주민은 사실상 필요한 정보로부터 차단되어 왔다. 이러한 행정정보가 폐쇄되어 있는 사회의 정부에서는 부정부패, 비리·부조리가 발생하기 마련인데, 이는 우리의 과거 정권의 경험적 사례에서도 뒷받침이 되고 있다. 이러한 맥락에서 볼 때, 재정정보의 공개에 의해 예산집행을 담당하는 직원이 갖는 회계책임의 한계가 보다 명확해질 것이다.

한편, 예산의 원칙 중 의회의 집행기관에 대한 통제목적에 따른 공개성의 원칙이 있는데, 여기서 공개성이란 예산이나 결산의 내용이 주민 모두에게 알 수 있게 공개되어야 한다는 것으로, 정보폐쇄로 인한 부정과 낭비를 방지하기 위한 것이다.

(2) 지역주민의 참여제고

행정정보의 공개는 주민참여를 활성화하는 데 필수적인 요건이다. 따라서 주민참여의 가장 큰 제약요인 중의 하나가 주민에게 정책결정 및 집행에 대한 충분한 정보가 없기 때문이다. 반대로 주민이 보다 유용하고 많은 정보를 보유하게 될 경우 주민은 그 정보를 통하여 정책과정에 대한 많은 관심과 이해를 갖게 되고, 구체적인 목적하에 공직자들과 접촉하여 그들의 요구를 정책과정에 반영시킬 수 있다.

---

3) 지방자치단체의 정보공개제도의 목적 내지 이념으로 제시되고 있는 일반적인 것으로 ① 헌법상의 추상적 권리인 '알 권리'를 구체적 권리로서 보장, ② 지방행정에 대한 주민의 이해와 인식을 바탕으로 주민의 행정참여 촉진, ③ 행정에 대한 주민의 신뢰확보를 통한 행정의 민주화·공평성 충실, ④ 시민생활에 절실한 정보를 신속하게 입수할 수 있어 시민생활의 충실과 향상이 가능함, ⑤ 정보공개로 인해 지방자치단체 직원의 의식개혁 및 행정운영의 개선 기여 등이 있다(金子哲男, 1989, pp. 9～13).

이와 같은 정보공개의 주민참여 확대효과는, 특히 지방자치제의 정착·발전이라는 관점에서 볼 때 매우 중요한 과제이다. 이러한 맥락에서 볼 때, 지방재정운영은 기본적으로 주민의 조세부담에 기초하기 때문에 자치단체가 스스로 적정한 재정운영을 위한 노력과 동시에 이를 주민에게 공개함으로써 조세부담의 정도와 그 용도를 명확히 하고, 나아가 주민의 이해를 구함은 물론 주민의 감시와 비판을 받게 되어 주민으로부터 신뢰받는 재정운영이 가능하게 된다.

이와 같이 재정정보의 공개는 주민의 적극적인 참여를 유도하고 지방정부와 주민 간의 일체감을 조성하는 전제조건이 된다. 따라서 지방정부가 지역주민을 상대로 지역현안사업을 협의하거나 설득시킬 필요가 있을 때에도 각종 재정정보의 공개가 필요하고, 주민 스스로가 지역발전을 위해 무엇을 할 것인가를 판단하는 데에도 재정정보가 필요한 것이다.[4]

(3) 재정운영의 합리화 도모

정보공개는 행정의 책임성을 제고시키는 효과를 가져오게 되는데, 이는 앞에서 언급한 재정운영의 투명성 확보를 위해서 재정정보의 공개가 요청되기 때문이다.

자치단체는 재정을 운영함에 있어서 항상 그 건전성을 확보하기 위해 노력하지 않으면 안 된다. 왜냐하면, 지방재정운영의 좋고나쁨은 국가의 재정운영, 해당 자치단체의 재정상태는 물론 지역주민 생활에 지대한 영향을 미치기 때문이다. 따라서 지방자치법과 지방재정법에서는 '지방재정의 건전성 확보'를 천명하고 있다. 지방자치법 제113조 제1항은 "재정의 균형유지원칙에 따라 건전하게 운영"하여야 함을 규정하고, 제2항은 "지방재정의 자주성과 건전한 운영의 조장과 지방자치단체에 대한 국가부담의 전가를 금지"를 규정하고, 지방재정법 제3조에서는 "지방자치단체의 건전한 재정운영과 아울러 국가의 정책에 반하거나 국가 또는 다른 자치단체의 재정에 부당한 영향을 미치게 하여서는 아니된다"고 규정하고 있다.

이러한 규정에 따르면, 지방자치단체의 재정운영은 건전성을 특히 요구하고 있다. 여기서 건전성은 적정 재정부담하에 최대의 서비스를 제공하는

4) 이재성(1995), pp. 24~25.

재정의 효율성을 동시에 이룩하는 것이어야 하며, 자주적인 재정운영의 계획성을 필요로 함을 강조하는 것이다. 따라서 건전성은 낭비 없는 효율적인 재정운영뿐만 아니라 계획적인 재정운영이 이룩될 때 가능한 것이다. 이와 같이 지방재정의 건전성을 확보하기 위해서는 지방재정운영의 효율성·계획성을 전제로 하고 있으며, 또한 지방자치단체가 국가정책에 부응하고 주민의 복지향상에 지방자치단체와 국가 상호간의 책임을 다하도록 하고 있다.

또한 재정운영의 효율성이란 경비의 지출효과를 높이는 것이다. 재정운영을 효율화하는 것은 행정의 양적·질적인 향상을 기하는 동시에, 주민부담을 적정한 한도에서 억제하는 것도 된다. 지방자치단체가 재정의 효율성을 기하기 위해서는 우선 개개 행정의 단위당 비용을 최소화하고, 경비지출의 효율화를 기하며, 또한 지방자치단체로서의 최대 행정효과를 제고시켜야 한다. 한편, 지방자치단체가 일정의 행정수준을 유지하고 주민부담의 적정화를 위해서는 적정한 세금의 징수, 사용료, 수수료 등의 세외수입 확보는 물론 보조금 등의 의존재원을 보다 많이 확보하는 것도 중요하다. 지방자치단체가 의존재원을 확보하기 위해서는 우선 국가정책방침과 그 장기계획 실현을 위한 재원조치를 충분히 검토한 후 당해 단체의 장기재원계획을 수립할 필요가 있다.

한편, 건전한 재정운영은 단년도에 한정된 것은 아니다. 장기적인 시각에 입각하여 후년도의 재정운영에 관한 충분한 검토가 뒤따라야 한다. 예컨대, 장래의 상환능력을 고려하지 않고 지방채를 발행하여 재원에 충당하거나 어느 연도에 한하여 특별한 세수입이 증가하여 이것을 불요불급의 경비에 충당함으로써 재정규모가 증가하거나 익년도의 세입부족사태를 초래하는 것은 그 나쁜 예라 할 수 있다. 따라서 지방자치단체는 예산을 편성·집행하고, 지출의 증가나 수입감소의 원인이 되는 행위를 하고자 할 때는 당해 연도뿐만 아니라 익년도 이후에 미치는 재정상황을 고려하여 계획성 있는 재정운영을 함으로써 그 건전한 운영을 해치는 일이 없도록 해야 한다. 그러기 위해서는 각 연도의 예산편성 및 집행이 후년도의 재정운영에 어떠한 영향을 주는가를 충분히 검토해야 한다. 특히, 지방채의 발행 또는 채무부담행위 등 후년도의 재정부담을 증가시키는 재정운영은 후년도의 재원예측과 재정부담 한도 등을 고려하여 신중을 기해야 한다.

따라서 지방재정운영과 관련한 재정정보의 공개는 종래의 비밀주의를 보다 공개적인 분위기로 변화시켜 행정책임성을 증대시키는 효과를 기대할 수 있게 한다.

제2절 공개대상 재정정보와 비공개대상 재정정보

1. 공개대상 정보

정부가 보유하고 있는 정보는 문서, 도서 등 기록된 유형정보와 면접이나 회의에서의 구두진술(발언) 등의 무형정보로 구분될 수 있는데, 지방자치단체의 정보공개에서 관심의 대상이 되는 것은 유형정보라고 볼 수 있다. 이는 행정업무가 아직까지는 주로 문서로 처리되기 때문인데, 추가적으로 유형정보에 포함시킬 수 있는 것으로 사진, 녹음테이프, 마이크로필름, 컴퓨터 자기테이프 등을 들 수 있다.

정보공개의 대상을 대다수 국가에서는 정부가 보유하는 공문서로 지정하고 있는데,[5] 정부공문서규정 제3조에서는 공문서를 행정기관 내부 또는 상호간이나 대외적으로 공무상 작성·기안 또는 접수한 도면, 사진, 테이프, 필름 및 슬라이드를 포함한 모든 문서를 의미하는 것으로 되어 있다.

영국의 지방자치단체들은 지방재정관련 정보는 물론 다양한 행정정보들을 다양한 방법으로 주민들에게 알려 주고 있다. 이러한 정보들은 크게 행정업무에 대한 홍보적 성격의 정보, 주민의 알 권리를 직접적으로 충족시켜 주는 의무적·책임적 성격의 정보, 지역경제 발전차원에서 민간부문에 제공

5) 대부분 국가가 공개하고 있는 공문서는 그 작성자, 작성동기 또는 성숙도에 따라 공개여부에 다소 이견이 있다. 예컨대, 스웨덴은 행정기관에서 작성·수령·보관하고 있는 문서를 공문서로 간주하고 있으며, 미국의 FOIA(The Freedom of Information Act)에서는 행정기관이 보관하는 모든 공적 기록으로서 작성목적이나 시기에 제한을 두지 않으며, 일본의 경우 도쿄도의 많은 자치단체는 조례시행일 이후에 작성·입수된 문서로 되어 있으나, 문서의 성숙도에 따라 공개대상이 될 시점을 정하는 자치단체도 있다.

되는 정보서비스의 세 가지로 구분된다.[6)]

일반적으로 영국에서 공개되는 재정정보의 대상범위는 다음과 같다.

① 자치단체가 보유하는 자산상태

· 고정자산, 재고상태 등

② 지방채현황

· 원리금현황, 이율, 발행방법, 발행용도, 발행계획 등

③ 주요 예산항목에 대한 설명

· 예산절차 및 정책, 본예산과 현재 운영상태의 차이

· 세입 및 세출명세

④ 지방세현황

· 평가액, 세율, 납세방법 및 절차

· 이의신청, 기타 조세행정 등

⑤ 기금의 현황과 용도

⑥ 주요 공공사업에 대한 경영실적 및 평가

⑦ 민영화 현황 등

따라서 주민의 알 권리 충족과 이해도모를 위해 재정운영상황의 전반을 공시대상으로 하되, 일반적인 재정운용상황에 대한 공시(공통공시)와 당해 지방자치단체의 특수한 재정운용상황에 대한 공시(특수공시)로 구분하여 [표 21-1]과 같이 재정공시하도록 되어 있다.

2. 비공개대상 정보

정보공개제도하에서는 모든 재정정보는 공개하는 것이 원칙이며, 비공개는 예외적으로 인정되어야 하는데, 비공개정보의 대상을 어떻게 규정할 것인가는 이 제도의 핵심적 과제가 된다. 즉, 정보공개제도를 도입한 경우, 이 제도의 대상이 되는 정보를 어떻게 결정할 것인가가 중요한 문제이다. 따라서 정보공개제도는 자치단체가 보유하는 정보는 모두 청구에 기초하여 공개하는 것이 원칙이다. 그러나 이들 정보 중에는 공개를 함으로써 행정의 공정이나 원활한 집행을 곤란하게 하기도 하고, 오히려 주민에게 불이익을

6) 지방재정발전기획단(1996), pp. 244~245; 임성일(1995), pp. 52~62.

표 21-1 재정공시의 대상

구　분	내　용
공시주체	250개 전 지방자치단체장
공시종류와 내용	· 공통공시: 지방재정법에 의한 총량적 재정운영의 결과와 재정운영에 관한 중요 사항 –총량적 재정운영결과: 세입·세출예산의 집행상황, 지방채·일시차입금 등 채무의 현재액, 채권관리현황, 기금운용현황, 공유재산의 증감 및 현재액, 발생주의 복식부기에 의한 재무보고서(별도 첨부), 지방재정법 제59조의 규정에 의한 통합재정정보(별도 첨부) –재정운영에 관한 중요 사항: 중앙정부로부터 받은 재정분석·진단결과, 감사원 등으로부터 받은 감사결과, 주민 주요 관심항목 · 특수공시: 지방자치단체 조례에 의한 재정운영에 관한 중요 사항으로, 지역특수성을 감안하여 재정공시 심의위원회에서 결정 –지방자치단체별로 재정여건, 지역특성 등을 고려하여 추진한 지역의 특수사업 또는 주민숙원사업 등을 '지방재정공시심의위원회'에서 심의·확정 –특수공시의 절차와 기준 등을 지방자치단체 조례로 정함.
공시시기	· 정기공시: 매년 정례적으로 1회 실시(매년 8월) · 수시공시: 재정공시 수요발생시 수시로 실시 –세입결손으로 인한 실행예산 운영 또는 내년도 예산을 앞당겨 사용한 경우 –예산편성 결과, 중기지방재정계획 등(조례규정 내용)
공시방법	· 지역사회 주민들의 시청률, 구독률, 접근성 등을 종합적으로 고려하여 최선의 수단과 방법 선택
공시 제외사항	· 공직선거 및 선거부정방지법에 위반 우려가 있는 사항 · 정치적 공약, 국익을 저해하는 사항 등

줄 수도 있으며, 개인의 프라이버시를 해칠 우려도 있을 수 있다. 이러한 이유로 인해 공개할 수 없는 정보에 대하여는 공개의 예외사항으로 미리 정해 둘 필요가 있다. 그러나 이들 예외사항은 공개원칙이라는 이 제도의 취지를 살려 필요최소한으로 제한하고, 한정적이고 명확하게 정해 둘 필요가 있으며, 특히 충분한 합리성이 뒷받침되어야 할 것이다.[7]

그러므로 원래 공개를 원칙으로 할 수밖에 없으므로 실시기관이 보유하

7) 本田 弘(1988), pp. 85~86.

는 정보는 유형·무형을 불문한 대상정보로 하는 것이 바람직하다. 그러나 정보공개제도는 주민이 조례에 기초하여 공개청구권을 행사하고, 이에 대하여 실시기관이 공개·비공개 처분을 하는 것이므로, 이 처분은 일종의 행정처분이 된다. 이에 불복이 있는 청구권자는 행정쟁송절차에 의하여 구제 여부가 결정되어야 한다. 따라서 정보공개제도의 실효성을 확보하고, 이 제도의 무용론이 제기되는 것을 사전에 방지하기 위하여도 청구권자가 실시기관에 대하여 공개를 청구할 수 없는 정보를 명확히 정해 둘 필요가 있는 것이다. 그러므로 외국의 사례[8]를 참조하여 비공개의 대상범위를 제시하면 다음과 같다.

① 프라이버시(privacy)와 관련되거나 범죄수사·예방 등과 관련된 사항

② 확정되지 아니한 사업·정책에 관한 사항

③ 시설공사, 물품의 제조 및 구매, 용역에 대한 예산 및 입찰에 관한 사항으로 기밀에 속하는 사항

④ 법령으로 비공개가 지정된 사항

⑤ 기타 공개함으로써 국가재정이나 당해 자치단체의 재정운용을 저해하는 사항

그러나 이러한 비공개정보를 구체적으로 규정함에 있어 기본적으로 지향해야 할 사항은 다음과 같다.[9]

① 비공개대상의 범위는 필요한도 내에서 최소한으로 할 것

② 비공개의 이유를 가급적 구체적으로 제시할 것

③ 비공개사항으로 지정한 경우라도 시간경과에 의해 비공개 사유가 소

8) 스웨덴에서는 지방자치단체가 검사, 규제, 기타 감독을 위한 행정활동에 따른 정보, 물품이나 재산의 구입, 차입, 매각, 입찰이나 지방공기업의 업무와 운영조건 등에 관한 경제적 이익의 보호를 목적으로 하는 사항에 대하여 비공개로 하고 있다. 미국의 경우 FOIA는 ① 국방 및 외교정책, ② 내부적인 인사규제 및 관례, ③ 실정법으로 공개에서 제외할 수 있도록 규정된 정보, ④ 상업상·금융상의 정보, ⑤ 행정청을 당사자로 하는 소송에서 당해 행정청 이외의 당사자가 이용할 수 없는 행정청 내부 또는 행정기관 상호간 접수한 각서 또는 서간, ⑥ 인사관료 및 유사한 사항에 관한 파일(files), ⑦ 법집행을 목적으로 작성된 조사파일, ⑧ 금융기관에 관한 보고, ⑨ 유정(油井)에 관한 지질학 등의 정보나 데이터로 되어 있다. 일본의 경우 ① 개인정보의 프라이버시에 관한 정보, ② 법인 등의 기업비밀에 관한 정보, ③ 법령상 비밀로 된 정보, ④ 공개함으로써 행정상 공정성 또는 원활한 집행에 현저한 지장을 미칠 우려가 있는 정보 등이 있다.

9) 金子哲男(1989), p. 61.

멸되었을 경우 지체없이 공개할 것

④ 전면적 공개가 곤란할 경우 일부분만이라도 공개하도록 할 것

제3절 지방재정정보 공개체제

공개대상 정보를 어떻게 공개하는 것이 바람직한가라는 재정정보의 수단이 되는 재정정보 공개체제의 효과적 구축방안을 정보공표와 청구공개로 구분하여 살펴보기로 한다.[10)]

1. 정보공표체제

(1) 공표창구

지방재정 운영상황의 주민공개계획의 수립 및 운영은 예산담당관실(시·도)과 기획실 예산담당 부서(시·군·구)가 담당하되, 공개시기별 부서의 고유업무와 연계시켜 공표창구를 달리하는 것이 바람직하다. 왜냐하면, 상반기의 공개정보는 주로 예산과 사업계획이 되므로 예산담당 부서를 공표창구로 하고, 하반기의 공개정보는 주로 결산과 사업실적이 되므로 회계담당 부서로 지정하는 것이 합리적이기 때문이다.

이와 같이 공표창구를 가능한 한 일원화하되, 공표정보와 관련된 업무가 여러 부서에 분산되어 있으므로, 다음과 같이 공표정보의 생산 및 관리부서를 지정하여 운영하는 것이 바람직하다.

① 예산부서: 지방재정여건 및 재정운용방침, 예산현황 및 중요 투자사

표 21-2 재정정보 공표창구

구 분	시·도	시·군·구
상 반 기	예산담당관실	기획실 예산담당 부서
하 반 기	회 계 과	회계과(재무과)

10) 이에 대한 구체적인 내용은 이상용(1997b), pp. 37～46 참조.

업, 채무관리, 기금운영, 재정진단 및 신용평가의 결과

② 회계부서: 결산개황

③ 세정부서: 주민부담상황

④ 재산관리부서: 공유재산 및 중요 물품

⑤ 공기업담당 부서: 지방공기업

(2) 공표횟수 및 시기

공표횟수는 상·하반기로 구분하여 2회 또는 분기별로 4회가 있을 수 있으나, 지방재정법 제60조에서는 회계연도마다 1회 이상 공개할 것을 규정하고 있고, 자치단체의 통계관련 기구나 인력확보가 아직 미흡한 실정에 있다. 따라서 정례적 공표는 정보로서의 가치(시의성), 주민의 알 권리 충족, 공개에 따른 행정력 과다소요 등을 고려할 때 연 2회 정도가 바람직할 것이다.

공표시기는 공표대상 정보의 성격 및 담당부서의 업무량을 고려하여 상반기는 2월중, 하반기는 8월(지방재정법 시행령 제69조에 의거한 재정운영상황의 공시시기)중으로 하되, 비정례적 공표와 관련하여 자치단체장의 궐위, 임기만료, 기타의 사유로 사무의 인계인수가 이루어지거나, 지방재정법 제55조의 규정에 의한 재정진단 등이 실시된 경우 권고에 의거 수립한 지방재정 건전화 계획의 내용과 이행결과도 가능한 한 조속히 공표하도록 해야 할 것이다.

(3) 공표방법

주민들의 접근성이 용이한 방법으로 공표하되, 공표된 내용은 누구든지 열람이 가능하도록 조치하고 주민이 공개내용에 의문이 있을시 서면 또는 구두설명을 의무화하도록 하여야 할 것이다.

그리고 정보공표를 위하여 사용할 수 있는 전달매체로 공보, 지역신문, 방송 등의 매스미디어, 홈페이지, 간행물(반상회보, 홍보자료 등 포함), 게시판, 공청회 등을 들 수 있다. 이 때 재정정보의 종류별로 전달매체를 선별적으로 이용하는 전략이 구사되어야 하는바, ① 개인의 관심자료는 후술하는 청구공개방법으로, ② 공익정보, 기초통계자료는 발간물의 형태로 공표하는 것이 바람직하며, ③ 홍보적 성격의 정보는 매스미디어를 이용하도록 하여야

할 것이다.

한편, 정보공표가 정부의 주민에 대한 은전(privilege)으로서가 아닌 권리(right)로서 보장이 되기 위해서는 정보공표의 실질적 효과가 나타날 수 있도록 포괄적이고 통계자료를 나열하는 방식을 지양하고, 주민이 알고 싶은 내용을 파악한 후(예: 주민설문조사) 분석·정리하여 알기 쉬운 방법(도표, 그림)으로 제시되어야 할 것이다.

2. 청구공개체제

(1) 청구주체

정보공개제도는 주민의 알 권리를 보장하기 위한 제도이므로, 공개를 청구할 수 있는 자, 즉 청구주체는 알 권리와 자치행정의 민주성과 관련하여 결정되어야 하며, 이는 지방자치단체의 입법정책의 기본적 방향을 제시하는 것이기도 하다. 따라서 청구주체의 적용범위에 대하여는 [표 21-3]과 같이 세 가지 대안이 있을 수 있다.[11)]

이러한 세 가지 대안을 평가할 경우 지역주민 또는 이해관계자에 국한하여 청구자격을 인정하는 2안과 3안은 행정서비스에 대한 응익원칙을 고려할 때 타당하다고 볼 수 있다.

그러나 ① 행정의 광역화로 인하여 행정서비스가 지역주민에 국한되지 않으며, ② 정보매체의 발달로 인하여 해당 자치단체에 한정되지 않는 광역정보가 많음을 고려할 때, 청구주체를 1안으로 하는 것이 더욱 바람직할 것이다. 이와 같이 1안을 채택할 경우 외지인에게는 공개에 따른 추가적 비용의 부담을 의무화할 필요가 있는데, 외지인이 현지인을 통하여 정보공개청구를 할 경우, 이를 식별해 내기 위한 기술적 문제의 어려움이 있다는 사실을 고려해야 할 것이다.

---

11) 일본의 경우 정보공개의 청구권자는 ① 주민으로 한정, ② 국민으로 한정, ③ 이해관계인으로 한정하는 방안과 ④ 누구든지 제한하지 않는 방안 중 ①의 방안을 원칙으로 하되, 당해 자치단체의 구역 내에 주소를 가진 개인과 법인으로 좁게 해석하는 자치단체도 있고, 당해 자치단체 내에 있는 학교나 사무소에 통학 또는 통근하는 자로 넓게 해석하는 자치단체도 있다. 그리고 미국의 경우에는 FOIA에서 ④의 방안으로 하여 청구권자를 전혀 제한하지 않는다.

표 21-3 정보청구주체의 적용범위에 대한 각 안의 특징비교

대 안	특징 및 내용
1안: 해당 지역주민 외에 다른 지역민(외국인 포함)	· 헌법상의 기본적 인권으로서의 알 권리를 강조하고, 이 권리주체는 국민이므로 지방자치단체의 제도로서의 정보공개조례의 권리(청구권자)주체를 주민에 한정할 이유는 없음. · 현대의 고도정보화 사회에서는 지역을 초월하여 이른바 전국적인 정보의 교류가 필요하고, 생활·문화·경제권의 확대는 어느 지방자치단체의 정보가 다른 지방자치단체의 주민 일반에도 연관성을 가지고 있는 경우가 많음. · 청구권자를 한정하여도 당해 지방자치단체의 주민에게 부탁할 경우 정보입수가 가능하여 한정의 실익이 없음.
2안: 해당 지역의 주민에 한정	· 행정운영에의 주민참가나 행정에 대한 감시기능을 상대적으로 중시함. · 지방자치단체 조례의 효력이 미치는 범위는 법률로 특별히 한정하지 않는 한 당해 자치단체의 주민 또는 그 구역 내에 관한 사항으로 한정하는 것임. 따라서 주민 이외의 자에게 청구권을 인정하는 것을 조례로 규정할 필요는 없음. · 지방자치단체의 행정서비스는 주로 당해 자치단체의 주민이 향수해야 할 것임. · 당해 지방자치단체의 운영경비는 그 당해 주민이 부담하므로, 그 이익도 당해 주민이 우선적으로 향수해야 하는 것임.
3안: 해당 지역의 주민과 관할자치단체에 이해관계가 있는 자로 한정	· 해당 지역민 외에 당해 자치단체에 이해관계가 있는 자의 예시 -구역 내의 사무소 또는 사업소를 가진 개인·법인 등 -구역 내의 사무소·사업소에 근무하는 자 또는 재학자 -당해 지방자치단체가 수행하는 사무·사업에 이관관계가 있는 자 · 행정의 광역화(환경, 위생, 상공, 사회복지·문화시설 등의 분야) 현상으로 인해 행정서비스가 실제로 해당 지역주민 이외에도 실시·적용되고 있음.

한편, 정보공개제도에 의하여 열람이나 복사, 우송 등에 소요되는 비용을 어떻게 할 것인가의 문제가 제기될 수 있는데, 이러한 비용을 청구인에게 수수료로 징수하는 경우는 ① 청구정보 공개는 특정인을 위한 사무이므로 비용부담의 공평성 차원에서 수익자가 부담해야 한다는 점, ② 적정한 수수료의 징수는 청구권자의 이용을 억제하는 것이 아니라 제도의 취지를 일탈한 이용을 억제할 수 있다는 점을 그 이유로 제시하고 있다. 이에 반해

수수료의 징수를 부정하는 입장은, 그 이유로 ① 주민참가를 제도의 도입목적으로 하는 정보공개제도의 실시에 따라 당연히 발생하는 것이 비용인 점, ② 수수료의 징수 자체가 제도의 이용을 억제할 가능성이 있는 점, ③ 주민서비스 차원에서 지방자치단체가 제도에 대한 이용을 주민에게 호소하려면 수수료를 징수하지 않는 쪽이 바람직하다는 점을 들고 있다.

따라서 청구권자의 무분별한 재정정보의 공개청구를 예방하거나, 청구공개로 과다한 예산이 소요될 경우, 이에 따른 비용의 일부를 청구권자에게 부담시킬 필요가 있다.

현재 정보공개에 의한 비용부담을 구체적으로 명시한 법은 공공기관의 개인정보 보호에 관한 법률[12]밖에 없으나, 일반적으로 다음의 사항을 규정해야 할 것이다. 즉, 정보의 공개 및 우송 등에 소요되는 비용은 청구인의 부담으로 하고, 공개청구되는 정보의 사용목적이 공공복리의 유지·증진에 있다고 판단되는 경우에는 비용을 감면하여야 하며, 비용징수절차 등은 조례나 시행규칙에 별도로 정해 두어야 할 것이다.

(2) 청구창구

정보공개의 청구창구는 각 관련부서로 분산할 것이 아니라 주민의 접근이 용이한 부서(예: 행정자료실)를 청구공개를 위한 통합창구로 일원화할 필요성이 있다. 이러한 청구창구의 일원화는 ① 복수의 정보를 획득하기 위하여 여러 부서를 경유할 필요가 없어져 주민의 편의 및 정보의 접근성을 제고시킬 수 있으며, ② 정보공개업무의 전문성 제고를 통한 효율적인 정보공개가 가능해지기 때문이다.

그런데 아직 정보공개의 기반조성이 되어 있지 않고 조직개편이 요구되므로, 청구공개창구의 일원화에는 장·단기적 접근방법이 있다.[13] 첫째, 단기적 방안으로 주민의 재정운용상황에 대한 공개청구의 창구는 청구공개정보의 성격을 고려하여 공표정보의 책임부서로 일원화하고, 둘째 장기적 방안

12) 개인정보보호법 제17조 및 동법 시행령 제21조에는 수수료의 금액을 처리실비의 범위 내에서 당해 기관장이 정하도록 하고, 지방자치단체는 조례로 정하도록 하였다. 납부방법은 국가행정기관에 납부시 수입인지를 사용하고, 지방자치단체에 납부시 수입증지를 사용하도록 하며, 기타 공공기관에 납부시 당해 기관장이 정하도록 하고 있다.
13) 이승종(1991), p. 64.

으로 행정정보 공개제도가 도입된 자치단체의 경우에 정보공개 청구창구는 현재 설치·운용되고 있는 행정자료실을 행정정보실로 개편하여, 행정정보 및 재정운영상황의 공개를 위한 통합창구로 일원화하는 것이 바람직하다.

(3) 청구방법

행정기관의 공개의무 완수 및 비공개처분에 대한 사무관계와 책임소재의 명확화를 위하여 문서(Fax, E-mail 포함)에 의해 청구하도록 하는 것이 바람직하다. 그러나 부득이한 사정으로 인하여 구두 또는 전화청구가 허가된 경우라 하더라도 빠른 시일 내에 청구요지를 문서화할 것이 요청된다.

그리고 정보공개 청구자는 청구서에 청구자의 성명, 주소, 정보의 성격 및 사용목적 등의 청구정보에 대한 기본적인 사항도 기술하게 할 것이 요청되는데, 이는 행정 본연의 임무수행 외에 정보검색을 위한 지나친 인력 및 시간의 소요를 방지하기 위한 것이다.

따라서 책임부서에서는 청구에 대비하여 필요정보의 기본적 사항의 기술에 필요한 조건·지도를 적극적으로 해야 할 의무를 진다. 또한 청구정보의 대상이 이미 공표된 사항이거나 청구량의 과다로 정상적인 업무수행에 현저히 지장을 가져올 우려가 있을 경우에는 청구정보의 복제물을 제한하여 제공할 수 있도록 한다.

한편, 청구공개정보에 대한 공개 여부를 결정하는 구체적 절차를 명시한 관련법률은 없으나 청구권자가 청구양식에 의거하여 실시기관에 대한 청구가 있는 경우, 실시기관은 이를 수리하여 공개·비공개의 결정절차가 진행되는데, 이에 대한 일반적인 절차를 살펴보면 다음과 같다.

① 공공기관은 정보공개의 청구가 있는 때에는 신청을 받은 날로부터 일정한 기간 이내에 공개 여부 결정

② 공개 여부 결정시 지체없이 청구인에게 서면으로 통지

③ 공공기관이 부득이한 사유로 신청한 일정 기일 내에 공개 여부를 결정할 수 없는 때에는 그 기간이 만료되는 그 다음 날로부터 기산하여 일정 기간을 정하여 공개 여부의 결정을 연장할 수 있으며, 공공기관은 지체없이 연장이유를 청구인에게 서면으로 통지

④ 비공개결정시에는 그 사유와 불복방법 및 불복절차를 서면으로 통지

⑤ 공공기관은 공개대상이 된 정보 중 전부 또는 일부가 제3자와 관련이 있는 때에는 공개청구된 사실을 제3자에게 지체없이 통지하여야 하며, 필요시 의견청취 가능

⑥ 정보공개를 청구한 날로부터 일정 기일이 지나도 공공기관으로부터 공개 여부의 결정 통지가 없을 때에는 비공개 결정으로 간주

따라서 지방자치단체는 이러한 절차를 정보공개조례의 시행규칙으로 마련하여야 하며, 청구정보 공개 여부의 결정에 대한 책임부서의 판단은 15일 이내에 청구자에게 서신으로 통지하도록 하되, 부득이한 경우에는 15일간 최단기간 연장을 허용하는 것이 바람직하다.

그리고 정보공개제도의 대상이 되는 시점도 중요한 문제가 되는데, 어떠한 시점의 문서를 대상정보로 하는가는 공개청구자만이 아니라 공개부서의 행정에서도 중요한 것이다. 통상 문서는 기안·결재·보관이라는 절차에 의해 이루어지는데, 정보공개제도상의 대상정보로 되는 시점은 ① 자료수집시점, ② 기안시점, ③ 결재종료시점, ④ 결재에 따른 사업 등의 종료시점, ⑤ 보관·보존시점 같은 문서의 결재절차과정에 따라 구분할 수 있다.

이러한 각 시점에서 볼 때, 청구자가 알고 싶은 정보를 가장 적시에 공개한다는 것은 ①~②까지의 시점이 가장 바람직하다. 그러나 정보에 대한 공적인 조직으로서의 책임성, 안정성, 확실성을 확보하기 위하여는 ④ 또는 ⑤의 시점 이후의 대상정보로 하여야 할 것이다.

이 점에 대하여는 정보공개제도의 수준과 연계시켜 검토할 필요성이 있는데, 현재로서는 정보공개제도의 실적이 거의 없고 제도가 정착하기에는 상당한 시간이 소요될 것이므로, 주민참가를 촉진시키기 위하여 ③의 단계 이후, 즉 결재종료시점 이후의 대상정보로 하는 것이 타당할 것으로 판단된다.[14]

제 4 절 정보공개심의회의 구성·운영

정보공개업무를 통할하고 나아가 권리구제까지 담당하는 감독기구를 설

14) 本田 弘(1988), pp. 63~69.

치하여 재정운영상황 주민공개제도의 발전을 도모할 필요성이 있는데, 여기서는 이러한 기능을 수행할 수 있는 재정정보공개심의회(가칭)의 설치방안에 대해 살펴보기로 한다.[15)]

1. 정보공개심의회의 구성

정보공개의 원칙에 입각한 청구인의 정보공개청구에 대하여 공개를 거부하는 경우가 있는데, 이러한 행정처분에 대해 구제하는 방법을 제도적으로 보장하는 장치가 마련되지 않으면 안 된다. 이 구제제도는 공정성 및 간이·신속성이 담보될 수 있어야 하는데, 이를 위해 일반적인 행정구제절차에 의할 것인가, 아니면 독립된 제3기관을 설치하여 이를 심사할 것인가는 중요한 문제이다. 전자에 의할 경우 ① 새로운 기관을 별도로 설치할 필요가 없어 기존 제도를 활용할 수 있고, ② 행정행위 일반에 관한 구제절차와 균형을 유지할 수 있다는 장점이 있다.

그러나 ① 새로이 도입된 정보공개제도에 부응할 수 있는 구제절차나 제도발전 관련사항을 다루기가 쉽지 않으며, ② 그 판단의 독립성에 의문이 제기될 수 있고, ③ 정보공개라는 단일목적의 실현을 위한 통일적·객관적인 심사기준의 설정에 어려움이 수반되는 단점이 있다.

따라서 재정운영상황 주민공개제도의 정착·발전과 정보공개 여부에 대한 논쟁의 투명성을 확보하기 위하여는 정보공개제도와 관련된 일련의 문제를 총괄하는 독립된 기관으로 하여금 제도운용의 객관성을 담보할 수 있도록 하여야 한다. 특히, 정보공개와 관련한 권리구제가 신속하게 처리될 수 있도록 전문성과 기술성도 확보되어야 할 것이다.

따라서 정보공개업무를 통할하고 권리구제까지 담당하는 재정정보공개심의회는 제3자적 부속기관으로 설치하여 독립성이 확보되도록 하여야 할 것이다. 이는 지방의회 소속일 경우에는 정당정치에 희생되기 쉽고, 집행기관의 내부기관일 경우에는 정보공개를 통한 행정통제의 효과가 반감되기 때문이다.

이러한 정보공개심의회로서 지방재정법 시행령 제70조에 의거하여 자치

15) 구체적인 내용은 이상용(1997), pp. 47～49 참조.

단체장은 재정운용상황의 공시에 관한 사항을 심의하기 위하여 조례로서 지방재정공시심의위원회를 설치하도록 되어 있다.

2. 정보공개심의회의 기능

주민의 알 권리와 지방자치단체의 알릴 의무라는 차원에서의 재정정보공개의 당위성, 주민참여의 확대 및 행정책임성 제고 등을 위하여 설치하는 재정정보공개심의회의 주요 기능은 다음과 같다.

① 재정정보 공개정책 및 제도개선에 관한 사항

· 재정정보의 공개에 관한 정책수립에 대한 의견제시

· 재정운영상황 공개제도의 효율적 운영 및 개선을 위한 자문·권고

② 공개거부 결정 및 불복신청의 심사에 관한 사항

· 행정기관의 비공개 통보나 비공개 결정에 대한 심의

· 청구인이 제기한 불복신청의 심사 및 재결

· 청구인의 비용부담으로 야기되는 문제심의

③ 기　　타

· 정보공개조례나 시행규칙에 의하여 위원회의 권한으로 정한 사항

이러한 기능을 수행하는 재정정보공개심의회에서 발하는 결정이나 권고에 대하여 지나친 강제성을 부여하게 될 경우, 오히려 제도의 정착·발전을 저해할 수 있고, 행정기관에 대한 지나친 간섭을 초래할 수 있으므로 상기한 심의회의 기능을 장·단기적으로 채택하여 운용하되, 집행기관 스스로는 심의회의 결정 및 권고사항을 준수하려는 노력이 있어야 한다.

22

지방정부회계와 복식부기

제 1 절　복식부기제도의 의의와 도입배경
제 2 절　현행 지방회계제도의 실태 및 문제점
제 3 절　주요 외국의 복식부기 도입사례
제 4 절　복식부기제도 도입시안의 주요 내용

제1절 복식부기제도의 의의와 도입배경

1. 복식부기의 의의

단식부기는 발생하는 모든 거래 및 재정행위를 단순한 측면(단면, '單式')인 현금의 출납(수입·지출)으로만 파악하는 방식이다. 가계부나 소규모의 소매점 등에서 많이 이용된다. 따라서 어떤 상태(재산과 부채 등)에 있는지, 어떤 성과를 올렸는지 등을 수시로 정확히 파악하기가 어렵다. 한편, 복식부기는 거래의 이중성(양면, '複式')에 따라 거래의 인과관계(거래 8요소)를 회계장부의 차변과 대변에 발생주의에 따라 기록하는 장부기재방식이다.[1] 거래 8요소는 차변요소와 대변요소로 나뉜다. 차변요소는 자산의 증가, 부채의 감소, 순자산의 감소, 비용의 발생이다. 대변요소는 자산의 감소, 부채의 증가, 순자산의 증가, 수익의 발생이다.[2] 그 결과 ① 자산·부채·순자산을 사용하여 일정 시점의 재무상태를 표시('재정상태보고서')하고, ② 수익·비용을 사용하여 일정 기간의 경영성과(이른바 '운영보고서')를 표시한다. 이와 같이 각 지방자치단체의 자산, 부채, 순자산 등 재정상태와 수익, 비용 등 재정성과의 측정을 분명히 하려는 것이 정부회계에 복식부기를 도입하려는 가장 큰 목적이다. 즉, 복식부기란 재정상태보고서, 운영보고서 등 각종 재무제표(재무보고서)를 만들기 위한 수단인 것이다.

---

1) 황윤원(1998), pp. 660~661.

2) 예컨대, 갑이 을에게 현금 100만 원을 주었다고 하자. 현금주의에 입각한 단식부기방식에서는 갑의 경우 지출 100만 원, 을의 경우 수입 100만 원으로 단순하게 기장처리한다. 그러나 발생주의에 입각한 복식부기방식에서는 금전수수라는 단순한 사실관계뿐만 아니라, 그 원인까지 구체적으로 밝히는 것이다. 만약 그 원인이 금전대차관계라고 한다면, 갑의 경우는 (차변)채권 100만 원 (대변)현금 100만 원으로 계리하고, 을의 경우는 (차변)현금 100만 원 (대변)채무 100만 원으로 계리하는 것이다. 갑의 경우 차변요소는 자산의 증가, 대변요소는 자산의 감소이고, 을의 경우 차변요소는 자산의 증가, 대변요소는 부채의 증가이다. 복식부기방식이 단식부기방식보다 금전수수와 관련한 정보의 내용을 보다 구체적으로 밝히는 것을 알 수 있다. 결국 복식부기방식이 도입되면, 주민들은 지방자치단체의 재정운영 내역을 보다 구체적으로 알게 되는 것이다.

2. 복식부기제도의 도입배경

1990년대 이후 주요 선진국에서 추진하고 있는 정부혁신의 기본 전략 및 핵심 내용은 결과 중심의 관리(results-oriented management)체제를 구축하려는 것으로 볼 수 있다.[3] 이에 따라 재정패러다임도 변화하고 있는데, 이는 예산(계획)만을 중시하는 관행으로부터 예산 못지않게 결산(결과, 성과)도 중시하는 관행으로의 일대 변화를 의미한다. 특히, 결산을 중시하는 복식부기제도의 도입은 지방자치단체 회계제도의 기본 골격을 바꾸는 것으로 지방재정의 일대 변혁인데, 공공부문의 복식부기회계제도 도입은 이제 선택의 문제가 아니라 필연의 과제로 인식되고 있다. 이에 따라 행정개혁의 도구로서 기업회계방식의 도입이 유효하다고 인식되고 있다. 즉, 공공회계의 문제해결이나 환경의 변화에 대응하기 위한 근본적인 해결책은 당연히 복식부기시스템을 전면적으로 도입해야 하는 것으로 인식되고 있다. 부천시, 강남구 등에서 복기부기 시범사업이 진행되었는데, 2007년부터 전체 지방자치단체에 도입되어 추진될 예정이다.

3. 복식부기제도의 도입효과

복식부기제도의 도입시에 예상되는 기대효과를 현금주의에 입각한 현행 단식부기제도가 내재적으로 안고 있는 한계점과 연관시켜 살펴보면 다음과 같다.

첫째, 재정운용의 건강상태를 총괄적·체계적으로 파악할 수 있다. 앞으로 자치단체가 갖고 있는 여러 형태의 재산을 최대한 효율적으로 관리하기 위해서는 재정현황을 일목요연하게 파악할 수 있어야 하는데, 이를 가능하도록 하는 시스템이 복식부기방식이다. 복식부기방식에 의거해 일정 시점의 재정상태를 보여 주는 정보인 재정상태보고서와 일정 기간의 운영성과를 보여 주는 정보인 재정운영보고서가 작성된다. 재정상태보고서를 작성한 결과, 자치단체 소유자산의 실태와 자치단체의 부담으로 귀속하는 부채를 비로소 명확하게 파악할 수 있다. 특히, 부채상환능력의 파악에 매우 유효한데, 자

3) Mascarenhas(1996), pp. 13~27.

치단체가 보유하고 있는 자산과 자치단체에 귀속되어야 하는 부채의 대비에서 자치단체의 재정상황이나 상환능력이 보다 명확해진다. 또한 부채액도 1년 이내에 상환해야 하는 차입금과 장기차입금으로 구분하는 것이 가능하다.

둘째, 행정의 효율성과 효과성을 추구하기 용이하다. 감가상각을 통한 자산가치의 감소상황과 발생주의에 따른 원가(cost)내역을 파악할 수 있게 되므로 사업집행의 효율화를 기할 수 있다.[4] 또한 다양한 재무정보의 작성과 분석이 가능해진다.[5] 자치단체의 자산, 부채, 자금의 성질 및 이들 간의 상호관련성 등에 대한 여러 사항들을 파악할 수 있다. 이들 재무정보를 단년도의 실적파악에 활용할 뿐만 아니라, 시계열분석이나 타자치단체와의 비교에 의해 현재 자치단체가 처한 재정상황을 새로운 시점에서 파악하고 향후 재정운영의 재료로서 활용하는 것이 가능하게 된다.[6]

셋째, 공무원의 기업경영적 감각을 갖게 한다. 주민을 고객으로서 규정하고 공무원으로서의 자각과 책임을 갖고 직무에 임해야 한다는 행정의 기본 이념을 공무원에게 인식시킴과 동시에 사업추진에 있어서의 코스트의식 등 기업경영적 감각이 양성된다.

넷째, 주민에 대한 책임행정을 확보하게 된다. 주민에 대해 기업회계방법을 활용한 풍부한 재정정보를 제공함으로써 많은 정보를 알게 된 주민의 자치행정에 대한 참가의욕을 촉진시킨다.[7]

---

4) 뉴질랜드 재무장관 더글러스(R. Douglas)가 1995년 "한국 정부가 발생주의를 도입하였더라면 자산가치가 감소함에 따라 성수대교 붕괴를 미리 예견하여 이를 방지할 수 있었을 것"이라고 지적했는데, 이 말은 발생주의회계가 시설·자산의 교체시기를 알려주는 회계제도임을 시사하는 것으로 매년 감가상각 등의 자산재평가로 자산가치의 실질적 증감을 파악·계상할 수 있기 때문이다. 즉, 감가상각분으로 투자를 함으로써 자산가치를 일정 수준 유지할 수 있는 등 스스로 재정운영의 가이드라인을 설정하는 것이 가능하게 되기 때문이다.

5) 이창균(1999b), pp. 121～136.

6) 현행 현금주의 단식부기방식으로는 자금관리의 효율화를 위한 노력도를 평가할 수 없다. 왜냐하면, 자금관리의 효율성을 나타내는 (수입이자/금고평잔)지표를 활용할 때 수입이자 측정은 발생주의에 입각하여 미수이자를 포함하는 기간손익개념이어야 하는데, 현행 현금주의에서는 정확한 파악이 불가능하기 때문이다. 그러나 발생주의 복식부기방식에서는 상기 지표를 활용해 248개 지방자치단체의 자금관리 효율성 순위를 매길 수 있다. 이 경우 수입이자는 현금주의 아닌 발생주의가 적용된다. 예컨대, 1년(2000. 3～2001. 2) 정기예금이라면, 만기 전인 2000년 12월에 현금주의에서는 계상하지 않았던 수입이자(미수수익)를 발생주의에서는 계상하게 한다.

7) 주민들의 알 권리 충족은 주민참여 의욕을 촉진시킨다. 예컨대, 지금까지 주민들은 지

다섯째, 자기검증기능을 강화한다. 복식부기방식은 차변의 합계와 대변의 합계를 일치시키는 대차평균의 원리가 적용되므로 오류발생 여부에 대한 자기검증기능을 갖는다. 따라서 복식부기에서는 잘못된 것이 있을 때 여러 번에 걸쳐 이를 비교·검토하는 자기검증기능이 있기 때문에 오류나 부정의 소지를 사전에 차단해 줄 수 있다. 현행 단식부기는 개별 자료를 여러 담당자가 관리하기 때문에 담당자의 과실이든 고의이든 간에 실제와 차이가 나는 것도 파악하기가 쉽지 않다. 따라서 복식부기를 도입하게 되면 현행 단식부기제도하에서 감사활동이 미진할 수밖에 없었던 단점을 보완하는 데 기여할 것이다.

제2절 현행 지방회계제도의 실태 및 문제점

복식부기란 재정운영의 손익상태(수익, 비용)와 재산상태(자산, 부채, 자본)를 거래가 발생한 시점(발생주의)에 따라 회계처리하는 데 반해, 단식부기란 세입·세출을 현금의 변동시점(현금주의)에서 계리하는 것이다. 지방자치단체의 회계는 일반회계, 공기업특별회계, 기타 특별회계, 기금회계로 구분되는데, 이 중 공기업회계만이 복식부기로 운용되고 있다. 따라서 현금주의에 입각한 단식부기로 운용되는 지방회계제도는 다음과 같은 한계점이 있다.[8)]

첫째, 재정운용의 상태를 총괄적·체계적으로 파악하기가 곤란하다. 현재의 단식부기방식은 현금, 특정 재산, 채무 등을 중심으로 거래의 일면만을 기재하고, 현금이 수입되면 현금출납장에 기재하고, 이에 대한 반대급부 내역은 장부의 비고란에 기재하는 등 현금흐름에 초점을 맞추어 단순기록·집계하는 현금주의 장부처리방식이다. 따라서 지방재정이 현재 어떤 상태에 있는지, 일정 기간에 어떤 운영성과가 있었는지에 대하여는 정확히 알기 어

방세수입에 대해서 현금주의에 입각한 세목별 수입정보만 알았지만, 복식부기가 도입되면 발생주의에 입각한 세목별 ① 지방세수익, ② 미수세금, ③ 체납세금, ④ 장기미수세금, ⑤ 장기체납세금 등 다섯 가지 정보를 알게 된다. 이와 같이 재정관리에 관한 구체적인 정보를 주민들이 많이 알게 된다.

8) 임성일(2000), pp. 8~10; 강인재(2000), p. 5.

렵다.

둘째, 지방정부의 자산·부채에 대한 인식에 한계가 있다. 일반행정의 관청회계에서는 자산, 부채, 순자산이라는 관념이 약했다. 유사개념으로서 자산에 대해서는 공유재산, 채권, 물품, 공공시설 및 기금 등의 구분이 있고, 부채에 대해서는 지방채라는 관념이 있지만, 순자산에 대해서는 유사개념조차 없다. 더욱이 이러한 재산, 물품, 금전 또는 지방채 등이 통합적·체계적으로 관리되지 않고, 전혀 별개로 관리되어 회계처리되고 있다. 자산에 대해서도 객관적인 가치평가와 가치증식 등 활용 측면에 관심을 두기보다는 재산으로서의 관리·기록보존 등 유지 측면에 치중하고 있다. 자산의 경우 유동자산, 투자자산, 유형자산, 무형자산 등이 혼재되어 있고, 특히 지방사회간접시설 등 지방자치단체의 고유자산에 대한 분류가 정립되어 있지 않다.

사례 1

공유재산의 내역과 활용상황을 알 수 없어 공유재산 활용노력을 평가할 수 없다. 그러나 복식부기제도가 도입되면, 재정상태보고서에서 공유재산의 내역과 운영보고서에서 활용성과에 대한 비교평가가 가능하게 된다.

사례 2

현행 세입·세출에서는 지방채의 발행을 수입으로, 지방채의 상환을 지출로 처리하는데, 이는 자산 및 부채의 증감으로 처리되어야 할 것이다. 또한 미지급금, 미지급비용, 선수금, 선수수익, 예수금 그리고 퇴직충당금 등 부채성격의 과목들이 제대로 인식되지 않고 있다.

사례 3

지방채무의 경우 보증채무에 관한 정보가 재무보고서에 정확하게 나타나지 않고 있다.[9]

셋째, 사업의 실질적인 수지분석이 제대로 이루어지지 않고 있다. 발생주

9) IMF는 2000년 9월 한국 예산에는 정부보증채무 등에 대한 상세한 정보가 포함되어 있지 않다고 지적하고 있다.

의에 입각한 수익과 비용(원가)의 인식이 없고, 자산·부채·순자산과 관련된 자본적 거래와 수익·비용과 관련된 수익적 거래가 구분되지 않고 혼동 처리되고 있어 사업의 수지분석이 제대로 이루어지지 않고 있다. 따라서 지방재정상태가 실질적(발생기준)으로 적자인지 흑자인지를 알 수 없으며, 실제보다 과대·과소하게 평가되어 정보이용자에게 왜곡된 정보가 제공될 가능성이 크다.

사례 4

보유자산에 대한 감가상각이 제대로 이루어지지 않는 등 발생주의에 입각한 원가인식이 없기 때문에 코스트절감을 위한 동기부여가 결여되어 있다. 예컨대, 특별회계로 별도 추진되는 사업에서 본청 공무원이 파견되어 업무지원하면서 인건비를 부담하고 있는데도 불구하고, 사업별 경영성과를 판단하는 데 필요한 사업별 원가계산에서는 제대로 반영되지 않고 있다. 또한 세외수입의 경우 원칙적으로 수익자 부담원칙이 적용되어야 하지만, 수수료 등이 법이나 규칙에 규정되어 있기 때문에 원가를 반영해야 한다는 인식도 없으며, 인식을 하는 경우에도 원가가 얼마인지를 정확히 알 수가 없다. 그러나 발생한 비용을 모두 인식하게 되면, 원가의식이 생길 수밖에 없다.

넷째, 각 회계를 연계시켜 주는 통합·연계시스템이 결여되어 있다. 회계(일반, 특별, 기금) 간 유사한 사업이 별도 처리되거나, 다른 사업과 함께 처리되는 등 불합리한 사례가 많다. 그리고 각 회계를 체계적으로 연계시켜 주는 통합·연계시스템이 결여되어 지방재정의 상태와 운영실적에 관한 객관적이고 종합적인 재무정보를 입수하는 것이 불가능하다. 예컨대, 기타 특별회계에 속한 간이상수도사업과 지방공기업법상의 상수도사업은 본질적으로 유사한 사업인데도 불구하고, 법적 요건에 따라 어떤 수도사업은 현금주의에 기초한 단식부기의 적용을 받고, 또 다른 수도사업은 발생주의에 입각한 복식부기제도의 적용을 받고 있다. 이러한 현상은 지방공기업 특별회계에 속한 지역개발기금과 세입·세출예산 외로 처리되는 기금 간에도 발견되며, 기금들 가운데 사업형 기금과 비사업형 기금들이 혼재되어 있는 현실에서도 발견된다.

일반회계, 기타 특별회계, 공기업특별회계, 기금회계 등의 정보를 종합적으로 연계시키는 분석체계가 결여되어 있다. 발생주의와 복식부기인 공기업특별회계 외에는 모두 단식부기방식으로 부기회계처리방식이 달라 단순 통합·연계가 불가능하다. 또 사업별로 기능과 특성이 이질적이어서 일관성 있고 통일된 방식의 회계처리를 하기가 어렵고, 서로 다른 회계정보를 통합하는 방안을 마련하더라도 각 회계별 특성을 공정하고 정확히 반영해 주는 재무정보를 도출하기가 어렵다.

다섯째, 회계처리의 오류에 대한 자동적인 자기검증(체크)기능이 결여되어 있다. 현행 수지계산서는 단식부기로 작성되기 때문에 원천장부가 단일장부이고 계정과목 간에 유기적 관련성이 없다. 따라서 몇천, 몇만 건의 거래가 발생하는 경우 육안으로 문서변조 등의 부정을 찾아 낸다는 것은 거의 불가능하다. 따라서 여러 형태의 감사에도 불구하고 회계업무의 부정·비리가 적발되는 경우는 빙산의 일각일 수밖에 없으므로 회계업무의 부정이 줄어들지 않는 한 원인이 되고 있다.

제3절 주요 외국의 복식부기 도입사례

주요 선진국의 복식부기 도입사례를 보면, 대부분 단계적으로 접근하고 있는데, 도입에 소요된 기간이 평균 10년 내외이다. 복식부기회계제도의 단계적 도입은 영국을 비롯한 영미계통 국가와 프랑스, 스페인 등 대륙계통 국가들의 공통된 접근방법인데,[10] 기본재무제표의 내용에서 ① 일정 시점의 재무상태를 나타내는 장표와 ② 일정 기간의 성과를 나타내는 장표가 기본적으로 포함되어 있는 것을 알 수 있다([표 22-1] 참조).

1. 미 국

1999년도 GASB(Government Accounting Standards Board) Statement No. 34

10) 행정자치부(2001), pp. 4～6.

표 22-1 주요 외국의 복식부기 도입사례 비교

구 분	미 국	뉴질랜드	일 본	영 국
기본 재무제표	· 순자산보고서 · 운영(활동)보고서 · 예산집행보고서	· 재정성과표 · 재정상태보고서 · 현금흐름표	· 대차대조표 · 성과보고서(손익계산서) · 자금수지계산서	· 대차대조표 · 수입지출보고서 · 현금흐름표
주 석	· 재무제표의 주석	· 재무제표의 주석	· 부기사항 -직원연금 -우발적 사항 -후발사항 -재정적 약속 -회계상의 장래 부채에 해당하는 법률상의 채무 등	· 재무제표의 주석
부속명세서	· 유가증권명세서 · 일반유형자산명세서 · 사회간접자본명세서 · 보존재산명세서 · 지방채명세서 · 채무보증명세서	· 회계정책표 · 자본증감표 · 서비스성과표 · 채무상황표 · 경영정책보고서	· 부속설명서	· 회계정책기술서

를 통하여 통합재정보고에서는 발생주의를, 자금별 보고에서는 수정발생주의를 적용하는 방식을 채택하고 있다. 도입과정은 3단계로 이루어졌는데, 지방자치단체의 세입규모에 따라 단계별로 4년간씩의 유예기간을 두고 사회간접자본에 대한 보고를 하도록 하고 있다. 그리고 미국의 지방정부는 대부분 복식예산(dual budget)제도를 채택하고 있다. 복식예산은 자본예산(capital budget), 운영예산(operating budget), 현금예산(cash budget) 등으로 나뉜다. 복식예산제도의 핵심인 자본예산을 편성하기 위하여 자본투자계획(capital improvement program: CIP)을 작성하게 되는데, 자본투자계획은 투자사업을 효과적으로 수행하기 위하여 사용되는 연동계획으로 장기업무계획, 시설개발계획 및 장기재정계획을 포괄하고 있다.[11)]

11) 강인재(2000), p. 13.

2. 영　　국

지방자치단체는 오래 전부터 복식부기제도를 적용해 왔으며(발생주의는 1990년대), 중앙정부는 지방자치단체의 제도를 기초로 1998년부터 단계적으로 발생주의회계(자원회계: resource accounting)를 도입·적용하고 있다. 그리고 자본예산회계(resource accounting and budgeting)를 채택하면서 자본지출과 경상지출을 별도로 구분하여 운영하고 있다.

3. 독　　일

독일 지방자치단체의 예산회계제도는 우리 나라와 같이 관청회계방식을 원칙으로 하고 있는데, 최근 발생주의에 기초한 기업회계적 복식부기(Doppik)를 도입하여 예산회계제도의 개혁을 추진하고 있다.[12] 그리고 지방예산은 경상회계와 자본회계로 구분하여 운영하고 있다.

4. 일　　본

1999년 현재 지방자치단체의 약 10%가 복식부기에 의한 재무제표(대차대조표, 손익계산서, 수지계산서 등)를 작성하여 공표하고 있으며, 선도 지방자치단체를 중심으로 연구 및 도입 추진방안을 검토하고 있는 단계이다. 중앙정부에서도 기업회계방식에 대한 전국 표준적인 지침을 작성하여 시달하기로 되어 있어, 향후 자치단체의 기업회계방식 도입은 더욱 본격화될 것으로 예상된다. 이러한 움직임 속에서 1997년 9월 일본 공인회계사협회가 자치단체의 기업회계방식 적용에 있어서 통일된 기준이 될 수 있는 공인회계원칙(시안)을 발표했는데, 주요 내용은 다음과 같다.[13]

① 회계범위 및 대상: 결산통계를 사용하여 일반회계 중심으로 하고 기타 회계에 대해서는 장래과제로 채택함. 특히, 전출금의 취급은 토지개발기금을 제외하고는 모두 경상지출로 하고 단년도 비용으로서 처리함.

---

12) 이창균(2000c), pp. 156～168.
13) 이창균(2000a), pp. 153～179.

② 수정현금주의 채용: 발생주의에 기초하여 미수금(지방세 미수납액)의 경우에는 유동자산으로 계상함.

③ 고정자산의 파악방법: 고정자산의 파악이 대차대조표 작성상 최대의 문제인데, 보통 건설사업비를 과거부터 누적해 가는 방법의 수용(목적비목별 내용의 파악, 용지취득비의 파악, 인프라 자산과 인프라 이외 자산의 구분, 보통건설사업비에서 비투자적 경비, 직영사업부담금의 취급)함.

④ 감가상각의 방법: 인프라 자산은 감가상각을 기본적으로 하지 않는 것으로 하고 매년도의 유지보수비를 파악하여 이를 경상지출로 하고, 인프라스트럭처 이외 자산은 내구연수를 설정하여 잔존가액을 10%, 정액법에 의해 1엔까지 상각하되 감가상각비는 상각하지 않고 관리회계상의 문제로 취급함.

⑤ 기타: 국고지출금, 도·부·현 지출금, 부채의 계상내용, 재산의 계상내용을 검토함.

⑥ 재무제표의 체계

- 대차대조표: 연도 말 현재의 자산·부채·재산상황 표시
- 수지계산서: 연도 내의 자금흐름을 투자적 재무활동을 나타내는 자본수지계산서와 경상적 행정활동을 나타내는 경상수지계산서로 구성
- 재산증감계산서: 재산의 증감을 경상적 행정활동, 투자적 활동, 재무활동의 세 측면에서 표시
- 기타 보조표: 자본수지계산보조표, 자기자본금증감잔고계산서, 자금운용정산표

5. 뉴질랜드

중앙정부와 지방자치단체 모두 발생주의에 기초한 복식부기회계시스템을 1990년부터 채택하고 있다. 복식부기 도입을 선언한 이후 10여 년간에 걸쳐 회계제도 개혁프로그램의 일환으로 추진하고 단계적으로 도입하여 성공한 사례이다.

이러한 발생주의회계제도의 도입으로 인하여 다음 두 가지의 중요한 변화가 나타나고 있다. 하나는 모든 비용과 수입이 그 의무가 발생한 기간에

배정되었고, 또 다른 하나는 정부부처의 재무성과표가 민간부문에서와 같이 대차대조표와 통합된 점이다.

6. 스 페 인

중앙정부는 1986년부터, 지방정부는 1990년부터 발생주의에 기초한 복식부기회계제도를 도입하였다. 복식부기를 도입함에 있어서 초기의 연구결과를 바탕으로 연구의 계속성을 유지해 나가면서 민·관이 합동으로 추진하여 도입에 성공하고 있다.

제4절 복식부기제도 도입시안의 주요 내용

1. 발생주의의 채택

관청회계는 현금주의 방식이고, 복식부기는 발생주의 방식이다. 현금의 수지에 의해 거래를 인식하고 수지금액에 의해 거래를 측정하는 기준을 현금주의(cash basis)라 하고, 현금수지의 유무에도 불구하고 거래발생의 사실에 의거하여 거래를 인식하여 측정하는 기준을 발생주의(accrual basis)라고 한다. 현금주의에서는 현금이 들어오고 나가는 데 초점을 맞추어 수입(세입)·지출(세출)이란 용어를 사용하고, 발생주의에서는 실제 현금의 수지에 상관없이 관련거래의 발생사실에 초점을 맞추어 채권·채무 및 수익·비용의 발생이란 용어를 사용한다. 예컨대, 현금지출을 수반하지 않는 감가상각비, 자산감모비 등도 비용으로 계리된다.

(1) 수입계상시점

현금주의회계에서는 현실적으로 현금이 수납된 단계에서 수입으로 계상되는 데 대해서, 발생주의회계에서는 그보다도 전 단계인 채권확정(발생)시점, 즉 조정(조사결정)의 시점에 수입으로 계상된다.

(2) 지출계상시점

물품구입에서 현금주의회계는 현금을 지출한 시점에 지출로 계상되지만, 발생주의회계에서는 그보다도 전 단계인 채무확정(발생)시점, 즉 '물품의 납품이 이루어지고 검수한 시점'에 지출로 계상된다. 따라서 계약 등의 지출원인행위(경리관)→검사·검수(검사공무원)→자금배정(자금관리담당 과장)→대가청구(계약자)→지출결정(지출원)→지급명령 발행(지출원)→지급(출납원·금고) 등의 진행과정에서 복식부기방식에서는 이월(명시, 사고, 계속비)에 대해 건(件)마다 인식하지 않고, 검수 여부에 따라 획일적으로 처리한다(미지급금 등).

따라서 발생주의회계에서는 미수, 미지급에 대한 계리처리가 한 단계 새로이 추가된다는 것이 특징이다. 결산에서 출납정리기간과 조상충용(繰上充用)이 없다.

2. 자본거래와 손익거래의 구분

자본거래와 손익거래를 혼동하여 처리하면 재정상태와 재정성과를 정확하게 알 수 없게 된다. 복식부기에서 특히 중요한 것이 수익적 지출과 자본적 지출의 구분이다. 손익거래인 수익적(경상적) 지출은 운영보고서의 '비용' 과목에 연결된다. 예컨대, 페인트칠, 전구교체, 깨진 유리의 교체 등 유형고정자산의 원상을 회복하거나 능률유지를 위한 현상유지적 지출로 처리된다. 자본거래인 자본적(투자적) 지출은 미래기간의 수익발생을 위한 지출로서 당기 재산내용의 변동을 초래하는데, 재정상태보고서의 '자산'과목에 연결된다. 예컨대, 엘리베이터 설치, 비상계단 설치 등 당해 유형고정자산의 가치를 현실적으로 증가시키거나 내용연수를 연장시키는 지출이 된다.

3. 재무제표와 부속명세서 및 주석(부기사항)

(1) 재무제표

재무제표는 지방자치단체 회계보고서의 기본 목적을 달성할 수 있는 것으로서 다음과 같이 세 가지로 구성되는데, 재정상태보고서와 운영보고서가 특히 중요하다. 재무제표는 당해 회계연도분과 직전 회계연도분을 비교하는 형식으로 작성되어야 한다([표 22-2], [표 22-3] 참조). 비교식으로 작성되는 양 연도의 재무제표는 계속성의 원칙에 의하여 작성되어야 하며, 회계정책상의 변화 등 회계변경이 발생한 경우에는 그 내용을 주석으로 충분히 공시하여야 한다.

1) 재정상태보고서

재무보고실체의 당해 사업연도 말의 자산, 부채, 순자산의 상황을 나타내는 것으로 기업회계의 '대차대조표'와 유사개념이다. 스톡(stock)정보로서 '시점'의 재무상태를 나타낸다.

2) (재정)운영보고서

수익 및 비용의 발생상황을 체계적으로 보여 주는 보고서인데, 기업회계의 '손익계산서'와 유사개념이다. 플로(flow)정보로서 '기간'의 재정성과를 나타낸다.

3) 현금흐름표

경상활동, 투자활동, 재무활동 등을 구분하여 현금흐름을 나타내는 재무보고서이다.

(2) 부속명세서

부속명세서는 기본재무제표를 상세하게 설명하는 계정명세서와 근거자료 또는 재정운용상황 및 재무상태를 파악하는 데 필요한 기타 자료들로 구성하고 주민에게 공개한다. 예를 들면 ① 순자산증감표, ② 예산집행보고서, ③ 채무상황표, ④ 공유재산 증감 및 현재액보고서, ⑤ 주요 사업 추진현황, ⑥ 세입세출 외 현금종류별 현재액, ⑦ 채무부담명세서, ⑧ 명시이월조서, ⑨ 계속비조서, ⑩ 유가증권명세서, ⑪ 사회간접자본명세서, ⑫ 채무보증명세서, ⑬ 현금예금명세서, ⑭ 잉여금명세서, ⑮ 기초 및 최종예산과 실제 예산집행 내용 등이다.

(3) 주석(부기사항)

지방자치단체의 재정상태나 재정운영실적 그리고 기타 재무보고내용과 관련하여 반드시 설명이 필요한 사항에 대하여는 주석의 형식으로 해당 재무제표에 부기하는 형식을 취하는 것이 바람직하다. 예를 들면, ① 현금주의와 발생주의 적용에 의한 채권·채무 차이의 조정, ② 우발 및 후발사항, ③ 최근의 환경 및 정책변경에 의해 달라지게 된 내용, ④ 재정상태보고서에 계상되지 않은 주요 자산·부채의 내용, ⑤ 기타 사항으로서 재무제표에 중대한 영향을 미치는 사항과 재무제표의 이해를 위하여 필요한 사항 등이다.

4. 재정상태보고서

재정상태보고서는 일정 시점(회계연도 말 또는 초)에서의 재무상태, 즉 모든 자산·부채 및 순자산(순재산, 자본)의 관계를 나타낸다. 지방정부의 각종 재산내역인 자산(asset)정보와 빚에 관한 부채(liability)정보, 그리고 자산과 부채의 차인 순자산정보 등으로 구분된다. 시점 간의 스톡정보를 비교하면 자산변동, 부채변동, 순재산변동과 같은 재무상태의 변동상황을 알 수 있다. 재정상태보고서 등식은 (자산=부채+순자산)이다. 자산은 차변에 표시되고,

표 22-2 재정상태보고서(2006년도 말)

(차변) (대변)

자 산	2006	2005	부채 및 순자산	2006	2005
유동자산			유동부채		
투자자산					
일반유형자산			장기부채		
주민편의시설			기타 비유동부채		
사회기반시설			순자산		
기타 비유동자산					

부채·순자산은 대변에 표시된다. 재정상태보고서는 토지·건물·현금 등 자금의 운용형태와 부채, 순자산 등 자금의 원천을 정확히 파악함으로써 운용의 건전도를 나타내고 있다. 즉, 우측(대변)은 자금조달의 원천을 나타내고, 좌측(차변)이 그 운용형태를 나타내는 것이다.

(1) 자 산

자산은 회계실체가 소유하고 이들 자산을 일정 기간 보유 또는 사용함으로써 공공서비스 잠재력(service potential)이나 경제적 효익을 창출할 수 있는 자원을 말한다. 복식부기회계에서 자산이란 현금뿐 아니라 지방자치단체가 보유하고 있는 재산적 가치가 있는 것들을 지칭한다. 자산은 현재 지방자치단체에서 사용하는 재산 또는 물품보다 다소 넓은 개념이라고 볼 수 있다. 따라서 자산의 정의 속에는 현금뿐 아니라 채권(미수세금, 미수금 등), 융자금(대부자산), 토지·건물·비품은 물론이고 일반주민들에게 편익을 주는 인프라 자산(도로, 공원, 상수시설, 배수시설 등)까지도 자산의 범주에 포함되는 것이다. 이 가운데 인프라 자산(infrastructure asset)은 기업회계의 일반적인 자산과 다른 지방자치단체회계의 고유한 자산에 속한다.

재정상태보고서의 자산과목은 단기간(1년 기준)에 현금화(유동화)가 가능한가, 아닌가를 기준으로 유동자산과 고정자산으로 구분된다. 즉, 유동자산이란 결산일로부터 1년 이내에 현금으로 전환될 것이라고 합리적으로 기대되는 자산을 말한다. 반면에 고정자산은 결산일로부터 1년 이내에 현금으로 전환되지 않고 장기간 사용할 목적으로 보유하고 있는 자산을 말하며, 물리적 실체의 유무에 따라 유형자산과 무형자산으로 분류된다.

자산은 유동자산, 투자자산, 일반유형자산, 주민편의시설, 사회기반시설, 기타 비유동자산으로 분류한다.[14] 지방자치단체는 도로, 공원, 상·하수도 등 사회공익을 목적으로 하고 있는 자산을 상당 부분 보유하고 있는데, 이러한 특징을 감안해 지방자치단체 회계기준은 이를 별도로 구분하고 있다. 지방재정법에 의한 공유재산에 속하는 행정재산, 보존재산 및 잡종재산의 용도

14) 예컨대, 시·군에서 수임 관리하고 있는 도(道) 재산의 경우 재정상태보고서와 주석에는 표시하지 않지만, 임대수입과 매각의 경우 발생하는 일부 매각수입은 운영보고서 수익란에 표시한다.

별 구분에 대한 구체적인 내역은 부속명세서에서 표시한다.[15)]

1) 유동자산

유동자산은 현금 및 현금성 자산, 단기금융상품, 미수세금, 미수세외수입금, 미수징수교부금, 미수정부 간 이전수익, 단기대여금, 기타 유동자산 등을 포함한다.

지방세와 세외수입에 대한 채권은 미수지방세 및 미수금의 과목으로 표시한다. 즉, 미수금은 조세징수 이외의 모든 활동에서 발생한 미수채권으로 한다.

미수세금은 수익인식기준(발생주의)에 의해 수익으로 계상하였으나 납기일의 미도래 등의 이유로 징수되지 않은 금액이다. 즉, 징수결정을 하였으나 당기 말 현재 회수하지 못한 금액을 의미한다. 체납세금은 부과된 지방세 중에서 납기일이 경과하였으나 재정상태보고서 작성일 현재 징수되지 않은 세금 중 부과일로부터 1년이 경과되지 않은 금액이다.

회수가 불확실한 미수세금, 미수세외수입금, 단기대여금 등에 대해서는 불납결손처분 추산액에 대해 결손처분충당금을 설정한다. 결손처분충당금은 미수세금 등에서 차감하는 형식으로 기재한다.

2) 투자자산

투자자산은 지방자치단체가 투자 또는 권리행사 등의 목적으로 보유하고 있는 고정자산을 말한다. 예컨대, 투자자산은 장기금융상품과 장기대여금, 장기투자증권, 공기업특별회계 자본전출금, 기타 투자자산 등을 포함한다.

회수가 불확실한 장기미수세금, 장기대여금 등에 대해서도 불납결손처분 추산액에 대해 결손처분충당금을 설정한다. 결손처분충당금은 장기미수세금 등에서 차감하는 형식으로 기재한다.

---

15) 지방자치단체는 지방재정법에 근거하여 공유재산(고정자산)을 행정자산, 보존자산, 잡종자산으로 구분하여 사용과 처분에 제한을 두고 있다.

3) 일반유형자산

일반유형자산은 1년 이상 공공서비스 제공을 위하여 반복적 또는 계속적으로 사용되는 자산이다. 일반유형자산은 토지, 건물, 구축물, 기계장치, 차량운반구, 집기비품, 입목(가로수, 정원수 등), 기타 일반유형자산, 건설중인 일반유형자산 등을 포함한다.

입목을 일반유형자산에 포함시키는 이유는 지방자치단체 회계장부에 계상될 경우 성과평가와 관련하여 중요한 정보를 제공해 줄 수 있기 때문이다.

건물, 시설물 등에 대한 장기간의 시설공사에 대해서는 건설중인 자산으로 하여 유형자산에 표시함으로써 공사기간 중에도 계속적으로 자산으로 관리하고, 해당 자산에 대한 건설이 완료되는 시점에 건물 등으로 대체한다.

4) 주민편의시설

주민편의시설은 1년 이상 공공서비스 제공을 위하여 반복적 또는 계속적으로 사용되는 자산을 말한다. 주민편의시설은 도서관, 주차장, 공원, 박물관 및 미술관, 동물원, 수목원 및 휴양림, 체육시설, 공연 및 문화시설, 체육시설, 사회복지시설, 의료시설, 교육 및 연구시설, 기타 주민편의시설, 건설중인 주민편의시설 등을 포함한다.

5) 사회기반시설

사회기반시설은 초기에 대규모 투자가 소요되고 파급효과가 장기간에 걸쳐 광역적으로 나타나는 지역사회의 기반적인 자산을 말한다. 주로 다음 각 호의 요건이 충족되는 고정자산이다.

① 양도가 원칙적으로 불가능하고 이동성에 제약이 있는 자산

② 유형자산에 비해 내용연수가 상당히 장기적인 자산

③ 지방자치단체의 주민이 함께 사용하는 시설인 지역사회 인프라적 자산. 예컨대, 사회기반시설은 도로, 도시철도, 상수도시설, 수질정화시설, 하천, 폐기물처리시설, 재활용시설, 농수산기반시설, 댐, 기타 사회기반시설, 건설중인 사회기반시설 등

사회기반시설은 모든 시설을 자산으로 인식하고 감가상각을 하는 것을 원칙으로 한다(단, 사회기반시설 중 유지보수를 통하여 현상이 유지되는 도로와

도시철도 등은 감가상각 대상에서 제외할 수 있으며, 유지보수에 투입되는 비용과 감가상각을 하지 않는 이유를 주석으로 공시한다).

6) 기타 비유동자산

기타 비유동자산은 유동자산, 투자자산, 일반유형자산, 주민편의시설, 사회기반시설에 속하지 아니하는 자산으로서 보증금, 무형자산, 기타 비유동자산, 건설중인 기타 비유동자산 등을 포함한다.

무형자산(intangible assets)이 그 대표적인 예이다. 무형자산은 일정 기간 독점적·배타적으로 이용할 수 있는 권리를 말하며, 이론상 물리적인 실체가 존재하지 않고 미래 효익이 불확실한 법적·경제적 권리로 정의할 수 있다. 일반적으로 특허권, 상표권 등 법률상의 권리 및 장래의 수익을 예상한 경영상의 권리를 말한다. 예컨대, 산업재산권, 전산소프트웨어 구입비, 전산프로그램 개발비 등을 포함한다. 무형자산은 당해 자산의 개발원가 또는 매입가액에 취득부대비용을 가산한 가액을 취득원가로 한다. 무형자산은 정액법에 의해 당해 자산이 사용가능한 시점부터 합리적인 기간 동안 상각한다. 다만, 독점적·배타적인 권리를 부여하는 관계법령이나 계약에 의하여 정해진 경우를 제외하고는 20년을 초과할 수 없다.

(2) 부　　채

부채(liabilties)란 과거 사건의 결과로 지방자치단체가 부담하는 의무로서 그 이행을 위하여 미래에 자원의 유출이 예상되는 현재 시점의 의무를 말한다. 이러한 부채는 회계실체가 부담하는 현재의 의무를 이행하기 위하여 경제적 효익이 유출될 가능성이 거의 확실하고 그 금액을 신뢰성 있게 측정할 수 있을 때 인식한다. 자치단체가 외부로부터 차입하는 차입금과 지방채증권뿐 아니라 예산회계에서 인식하지 않는 미지급채무(미지급금, 예수금 등), 퇴직급여충당금 등이 포함된다.

여기서 미지급채무나 퇴직급여충당금 등은 현금의 유출입을 가져오지 않는 부채로 발생주의회계에서 나타나는 과목에 속한다. 채무부담행위의 경우 예산회계에서는 채무의 일종으로 보지만 복식부기회계에서는 구체적인 채무의 확정행위가 없는 것으로 보아 부채로 보지 않는다. 다만 결산서인

재정보고서의 주석으로 표시한다.

부채는 장래 변제해야 할 채무인데, 일반적으로 부채는 1년을 기준으로 1년 이내에 상환이 예정된 경우 유동부채로, 1년 이상의 기간 후에 상환이 예정된 장기차입부채 및 기타 비유동부채로 분류하며 발생원천에 따라 분류한다.

1) 유동부채

유동부채는 단기차입금, 미지급금, 미지급비용, 선수금, 선수수익, 예수금, 유동성 장기부채, 유동성 지방채증권 등이다.

미지급금은 지방자치단체의 일반적인 거래에서 발생한 미지급액을 말한다. 회계에서는 주로 자산을 구입하고 대금을 지급하지 못한 것을 계상하며, 비용을 지출하고 대금이 미불된 것은 미지급비용으로 처리한다.

예수금은 일시적으로 자금을 보관하였다가 해당 목적에 지급하는 모든 예수금액으로 한다. 예컨대, 세입세출 외 현금과 지방자치단체의 국세수입, 시·군의 도세수입 등은 차변은 현금·예금 자산으로, 대변은 예수금인 유동부채로 잡았다가 반환하면서 정리한다. 시·도에서 받은 징수교부금, 재정보전금은 수익으로 잡는다.

2) 장기부채

장기부채는 장기차입금, 지방채증권, 지방채할인발행차금, 장기미지급금, 장기선수수익, 장기예수보증금 등이다.

장기차입금과 같은 장기부채가 만기가 가까워져 결산일 현재 1년 이내에 만기가 도래하게 되면 유동성 장기부채라는 유동부채에 계상하게 된다.

3) 기타 비유동부채

기타 비유동부채는 유동부채와 장기차입부채에 속하지 않는 비유동부채를 말하며 퇴직급여충당금 및 기타 비유동부채 등을 포함한다.

퇴직급여충당금은 회계연도 말 현재 공무원연금법을 적용받는 지방공무원을 제외한 상용인부(연간 300일 이상 상시고용자) 등이 일시에 퇴직할 경우 지급하여야 할 퇴직금에 상당하는 금액으로 한다.

장기충당부채는 대규모 수선을 위한 수선충당금, 대규모 복구사업을 위한 복구비용충당금, 폐기비용과 관련한 폐기비용충당금 등으로 한다.

(3) 순 자 산

이론상 순자산은 후세대로 이어지는 공유재산의 실질가치를 의미하는데, 실무적으로는 자치단체의 자산에서 부채를 차감한 잔여액이다.

여기서 쟁점사항으로 고정자산 취득을 위한 (자본적) 국고보조금 등을 어떻게 처리할 것인가의 문제이다. 자본(투자)적 성격의 국고보조금, 분담금, 부담금, 기부금 등이 고정자산의 취득을 위한 것일 경우 건설한 고정자산을 재정상태보고서에 자산으로 계상함과 동시에 동액을 순자산에 계상한다. 이와 같이 함으로써 고정자산 중 국가 등으로부터 혜택을 받은 부분을 파악할 수 있다. 이 고정자산은 매년도 감가상각에 의해 감액하는데, 이만큼 순자산에 계상하고 있는 국고보조금을 감액시키지 않으면 내구연수가 경과하여 고정자산이 제로가 되어도 국고보조금만이 남게 된다. 여기서 감가상각에 응해 그만큼을 국고보조금반환익으로서 운영보고서에 계상하여 국고보조금을 감액시키는 것이다. 이 경과비용으로 산입한 감가상각비와 국고보조금반환익이 상쇄되어 자치단체가 부담하는 비용은 제로가 된다. 이것은 본래 국가의 자금에 의해 건설한 고정자산이고 당해 자치단체의 부담은 없으므로 감가상각비의 계상은 필요 없다는 것을 의미하고 있다. 그러나 행정의 코스트를 파악하는 데 있어 감가상각상당액을 파악할 필요가 있고, 따라서 이러한 처리를 하게 되는 것이다.

5. 재정운영보고서

재정운영보고서는 일정 기간(회계기간) 동안 얼마나 노력하여 어떤 성과(성적)를 가져왔는가를 표시한다. 즉, 회계연도 동안의 운영활동으로 인한 모든 비용을 차변에 표시하고, 모든 수익을 대변에 표시하는 것이다. 재정상태보고서와 함께 재무제표의 주요한 지위를 차지한다.

표 22-3 재정운영보고서(2006년 1월 1일~12월 31일)

(차변) (대변)

비 용	2006	2005	수 익	2006	2005
· 인 건 비 · 운 영 비 · 정부 간 이전비용 · 기타 이전비용 · 기타 비용			· 자체조달수익 · 정부 간 이전수익 · 기타 수익		
운영차익					

(1) 비 용

1) 비용의 정의와 인식

비용이란 이론상 순자산의 감소를 가져오는 경제적 이익의 감소로 정의되고 있다. 다만, 자본거래에 의한 순자산의 감소는 포함하지 아니한다.

비용은 다음과 같이 인식한다. 교환거래에 의한 비용은 반대급부로 발생하는 급여, 지급수수료, 임차료, 수선유지비 등으로 대가를 지급하는 조건으로 민간부문이나 타공공부문으로부터 재화와 서비스의 제공이 완료되고 그 금액을 합리적으로 측정할 수 있을 때 인식한다. 비교환거래에 의한 비용은 직접적인 반대급부 없이 발생하는 보조금, 기부금 등으로 가치의 이전에 대한 의무가 존재하고 그 금액을 합리적으로 측정할 수 있을 때 인식한다. 현금의 지출이 있었던, 없었던 간에 발생한 모든 비용을 계상해야 한다(이른바 '발생주의'). 예컨대, 아직 집행은 되지 않았으나 수혜자, 금액 및 지급시기 등이 정해진 교부금 등 이전지불해야 할 금액은 비용으로 계상한다.

2) 비용의 종류

비용은 성질별로 분류한다. 단, 비용을 기능별로 분류하는 기능별 재정운영보고서는 필수보충정보로 보고한다. 성질별 분류는 인건비, 운영비, 정부 간 이전비용, 기타 이전비용, 기타 비용으로 구분한다. 기능별 분류는 입법 및 선거, 일반행정, 교육 및 문화 등과 같이 주요 기능별로 구분한다.

현행 예산회계에서는 존재하지 않으나 복식부기회계에서 필요한 과목은 감가상각비, 결손처분충당금상각비, 투자유가증권평가손실, 외화환산손실 등이다.

① 인건비: 인건비는 지방자치단체의 공무원 및 기타 비정규직원, 상용인부 등 고용인의 서비스에 대한 반대급부로 제공되는 것을 말한다. 인건비는 공무원급여, 복리후생비, 기타의 급여, 퇴직급여 및 연금부담금 등을 포함한다.

② 운영비: 운영비는 지방자치단체의 행정활동 수행과 관련하여 조직의 유지·관리를 위한 비용을 말한다. 운영비는 소모품비, 도서인쇄비, 광고비, 지급수수료, 운반비, 유지보수비, 교육훈련비, 세금과공과, 수도광열비, 보험료, 임차료, 차량유지비, 여비교통비, 외주용역비, 이자비용, 회의비, 업무추진비, 통신비, 행사비, 의회비, 잡비 등을 포함한다.

③ 정부 간 이전비용: 정부 간 이전비용은 지방자치단체가 다른 정부조직에 금전 또는 현물을 대가 없이 이전하는 것을 말한다. 정부 간 이전비용은 타자치단체 보조금, 징수교부금비용, 조정교부금비용, 재정보전금비용, 자치단체 간 부담금, 교육기관보조금 등을 포함한다.

④ 기타 이전비용: 기타 이전비용은 지방자치단체가 개인이나 민간단체에 금전이나 현물을 대가 없이 이전하는 것을 말한다. 기타 이전비용은 민간사회복지지원금, 민간인장학금, 주민자치활동지원금, 민간행사 위탁비, 민간인행사 참가비, 민간인포상금, 민간인보상금, 민간인배상금, 민간의료시설지원비, 민간사업 위탁비, 운수업계 보조금, 이차보전금, 일반민간지원금, 출연금비용, 사회단체보조금, 예비군운영보조금, 국가부담금비용, 국가위탁부담비용, 지방공기업전출금, 국제기관 지원부담금, 해외단체 등 지원금, 산하단체 운영비, 기타 배상금 등을 포함한다.

⑤ 기타 비용: 기타 비용은 인건비, 운영비, 정부 간 이전비용, 기타 이전비용을 제외한 비용을 말한다. 기타 비용은 유형자산처분손실, 재고자산매각손실, 투자유가증권처분손실, 투자유가증권감액손실, 외화평가손실, 외환차손, 감가상각비, 무형자산상각비, 결손처분상각비 등을 포함한다.

상각비는 시간의 경과에 따른 자산가치의 감소 또는 회수불가능한 채권의 합리적 추정에 따른 비용이다. 예컨대, 일반유형자산, 주민편의시설 및 사회기반시설의 감가상각, 무형자산의 상각 및 미수채권에서 발생하는 결손처분충당금상각비 등이 있다.[16] 현금의 지출이 없는 비용발생이다.

(2) 수　　익

1) 수익의 정의와 인식

수익이란 이론상 순자산의 증가를 가져오는 경제적 이익의 증가로 정의되고 있다. 다만, 자본거래에 의한 순자산의 증가는 포함하지 아니한다.

수익은 다음과 같이 인식한다. 교환거래에 의한 수익은 재화나 서비스 제공의 반대급부로 발생하는 사용료, 수수료 등으로 수익창출활동이 완료되고 그 금액을 합리적으로 측정할 수 있을 때 인식한다. 비교환거래에 의한 수익은 직접적인 반대급부 없이 발생하는 지방세, 보조금, 기부금 등으로 해당 수익에 대한 청구권이 발생하고 그 금액을 합리적으로 측정할 수 있을 때 인식한다. 현금의 수입이 있었던, 없었던 간에 실현된 모든 수익을 계상해야 한다(이른바 '실현주의'). 예컨대, 신고납부방식의 조세수익은 납세의무자가 세액을 신고한 시점에 수익이 실현되는 것으로 하고 동 금액을 수익으로 인식한다. 자치단체 부과방식의 조세수익은 자치단체가 부과 고지하는 시점에 수익이 실현된 것으로 한다. 연부연납이나 분납이 가능한 세액의 경우에는 일단 당해 세금 전체를 수익으로 인식하고, 연부연납이나 분납으로 납기가 이연된 금액은 미수세금으로 계상한다.

2) 수익의 종류

수익은 재원조달의 원천에 따라 자체조달수익, 정부 간 이전수익, 기타수익으로 구분한다. 현행 예산회계에서는 존재하지 않으나 복식부기회계에서 필요한 과목은 고정자산처분이익, 투자유가증권평가이익 등이다.

① 자체조달수익: 자체조달수익은 지방자치단체가 독자적인 과세권한, 자체적인 징수활동에 의해 조달된 수익으로 지방세수익, 경상세외수익, 임시세외수익 등을 포함한다.

16) 일반유형자산, 무형자산 등의 내용연수에 따른 상각금액으로 한다. 내용연수는 지방공기업법령상의 자산별 내용연수를 준용한다. 잔존가치는 없는 것으로 한다. 감가상각방법은 정액법을 원칙으로 한다. 결손처분충당금 상각비는 각종 채권 및 미수금 등에 대한 개별적 회수가능성을 판단하여 회수가 불확실한 경우 그 금액을 합리적으로 추정하여 당기비용으로 처리한다.

지방세수익은 지방세법에 규정한 세목으로 지방자치단체가 과세권을 바탕으로 반대급부 없이 징수하는 세금을 말한다.

경상세외수익은 경상적이고 반복적으로 재화나 서비스를 제공하고 그에 대한 반대급부로 발생하는 세외수익을 말하는데, 예컨대 자산임대료수익, 사용료수익, 수수료수익, 사업수익, 징수교부금수익, 이자수익 등을 포함한다.

임시세외수익은 세외수익 중 비경상적이고 비반복적으로 발생하는 수익을 말하는데, 예컨대 국·공유재산 매각수익, 재고자산 매각이익, 일반유형자산 처분이익, 주민편의시설 처분이익, 사회기반시설 처분이익 및 기타 임시세외수익 등을 포함한다.

② 정부 간 이전수익: 정부 간 이전수익은 지방자치단체가 국가 또는 상위 정부의 교부에 의해 조달된 수익으로 지방교부세수익, 조정교부금수익, 재정보전금수익, 국고보조금수익, 시·도비보조금수익 등을 포함한다.

③ 기타 수익: 기타 수익은 상기에서 별도로 열거되지 아니한 수익을 말한다. 예컨대, 회계 간 전입금수익, 기부금수익, 외화평가이익, 외환차익, 기타 수익 등을 포함한다.

(3) 운영차액

'이익'이란 용어는 공공회계에 어울리지 않으므로 대신 '운영차액'이란 용어를 사용하는데, 수익에서 비용을 공제한 차액이다.

정부운영은 단순한 이익의 극대화가 아닌 주민복지 향상 등 공공성을 추구하므로 단순히 수익과 비용의 차액만으로 자치단체의 운영성과를 판단하기는 어렵다.

6. 통합재무제표

통합제무제표란 지방재정에서 일반회계, 특별회계(기타 · 공기업), 기금회계 등 복수회계를 연결시킨 통합보고서이다. 영국 · 미국의 자치단체는 연결(통합)재무제표 작성을 일반적으로 의무화하고 있다. 일본의 경우에도 대체로 연결대차대조표, 연결자금결산서를 작성하는 것이 적정하다고 인식되고 있다. 통합하는 방법은 모든 회계의 동일계정 항목을 가감하여 내부거래를 상쇄하여 삭제하는 방법이 주로 사용되고 있다. 따라서 우선 회계별로 상호 간 채권·채무 등 내부거래를 상계하게 되는데, 내부거래의 상계와 관련하여 일반적으로 관측되는 내부거래의 유형은 다음과 같다.

① 일반회계와 특별회계(기타·공기업) 간 내부거래로서 예탁금, 예수금, 전입금, 부담금, 공기업전출금 등

② 일반회계와 기금 간 내부거래로서 기부금 및 기금수입, 출연금 등

③ 상위정부와 하위정부 간 내부거래로서 국고보조금, 시도비보조금 등

④ 교육비특별회계 전출금은 지방행정과 교육자치가 분리된 현행 체제 하에서는 내부거래로 볼 수 없다.

지방공기업

개관

이른바 '지방재정의 경영화'는 일반회계에 대비한 기업회계의 비중이 증대되는 전 세계적인 경향이다. 우리 나라도 이제 본격적인 자치시대를 맞이하여 지방공기업 발전의 중요한 계기가 만들어지고 있다. 이러한 시대적 조류에 부응하여 지방자치의 발전과 주민의 복리증진을 위하여 지방자치단체가 직접 설치·경영하거나, 법인을 설립하여 경영하는 기업인 지방공기업은 지역주민의 기업으로서 지역주민의 행정서비스 수요에 적극 대응하고 빈약한 지방재정력 확충을 위한 발전방안이 모색되어야 한다. 이를 위해 지역실정에 부합하는 사업선정, 조직 및 인사권 등의 자율성 확보와 인력의 전문성 제고, 그리고 기업성과 공공성을 조화시키는 독립채산제 확립, 수익자 부담원칙의 적용과 요금의 현실화 등 다각적이고 지속적인 경영합리화 방안이 강구되어야 할 것이다.

따라서 제7편에서는 지방공기업에 대한 기초이론, 경영형태, 운영실태와 경영합리화를 위한 과제 등을 살펴본다.

① 지방공기업의 기초이론에서는 지방공기업의 개념, 존재이유, 특성 그리고 지방공기업의 적용범위(기능) 및 경영이념 등을 고찰한다(제23장).

② 지방공기업의 경영형태는 행정기관형, 공사·공단형, 주식회사형 등으로 구분되는데, 이러한 각 경영형태의 특징에 따른 조직·인사관리, 재무회계관리, 예산·결산관리, 재원조달수단 등 지방공기업의 운영 측면을 이론과 실무적으로 고찰해 본다(제24장).

23

지방공기업의 의의와 범위

제1절 지방공기업의 의의

1. 지방공기업의 개념

지방공기업(local public enterprise)은 지방자치의 발전과 주민의 복리증진을 위하여 지방자치단체가 직접 설치·경영하거나, 법인(공사·공단 및 민·관 합작법인 등)을 설립하여 경영하는 기업이다.[1] 이러한 지방공기업은 지역의 공공복지수요를 충족시키는 활동을 하게 되는데, 그 서비스효과가 특정 개개인에 귀속되므로, 발생비용을 이용자가 부담하는 요금수입으로 충당하는 것이 바람직하며, 이러한 수지계리를 별도로 하기 위하여 특별회계를 설치하여 독립채산제로 운영하게 된다.

따라서 지방공기업은 ① 지역성, ② 공공성(공익성), ③ 기업성을 그 개념요소로 하고 있다.[2] 지방공기업이 지역성을 갖게 되는 것은 그 경영주체인

1) 우리 나라 지방공기업법은 공사·공단, 민·관 합작방식 등을 포함하여 그 적용범위가 상당히 넓은 편이다. 이에 대해 우리 나라 지방공기업법에 해당하는 일본의 지방공영기업법은 우리 나라의 지방직영기업(직접경영방식)에 해당하는 지방공영기업만을 그 적용대상으로 하고 있다. 간접경영방식은 별도의 법체계가 적용된다. 그러나 특별법에 의해 지방자치단체가 전액 출자한 지방공사와 자치단체가 25% 이상 출자하고 민·상법이 적용되는 민·관 공동출자형태인 제3섹터도 넓은 의미의 지방공기업에 포함시키고 있다. 제3섹터란 제1섹터인 공공부문과 제2섹터인 민간부문에 대한 대칭개념으로 부르는 것이다. 일본 지방공기업의 유형은 다음과 같다.

- 지방공영기업 (직접경영)
  - 지방공영기업법 적용사업
  - 지방공영기업법 비적용사업
- 지방공사 (간접경영)
  - 공법상의 지방공사 (3개 특별법)
    - 지방주택공급공사
    - 지방도로공사
    - 토지개발공사
  - 사법상의 지방공사 (자치단체가 25% 이상 출자한 제3섹터)
    - 민법상의 법인
      - 사단법인
      - 재단법인
    - 상법상의 법인
      - 주식회사
      - 유한회사

2) 송대희(1990), pp. 11～15.

지방자치단체 또는 지방공사·공단 등이 지역성을 갖기 때문이다. 그러므로 상품이나 서비스의 내용과 가격이 지역별로 상이하게 되는 것이다. 지방공기업의 공공성은 사적 이윤의 추구가 아닌 공공복리의 추구를 목적으로 한다는 것이다. 공기업의 기업성이란 기업으로서의 성격, 즉 상품이나 서비스를 생산하고 판매하는 것을 말한다.

지방공기업의 개념은 최광의, 광의, 협의 등 세 가지로 나눌 수 있다.

최광의의 지방공기업이란 지방자치단체가 지역주민의 복리를 증진하기 위하여 직접 또는 간접적으로 경영하는 사업 중 기업적 성격을 지닌 것을 의미한다. 따라서 각종 경영수익사업이 포함되나, 일반행정활동은 제외한다.

광의의 지방공기업이란 실정법인 지방공기업법의 적용을 받는 사업을 말하는데, 직접경영사업과 공사·공단 등 간접경영사업을 포함한다.

협의의 지방공기업은 지방공기업법 적용사업 중 직접경영방식인 지방직영기업만을 가리키는데, 원칙적으로 지방자치단체가 주민의 복지증진을 목적으로 경영하는 사업을 말한다. 따라서 정부기업, 수익사업 등은 제외한다.

유사개념으로서는 공익사업(public utility), 공사(public corporation), 정부기업(government enterprise), 수익사업 등이 있다. 공익사업은 제공하는 서비스가 국민생활에 필수불가결하고 독점적인 성격을 갖고 있어, 공공적 통제(사업인가, 요금통제, 업무감독 등)가 필요한 사업으로, 예를 들면 전기, 수도, 가스, 전신·전화, 우편, 철도, 버스, 지하철사업 등이다. 이는 공기업으로 경영하기에 가장 적절한 대상이라고 할 수 있으며, 실제 경영되고 있는 지방공기업의 대부분은 공익사업에 해당하는 것이다. 공사는 공기업의 한 형태이고, 정부기업은 기업예산회계법 적용을 받는 정부부처의 형태를 지닌 공기업으로, 예를 들면 조달사업, 우편사업, 통신사업, 책임운영기관 등이 있다. (경영)수익사업은 지방자치단체의 재원조달만을 목적으로 하는 사업으로서 간접적으로 주민복지에 기여한다.

2. 지방공기업의 존재이유

지방재정의 기업경영화는 최근 전 세계적으로 보편화된 현상이다. 이는 각 자치단체가 스스로를 '최대의 서비스산업'이라는 경영체로 간주하고, 지역주민에게 최소의 비용부담으로 최량의 복지효과를 달성하기 위해 경쟁적으로 사업을 추진하는 현상을 말한다. 그런데 주민의 복지수요인 일상생활, 생로병사에 공기업(국가, 지방)방식이 깊은 관련을 맺고 있음을 알 수 있다. 예컨대, 태어나고(병원), 기상 즉시 불을 밝히고(전기), 텔레비전과 라디오를 시청하며(방송국), 입고 먹고(시장, 도축장, 가스), 세수하고 마시고(상수도, 시장), 버리고(쓰레기, 하수도), 배설하고(분뇨), 일하고(지역경제 활성화), 정보 및 소식을 주고받고(전화, 우편), 돌아다니고(도로, 지하철·철도·버스 등 대중교통수단, 여객·화물 등 운송수단, 주차장, 공항, 항만), 배우고(교육), 운동하고(체육시설, 골프장), 즐기고(고적 등 관광명소, 문화·예술행사), 쉬고(공원, 녹지 등 오픈 스페이스), 자고(택지조성, 주택건설), 추울 때는 따뜻하게(지역난방), 아프고(병원), 안 아프려고 조심하고(위생), 남에게 의지하고(저소득층 생계지원, 핵가족화에 따른 노약자 돌봄, 탁아소), 죽는(묘지, 화장장) 것 등이다. 이러한 많은 부분이 일반행정방식이나 민간활동보다는 공기업방식으로 제공되고 있고, 또 제공될 수 있는 것들이다.

(1) 주민의 복지증진

상·하수도, 주택, 병원 등과 같이 지역주민의 일상생활에 필수불가결한 사업을 지방자치단체가 직접 설립하고 경영함으로써 주민의 복지를 향상시키는 것은 지방자치단체의 존립목적에 합치된다.

(2) 민간자본의 부족

상·하수도, 지하철, 병원 등 사업의 성격에 따라서는 많은 자본이 소요되면서 회임기간이 길고 채산성이 불투명하기 때문에 민간부문이 투자를 기피하는 경우가 많다. 이 경우에 민간자본의 부족을 보전하기 위하여 장기·저리자금의 대량조달이 비교적 용이한 지방자치단체가 직접 건설해서 경영하는 것이 필요하다.

(3) 지역독점사업

상·하수도사업 등 지역독점적인 공익사업은 일반적으로 공영으로 운영하는 것이 바람직하다. 이를 사기업에 맡기게 되면 공익성의 저하 같은 폐해가 우려된다.

(4) 지역 차원의 종합경영

지하철건설 등 대도시 교통사업이나 공업용 수도건설 등은 사업의 성질상 일정한 지역을 포괄하는 지방자치단체가 종합적으로 경영해야 할 필요성이 있다.

3. 지방공기업의 특성

지방공기업을 지방자치단체의 일반행정이나 국가공기업 또는 민간기업과 비교하면 여러 가지 특성을 보이고 있다. 따라서 지방공기업의 업무·조직·인사·재무 등에서는 일반행정활동에 적용되는 제도와 달리 여러 가지 특례가 허용되고 있다.[3)]

(1) 지방공기업과 일반행정

지방자치단체가 수행하는 행정활동에는 토목, 사회복지, 산업경제 등 통상의 일반행정활동으로부터 수도, 교통, 병원 등 비교적 기업성이 강한 사업에 이르기까지 여러 가지가 있다. 일반행정은 그 효과가 특정 개인에게 분할귀속되지 않는다. 이에 대해 공기업에 의한 재화 또는 서비스의 제공은 그 효과가 모든 주민이 아니라 특정한 개인에게 귀속된다. 따라서 일반행정에 소요되는 경비는 응능의 원칙이 적용되며, 권력적으로 부과·징수되는 조세 위주로 충당된다. 공기업의 경비는 응익(수익자 부담)의 원칙이 적용되며, 주로 비권력적 방식인 이용자요금에 의해 충당된다. 그리고 비용-수익의 대응관계를 명확히 하기 위해서 특별회계를 설치하여 독립채산제에 의한 경영을 하게 되는 것이다.

지방공기업방식은 행정의 전체적인 수비범위를 넓혀 주는 한편, 조세수입 등에 의한 일반행정의 부담을 덜어 주는 역할을 한다. 또한 일반행정이 관할구역 내에서만 이루어지는 데 비해 지방공기업은 관할구역을 초월하는

3) 일본의 경우 지방공영기업법, 공영기업금융공고법, 지방공영기업노동관계법 등에서 이러한 특례를 규정하고 있다.

광역행정(조합, 광역공사·공단 등)이 가능하다(지방공기업법 제44조, 제50조). 따라서 오늘날과 같이 사회·경제정세의 급격한 변화, 주민생활수준의 향상 등으로 행정수요가 고도화·다양화하고 있는 경우에는 일반행정과 공기업 간의 유기적 연대와 역할분담이 필요하다. 예컨대, 상수도 수원개발, 채산이 맞지 않는 지역의 병원경영 같은 문제는 단순히 공기업측의 문제가 아니고, 일반행정측에서도 적극적인 검토가 있어야 할 문제이다. 이와 같은 경우 일반회계와 공기업회계 사이에는 비용부담의 원칙을 확립하는 것이 필요하다. 양자 간 부담관계의 적정화·명확화가 이루어져야 비로소 공기업은 말할 것도 없고 일반행정도 최대한으로 그 기능을 발휘할 수 있을 것이다.

(2) 지방공기업과 민간기업

지방공기업과 민간기업의 차이점은 기업의 소유경영자와 자본위험의 부담자가 다르다는 점이다. 지방공기업은 공적(公的) 소유, 공적 부담인 반면에 민간기업은 사적(私的) 소유, 사적 부담이 원칙이다. 그리고 경영목적이 다르기 때문에 민간기업은 채산성을 중시하게 되고, 지방공기업은 공공성을 중시하게 되는 것이다.

(3) 지방공기업과 국가공기업

지방공기업과 국가공기업은 대체로 공기업의 적용영역, 규모 등이 다르다. 즉, 국가공기업은 전국적인 정책사업이 대종을 이루고 있는 데 비해, 지방공기업은 지방적 특수성 속에서 주민의 일상생활과 밀접한 관계를 갖는 공공복지 증진사업이 주종을 이루고 있다. 우리 나라는 자본주의 국가들 중 다른 어느 나라보다도 국영기업체수가 많으며, 이들이 차지하는 국민경제상의 비중도 엄청나다.

국가공기업은 크게 ① 정부가 직접 운영하는 우편사업, 통신사업, 조달사업 등 정부기업, ② 정부투자기관(정부가 50% 이상 주식소유원칙, 특별법에 의거 설립, 정부투자기관관리기본법에 의거한 경영평가의 대상), ③ 정부출자기관(정부출자가 50% 미만 원칙), ④ 투자기관이 자본을 댄 자(손)회사인 정부재투자기관 등 4개 유형으로 구분된다.

국가공기업의 예산규모는 중앙정부 일반회계 예산규모를 크게 초과하는 등 비중이 거대하여 정부가 국민을 대신하여 국영기업체를 철저히 감독하여야 함에도 불구하고 낙하산인사, 방만한 회계관리 등 경영관리가 허술하다는 지적을 받고 있다. 국영기업에 대한 감사의 강화와 함께 민영화가 추진되고 있다(1997년 공기업의 경영구조 개선 및 민영화에 관한 법률제정). 정부기업의 공사화(예컨대, 체신공사, 철도공사 등)도 추진되고 있다. 국영기업체에 대한 회계관리는 내부감사, 감사원감사, 공인회계사에 의한 외부감사의 삼위일체로 크게 향상될 수 있는데, 선진 외국에서는 공기업은 물론이고 사립대학, 자선단체 등 비영리조직도 의무적으로 외부감사를 받도록 하고 있다.

제2절 지방공기업의 경영이념과 적용범위

1. 지방공기업의 경영이념

(1) 지방공기업의 경영원칙

지방공기업은 항상 기업의 경제성과 공공복리를 증대하도록 운영하여야 한다(지방공기업법 제3조). 즉, 지방공기업은 기업으로서 성립하기 위한 경제성 확보와 지방자치단체의 행정목적으로서의 공공성 확보라는 두 가지 측면이 강조되는데, 이 두 가지를 일반적으로 지방공기업의 일반원칙이라 한다.[4]

1) 공공성(공익성)

지방공기업은 지방자치단체가 설치·경영하는 기업이다. 이는 지방자치단체의 광범위한 사무 가운데 일부를 이루고 있는 것으로서 그 목적이 공공복리의 증진에 있다. 이 때 공공성의 내용이란 ① 불특정 다수의 지역주민으로 이루어지는 이용자 대중의 이익을 보호하여야 한다는 것, ② 사기업의 경우 발생할지도 모르는 이용자 부담의 부당한 증대가 억제되어야 한다는 것, ③ 사기업에서는 하기 어려운 정책적 배려가 고려되어야 한다는 것 등이다.

---

4) 이상희(1992), pp. 656～660 등 참조.

2) 기업성(경제성, 채산성, 능률성)

기업을 합리적·능률적으로 경영함으로써 독립채산의 원칙에 입각하여 수지균형을 유지하려는 것이다. 따라서 경제성을 발휘하기 위한 수단으로 특별회계 설치에 의한 독립채산제와 경영성적의 적정한 파악을 도모하기 위한 기업회계원칙에 따른 경리방법이 채용되고 있다. 그러나 민간기업과 달리 이윤추구가 목적이 아니므로, 수익성은 적정이윤이란 테두리 안에서 추구되어야 하며, 이윤이 생긴 경우에도 그것은 민간기업의 경우와 같이 주주에게 배당되는 것이 아니고 시설확충, 서비스개량 등에 충당해서 이용자인 주민에게 환원되는 것이다.

그러나 사실은 공기업의 능률성 확보에 어려움이 많다. 왜냐하면, 공기업은 독점적 위상을 확보한 상태에서 금융·세제상의 각종 혜택을 받으면서 사업경영상 경쟁의 처절함이나 파산·합병의 우려도 없고, 민간주주를 만족시킬 필요도 없으므로, 공기업 관리자들은 부여된 자원을 능률적으로 사용해야 하겠다는 유인이 약한 것이다. 뿐만 아니라 공기업의 기업성을 제고하려는 노력은 사회·경제정책적인 고려(예컨대, 서민주택 건설, 낙후지역 개발 등)에 의거한 정부의 간섭으로 실효를 거두지 못하는 경우가 많기 때문이다.

3) 공공성과 기업성의 조화

공공성과 경제성은 서로 대립되는 개념으로 인식되기 쉽다. 즉, 공공성을 중시하면 경제성을 희생하지 않을 수 없고, 반대로 경제성을 고려하면 공공성을 버리지 않을 수 없다는 주장이 나오는 것이다. 그러나 기업경영의 목적이 공공적이라고 해서 지방공기업의 합리적·능률적 경영이 저해되어도 좋다는 것은 절대로 있을 수 없는 일이다. 오히려 지방공기업이 경제성을 발휘해서 합리적·능률적 경영을 도모해 최소의 경비로 최량의 서비스를 이용자인 주민에게 제공하는 것일수록 궁극적으로 주민의 복리증진에 기여하는 것이다. 이렇게 공공성과 기업성의 관계를 상호 보완관계로 파악할 때에는 원리적으로 결코 모순이 없는 것이다. 따라서 지방공기업에서의 경영합리화를 "① 고객이 요구하는 양질의 상품(상·하수도, 택지공급 등)과 서비스(의료서비스, 지하철서비스, 금융서비스, 시장서비스 등)를, ② 적절한 가격으로, ③ 안정되고 풍부하게 공급하면서도, ④ 수요전망에 따른 투자재원의 원활한 조달과 함께, ⑤ 적자발생 없이 수익성을 높이려는 노력"[5)]이라고 한다면, 공공성은 ①, ②, ③, 경제성은 ④, ⑤를 의미한다고 하겠다.

(2) 독립채산제

1) 독립채산제의 의의

지방공기업의 경영에 필요한 지출(수익적 지출, 자본적 지출)은 부담구분의 원칙에 따라 지방자치단체의 일반회계나 다른 특별회계가 부담하는 것을 제외하고는 원칙적으로 당해 기업의 수입(수익적 수입, 자본적 수입)으로 충당하여야 한다(지방공기업법 제14조 제1항). 이것이 이른바 지방공기업에서의 독립채산제이다. 별도 계리의 필요성 때문에 지방공기업 특별회계 운영이 의무화되고 있다. 그러나 지방공기업에서의 회계 간 독립채산제는 공기업특별회계와 일반회계 또는 기타 특별회계와의 부담구분을 전제로 하는 한정적 의미의 독립채산제이다.

2) 독립채산제 채택이유

첫째, 주민부담의 형평을 확보하기 위한 것이다. 공기업이 제공하는 재화 또는 서비스의 소비에는 배타성과 특정성이 있으므로 이용자·수익자인 소비자와 비소비자 간에 공평부담문제가 대두된다. 따라서 수익자부담원칙에 따른 독립채산제가 필요하다.

둘째, 효율적인 기업경영을 도모하기 위한 것이다. 공기업특별회계의 방만한 경영에 의해 적자가 발생한 경우 적자보전을 위해 일반회계로부터 조세수입이 투입되는 문제가 대두된다. 그러므로 건전재정을 도모하고 회계 상호간 계산을 분명히 하기 위해서 독립채산제가 필요하다.

(3) 경비부담 구분

1) 경비부담 구분의 원칙

경비의 성질상 당해 지방공기업의 수입으로 충당하는 것이 적당하지 않거나, 공기업 경영에 수반한 수입만으로 충당하는 것이 객관적으로 곤란하

5) Jay Richard Aronson and Eli Schwartz, ed.(1981), pp. 194～195; James M. Banovetz, ed.(1984), p. 111.

다고 인정되는 경비는 일반회계나 다른 특별회계가 부담하고, 그 이외의 경비는 공기업경영에 수반하는 수입으로 충당한다. 다만 재해·복구 기타 특별한 사유에 의하여 필요한 때에는 일반회계나 다른 특별회계로부터 재정지원을 받을 수 있다(지방공기업법 제14조 제2항).

2) 일반회계 등이 부담하는 경비

각 사업에 공통적으로 적용되는 경비는 ① 공공의 목적을 위해 무상공급에 소요되는 경비, ② 공공의 필요에 의하여 요금 등의 공급가격이 발생원가 이하로 책정되거나 유지됨에 따른 발생원가와 공급가격의 차액, ③ 지역개발 등에 따른 선행투자에 소요되는 기본 경비, 선행투자에 의한 시설유지비와 외부차입금에 대한 원리상환금 등이다(지방공기업법 시행령 제3조). 따라서 상수도사업의 경우 소방용, 공원 등 공공시설 공급용, 공업단지 등에 대한 정책적 배려에 따른 인하요금, 맑은 물 공급대책사업 등 정부 차원의 정책사업, 그리고 위생 및 표준식단제 모범업소에 대한 상수도요금 감면분(예컨대, 30%) 등은 일반회계가 부담하여야 한다.

그리고 일반회계 등이 부담하는 경비를 사업별로 좀더 예시하면 다음과 같다.

① 궤도사업: 전철궤도에 국철열차가 통행하는 경우처럼 당해 궤도사업 차량 이외의 차량통행으로 인한 궤도의 유지·수선 및 개량에 소요되는 경비와 교통혼잡의 완화 등을 위한 궤도의 철거에 소요되는 경비 등

② 하수도사업: 빗물처리시설의 설치 및 유지에 소요되는 경비

③ 주택사업 및 토지개발사업: 공사완공 후 관리기관으로 인계 또는 분양완료시까지 소요되는 기본 경비

④ 의료사업: 전염병예방법에 의한 전염병의 진료, 전시·사변·재해 등으로 인한 구급·구호대상자의 구호에 소요되는 경비와 그 시설의 유지관리비, 집단검진·의료상담 기타 이와 유사한 보건위생행정에 소요되는 경비, 벽지·도서 등 의료기관이 없는 지역에서 의료보급상 필요하다고 인정되는 의료시설의 설치에 소요되는 경비와 기타 지역에서 의료수준 향상을 위한 특수한 의료시설 및 연구 등에 소요되는 경비

3) 부담방법

일반회계 등의 경비부담은 ① 증가출자(지방공기업의 자기자본 증가, 현물출자 포함), ② 부담금(일반회계 부담), ③ 장기대부, ④ 기타(업무용 토지·건물 등의 무상대부 등) 등의 방법으로 이루어진다.

2. 지방공기업의 적용범위

지방공기업의 적용범위와 관련하여 공익성이 강한 사업, 즉 공익사업에만 국한하여야 한다는 견해와 지역주민의 복지증진에 도움이 되는 것이라면 어떤 종류의 사업이든지 한정할 필요가 없다는 견해가 있다. 그러나 공기업이 민간고유의 활동분야는 침해하지 않는 것이 바람직하다. 오늘날 지방공기업의 적용범위는 확대경향에 있다.[6]

(1) 지방공기업의 법적 근거

우리 나라 지방공기업의 설립 및 운영에 관한 법적 근거로는 지방자치

6) ① 일본은 국가공기업에 비해 지방공기업이 우세한 대표적인 국가이다. ② 미국의 경우도 지방공기업이 활성화되어 있는 반면에, 국가공기업은 미미한 편이다. 상수도사업, 수송(여객·화물)사업, 하수처리장, 전기전력(배전사업 등), 가스사업, 항만시설, 공항, 주택계획, 방송국, 페리(도선) 등의 분야를 지방공기업이 많이 담당하고 있다. 상수도사업은 사영이 많기는 하지만, 지방공기업 중 가장 비중이 큰 편이다. ③ 영국의 공기업은 정권이 노동당과 보수당 사이에서 바뀔 때마다 국·공유화와 민영화를 되풀이하는 역사를 보였다. 특히, 교훈적인 것은 영국 상수도사업의 광역화이다. 1973년 7월에 공포된 수자원법에 의하여 10개의 수관리공사(regional water authority)가 설립(잉글랜드에 9개, 웨일스에 1개)되었는데, 이들은 상수도사업뿐만 아니라, 하수도사업, 오염방지, 어업, 운하 등 배수문제, 홍수방지, 관광시설 등까지 담당하는 다목적적인 지방공기업이다. 수계별로 10개의 권역으로 나뉜 이 수도공사는 중앙정부의 통제를 받기는 하지만, 이사의 과반수를 당해 지방자치단체장이 임명하는 지방공기업이다. 그러나 수관리공사는 민영화되었다(1988년에 입법화). ④ 스웨덴 지방공기업의 사업영역은 주택, 항만, 전기, 상·하수도, 난방 등이다. 특정 자치단체에 의해 소유되거나 복수의 지방자치단체가 공동으로 하는 공기업방식으로 구분된다. 1990년 초 약 5만 5,000명 직원의 1,450개 지방공기업이 있는데, 대부분 기초자치단체인 시·읍·면의 공기업이다. 공기업수는 최근에 급증하였다. 1,450개 중 약 700개는 주택 및 재산관리사업이고, 약 200개는 전력공급 및 지역난방사업이다. 전체 고용직원의 70%는 주택부문이 차지하고 있다. 주식회사형태가 대종이나, 27%는 기금형태이다. 공기업에게는 경영활동의 자주성이 부여되어 있다(日本 自治體國際化協會, 1991b, p. 20; 日本 自治體國際化協會, 1992b, pp. 63~64 등 참조).

법, 지방공기업법 및 지방재정법과 이에 근거한 조례가 있다. 지방자치법과 지방재정법은 일반법으로서 지방공기업법에 특별히 규정하지 않은 사항에 한하여 준용된다. 1969년 제정된 지방공기업법은 특별법으로서 지방공기업의 경영관리에 관한 기본법이다. 그 밖에 실제 사업운영에 관한 법으로는 수도법, 하수도법, 의료법, 철도법, 주택건설촉진법, 택지개발촉진법 등이 있어 사업운영의 내용을 규제하고 있다. 기타 관련법으로서 지방공무원법, 근로기준법 등이 있다.

(2) 지방공기업법 적용범위와 기준

우리 나라 지방공기업법령의 적용기준은 광범위한 사업적용영역을 갖는데(지방공기업법 제2조), 당연적용사업과 임의적용사업으로 구분된다.

1) 당연적용사업

지방공기업법 제2조 제1항에 의거하여 지방자치단체가 직접 설치·경영하는 지방공기업, 즉 지방공기업의 당연적용 대상사업은 [표 23-1]에서 보듯이 8종이고, 동법 시행령 제2조 제1항에서 규정하는 적용기준(사업규모)을 충족하여야 한다.

참고로 일본의 당연적용사업을 보면 상수도, 공업용 수도, 궤도, 자동차 운송(시내버스 등), 철도, 전기, 가스, 병원사업 등 8종이다(일본 지방공영기업

표 23-1 지방공기업법 당연적용 대상사업과 기준

사 업 명	기준(사업규모)
1. 수도(간이상수도 제외)사업	1일 생산능력 1만 5,000톤 이상
2. 공업용 수도사업	1일 생산능력 1만 톤 이상
3. 궤도(도시철도 포함)사업	도시철도사업, 보유차량 50량 이상
4. 자동차운송사업	보유차량 30대 이상
5. (유료)지방도로사업	유료도로 관리연장 50km 이상 또는 유료터널·교량 3개 소 이상
6. 하수도사업	1일 처리능력 1만 5,000톤 이상
7. 주택사업	주택관리 연면적 또는 주택건설면적 10만m^2 이상
8. 토지개발사업	조성면적 10만m^2 이상

법 제2조).

2) 임의적용사업

지방공기업법 시행령에 적용기준은 없으나 지방공기업법 제2조 제2항에 의거하여 지방자치단체가 지방공기업의 설립·운용이 가능한 사업, 즉 조례에 의거하여 지방공기업법을 적용할 수 있는 임의적용사업은 경상경비의 50% 이상을 경상수입으로 충당할 수 있는 다음과 같은 사업이다.

① 민간인의 경영참여는 어려우나 주민복리의 증진에 기여할 수 있고, 지역경제의 활성화나 지역개발의 촉진에 이바지할 수 있다고 인정되는 사업

② 의무적용 대상사업 중 당연적용 사업기준에 미달하는 사업

③ 체육시설의 설치·이용에 관한 법률에 의한 체육시설업 및 관광진흥법에 의한 관광사업(여행업 및 카지노업 제외)

24

지방공기업의 경영형태와 운영

제 1 절 지방공기업의 경영형태

넓은 의미에서 지방공기업의 경영형태는 행정기관형, 공사·공단형, 주식회사형 등 여러 가지로 구분된다. 이러한 경영형태의 차이는 경제체제 및 역사를 비롯한 제반 여건의 차이, 사업내용 및 성격, 사업수행의 효율성, 재원조달방식, 경영목적 등에 대한 고려에서 기인하는 것이다. 따라서 자치단체는 ① 직영기업, ② 전액출자 공사·공단, ③ 50% 이상 출자 지방공사, ④ 50% 미만 출자·출연 주식회사·재단법인, ⑤ 광역공기업(조합, 공사·공단 등), ⑥ 경영위탁방식 중에서 공익성과 경제성을 감안하여 가장 효율적인 경영형태를 선택할 수 있다. 공기업의 민영화(privatization)[1]라고 할 때는 ②, ③, ④, ⑥ 등을 의미한다. 공기업 민영화의 목적은 나라와 시대에 따라 다르지만, 일반적으로 ① 자율경영을 위한 규제완화와 정부기능의 축소, ② 경쟁원리의 도입을 통한 능률제고, ③ 주식매각을 통한 세입증대, ④ 자본시장의 저변확대, ⑤ 정부부문 노조영향력의 억제 등이다.[2]

2005년 현재 경영위탁방식을 제외한 지방공기업은 직접경영사업으로 215개 단체(상수도 106개, 하수도 53개, 공영개발 41개, 지역개발기금 15개)에서, 간접경영사업은 134개 단체(공사 35개, 공단 62개, 주식회사 37개)에서 설치·운영되고 있다([표 24-1] 참조).

지방공기업의 경영형태 중 기본이 되는 직영기업, 공사·공단을 상호 비교해 보면 [표 24-2]와 같다.

1) 공기업의 민영화(광의)란 국내외 민간자본을 참여(전부 또는 일부)시킴으로써 공기업 주식의 정부지분율을 저하시키거나 서비스기능을 정부부문에서 민간부문으로 이전시키는 것을 의미한다. Luigi Manzetti(1993), p. 429; V. V. Ramanadham(1993), pp. 585~587 등 참조. 따라서 정부가 경영권을 장악할 수도 있고 상실할 수도 있으며, 관리능력이 있는 외국기업이 참여할 수도 있다. 또한 우리 나라 일부 시·도립병원의 위탁경영 경우와 같이 소유권은 정부가 계속 보유하면서 서비스기능만 민간에 넘기는 경우도 민영화에 포함한다.

2) David Parker(1993), pp. 187~189; 유훈(1994), pp. 345~349 등 참조.

표 24-1 경영형태별 지방공기업의 수

구 분	공기업형태	사 업	자치단체수
직접경영사업 (215)	지방공기업 특별회계	소 계	215
		상 수 도 하 수 도 공영개발 지역개발기금	106 53 41 15
간접경영사업 (134)	지방공사	소 계	35
		지 하 철 도시개발 기 타 지자체 50% 이상 출자	6 13 12 4
	지방공단	소 계	62
		시설관리 주차관리 경 륜	59 1 2
	주식회사	소 계	37
		지자체 25~50% 미만 출자 지자체 25% 미만 출자	24 13

주: 2005. 6. 30 현재 기준.

표 24-2 경영형태별 지방공기업의 구분

구 분	직영기업	지방공사	지방공단
성 격	행정기관	일종의 회사 (불하가능)	일종의 공공기관 (불하불가)
업무관계	자치단체업무의 일부	독립된 사업 (완전성)	특정 업무의 위·수탁 (한정성)
경영비용	자본금+판매수입	자본금+판매수입	출연금+수탁금+수수료
자본조달	지 방 채	사채+민간출자	공 단 채
경 영 자	자치단체장(관리자)	사장, 부사장, 이사	이사장, 부이사장, 이사
해산시 자본처리	설립단체 귀속	출자자에 귀속	설립단체 귀속
예·결산 승인	지방의회	이사회 의결 자치단체장 사후보고	이사회 의결 자치단체장 사후보고

1. 지방직영기업

지방직영기업이란 지방자치단체가 행정기관형(예컨대, 상수도사업본부, 수도국, 수도과, 상수도사업소, 공영개발사업단 등)으로 직접 설치·경영하는 형태로서 협의의 지방공기업을 뜻한다. 따라서 지방직영기업은 직원이 지방공무원이고, 행정기구의 일부로서 일반행정조직과 혼재되어 있어 다른 지방행정기능 수행과 달리, 특별히 제도적으로 뒷받침되는 것은 거의 없다. 단지, 지방공기업법을 적용함으로써 재무부문에서는 약간의 특별조치(특별회계 설치)가 강구되고 있으나, 편제나 인사면에서는 다른 행정부서와 거의 같은 양태를 유지하고 있다. 지방자치단체가 직접 운영함으로써 각종 인사상 배려 정도가 다른 부서에 비해 열등하여 담당공무원의 사기가 전반적으로 낮은 편이며, 우수한 인력이 근무를 기피하는 현상이 나타나고 있다.

이러한 지방직영기업의 장점으로는 ① 직접적인 공공적 통제가 가능해 저요금정책이 견지될 수 있고, ② 선행투자비 등 재정지원 및 조달이 용이하여 채산성이 없는 경우에도 운영이 가능하다는 점이다. 지방직영기업의 단점으로는 ① 요금개정이 어려워 채산성 유지가 곤란하고, ② 본청의 내부조직으로 운영되고 있으므로, 책임경영에 한계가 있어 경영악화에 대한 위기의식이 결여되기 쉽다는 점 등이다.

2. 지방공사와 지방공단

지방공사·공단은 지방자치단체가 별도의 법인을 설립하여 간접적으로 경영하는 형태이다. 직접경영의 한계와 민간의 자본·기술·인력 등을 활용하기 위해 등장하였다. 공사는 일종의 회사로서 민간불하가 가능하고, 공단은 일종의 공공기관으로서 민간불하가 불가능하다. 왜냐하면, 지방공단은 원래 지방자치단체의 고유업무를 전문성과 기술성을 살려 전담시행하는 일종의 공공기관이기 때문이다.

이러한 공사와 공단의 장·단점은 다음과 같다.[3] 즉, 장점으로는 ① 인사상 독립으로 인한 안정적 인력구조 유지로 사업추진의 지속성과 직무활동의

3) 지방공영개발평가위원회(1991), pp. 35~36.

전문화를 도모할 수 있고, ② 유능한 경영인(사장 등)의 초빙이 가능하고, 임기보장으로 장기적·적극적인 경영계획의 수립이 용이하고, 책임경영체제의 확립이 가능하며, ③ 신축적인 조직구조를 통해 보다 효과적인 사업추진과 민간자본 및 선진기술 도입이 가능하다는 점 등이다. 단점으로는 ① 자치단체와의 업무협조나 사업의 연계추진이 곤란해질 수도 있으며, ② 재정·세제·금융상의 우대조치가 어려워 개발사업에 대한 조세 및 부담금이 추가적으로 발생하며, ③ 보상문제 등의 마찰이 공사조직으로 활동하는 경우 불리해질 수 있다는 점 등이다.

지방공사와 공단은 모든 자치단체가 설립·운영할 수 있는데, 공사·공단을 설립하고자 할 때에는 그 설립·업무 및 운영에 관한 기본적인 사항을 조례로 정하여야 한다. 이와 같이 지방공사·공단의 설립권은 지방자치단체장에게 있으나, 주민복리 및 지역경제에 미치는 효과, 사업성 등 타당성 여부를 사전에 검토하여야 한다(지방공기업법 제49조 제3항). 이에 따라 지방공사·공단의 설립시 사전 전문기관의 타당성 검토를 거치도록 하며 관계전문가로 하여금 심의위원회를 구성·심의하도록 하고 있다(지방공기업법 시행령 제47조). 또한 자치단체 간에 상호 규약을 정해 공동으로 설립할 수도 있다. 공사·공단의 정관에는 ① 목적, ② 명칭, ③ 사무소 소재지, ④ 사업, ⑤ 임직원, ⑥ 이사회, ⑦ 재무회계, ⑧ 공고, ⑨ 자본금, ⑩ 사채발행, ⑪ 정관변경 등에 관한 사항을 기재하여야 한다(지방공기업법 제56조). 그리고 정관을 변경하고자 할 때에는 지방자치단체장의 허가를 얻어야 한다.

지방공사는 원칙적으로 공사의 자본금 전액을 자치단체가 현금 또는 현물로 출자한 법인을 지칭한 것이지만, 공사의 운영을 위하여 필요한 경우에는 자본금의 50%를 초과하지 아니하는 범위 안에서 자치단체 외의 자(외국인 및 외국법인 포함)로 하여금 출자하게 할 수 있다(지방공기업법 제53조 제2항). 또한 지방공사에 대하여는 지방공기업법에 규정된 것을 제외하고는 상법 중 주식회사에 관한 규정을 준용한다(민·관 합작 지방공사에 한정 적용하였던 것을 지방공사 전체로 확대 적용; 지방공기업법 제75조).

지방공단은 지방자치단체 업무의 일부를 위탁받아 처리하는 행정대행방식의 법인이라고 할 수 있는데, 그 운영경비도 원칙적으로 지방자치단체의 출연금과 위탁금으로 운영하게 되며, 자치단체의 전액출자로서 민간출자는 허용되지 아니한다. 이들 공단은 종래 지방자치단체의 직제에 부수해서 그 업무를 처리해 오다가 점차 행정서비스의 양이 확대되어 특정 단체가 관계 시설의 관리운영을 인수함에 따라 독립된 사업단체로서 공단화하는 과정을 밟게 되는 것이다.

지방자치단체가 소유하는 주식에 대한 주주권은 지방자치단체의 장 또는 그 장이 지정하는 소속공무원이 행사한다(지방공기업법 제55조). 지방자치단체의 장은 공사·공단의 업무를 감독하고 필요한 경우 소속공무원을 공사·공단에 파견하거나 겸임하게 할 수 있다(지방공기업법 제73조 및 제75조의 3). 그리고 행정자치부 장관 및 지방자치단체의 장은 공사·공단의 업무·회계 및 재산에 관한 사항을 검사할 수 있으며 필요한 보고를 명할 수 있다(지방공무원법 제74조). 또한 지방공기업의 책임경영체제를 확립하기 위하여 행정자치부 장관은 경영평가를 실시하고, 그 결과에 따라 필요한 조치를 강구하여야 하며, 특히 부실 지방공기업에 대하여는 경영진단을 실시할 수 있도록 하고, 그 결과 필요하다고 인정되는 경우에는 자치단체의 장, 공사의 사장 또는 공단의 이사장에게 당해 지방공기업의 임원해임·조직개편 등 경영개선을 위한 조치를 명령할 수 있도록 하였다(지방공기업법 제78조, 제78조의 2).

3. 민·관 공동출자사업

이것은 지방자치단체(제1섹터)와 민간조직(제2섹터)이 공동으로 자금을 출자하여 사업을 경영하는 방식으로, 이른바 제3섹터(the third sector)방식이다.[4] 이는 민간부문과 공공부문이 경영능력, 기획능력, 자금력, 전문인력, 정

4) 제3섹터라는 용어는 미국에서 유래되어 1970년대부터 주로 일본에서 많이 사용되고 있는데, 그 의미는 나라와 사용자에 따라 약간씩 다르다. 미국과 유럽 제국에서는 정부부문과 민간부문의 쌍방으로부터 독립한 위치에서 시민공익활동(volunteer)과 같은 비영리의 공공적 활동부문을 가리키고 있다. 우리 나라에서는 주로 일본에서 사용·정착된 용어가 도입·사용되고 있다. 일본(자치성)에서는 공익과 이윤을 함께 추구하기 위해 공공부문과 민간업체(주민 포함)가 공동출자(합작)한 법인인데, 자치단체가 25% 이상 출자한 방식(공사, 협회, 기금, 주식회사 등 명칭 여하에 관계 없음)을 1, 2섹터가 혼합된 제3섹터라 하고 있다. 이 경우 제1섹터(the first sector)는 국가나 지방자치단체가 추진하는 공공부문, 제2섹터(the second sector)는 사적 이윤을 추구하는 민간부문을 의미한다(中馬邦昭, 1989, p. 19; 김용환, 1992, pp. 23, 44).

보력, 기술력, 세제·금융조치 등의 분야에서 상호 강점을 합하여 사업을 추진함으로써, 업무의 효율을 기하고 위험을 분산하려는 것이다. 민간자본의 참여율 제한이 없으므로, 지방공사·공단의 경우 경영권을 지방자치단체가 장악하는 데 대해, 민·관 공동출자사업의 경우에는 지방자치단체가 경영권을 장악하지 못할 수도 있다.

이러한 민·관 공동출자방식에 의한 경영형태는 지방자치단체가 자본금의 50% 이상을 출자한 법인 형태인 지방공사형과 자치단체가 자본금의 50% 미만을 출자·출연하여 설립한 법인 형태인 주식회사형으로 구분할 수 있다.

4. 광역지방공기업

사무를 광역적으로 처리하기 위하여 필요한 때에는 여러 자치단체가 상호 규약을 정하여 공동으로 지방공기업조합, 광역단위 지방공사·공단 등을 설립할 수 있다(지방공기업법 제44조, 제50조).[5)]

5. 경영위탁방식

지방자치단체는 공공시설의 효율적인 관리를 위하여 필요하다고 인정될 경우에는 당해 지방자치단체의 조례가 정하는 바에 의하여 자치단체 이외의 자에게 위탁하여 그 공공시설을 관리하게 할 수 있다. 따라서 경영위탁방식은 지방공기업의 시설을 보유주식이나 자산을 매각하지 않고, 지방자치단체가 소유한 상태에서 경영권만을 민간에 위탁(임대)하여 운영할 수 있다. 시·도립병원, 서울랜드 등 관광시설사업에 대한 경영위탁사례가 있다. 그러나 경영위탁방식은 공공부문에의 민간참여의식을 고취하는 데에는 적합하나, 자치단체의 공공통제 및 지배력을 약화시킬 우려가 있다.

---

5) 참고로 지방직영기업의 경영에 관하여 지방자치단체 상호간에 협의가 이루어지지 아니하는 경우에 관계지방자치단체의 신청이 있을 때 시·군·자치구에서는 시·도지사, 시·도에서는 행정자치부 장관이 조정한다(지방공기업법 제47조).

제2절 지방공기업의 운영

1. 지방공기업의 조직 · 인사관리

(1) 관리자 등의 설치

관리자(직영기업), 사장(공사, 주식회사), 이사장(공단, 재단법인)인 최고경영층은 기업의 핵심이며, 가장 중요한 사람이다. 관리자를 중심으로 자주적·합리적·능률적인 경영이 확보될 때 책임경영체제가 확립되는 것이다. 최고경영층의 지도력, 열의가 사업추진의 결정적 요인인 것이다.

1) 지방직영기업(지방공기업법 제7조)

관리자는 지방자치단체의 공무원 중 공기업 경영에 관하여 지식과 경험이 풍부한 자 중에서 자치단체장이 임명한다. 일반직공무원 외에 별정직 등으로 전문경영인을 임명할 수 있는데, 원칙적으로 사업마다 1인을 선임한다. 예외적으로 하나의 지방자치단체에 동질 또는 유사한 사업이 둘 이상 있을 경우에는 1인을, 의료사업의 경우에는 병원마다 각각 관리자를 둘 수 있다. 상수도사업을 예로 들면, 광역시의 경우 상수도사업본부장, 국이 있는 시의 경우 상·하수도국장, 국이 없는 시·군의 경우 부단체장이다.

관리자의 임기는 2년인데, 특별한 사유가 없는 한 임기중에는 본인의 의사에 반하여 해임되지 않으며, 경영실적에 따라 연임이 가능하고, 경영성과가 우수한 경우에는 임기중에도 전보·승진이 가능하도록 하여 유능한 사람이 관리자가 될 수 있도록 하였다(동법 시행령 제3조 제1항).

2) 지방공사 · 공단(지방공기업법 제58조, 제59조, 제61조)

사장(이사장)과 감사는 지방공기업의 경영에 관한 전문적인 식견과 능력이 있는 자 중에서 지방자치단체장이 임면한다. 그러나 지방자치단체장이 사장을 임명할 때에는 사장추천위원회에서 복수로 추천된 자 중에서 임명하여야 한다. 그리고 부사장(부이사장)과 이사의 경우에는 자치단체장의 승인을 얻어 사장이 임면한다. 임기는 사장, 부사장, 이사 및 감사 모두 3년인데, 연임이 가능하다. 임직원의 경우 직무 이외에 영리목적으로 겸업하는 것은 금지된다.

(2) 관리자의 지위와 권한(지방직영기업의 경우)

관리자와 자치단체장의 관계를 보면, 관리자는 지방자치단체의 소속공무원이면서 기업경영에 관하여는 독자적 권한을 갖는 이중적 지위를 가진다.

지방공기업에 대하여 자치단체장이 지휘·감독할 수 있는 사항으로는 ① 경영의 기본 계획에 관한 사항, ② 지방공기업의 업무집행사항 중 주민복리에 중대한 영향이 있다고 인정되는 사항, ③ 지방공기업의 업무와 다른 업무의 필요한 조정에 관한 사항 등이 있다(지방공기업법 제10조). 지방공기업에 대하여 자치단체장의 권한으로 유보되어 있는 사항(지방공기업법 제8조)으로는 ① 예산안을 의회에 제출하는 사항, ② 결산을 의회의 승인에 부치는 사항, ③ 의회의 의결을 요하는 사항으로서 그 의안을 의회에 제출하는 사항, ④ 지방자치법 제130조 제2항의 규정에 의한 과태료를 과하는 사항 등이 있다.

지방공기업 운영상, 관리자의 권한으로 처리되는 업무(지방공기업법 제9조)로는 ① 지방직영기업의 조직 및 인사운영에 관한 사항, ② 지방직영기업에 관한 조례안 및 규칙안을 작성하고, 이를 자치단체장에게 제출하는 사항, ③ 지방직영기업의 사업운영계획 및 예산안을 작성하고, 이를 자치단체장에게 제출하는 사항, ④ 결산을 작성하고 이를 자치단체장에게 제출하는 사항, ⑤ 지방직영기업의 자산을 취득·관리·처분하는 사항, ⑥ 계약을 체결하는 사항, ⑦ 요금 기타 사용료 또는 수수료를 징수하는 사항, ⑧ 예산내의 지출에서 현금이 부족할 때에 일시차입을 하는 사항 및 기타 예산집행에 관한 사항, ⑨ 출납 기타 회계사무를 하는 사항, ⑩ 증빙서 및 공문서류를 보관하는 사항, ⑪ 기타 법령 또는 당해 자치단체의 조례와 규칙에 의하여 그 권한에 속하는 사항 등이 있다.

(3) 보조조직, 기업직원, 사무위임

직영기업의 경우 회계사무를 처리하기 위해 기업출납원, 현금취급원, 기타 회계관계 공무원을 둘 수 있고(지방공기업법 제34조), 전문화를 위하여 전문직렬(기업행정직렬, 수도·토목직렬 등)을 둘 수 있다(지방공기업법 제10조의 2).

지방공사·공단의 경우 자치단체장은 지방공사·공단이 수행하는 사업을 지원하기 위하여 필요한 경우에는 그 소속 공무원을 공사·공단에 파견하거나 겸임하게 할 수 있다(지방공기업법 제75조의 3).

2. 지방공기업의 재무회계관리

지방공기업은 경영성적이나 재무상태를 명확하게 하기 위해서 사업마다 특별회계를 설치해서 계리한다(지방공기업법 제13조). 따라서 지방공기업의 회계는 일반행정의 관청회계와는 달리 민간기업회계와 유사하다. 다시 말해, 차변, 대변으로 구분하여 계산되는 복식부기(회계)방식이 적용된다.[6] 지방공기업회계를 일반행정의 관청회계와 비교하면서 그 중요한 특징을 살펴보면 다음과 같다.

(1) 자산, 부채, 자본, 수익, 비용, 손익 개념의 존재

일반행정의 관청회계에서는 자산, 부채, 자본, 손익이라는 관념이 약하다. 유사개념으로서 자산에 대해서는 재산, 물품 및 금전이라는 구분이 있고, 부채에 대해서는 지방채라는 관념이 있지만, 자본에 대해서는 유사개념조차 없다. 더욱이 이러한 재산, 물품, 금전 또는 지방채는 전혀 별개로 관리되고 회계처리되고 있다.

이에 대해 공기업회계에서는 자산, 부채, 자본, 수익, 비용, 손익 개념이 사용되고 있다. 자산, 부채, 자본을 사용하여 재무상태를 표시(대차대조표)하

6) 차변, 대변으로 구분 계리되는 복식부기방식은 거래 8요소인 자산의 증감, 부채의 증감, 자본의 증감, 수익·비용의 발생 등을 거래의 이중성(복식의미)에 따라 분개·처리하는 방식을 의미한다. 차변에서 처리되는 것이 ① 자산의 증가, ② 부채의 감소, ③ 자본의 감소, ④ 비용의 발생 등 네 가지 항목이고, 대변에서 처리되는 것이 ① 자산의 감소, ② 부채의 증가, ③ 자본의 증가, ④ 수익의 발생 등 네 가지 항목이다. 대차평균의 원리가 적용되므로 오류발생 여부에 대한 자기검증기능을 가진다. 자산, 부채, 자본을 사용하여 재무상태를 표시(대차대조표)하고, 수익, 비용, 손익을 사용하여 경영성과를 표시(손익계산서)한다.

고, 수익, 비용, 손익을 사용하여 경영성과를 표시(손익계산서)하고 있다(지방공기업법 제16조 제3항). 즉, 기업경영의 2대 재무제표[7)]인 시점 개념의 스톡(stock)정보인 대차대조표와 기간 개념의 플로(flow)정보인 손익계산서로 나뉜다.[8)] 그리고 대차대조표와 손익계산서의 각 항목을 연계분석하여 공기업의 경영개선정보로 활용하려는 경영분석이 이루어진다.

1) 대차대조표

대차대조표(balance sheet: B/S)는 일정 시점(회계연도 말 또는 초)의 재무상태를 총괄적으로 표시하는 계산서이다([그림 24-1] 참조). 대차대조표는 기업의 재정상태를 명확히 하기 위하여 대차대조표일 현재의 모든 자산·부채 및 자본관계를 나타내는데, 재정상태보고서(statement of financial condition)라고도 한다. 이 표는 손익계산서와 함께 재무제표의 주요한 지위를 차지한다. 대차대조표등식은 자산=부채+자본이다. 자산은 차변에 표시되고, 부채·자본은 대변에 표시된다. 차변인 자산은 현금과 채권 등을 제외하면 모두가 장래에 비용이 될 성질의 것이 많다. 차변은 경영자본의 운용형태, 대변은

7) 재무제표는 ① 대차대조표, ② 손익계산서, ③ 이익잉여금처분계산서(또는 결손금처리계산서), ④ 현금흐름표의 네 종류로 분류된다. 현금흐름표는 1994년 4월 이전에는 유사한 의미를 갖는 재무상태변동표, 자금운용표 등의 명칭으로 활용되었다. 재무제표는 증권관리위원회가 제정하고 정부가 승인한 기업회계기준에 따라 작성해야 한다.

8) 스톡과 플로 개념은 다음과 같이 이해할 수 있다.

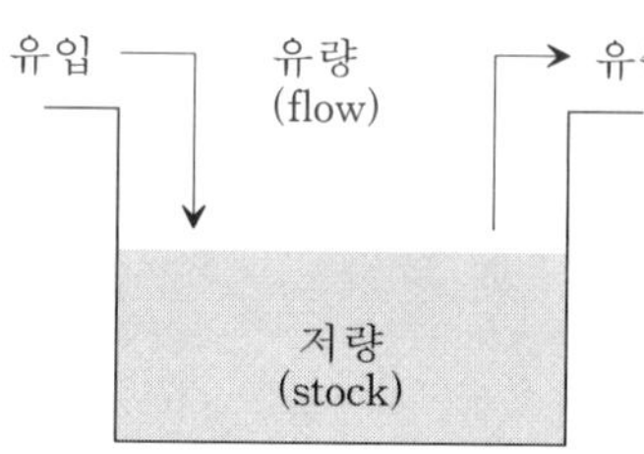

플로인 유량(流量) 측면의 '기간'과 스톡인 저량(貯量) 측면의 '시점'은 기업재무회계에서 주요한 개념으로 활용되고 있다. 즉, 기업재무회계의 2대 재무제표로서, 대차대조표는 '시점'의 재무상태를 나타내는 것이고, 손익계산서는 '기간'의 영업성과를 나타내는 것이다. 대차대조표는 회계연도 초 또는 말과 같은 일정 시점에서의 재무상태에 관한 정보인데, 시점 간의 스톡정보를 비교하게 되면, 자산변동, 부채변동, 순재산변동과 같은 재무상태의 변동상황을 알 수 있다. 손익계산서는 일정 기간의 자원흐름을 나타내는 정보로서 유입(inflow)정보인 수익과 유출(outflow)정보인 비용, 그리고 유입과 유출의 차이인 손익, 즉 흑자·잉여(surplus) 또는 적자(deficit)정보로 나뉜다.

그림 24-1 대차대조표의 양식

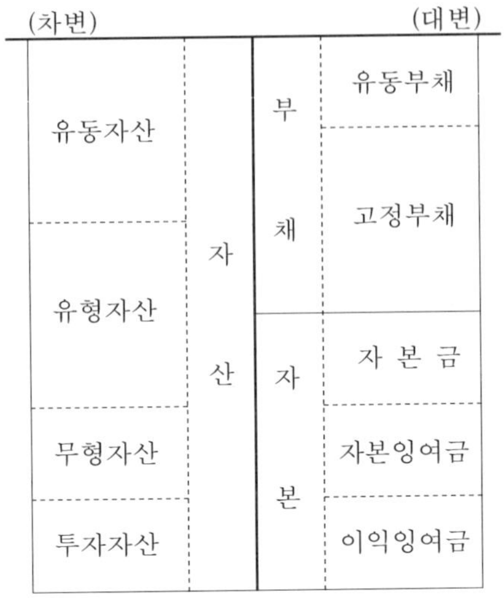

경영자본의 도입원천을 표시한다. 대차대조표는 기업자본의 투자형태, 즉 토지·건물·현금 등 경영자본의 운용형태와 자기자본·기채·일시차입금 등 경영자본의 도입원천을 정확히 파악함으로써 기업경영의 건전도를 측정하고 있다. 예를 들어, 기업자산 중 유동자산이 고정자산에 비하여 너무 적으면 기업활동에 제약이 되며, 경영자본 중 자기자본이 아닌 타인자본인 부채에 의하여 주로 경영된다면 기업경영의 부실도를 알 수 있는 것이다.

예컨대, 상수도사업 대차대조표의 구성내용을 보면, ① 유동자산(현금, 예금, 수용가미수금, 유가증권, 저장품, 선급금 등), ② 유형자산(토지, 입목, 건물, 구축물, 기계장치, 차량운반구, 공기구비품, 기부채납급수장치, 건설가계정 등), ③ 무형자산(영업권, 산업재산권, 광업권, 어업권, 차지권, 창업비, 개발비 등), ④ 투자자산, ⑤ 유동부채(단기차입금, 미지급금, 선수금, 예수금 등), ⑥ 고정부채(차관, 지역개발기금, 재정자금, 토특자금, 공채, 타회계차입금 등), ⑦ 자본금(원시자본금, 타회계출자금, 국고교부자본금 등), ⑧ 자본잉여금(타회계건설보조금, 시설분담금, 재평가적립금, 기부채납급수장치 등), ⑨ 이익잉여금(이익적립금, 감채적립금, 건설개량적립금, 당기순이익 등) 등이다.

가. 자 산

자산(assets)이란 일반적으로 기업이 소유하는 유형·무형의 경제적 가치를 말하는데, 급부가능성 내지 급부능력, 용역잠재력(service potentials)으로 표현하기도 한다. 그것은 건물·상품과 같은 가치를 갖는 유형의 재물도 있고, 특허권·영업권과 같은 무형의 것으로서 일정한 금전적 가치를 갖는 권리도 있다. 즉, 재화와 서비스의 생산에는 인간의 노동이나 각종 원재료뿐만 아니라, 토지, 건물, 설비 등이 필요하게 되는데, 기업의 자산이란 이러한 사업활동의 수단이 되는 것 중 스톡으로서의 경제가치를 의미한다. 구체적으로 회계상 자산의 범위는 대차대조표의 차변기재항목에서 볼 수 있다. 유동자산, 고정자산, 투자자산, 이연자산 등으로 구성된다.

① 유동자산(current or circulating assets)은 단기간(대차대조표일에서 기산하여 1년기준 적용)에 현금화가 가능하거나 비용으로 처리되는 자산이다. 따라서 은행예금이라 할지라도 대차대조표일에서 1년 이내에 만기가 도래하지 않는 것은 유동자산이 아니며, 반대로 설사 계약기간이 1년 이상일지라도 대차대조표일에서 1년 이내에 기한이 도래하는 것은 유동자산이다. 유동자산은 당좌자산, 재고자산, 기타유동자산 등으로 구분된다.

당좌자산(quick assets)이란 유동자산 중에서 현금 또는 바로 현금으로 바꿀 수 있는 성질을 가진 것으로서, 판매과정을 겪지 않고 급속히 환금화되어 유동부채의 지급에 충당할 수 있는 자산이므로, 신속자산이라고도 한다. 이는 기업의 지급능력 표시의 척도가 된다. 이에 속하는 것으로는 현금, 예금을 비롯하여 받을어음, 외상매출금, 유가증권 등을 들 수 있다.

재고자산(inventory)이란 유동자산 중에서 화폐형태로 복귀함에 있어서 판매과정을 겪을 필요가 있는 것을 말하는데, 기말에는 현품의 재고조사를 특히 필요로 하기 때문에 이렇게 부르게 되었다. 보통 재고자산에 속하는 것에는 상품, 적송품, 미착상품, 제품, 반제품, 원재료, 재공품, 저장품 등이 있다.

기타유동자산이란 유동자산 중에서 당좌, 재고의 두 가지 자산으로 분류할 수 없는 것을 말하는데, 단기대여금, 선급금, 선급비용, 선수수익, 대여유가증권, 보관유가증권, 지급보증금, 금융어음, 부도어음, 부도수표, 주주·임원의 상여금, 관계회사 단기채권 등이 있다.

② 유형자산(tangible assets)은 영업활동에 1년 이상 사용가능한 물리적 형태를 가진 자산으로서, 예컨대 토지, 건물, 구축물, 기계장치, 선박, 차량·운반구, 공구·기구·비품, 건설중인 자산 등을 들 수 있다. 유형자산은 토지, 임목과 건설중인 자산을 제외하고 감가상각의 대상이 된다. 회사가 소유하는 목적 여하에 따라 유형자산과 유동자산이 구별된다. 즉, 일반생산회사에서는 고정자산으로 취급되는 건물이나 토지 등도 토지건물회사가 전매할 목적으로 소유하는 경우에는 유형자산이 아니고 유동자산으로 처리해야 할 것이다.

③ 무형자산(intangible assets)은 장기간 기업에 경제적 이익을 가져다 줄 수 있는 구체적 존재형태를 가지지 않는 무형의 권리이다. 이에 속하는 것으로는 영업권, 산업재산권, 광업권, 어업권, 차지권(借地權), 창업비, 개발비 등을 들 수 있다.

1999년 지방공기업법령 개정으로 이연자산(deferred assets)은 삭제되고, 관련항목은 무형자산에 포함되었다. 이연자산의 자산성을 인정하지 않는 것이 국제적 추세이며, 기업회계기준에서도 이연자산을 인정하지 않는 것으로 개정되었기 때문에 삭제되었다. 과거 이연자산은 현금의 지출이 발생하였더라도 그 효과가 미래에 파급되는 경우 당기 비용으로 처리하는 것이 불합리하기 때문에, 본래 자산이 아니지만, 자산에 준하는 것으로 취급하고 그 효과가 미치는 기간에 걸쳐 분할상각하는 방식으로 비용처리하였다. 예컨대, 창업비, 개업비, 신주발행비, 사채발행비, 사채·주식의 할인발행차금, 개발비, 시험연구비, 환율조정차, 다액의 임시손실인 재해손실 등이었다.

④ 투자자산(investment assets)은 사업 본래의 목적이 아니고 다른 사업을 통제·지배하기 위한 목적에서, 또는 여유자금을 일시가 아니라 장기에 걸쳐 활용하여 투자수익(배당, 수입이자 등)을 획득하기 위한 목적에서 보유하고 있는 자산을 말한다. 이에 속하는 것으로는 관계회사 주식·사채·장기대여금, 투자유가증권, 출자금, 장기대여금, 주주·임원·종업원 장기대여금 등을 들 수 있다.

나. 부 채

부채(liability)란 기업이 제3자에 대하여 가지는 금전상의 부담을 말한다. 즉, 장차 타인에게 지불하든지, 또는 인도하지 않으면 아니되는 화폐가치를 말한다. 법률상의 채무(obligation)에 거의 해당하는 것으로 기업자본 및 기업자산에 대응시키는 경우, 이것을 특히 기업부채라 한다. 부채에는 납세의무와 같은 공법상의 성질을 갖는 것도 있으나, 기업경영에 관련하여 발생하는 부채는 일반적으로 사법상의 원인에 의한 것이며, 주로 화폐적 자산을 가지고 하는 지급의무가 많다. 즉, 부채의 대부분은 금전이나 물품의 지급의무이며, 그 밖에도 금전이나 물품의 보관 또는 인도의무, 노동의 제공의무, 장래 어떤 종류의 우발적인 사실의 발생에 의하여 현실화되는 우발채무(contingency liability), 또는 손익항목의 기말수정에 의하여 형성되는 이연부채 및 예상부채 등 각종 의무도 대충 화폐액으로 추산할 수 있는 한, 준부채로서 이것에 포함된다. 구체적으로 회계상 부채의 범위는 대차대조표의 대변기재항목에서 볼 수 있다. 그 지급기한의 장단에 따라 고정부채와 유동부채 등으로 구별된다.

유동부채(current liability)는 고정부채에 대립되는 개념이며, 대차대조표일부터 기산하여 1년 이내에 지불기한이 도래하는 부채를 의미한다. 따라서 단기부채(short-term liability)라고도 한다. 이에 속하는 것으로는 단기(일시)차입금, 외상매입금, 미지급금, 미지급비용, 선수금, 예수금, 선수수익(이연부채) 등을 들 수 있다.

고정부채(fixed liability)는 유동부채에 대립되는 개념이며, 대차대조표일부터 기산하여 1년을 넘어서 지불기한이 도래하는 부채를 의미한다. 따라서 장기부채(long-term liability)라고도 한다. 이에 속하는 것으로는 사채(기업채), 장기차입금, 관계회사 장기차입금, 주주·임원·종업원 장기차입금, 타회계(지방공기업의 경우 일반회계)차입금, 충당금 등을 들 수 있다. 충당금은 그 성질에 따라 평가성 충당금과 부채성 충당금으로 구분된다. 전자는 감가상각충당금과 같이 건물·기계장치 등 유형고정자산의 공제과목으로서의 성격이 있고, 후자는 장래의 특정한 지출에 대한 충당금으로서의 성격을 가지는데 수선충당금·퇴직급여충당금 등이 있다.

다. 자　　본

자본(capital)은 자산 총액에서 부채 총액을 차감한 실재산액을 말한다. 자본의 내용은 주주·출자자의 기업에로의 화폐투자액이나 기업이 영업활동에 의해서 발생시킨 이익 등으로 구성된다. 자본은 자기자본이란 용어를 사용함으로써 타인자본인 부채와 구별하기도 한다. 구체적으로 회계상 자본의 범위는 대차대조표의 대변기재항목에서 볼 수 있다. 자본은 자본금, 잉여금 등으로 구성된다.

자본금은 기업이 개시할 때 소유하고 있는 것이나 타회계에서의 출자금 등이다. 자본금의 내용인 법정자본액, 회사가 발행할 주식의 총수, 1주의 금액, 발행한 주식의 종류와 수 등은 대차대조표에 표시된다.

잉여금(surplus)은 자기자본 중 자본금 이외에 영업활동에 의하여 증식되거나, 실자산의 가치증감에 따라 나타난 것으로, 일정 시점의 자본금을 초과하는 자기자본 초과분이라고 할 수 있다. 잉여금은 자본잉여금, 이익잉여금 등으로 구별된다. 자본잉여금(capital surplus)은 경상적 및 비경상적 영업활동이 아닌, 이른바 자본거래에서 발생한 잉여금이다. 이에 속하는 것으로는 주식발행초과금, 감자차익, 합병차익, 재평가적립금, 기타 보조금 등을 들 수 있다. 이익잉여금(earned surplus)은 경상적인 영업활동 등 손익거래에서 발생한 잉여금인데, 유보이익이라고도 한다. 이에 속하는 것으로는 이익준비금, 임의적립금 등을 들 수 있다.

2) 손익계산서

손익계산서(profit and loss statement: P/L, 또는 income statement)는 일정 기간(회계기간) 얼마나 노력하였고, 그래서 어떤 경영성과(성적)를 얻었나를 표시한다([그림 24-2] 참조). 손익계산서는 대차대조표와 함께 재무제표의 주요한 지위를 차지한다. 손익계산서등식은 수익－비용＝이익 또는 손실이다. 손익계산서는 기업의 경영성적을 명확히 표시하기 위하여 그 회계연도에 속하는 모든 수익(revenue)과 이에 대응하는 모든 비용(expense)을 기재하여야 한다. 이를 '비용·수익대응의 원칙'이라고 한다. 모든 비용과 수익은 그것이 발생한 기간에 정당하게 배분되도록 처리하여야 한다. 손익계산서 분석을 통해 손익이 발생한 원인 및 과정을 분명히 할 수 있고, 수익력의 측정을 통해 장래의 경영활동을 예측할 수 있으며, 코스트의식을 확산시킬 수 있다. 수익은 기업의 경영활동에 의해 획득된 경제가치로서 손익계산서의 대변에 나타나는데, 영업수익, 영업외수익, 특별이익 등으로 구성된다. 비용은 수익을 획득하기 위해 노력하면서 소비된 가치 또는 희생으로서 손익계산서의

그림 24-2 손익계산서 양식

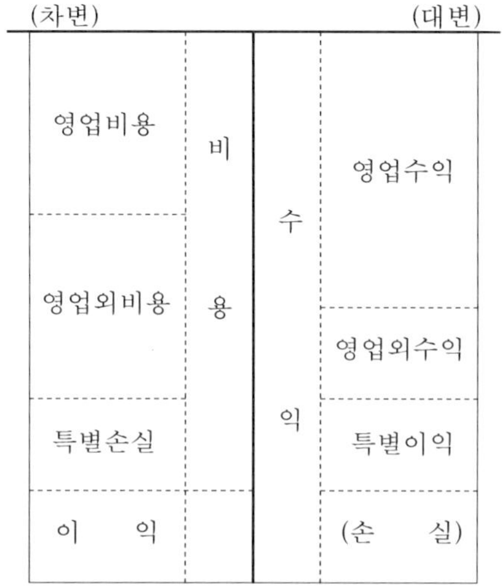

차변에 나타나는데, 영업비용, 영업외비용, 특별손실 등으로 구성된다. 영업수익(operating revenue)과 영업비용(operating expense)은 기업의 주된 영업활동에서 발생하는 수익과 비용이다. 영업외수익(non-operating revenue)과 영업외비용(non-operating expense)은 기업의 주된 영업활동 이외에, 예컨대 금융적인 요인 등에 의해 발생하는 수익과 비용이다. 특별이익과 특별손실은 당년도 기간손익에 귀속시키는 것이 적당하지 않은 이익과 손실을 말한다.

예컨대, 상수도사업 손익계산서의 구성내용을 보면 ① 영업수익(급수수익, 수탁공사수익, 온천사업수익 등), ② 영업비용(원수 및 취수비, 정수비, 배수비, 급수비, 검침 및 징수비, 관리비, 온천사업비, 수탁공사비, 감가상각비, 대손상각 등), ③ 영업외수익(수익이자 및 배당금, 타회계경상부담금, 외환차익, 외화평가이익, 대손충당환입 등), ④ 영업외비용(지급이자, 기업채취급제비, 무연자산상각비, 외환차손, 외화평가손실, 재고자산평가손실, 재고자산감모손실 등), ⑤ 특별이익(고정자산처분이익, 투자자산처분이익, 채무면제이익, 전기손익수정이익 등), ⑥ 특별손실(고정자산처분손실, 투자자산처분손실, 임시손실, 전기손익수정손실 등) 등이다.

(2) 복식예산제도

자본의 증감변화를 가져오는 거래를 자본거래와 손익거래로 구분한다면, 자본거래는 투하자본, 즉 예를 들면 주식의 발행과 증자 또는 감자 등과 같이 기업 내에 투하된 자본가치 그 자체의 증감에 관한 거래이며, 손익거래는 투하자본의 이용에 의하여 발생하는 비용·수익의 증감에 관한 거래이다.

예산의 형태면에서 볼 때, 일반행정의 관청예산은 단일체계예산으로서 세입 및 세출을 각각 일괄계상하는 예산통일의 원칙에 의한 형태를 취하고 있는 데 대해, 공기업예산은 [표 24-3]에서처럼, ① 사업예산(손익거래인 수익적 수지예산), ② 자본예산(자본거래인 자본적 수지예산)이란 두 개의 예산체계(지방공기업법 제25조, 동법 시행령 제4조)로 구성되며, 이와 같은 공기업의 예산은 사업운영계획에 의한 통제와 자본예산으로서의 통제라고 하는 이면적 성격을 갖고 있다. 이러한 예산체계상의 구분은 일반관청예산에서는 모든 수

표 24-3 상수도사업의 복식예산(항목예시)

사업예산

(차변) (대변)

수익적 지출	수익적 수입
인 건 비	상수도요금
재료·물건비	급수장치손료[3]
감가상각비	일반회계
지급이자	경상지원
자본계정 전출금	기 타

자본예산

(차변) (대변)

자본적 지출	자본적 수입
시설구입	급수공사비수입[1]
시설투자	시설분담금수입[2]
	고정자산매각, 기채
부채원금 상환	손익계정 전입금
	일반회계자본지원 (출자 등)

주: 1) 급수공사비수입: 신설, 개조 또는 수선공사를 할 경우 수용가로부터 공사신청과 동시에 설계수수료와 당해 공사시행에 필요한 자재비, 시공비, 도로복구비, 준공검사수수료, 시공자재검사수수료 등을 합계한 액수의 공사비를 징수한다.

2) 시설분담금수입: 신규급수공사 또는 기존 관로보다 대구경 관로로의 변경공사 신청시에 공사비와 함께 수용가로부터 징수한다. 자산에 대한 가입금적 성질이다. 우리 나라의 경우 시설분담금수입의 원가보상률이 낮아 현실화 작업이 필요한 실정에 있다.

3) 급수장치손료(손실요금): 급수관로와 계량기의 유지보수를 위한 감가상각비 성격으로서 상수도요금과 함께 구경별로 일정액을 매월 징수한다. 우리 나라의 경우 급수장치손료의 원가보상률이 낮아 현실화 작업이 필요한 실정에 있다.

입을 세입에, 그리고 모든 지출은 세출에 편성하며, 세출규제 중심으로 운영되지만, 공기업예산에서는 사업예산에서 당년도의 경영성과를 측정하고, 자본예산에서 기업자산상태의 건전성을 측정하는 것이다. 여기서 사업예산은 당년도 당해 공기업의 경영계획을 나타내는 경상적인 경영활동의 예정을 나타내는 데 비하여, 자본예산은 서비스의 계속적인 유지·제고를 위한 시설개량·확충과 현재의 경영활동시설에 관련된 고정부채의 원금상환 등을 위한 예정계획이라고 볼 수 있다.

따라서 손익거래의 수익적 지출과 자본거래의 자본적 지출 간의 구분이 중요하다. 수익적 지출은 당기손익에 영향을 미치는 지출로서, 손익계산서(차변)과목에 연결되며, 예컨대 페인트칠, 전구교체, 깨진 유리의 교체 등 현상유지적 지출이다. 자본적 지출은 미래기간의 수익발생을 위한 지출로서, 당기 재산내용의 변동을 초래하는데, 대차대조표 (차변)과목에 연결되며, 예컨대 엘리베이터 설치, 비상계단 설치 등 내구연한을 연장시키는 수명연장용 지출이다.

복식예산(dual budget)제도의 핵심은 자본예산(capital budget)에 있다. 인건비 등 경상적(current) 지출은 전통적인 균형예산의 원칙에 따라 요금수입 등 경상적 수입으로 충당되어야 하지만, 자본적(capital) 지출은 자본적 수입인 채무에 의해 부족분이 충당되므로, 반드시 연차적으로 균형예산이 될 필요는 없다는 것을 의미한다. 이는 전통적인 예산관인 '균형예산은 선, 불균형예산은 악이고 무책임한 것'이라는 편견에 정면으로 도전하지 않고, 거액의 투자를 할 수 있다는 것이다. 왜냐하면, 경상적 수지는 균형적인 것이고, 자본적 수지는 연차적으로는 적자예산·불균형예산이지만, 정부의 총자산이라는 점에서 보면 적자가 아니기 때문이다. 자본계정의 지출대상은 많은 경우 그 혜택이 장기간에 걸치는 도로, 교량, 지하철, 상·하수도시설, 공원시설 등이 투자대상이므로, 세대 간 수익자부담원칙에 일치된다고 할 수 있다. 즉, 인건비 등 경상적으로 지출해야 되는 것은 요금 등 경상적으로 수입하는 것으로 충당해야 된다는 것과 투자적인 성격의 지출은 경상계정의 잉여(전출금)와 자본계정의 수입인 지방채 등으로 충당해야 된다는 것이다. 따라서 도로와 지하철 등 각종 교통시설, 상·하수도시설, 공원시설, 기타 각종 복지시설 등에 대한 투자요구가 지역주민들로부터 발생하는데, 복식예산제도를 통해 지역주민들은 자기들의 요구가 예산제도면에서 어떻게 반영되는가를 확인할 수 있게 되는 것이다.

(3) 발생주의회계

현금의 수지에 의해 거래를 인식하고 수지금액에 의해 거래를 측정하는 기준을 현금주의(cash basis)라 하고, 현금수지의 유무에도 불구하고 거래발생의 사실에 의거하여 거래를 인식하여 측정하는 기준을 발생주의(accrual basis)라고 한다. 일반회계예산이 현금주의회계인 데 대해, 지방공기업예산은 발생주의회계이다(지방공기업법 제16조, 동법 시행령 제5조, 제6조).[9] 즉, 관청예산회계에서는 현금의 수입 및 지출사실에 기해서 계리되는 데 대해, 공기업회계는 현금수지의 유무에 관계 없이 경제활동의 발생(채권·채무의 발생, 감가상각의 발생 등)이라는 사실에 기해서 계리가 이루어지는 것이다. 이와 같이 공기업회계를 발생주의에 의하여 계리하는 이유는 당해 사업연도의 사업성과를 손익분석에 의하여 정확하게 평가함으로써 요금수준의 적정과 조직관리의 합리화를 기하고자 하는 데 있다.

사 례

- 수입계상시점: 관청회계에서는 현실적으로 현금이 수납된 단계에서 수입으로 계상되는 데 대해, 기업회계에서는 그보다도 전 단계인 채권확정(발생)시점, 즉 '조정(조사결정)시점'에서 요금수입 계상
- 지출계상시점: 물품구입시 관청회계에서는 현금지출한 시점에서 지출로 계상되지만, 기업회계에서는 그보다도 전 단계인 채무확정(발생)시점, 즉 '물품의 납품이 이루어지고 검수한 시점'에서 지출로 계상

따라서 미수, 미지급에 대한 계리처리가 한단계 새로이 추가된다는 것이 특징이며(지방공기업법 시행령 제8조), 결산시 출납정리기간과 조상충용이 없다.

그리고 이와 같은 계리처리의 결과 현금주의회계에서는 비록 대단히 많

9) 수익은 실현주의원칙, 비용은 발생주의원칙이 적용된다. Leon E. Hay and John H. Engstrom(1987), pp. 6～7; 日本 地方公營企業法 제20조 참조.

은 지급채무를 지고 있어서, 그 지급을 하게 되면 적자결산이 된다고 하는 경우에도 그 지급을 연기해 두면 현금지출이 없으므로, 적자가 표시되지 않아 경리상에서는 마치 건전한 예산운영처럼 보이지만, 기업회계에서는 현금지급을 연기하더라도 그 금액이 지출로서 비용에 계상되기 때문에 경리내용이 그대로 명확하게 나타나서, 관청회계와 같이 외형만을 건전한 것처럼 하는 조작은 할 수 없게 되는 것이다.

또한 오늘날과 같이 경제활동이 확대되고 복잡화됨에 따라 현금 이외에 어음·수표 등의 유가증권에 의한 결제방법이 사용되고 있고, 또한 외상거래(미수, 미지급) 등 신용거래가 널리 이루어짐에 따라 거래가 직접 현금수수와 연결되어 있는 것은 극히 한정된 분야에서 인정되고 있고, 오히려 채권·채무의 발생과 현금수수는 그 대부분이 동일 시점이 아닌 것이 보통으로 되어 버렸다. 이 때문에 특히 기업회계가 주목적으로 하고 있는 기간손익을 정확히 파악한다는 관점에서 볼 때, 현금주의는 극히 부적당하다고 할 수 있다.

지방공기업에서는 건물, 설비 등 많은 유형자산이 있고, 이러한 유형자산은 현금의 지출과는 직접 관계 없이 그 가치의 소모가 수회계기간에 미치고 있다. 만약 이러한 공기업에서 현금주의로 계리한다고 하면, 기업의 정확한 경영성과를 판단한다는 것은 극히 곤란할 것이다. 왜냐하면, 건물과 같은 유형자산은 현금지출이 있었던 연도에만 그 효과가 전부 발생하는 것이 아니고, 그 효과는 익년도 이후 수년간에 미치므로, 현금지출이 있었던 연도에만 전액 비용으로 계상하는 것은 불합리하며, 오히려 그 효과가 미치는 수년도에 걸쳐 분할해서 비용으로 계상(감가상각)하는 것이 적당한 것이다. 이러한 점에서 보아도 기업회계에서는 현금주의가 현저하게 부적당함을 알 수 있다. 감가상각은 취득원가, 잔존가치, 내구연수 등이 고려되는데, 적용방법에는 ① 정액법, ② 정률법, ③ 생산량비례법 등이 있다. 취득원가에는 부가가치세·취득세·등록세 등 각종 세금과 부동산중개비용, 건설이자 등이 모두 포함된다. 잔존가치는 유형고정자산의 경우 취득원가의 10%로 하는데, 무형자산의 경우에는 인정하지 않는다.

(4) 비용·수익의 대응과 기간계산

비용배분과 수익처리시 기간계산을 한다는 것이다(지방공기업법 시행령

제5조, 제6조, 제7조). 관청예산에서는 수입과 지출이 밀접하게 관련되어 있지 않지만, 공기업예산에서는 수입과 지출이 밀접하게 관련되어 있다. 관청예산의 수입원인 조세수입은 지역별 또는 조세부담자별로 세입을 계상해서, 그 지역 또는 그 부담자를 위하여 세출을 계상하지는 않는다. 그러나 공기업에서는 수입의 대종인 요금수입은 해당 재화나 서비스의 생산공급에 소요되는 영업비용에 우선 충당되어야 하며, 시설확충을 위하여 조달되는 고정부채수입은 시설확장을 위한 자본적 지출에 충당되어야 한다는 것이다. 그리고 관청회계에서는 현금지출은 그대로 당년도의 비용으로 되나, 공기업회계에서는 '비용배분의 원칙' 또는 '비용·수익대응의 원칙'에 의하여 기간계산을 중시하기 때문에 현금지출이 있다 하더라도 그 전부를 당년도의 비용으로 하지 아니하고, 그 비용 중에서 당년도 수익의 획득에 실제로 역할을 한 부분만을 그 연도의 비용으로 하고, 익년도 이후의 수익획득에 관련되는 부분은 자산으로 이월하여 익년도 이후의 비용으로 하는 것이다.

(5) 운용상의 탄력성과 융통성

지방공기업의 예산은 지방자치단체의 일반회계와 아울러 공기업특별회계로 해서 지방의회의 의결을 받아야 하는 점에서는 구속되고 있으나, 관청회계인 일반행정예산이 지출(세출)의 규제에 중점을 두고 있는 데 대해, 지방공기업의 예산은 기업의 효율적 운용과 함께 그 결과의 평가(경영성과, 재무상태를 파악하는 결산)에 중점이 있으며, 따라서 지출예산에 대한 규제력이 일반회계에 비해서 약하다. 그 결과 관청예산은 비탄력적인 데 반하여, 공기업예산은 탄력적 운용이 허용되고 있으며, 이는 수요의 증대에 대응하여 기동성 있게 운영함으로써 주민복지를 충족시키자는 데 그 목적이 있는 것이다. 예를 들어, 수입이 증가할 전망이 있는 때에는 지출의 증가를 반드시 억제할 필요가 없기 때문에 수입금마련지출제도(지방공기업법 제27조)가 마련되어 있다. 또 예산유용, 예산이월의 폭을 넓게 인정한 것 등은 바로 탄력성을 보장하기 위한 제도인 것이다.

(6) 원가 위주의 요금결정원칙

지방공기업은 능률적인 기업경영과 원가주의에 의한 요금결정을 원칙으로 하고 있기 때문에 원가관리, 원가통제가 요청된다. 관청예산에서는 원가통제의 개념이 불필요하지만, 공기업예산에서는 이용자의 요금부담에 의한 비용조달을 원칙으로 하고 있기 때문에, 적정하면서도 공정타당한 요금수준을 결정하기 위해 원가관리와 원가통제가 불가결하다. 따라서 양출제입원칙에 따라 그때그때 요금을 조정하여야 한다는 점에서 양입제출원칙에 의하여 통제운용되는 일반행정, 기업, 개인, 가계 등과는 근본적으로 다른 것이다.

3. 지방공기업의 예산·결산관리

지방공기업의 예산·결산은 일반행정과는 달리 민간기업에 유사한 특징을 가지고 있다.

(1) 지방공기업예산의 특성

① 지방공기업은 예산·결산을 모두 중시하는데, 예산편성은 경영목표의 설정을 의미하고, 결산은 경영성과의 측정 및 재무상태의 파악에 중요하다. 이에 대해 일반행정은 예산중심주의이고, 세출규제가 주목적이다.

② 발생주의회계방식에 의한 예산편성이다. 이에 대해 일반행정예산은 현금주의회계에 의한 예산편성이다.

③ 복식예산체계를 갖는다. 이에 대해 일반행정예산은 단식(단일)예산체계를 갖는다.

④ 수입과 지출이 밀접히 관련되는 '비용·수익대응의 원칙'이 적용된다.

⑤ 예산편성의 자주성과 예산집행의 탄력성이 인정된다.

⑥ 원가관리와 원가통제가 불가결하다.

(2) 예산 및 결산관리

1) 예산편성절차

지방직영기업에 대한 예산편성지침은 행정자치부 장관이 전년도 7월 말까지 작성·통보하는 예산편성기준에 따라 당해 자치단체의 장이 일반회계 및 다른 특별회계예산과 구분하여 작성하게 된다(지방공기업법 제23조 제3항). 지방공사·공단의 예산·결산에서도 공통적으로 적용하여야 할 사항에 관한 기준은 행정자치부 장관이 작성·통보할 수 있다(지방공기업법 제66조의 2 및 동법 시행령 제60조).

직영기업의 경우 관리자가 작성한 예산안은 자치단체장이 조정하여 지방의회에 제출하고 의결을 얻어야 하는데, 이 때 관리자가 작성한 사업운영계획 등이 함께 제출된다(지방공기업법 제26조).

지방공사·공단의 경우에는 매 사업연도의 사업계획서 및 예산서를 사업연도 개시 전까지 편성하여야 하는데, 편성된 예산은 이사회의 의결로 확정된다(지방공기업법 제65조). 확정된 예산은 지체없이 지방자치단체의 장에게 보고하여야 한다. 지방자치단체의 장에게 보고한 예산이 법령에 위반되거나 현저히 부당한 경우에는 해당 지방자치단체의 장이 그 시정을 명할 수 있다(동법 시행령 제58조).

2) 예산의 내용

직영기업예산의 내용은 ① 예산총칙, ② 사업예산(수익적 수지예산) 및 예상손익계산서, ③ 자본예산(자본적 수지예산) 및 예상대차대조표, ④ 자금운영계획(사업예산과 자본예산을 기초로 하여 작성)이다(지방공기업법 제25조). 지방직영기업의 특별회계는 예측할 수 없는 예산외의 지출 또는 예산초과지출에 충당하기 위하여 예비비로서 상당하다고 인정되는 금액을 예산에 계상하여야 한다(지방공기업법 제31조). 예산총칙상 예산기재사항은 업무예정량, 예정수입·지출금액, 계속비, 채무부담행위, 지방채, 일시차입금의 한도액, 예산전용 금지과목, 일반회계 또는 다른 특별회계로부터의 보조금, 이익잉여금의 예정처분, 중요 자산의 취득 및 처분, 회전기금의 수입 및 지출예정액 등이다(지방공기업법 시행령 제19조).

3) 예산의 집행(지방공기업법 제28조, 제29조)

가. 현금지출예산의 집행

재고자산 구매, 공사도급 등 자금의 지출에 관계되는 사항은 사업예산, 자본예산을 기초로 하여 작성된 자금운영계획에 의하여 집행한다(지방공기업법 제28조). 현금지출을 수반하는 경비의 지출은 목별 예산통제계정을 설정하고 자금집행을 통제한다.

나. 예산집행의 탄력규정

① 지방직영기업은 사업의 능률적인 운영을 위하여 필요한 경우에는 조례가 정하는 바에 따라서 회전기금을 설치할 수 있다(지방공기업법 제39조). 회전기금은 당해 지방직영기업의 예산이 정하는 바에 의하여 조성한다. 회전기금은 사업예산 및 자본예산에 의하지 아니하고 조례가 정하는 바에 의하여 운용한다.

② 수입금마련 지출(지방공기업법 제27조, 일반회계의 수입대체경비)이 있다. 사업량의 증가로 인하여 경비의 부족이 생긴 경우, 관리자는 당해 사업량의 증가로 인한 증가수입에 상당한 금액을 그 증가수입에 관련된 업무의 직접비에, 예산에 계상하지 않고 직접 사용이 가능하다. 이 경우 관리자는 자치단체장과 지방의회에 보고하여야 한다.

③ 현금지출을 수반하지 않는 경비(감가상각비 등)에 대하여는 예산의 초과지출이 가능하다(지방공기업법 제32조, 동법 시행령 제25조).

④ 예산의 전용으로서 예산총칙에 정하는 과목을 제외한 세출예산의 각 세항 및 목의 경비는 전용이 가능하다(지방공기업법 제29조).

4) 예산의 이월

매 사업연도의 세출예산은 원칙적으로 다음 연도로 이월하여 사용할 수 없으나, 다음과 같은 예외가 있다(지방공기업법 제30조).

첫째, 건설개량비 이월인데, 건설개량비(자본예산) 중 당해 연도 내에 지출원인행위를 하지 않은 것은 자치단체장의 승인을 얻어 익년도에 이월하여 사용할 수 있다.

둘째, 사고이월인데, 세출예산 중 ① 당해 연도 내에 지출원인행위를 하고 불가피한 사유로 인하여 그 연도 내에 지출하지 못한 경비와, ② 지출원인행위를 하지 아니한 그 부대경비의 금액은 사고이월로서 자치단체장의 승인을 얻어 익년도에 이월하여 사용할 수 있다.

셋째, 계속비이월인데, 관리자는 계속비의 연도별 소요경비 중 당해 연도 내에 지출하지 못한 금액을 사업완성연도까지 차례로 이월하여 사용할 수 있다.

5) 결　　산

가. 결산절차(지방공기업법 제35조, 제66조)

지방공기업은 사업연도 말일 현재로 모든 장부를 마감하고 사업연도 종료 후 2월 이내에 결산서, 사업보고서, 재무제표 등을 공인회계사의 회계감사보고서와 함께 자치단체장에게 제출하여야 한다. 보고된 서류는 직영기업의 경우 자치단체장이 익년도 지방의회에 제출하여 승인을 얻어야 하며, 공사·공단의 경우에는 자치단체장의 승인으로 종결된다. 지방공기업의 회계장부는 주요부와 보조부로 구분한다. 주요부는 총계정원장, 수입예산정리부, 지출예산통제원장, 자금수입기록부, 자금지출기록부, 재고증가분개장, 재고감소분개장, 채무확정 및 원가분개장, 일반분개전표 등이다. 보조부는 미수금대장, 저장품대장, 고정자산(토지, 입목, 건물, 구축물, 기계장치, 공구기구비품, 차량운반구 등)대장, 기업채 및 차입금대장 등이다.

나. 잉여금의 처리(지방공기업법 제37조, 제67조)

매 사업연도에 이익이 발생하였을 때의 처리순서는 ① 전 사업연도로부터 이월한 결손금을 보전하고, ② 결손금 보전 후 잔액의 1/10 이상을 자본금의 1/2에 달할 때까지 이익적립금으로 적립하여야 하며, ③ 나머지 잔액은 감채적립금 또는 건설개량적립금으로 적립하거나 출자한 회계에의 납부금, 이익배당(공사 경우) 등으로 처리한다. 이익적립금은 결손금을 보전하는 이외에는 사용할 수 없다. 감채적립금은 지방채의 상환에 충당하는 이외에는 이를 사용할 수 없다. 건설개량적립금은 건설개량 이외의 목적으로는 사용할 수 없다. 사업연도마다 생긴 자본잉여금은 그 원천별로 그 내용을 표시한 과목에 적립하여야 한다. 자본잉여금은 자본잉여금으로 적립하여야 할 자금으로 취득한 자산이 멸실되거나 이를 양도·철거 또는 폐기함에 있어서 손실이 발생한 때에는 자본잉여금으로 그 손실을 보전할 수 있다(지방공기업법 시행령 제38조).

다. 결손의 처리

매 사업연도에 결손이 발생하였을 경우에는 전 사업연도로부터 이월된 이익으로 우선 보전한다. 그리고 부족이 있을 경우에는 이익적립금으로 보전하고, 그렇게 하여도 부족할 때는 다음 연도로 이월한다(지방공기업법 제38조, 제67조).

4. 지방공기업의 자금 · 재산 및 금고관리

(1) 출납 및 현금보관과 여유금의 운용(지방공기업법 제33조, 제69조)

지방직영기업의 업무에 관한 출납은 관리자가 한다. 다만, 관리자는 지방직영기업 업무의 관리집행에 필요한 경우에는 지방자치단체장의 승인을 얻어 관리자가 지정하는 금융기관(지정금융기관)으로 하여금 당해 지방직영기업의 업무에 관한 현금출납사무의 일부를 하게 할 수 있다. 지정금융기관은 수익성과 안정성을 감안하여 결정하여야 한다(지방공기업법 시행령 제26조 ①). 지방자치단체의 장이 금융기관의 지정을 승인할 때에는 이를 공고하여야 한다. 관리자는 지방직영기업에 관한 현금을 지정금융기관에 보관하여야 한다. 다만, 관리자는 당해 지방자치단체의 장이 정하는 금액을 초과하지 아니하는 범위 안에서 현금을 직접 보관할 수 있으며, 여유금이 있는 경우에는 이를 이식증대를 위하여 다른 금융기관에 예탁할 수 있다. 관리자는 지정금융기관이 취급하는 지방직영기업 소관의 현금출납사항을 검사할 수 있으며, 필요한 시정조치를 요구할 수 있다. 지방공사 · 공단은 ① 국채 · 지방채의 취득, ② 한국은행 기타 금융기관에의 예입 등 외에는 업무상 여유금을 운용하지 못한다.

(2) 재산관리(지방공기업법 제40조, 동법 시행령 제41조)

지방직영기업의 자산 중 중요한 자산(예컨대, 예정가격 5억 원 이상인 자산, 1만m^2 이상의 토지 등)의 취득 및 처분은 예산으로 지방의회의 의결을 얻어야 한다. 그리고 예산으로 지방의회 의결을 얻은 경우 중요 재산의 취득 · 처분 등에 관한 지방의회의 사전 의결절차를 거친 것으로 간주하고 있다(공유재산 및 물품관리법 제10조).

5. 지방공기업의 재원조달

(1) 지방공기업의 요금관리

1) 요금의 의의

지방공기업의 요금이란 지방공기업에 의해 제공되는 재화 또는 서비스에 대한 대가이다. 지방자치단체는 지방공기업의 급부에 대하여 조례가 정하는 바에 의하여 요금을 징수할 수 있다(지방공기업법 제22조 제1항). 지방자치단체가 공공시설의 사용에 대해 그 대가로 징수하는 사용료의 일종이다(지방자치법 제127조).

2) 요금의 결정원칙

요금은 적정하여야 하며, 지역 간 요금수준의 형평을 기하여야 하고, 이를 결정할 때는 당해 지방공기업이 제공하는 급부의 원가를 보상함과 아울러 기업으로서 계속성을 유지할 수 있도록 하여야 한다(지방공기업법 제22조 제2항). 즉, 지방공기업의 요금결정기준은 ① 요금수준의 적정성, ② 지역 간 형평성, ③ 원가보상, ④ 기업의 계속성 유지라는 네 가지이다. ①, ②는 지방공기업의 공공성으로부터의 요청이고, ③, ④는 지방공기업의 경제성으로부터의 요청이라고 할 수 있다.

지방공기업의 지역성으로 인해 요금은 각 지역의 지리적 여건, 재정상태, 규모의 경제성 유무 등의 이유로 지역 간에 큰 격차가 나는 경우가 있는데, 지역 간의 현격한 요금격차는 형평성 및 공공성 확보 측면에서 무한정 용인될 수는 없는 것이다.

원가(보상)주의란 경영에 요하는 경비는 원칙적으로 부담구분에 의해 일반회계가 부담하는 것을 제외하고는 경영에 수반되는 수입으로 충당하지 않으면 안 된다고 하는 것이다. 원가주의는 기업 전체로서 수지균형이 이루어지면 되고, 서비스마다 수입과 비용이 반드시 균형이 이루어져야 할 필요는 없다는 종합원가주의와 개개의 이용자로부터 징수하는 요금은 그 이용자가 수취하는 서비스의 원가에 합당한 것이어야 한다는 개별원가주의(예컨대, 상수도사업의 업종별)를 생각할 수 있다. 원가주의의 취지에 충실하자면 당연히 개별원가주의를 채택해야 하겠으나, 완전한 의미의 개별원가주의를 채택한다는 것은 사실상 불가능하므로, 일반적으로 종합원가주의를 채택하고 있다. 원가란 발생주의하에서의 손익계산상의 비용, 즉 영업비용 외에 지급이자 등 경영에 요하는 비용을 합한 것을 말한다. 이에 따라 지방공기업 특별회계는 사업의 능률적 추진과 경영관리 및 요금결정의 기초를 제공하기 위하여 '기능별·급부별 원가계산'을 하여야 한다(지방공기업법 제21조).

기업의 계속성 유지란 단순히 원가만을 보상할 뿐 아니라, 나아가 건전한 운영을 확보함으로써 중·장기적인 계속성을 유지하여야 한다는 것이다. 즉, 과분한 이익을 낼 필요는 없으나, 수지상 적자의 발생은 곤란하므로 부단한 수요증가와 서비스개선 요구, 건설개량 등을 지속적으로 도모하기 위해서는 사업의 적정보수가 필요하다.

3) 요금결정방식

요금의 수준은 영업비용에 자본비용을 가산하여 산정한다(지방공기업법 시행령 제18조 제1항). 자본비용의 산정은 ① 공정보수방식, ② 적상방식의 두 종류가 있다. 우선 적용되는 공정보수방식의 경우에는 설비자산의 순가액 등에 사업별 투자보수율을 곱하여 산정한다. 공정보수방식에 의하는 것이 곤란하다고 인정되는 경우에는 적상방식으로 산정한다(지방공기업법 시행령 제18조 제2항).

가. 공정보수방식

사업에 투자된 자산가액에 공정가치에 해당하는 일정 보수율을 곱하여 산정하는 방식이다. 미국 등에서 공기업요금 산정에 일반적으로 채택되고 있다. 공기업의 자율적 책임경영을 도모하고, 방만한 요금원가 산정을 통제할 수 있다는 장점이 있다. 요금에 의한 총수익은 경영원가와 공정(투자)보수를 합한 금액이어야 한다는 것이다. 영업원가는 영업비용과 영업외비용을 합한 것이다. 공정보수(fair rate of return)는 적상방식의 자본비용에 해당한다.

> 경영원가＝영업원가－(기타 영업수익＋영업외수익)
> 공정보수＝순가동설비자산가액(감가상각충당금누계액공제)
> ×공정보수율

문제는 공정보수율을 얼마로 해야 할 것인가이다. 금리동향, 기술진보에 따른 진부화와 천재 등 리스크, 수요동향, 당해 기업의 경영상황 등이 종합적으로 고려되어야 할 것이다. 상수도사업에서는 공정보수율 9%를 적용하고 있다.

나. 총괄원가방식

적상방식, 원가보상(cost compensation)방식이라고도 한다. 발생하는 모든 원가를 요금수입으로 회수해야 한다는 것이다. 이 방식은 매우 단순하여 알기 쉽고 적자를 내지 않으며, 채산이 유지될 수 있다는 장점이 있다. 그러나 자본비용의 절감 등 경영능률화를 위한 노력을 자극하지 못한다는 결점이 있다. 이 때문에 미국 등에서는 총괄원가(total cost, full cost)방식으로부터 공정보수방식으로 변경하였다.

총괄원가=(영업원가+자본비용)-(기타 영업수익+영업외수입)

예를 들어, 상수도사업의 각 항목내용을 보면 다음과 같다. 영업원가는 영업비용과 영업외비용을 합한 것이다(공정보수방식과 동일). 영업비용은 인건비, 동력비, 약품비, 재료비, 수선유지비, 일반관리비, 감가상각비 등이다. 영업외비용은 기업채 취급제비 등이다.

자본비용의 적상항목은 ① 지급이자, ② 기채 등 외부자금에 의한 시설의 내용연수가 그 상환연한을 초과함으로써 새로 추가되는 상환소요액(감가상각비를 초과하는 원금상환액), ③ 물가변동 대비 내부유보자금, ④ 기타 당해 기업의 유지를 위한 필요적 경비 등이다.

4) 요금관리의 정책적 의미

지방공기업의 요금은 이른바 공공요금의 일종으로서 경제정책, 물가정책, 복지정책 등과도 깊은 관련성을 갖고 있다. 첫째, 소득재분배정책의 차원에서 부담능력이 부족한 저소득층에 대해 요금을 감면해야 한다는 주장이 강력하다. 여하튼 공공요금을 저렴하게 하는 것은 그 실질적인 효과가 적은데도 불구하고 주민들의 주목을 끄는 정책이므로, 정치적으로 이용되기 쉬운 정책이라고 할 수 있을 것이다. 둘째, 공기업요금은 국가의 물가안정정책과 관련해서 동결 또는 억제되는 경우가 있다. 장기간 '물가안정 및 공정거래에 관한 법'에 의하여 지방자치단체가 상·하수도요금, 지하철요금 등 지방공기업의 경영성과를 좌우할 수 있는 요금수준을 결정할 때 중앙정부와 사전협의를 거치도록 규정함으로써 자율적인 요금조정이 사실상 어려웠다. 그러나 앞으로는 지방공기업의 요율체계가 자치시대에 걸맞게 지방여건에 알맞고, 독립채산을 보장하는 범위 안에서 지방의회 의결을 거쳐 자율적으로 운영되어야 할 것이다.

(2) 국가 및 지방정부 일반회계의 재정지원

국가는 지방공기업의 원활한 경영을 위하여 필요한 경우에는 지방자치단체에 대하여 당해 지방자치단체가 출자한 자본금 기타 필요한 경비의 일부를 보조할 수 있다(지방공기업법 제79조). 지방자치단체는 지방직영기업에 대해 당해 지방자치단체의 일반회계나 다른 특별회계로부터 ① 출자(현물출자 포함), ② 장기대부를 하거나 재해·복구 기타 특별한 사유에 의하여 필요할 때에는 예산이 정하는 바에 따라 재정적 지원을 할 수 있다(지방공기업법 제14조, 제17조, 제18조). 그러나 지방직영기업으로부터 타회계 등에 출자하는 것은 안 된다. 지방공사의 경우에는 지방자치단체가 전액 또는 자본금의 1/2 이상을 현금 또는 현물로 출자할 수 있다(지방공기업법 제53조). 지방공단의 경우에는 지방자치단체가 전액 출자한다(지방공기업법 제76조). 지방자치단체는 사업의 운영을 위하여 필요하다고 인정하는 경우에 공사·공단에 보조금을 교부하거나 장기대부할 수 있다(지방공기업법 제71조 2). 출자를 받은 경우에는 이익상황에 따라 예산에 의하여 전년도 이익금의 일부를 그 출자한 회계에 납부할 수 있다. 장기대부를 받은 경우에는 대부한 회계에 대해 적정한 이자를 지급하여야 한다.

(3) 기 업 채

지방직영기업의 경우 지방채를 발행할 수 있는 경우는 ① 경상적인 운전자금의 충당을 위하여 필요한 때, ② 회전기금의 재원충당을 위하여 필요한 때, ③ 건설 또는 개량비에 충당하거나 유사사업의 매수자금으로 필요한 때, ④ 시·도인 경우의 지역개발기금 조성 등인데, 사전에 행정자치부 장관의 승인을 얻어야 한다(지방공기업법 제19조, 동법 시행령 제15조). 또한 예산 내의 지출에서 현금이 일시 부족할 때에는 일시차입할 수 있는데, 당해 연도 내에 상환하여야 한다(지방공기업법 제20조). 지방공사·공단의 경우에는 행정자치부 장관과 지방자치단체장의 승인을 얻어 일정 한도 내에서 사채를 발행하거나 외국차관을 도입할 수 있다(지방공기업법 제68조). 행정자치부 장관이 외국차관 도입을 승인할 경우에는 재정경제부 장관과 사전 협의하여야 한다. 시·군·자치구가 설립한 지방공사·공단이 대통령령에 정하는 기준(공사채·공단채·외국차관에 관한 발행 중 예정액이 10억 원 미만이고, 당해 예정액을 합계한 부채 총액이 자본 총액의 3분의 1을 초과하지 아니하는 경우)에 따라 소규모의 사채를 발행하거나, 외국차관을 도입할 경우에는 시·도지사의 승인을 얻어야 한다. 지방자치단체는 사채의 상환을 보증할 수 있으며, 또한 정부 또는 지방자치단체는 외국차관의 상환을 보증할 수 있다(지방공기업법 제69조).

(4) 선 수 금

지방직영기업, 지방공사·공단은 당해 기업이 조성하는 재산을 분양받거나 시설을 이용하려는 자, 또는 용역을 제공받으려는 자로부터 대금의 전부 또는 일부를 미리 받을 수 있다(지방공기업법 제20조의 2, 제72조). 선수금제도란 재산분양·시설이용 또는 용역제공 등에 대하여 수요자로부터 대금의 전부 또는 일부를 미리 받을 수 있는 일종의 부분적 합동개발방식이다. 공영개발사업의 경우 개발용지의 수요자가 재원조달에 일부 참여함으로써 사업시행자 측면에서는 재원조달의 어려움을 상당 부분 해결할 수 있고 수요자(선수협약자)는 필요한 택지 등을 해당 금액의 분납 등을 통해 수요충족을 할 수 있는 효과를 갖는다. 그러나 선수금의 활용은 개발용지의 시장경쟁력이 있을 때 가능하다.

(5) 부 담 금

지방공사·공단은 국가 또는 지방자치단체의 사업을 대행할 수 있으며, 이 경우에 필요한 비용은 국가 또는 지방자치단체가 부담한다(지방공기업법 제71조). 지방공단은 지방자치단체장의 승인을 얻어 그 사업에 따른 수익자로 하여금 사업에 필요한 비용을 부담하게 할 수 있다(지방공기업법 제77조).

6. **지방공기업의 경영공시**(지방공기업법 제46조 및 동법 시행령 제44조)

직영기업의 관리자는 조례가 정하는 바에 의하여 사업연도마다 2회(예컨대, 전년도 결산내용과 당년도 예산내용) 이상 지방직영기업의 업무상황을 설명하는 서류를 당해 지방자치단체의 장에게 제출하여야 한다. 이 경우에 지방자치단체의 장은 지체없이 이를 공표하여야 한다. 또한 관리자는 결산서, 재무제표, 연도별 경영목표, 경영실적의 평가결과, 연도별 예산 및 운영계획, 기타 경영에 관한 중요 사항을 지역주민에게 공시하여야 하며, 주된 사무소에 2년간 비치하도록 한다. 관리자는 당해 지방자치단체의 관할구역 안에 주민등록이 되어 있는 20세 이상 주민 총수의 1/50 범위 안에서 조례가 정하는 비율 이상의 연서로 자료를 요구할 때에는 자료요구일로부터 10일 이내에 송부하여야 한다. 지방공사·공단의 경우에도 직영기업에 준해 업무상황을 공표하여야 한다.

참고문헌

1. 단 행 본

강인재 외, 『지방재정론』, 서울: 대영문화사, 1994.

곽태원, 『우리 나라 조세제도 운영비 추정에 관한 연구』, 서울: 한국조세연구원, 1994.

권강웅, 『지방세법』, 서울: 조세통람사, 1995.

김동건·김수근·곽태원·이필우, 『주요국의 재정정책』, 서울: 한국재정연구회, 1992.

김동건 외, 『주요국의 지방재정』, 서울: 지방경제사, 1996.

김미숙 외, 『고령화 사회의 사회경제적 문제와 정책대응방안: OECD 국가의 경험을 중심으로』, 한국보건사회연구원, 2003.

김범식·손희준·송영필, 『지방재정지출의 특성분석 및 정책적 시사점』, 서울: 삼성경제연구소, 1997.

김수근, 『도의 재정조정기능 강화방안』, 충청남도, 1990.

______, 『외국의 지방재정조정제도』, 수원: 내무부 지방행정연수원, 1991.

김안제 외, 『한국의 지방재정 연구』, 서울: 한국경제연구원, 1985.

______, 『지방자치의 발전전략』, 서울: 박문각, 1994.

김용환, 『민관공동 출자사업의 이론과 실제』, 서울: 삼진출판사, 1992.

김재환 편역, 『일본지방자치단체장의 역할과 과제』, 내무부 지방행정연수원, 1992.

김철·신해룡, 『지방재정학』, 서울: 세명회관, 1990.

김형식, 『지방재정의 이해』, 서울: 그린북, 1997.
나라정책연구회, 『한국형 지방자치의 청사진』, 서울: 길벗, 1995.
박정수, 『광역자치단체와 기초자치단체 간 재원조정에 관한 연구』, 서울: 한국조세연구원, 1997.
서정섭, 『미국 도시재정위기의 발생과 대응사례』, 서울: 한국지방행정연구원, 1997.
손광락 외, 『지방재정수요의 변화와 지방재원 확보방안에 관한 연구』, 서울: 한국조세연구원, 1993.
손희준 · 강인재 · 장노순 · 최근열, 『지방재정론』, 서울: 대영문화사, 2005.
송대희, 『지방공기업의 과제의 발전방향』, 서울: 한국개발연구원, 1990.
송대희 외, 『공기업 경영평가의 이론적 배경과 기법: 정부투자기관 경영평가를 중심으로』, 서울: 한국개발연구원, 1987.
송상엽 · 정민웅, 『중급회계』, 서울: 웅지경영아카테미, 1998.
신무섭, 『재무행정학』, 서울: 대영문화사, 1989.
심정근, 『정부예산론』, 서울: 법문사, 1983.
안용식 · 원구환, 『지방공기업론』, 서울: 대영문화사, 1994.
안종석 · 박정수, 『중앙정부와 지방자치단체 간 재원배분에 관한 연구』, 서울: 한국조세연구원, 1996.
오연천, 『한국지방재정론』, 서울: 박영사, 1987.
오희환, 『제3섹터의 활성화방안』, 서울: 한국지방행정연구원, 1993.
우명동, 『재정학방법론과 재정론』, 개정판, 서울: 해남, 2002.
______, 『지방재정론』, 서울: 해남, 2001.
유 훈, 『전환기의 행정과 재정관리』, 서울: 법문사, 1994.
윤성식 · 권수영, 『정부회계: 예산, 원가, 회계 및 감사』, 서울: 법문사, 1998.
이계식, 『지방재정조정제도와 재원배분』, 서울: 한국개발연구원, 1987.
이계식 · 문형표, 『정부혁신: 선진국의 전략과 교훈』, 서울: 한국개발연구원, 1995.
이근식 외, 『세제구조 개편방안에 관한 연구; 서울시 세제를 중심으로』, 서울시립대 산업경제연구소, 1996.
이달곤, 『지방정부론』, 서울: 박영사, 2004.

이만우, 『후생경제학』, 서울: 법문사, 1988.
이삼주, 『지방재정통제의 개선방안』, 서울: 한국지방행정연구원, 1992.
이상용, 『국고보조사업의 지방비에 대한 시·군의 부담비율연구』, 서울: 한국지방행정연구원, 1989.
______, 『지방사업투자심사제도의 개선방안』, 서울: 한국지방행정연구원, 1993a.
______, 『지방재정운영평가의 지표개발 및 활용방안』, 서울: 한국지방행정연구원, 1993b.
______, 『지방정부의 재정상황평가』, 서울: 한국지방행정연구원, 1993c.
______, 『도세징수교부금제도의 개편방안』, 서울: 한국지방행정연구원, 1997.
______, 『지방재정의 책임성 강화방안』, 서울: 한국지방행정연구원, 2003.
이상용 외, 『지방재정진단제도의 효율적 운용방안』, 서울: 한국지방행정연구원, 1996.
______, 『지방재정수요의 전망과 정책대응』, 서울: 한국지방행정연구원, 2004.
이상희, 『지방재정론』, 서울: 계명사, 1985.
이수만·이승종, 『지방자치단체의 조직진단』, 서울: 한국지방행정연구원, 1994.
이승종, 『지방자치단체의 행정정보공개에 관한 연구』, 서울: 한국지방행정연구원, 1991.
______, 『민주정치와 시민참여』, 서울: 삼영사, 1993.
이영조, 『지방재정론』, 서울: 대명출판사, 1996.
이영희, 『체납세의 징세관리 개선방안』, 서울: 한국지방행정연구원, 1995a.
______, 『지방자치시대의 바람직한 지방세제 발전방향』, 서울: 한국지방행정연구원, 1995b.
이영희 외, 『국세와 지방세의 합리적 세원조정방안』, 서울: 한국지방행정연구원, 1993.
______, 『광역과 기초자치단체 간의 재원조정방안』, 서울: 한국지방행정연구원, 1994.
이종익, 『재무행정론』, 서울: 박영사, 1983.
이 효, 『재정위기에 대비한 지방채 운용방안』, 서울: 한국지방행정연구원,

1998.
임성일, 『국고보조사업의 기준보조율 조정방안에 관한 연구』, 서울: 한국지방행정연구원, 1991.
임성일 외, 『국고보조사업의 기준보조율 조정방안에 관한 연구』, 서울: 한국지방행정연구원, 1991.
임성일 · 이효, 『지방재정지출수요의 측정모델』, 서울: 한국지방행정연구원, 1999.
장병구, 『지방행재정론』, 서울: 형설출판사, 1993.
정세욱, 『지방행정학』, 서울: 법문사, 1992.
정영석, 『급변하는 국제사회의 재인식과 관리자의 역할』, 부산: 대원, 1994.
정헌석, 『즐거운 회계산책』, 서울: 김영사, 1992.
조세연구원, 『중장기 토지세제 운용방향』, 1994.
조응래, 『경기도 지역정보시스템 구축방안』, 수원: 경기개발연구원, 1995.
조정환, 『지방자치회계』, 서울: 한국경제신문사, 1993.
최순식, 『현대지방자치론』, 수원: 상문사, 1988.
최외출 · 이성환, 『중앙과 지방관계론』, 서울: 대영문화사, 1991.
한국지방행정연구원, 『외국의 지방자치제도 비교연구』, 1986.
______, 『지방재정계획제도연구』, 1987.
______, 『지방자치하의 시·군지도에 관한 연구』, 1988a.
______, 『지방재정력 측정지표에 관한 연구』, 1988b.
______, 『지방재정력 분석지표에 관한 연구』, 1988c.
______, 『대도시(인구 100만 명 미만)의 특례범위』, 세미나종합보고서 제10권, 1989a.
______, 『중장기지방재정계획의 수립 및 운영에 관한 연구』, 1989b.
______, 『지방재정분석모형에 관한 연구』, 1989c.
______, 『토지공영개발의 개선방안에 관한 연구』, 1989d.
______, 『중기지방재정계획의 연동화방안연구』, 1990a.
______, 『지방자치단체의 정보공개』, 1990b.
______, 『환경보전세 신설방안연구』, 1990c.
______, 『상수도사업의 경영합리화방안』, 1991a.

______, 『중기지방재정계획시안(1992-1996)』, 1991b.
______, 『지방재원의 효율적 배분을 위한 투자우선순위의 결정모델 연구』, 1991c.
______, 『시·군지역 세무기구 및 인력의 효율적 운용방안』, 1995.
______, 『주요국의 지방세징수제도』, 1997.
한상국, 『대만의 재정과 조세제도』, 서울: 한국조세연구원, 1995.
허재완 외, 『한국지역경제론』, 서울: 법문사, 1998.
황윤원, 『재무행정론』, 서울: 법문사, 1998.
兼子 仁 外, 『情報公開·個人情報條例運用事典』, 東京: 悠々社, 1991.
高寄昇三, 『自治體情報公開の實際』, 東京: 學陽書房, 1986.
宮崎辰雄, 『あすの都市經營』, 東京: 勁草書房, 1978.
金子哲男, 『自治體の情報公開』, 東京: 第一法規, 1989.
金田昌司 外, 『地方自治體の經營企劃: 市·町·村基本構想と新しいまちづくり』, 東京: 中央經濟社, 1984.
紀內隆宏, 『豫算編成』, 東京: ぎょうせい, 1991.
磯村英一·坂田期雄, 『自治體の經營診斷: 效率化·減量經營の積極化』, 東京: ぎょうせい, 1988.
本田 弘, 『情報公開制度論: 地方行政における公開システム』, 東京: 北樹出版, 1988.
山崎 正, 『地方分權と豫算決算』, 東京: 勁草書房, 1996.
西尾 勝, 『自治體の情報政策』, 東京: 學陽書房, 1989.
石原信雄, 『地方自治法 逐條解說』, 東京: ぎょうせい, 1994.
石原信雄 監修, 『地方財政小辭典』, 東京: ぎょうせい, 1992.
小島 昭, 『自治體の豫算編成』, 東京: 學陽書房, 1985.
小瀧敏之, 『政府間關係論』, 東京: 第一法規, 1983.
矢野浩一郎, 『地方稅財政制度』, 東京: 學陽書房, 1993.
室田泰弘, 『需要豫測と經濟豫測』, 東京: 培風館, 1984.
岩田規久男, 『土地と住宅の經濟學』, 東京: 日本經濟新聞社, 1979.
鈴木慶明, 『轉換期の地方財政: 經濟豫測·財政計劃·豫算編成』, 東京: ぎょうせい, 1976.

二橋正弘·河野榮,『地方財政と計劃と豫算』, 東京: 第一法規, 1983.
伊藤 廉,『企劃·計劃の手法の應用』, 東京: 第一法規, 1982.
日立市 財政事務研究會,『財政課』, 東京: ぎょうせい, 1992.
立田清士,『計劃と財政: 地方團體の場合』, 東京: 良書普及會, 1982.
自治省財政局 編,『地方財政のしくみとその運營の實態』, 東京: 地方財務協會, 1992.
自治體國際化協會,『美國地方財政統計 1989』, 東京, 1991a.
______,『英國の地方自治』, 東京, 1991b.
______,『英國地方財政讀本』, 東京, 1991c.
______,『フィンランドの地方自治』, 東京, 1992a.
______,『スウェデンの地方自治』, 東京, 1992b.
______,『フランスの地方行財政のあらまし』, 東京, 1992c.
田中啓一,『受益者負擔論』, 東京: 東洋經濟新報社, 1981.
井熊 均,『自治體 破綻: 再生への處方箋』, 東京: 日刊工業新聞社, 2000.
堤口康博,『情報公開と行政秘密: 先進諸國の動向』, 東京: 早稻田大學出版部, 1982.
地方資金研究會 編,『地方債と地方資金』, 東京: 大藏財務協會, 1992.
地方自治協會,『自治體の財政運營と診斷』, 東京: 學陽書房, 1988.
地方財務制度研究會,『新地方財務ハンドブック』, 東京: ざょうせい, 1996.
地方財政調査研究會,『財政分析: 市·町·村財政效率化の指針』, 東京: ぎょうせい, 1985.
淺野大三郎,『財政運營』, 東京: ぎょうせい, 1985.
川村仁弘,『地方自治制度』, 東京: 第一法規, 1986.
特別區職員研修所,『特別區職員ハンドブック』, 東京: ぎょうせい, 1992.
坂木忠次,『現代地方自治財政論』, 東京: 青林書房, 1988.
板田期雄,『危機の自治體財政』, 東京: ぎょうせい, 1981.
______,『自治體の經營診斷』, 東京: ぎょうせい, 1984.
碓井光明,『自治體財政·財政法』, 東京: 學楊書房, 1988.
Anderson, Wayne F., Chester A. Newland, and Richard J. Stillman, *The Effective Local Government Manager*, Washington, D. C.: International

City Management Association, 1983.

Aronson, Jay Richard, *Public Finance*, New York: McGraw-Hill, 1985.

Aronson, Jay Richard and Eli Schwartz, ed., *Management Policies in Local Government Finance*, Washington, D. C.: International City Management Association, 1981.

Bahl, Roy and Larry D. Schroeder, *Forecasting Local Government Budgets*, Occasional Paper No. 38, Syracuse, New York: Syracuse University, 1979.

Banovetz, James M., ed., *Small Cities and Counties: A Guide to Managing Services*, Washington, D. C.: International City Management Association, 1984.

Berne, Robert and Richard Schramm, *The Financial Analysis of Governments*, Englewood Cliffs, New Jersey: Prentice-Hall, 1986.

Byrne, Tony, *Local Government in Britain*, Harmondsworth, Middlesex: Penguin Books, 1990.

Caiden, N. and Aaron Wildavsky, *Planning and Budgeting in Poor Countries*, N.Y.: John Wiley, 1974.

Campbell, John C., *Contemporary Japan's Budgeting Policies*, Berkley and Los Angeles: University of California Press, 1977.

City of Davis, California, *1993~94 Preliminary Budget.*

City of Vancouver, *Five-Year Financial Forecast*, Washington, D. C.: International City Management Association, 1983.

Courchene, T. J., *Equalization Payments*, Toronto: Ontario Economic Council, 1984.

Cullingworth, J. B., *Town and County in Britain*, 8th ed., London: George Allen & Unwin, 1982.

Davey, Kenneth, *Financing Regional Government*, John Wiley & Sons, 1983.

Dunn, W. D., *Public Policy Analysis*, Englewood Cliffs, N. J.: Prentice-Hall, Inc., 1981.

Dye, Thomas R., *Understanding Public Policy*, Englewood Cliffs, N. J.:

Prentice-Hall, 1981.
Exerlod, D., *Budgeting for Modern Government*, New York: St. Martin's Press, 1988.
Fenno, Jr., Richard F., *The Power of the Purse: Appropriations Politics in Congress*, Boston: Little, Brown & Co., 1966.
Fischer, Ronald C., *State and Local Public Finance*, Chicago: Irwin, 1996.
Gittinger, J. Price, *Economic Analysis of Agricultural Projects*, Baltimore: The Johns Hopkins Univ. Press, 1972.
Golembiewski, R. T. and J. Rabin, *Public Budgeting and Finance*, New York: Marcel Dekker, Inc., 1983.
Groves, Sanford M. and Maureen Godsey Valente, *Evaluating Financial Condition: A Handbook for Local Government*, Washington, D.C.: The International City Management Association, 1986.
Harrison, Michael I., *Diagnosing Organizations: Methods, Models, and Processes*, Newbury Park, C.A.: Sage, 1989.
Harvey, J., *How Britain is Governed*, 3rd ed., London: Macmillan Education, 1983.
Hay, Leon E. and John H. Engstrom, *Essentials of Accounting for Governmental and Not-for-Profit Organization*, Homewood: Irwin, 1987.
Hepworth, N. P., *The Finance of Local Government*, 7th ed., London: Unwin Hyman, Ltd., 1988.
Hicks, U. K., *Public Finance*, Cambridge: Cambridge University Press, 1955.
Hodgkinson, *Christopher, Towards a Philosophy of Administration*, New York: St. Martin's Press, 1978.
Hyman, David N., *Public Finance*, New York: The Dryden Press, 1983.
Jack, Rabin and Thomas D. Lynch, *Handbook on Budgeting and Financial Management*, New York: Marcel Dekker, Inc., 1983.
Jackson, P. M., *The Politics Economy of Bureaucracy*, New Jersey: Barnes & Noble Books, 1983.
James C. Snyder, *Fiscal Management and Planning in Local Government*,

Lexington, Mass.: D. C. Health and Co., 1977.

Jones, George, ed., *Local Government: The Managing Agenda*, Hertfordshire, Great Britain: ICSA Publishing, 1993.

King, D. N., *Fiscal Tiers: The Economics of Multi-Level Government*, Lodon: George Allen and Unwin, 1984.

Lay, J. A. and M. A. King, *The British Tax System*, Oxford: Oxford University Press, 1990.

Lee, Robert D. and Ronald W. Johnson, *Public Budgeting System*, 2nd ed., Baltimore: University Park Press, 1977.

Lynch, Thomas D., *Public Budgeting in America*, Englewood Cliffs: Prentice-Hall, Inc., 1979.

Marx, Fritz Morstein, *The Administrative State*, Chicago: University of Chicago Press, 1950.

Mathur, Om Prakash, *Project Analysis for Local Development*, Boulder: Westview Press, 1985.

Matzer, Jr., John, *Practical Financial Management: New Techniques of Local Government*, Washington, D. C.: International City Management Association, 1984.

Mikesell, John L., *Fiscal Administration: Analysis and Applications for the Public Sector*, Illinois: The Dorsey Press, 1982.

Moore, Barbara H., ed., *The Enterpreneur in Local Government*, Washington, D. C.: International City Management Association, 1983.

Musgrave, R. A. and P. B. Musgrave, *Public Finance in Theory and Practice*, New York: McGraw-Hill, 1984.

Oates, W. E., *Fiscal Federalism*, New York: Harcourt Brace Jovanovich, 1972.

OECD, *Measuring Local Government Expenditure Needs*, The Copenhagen Workshop, Paris, 1981.

Osborne, David and Ted Gaebler, *Reinventing Government: How the Entrepreneurial Spirit is Transforming the Public Sector*, New York: A Plume Book, 1993.

Pany, Kurt and Ray Whittington, *Auditing,* Irwin, 1994.

Rawlinson, David and Brian Tanner, *Financial Management in the 1990s*, Longman, 1993.

Rossi, P. H. and H. E. Freeman, *Evaluation: A Systematic Approach*, Beverly Hills, Cal.: Sage Publications, Inc., 1982.

Schofield, J. A., *Cost-Benefit Analysis in Urban and Regional Planning*, London: Unwin Hyman, 1987.

Schultze, Charles L., *The Politics and Economies of Public Spending*, Washington, D. C.: The Brookings Institution, 1973.

Shah, Anwar, *The Reform of Intergovernmental Fiscal Relations in Developing and Emerging Market Economy*, Washington, D.C.: The World Bank, 1994.

Snyder, James C., *Fiscal Management and Planning in Local Government*, Lexington, Mass.: D. C. Health and Co., 1977.

Stanford, Cedric, *Economics of Public Finance*, 3rd ed., Oxford: Peramon Press, 1987.

Ter-Minassian, T., *Fiscal Federalism in Theory and Practice*, IMF, 1997.

Wildavsky, Aaron, *Budgeting: A Comparative Theory of Budgetary Process*, Boston: Little, Brown & Co., 1975.

______, *The Politics of Budgetary Process*, Boston: Little, Brown & Co., 1964.

2. 논　　문

강신택, 「한국공무원의 예산절차상의 행태」, 『행정논총』 제13권 제1호, 서울대학교 행정대학원, 1975.

강인재, 「지방재정정보와 지방정부의 회계원칙」, 『한국행정학보』 제25권 제4호, 한국행정학회, 1992.

______, 「지방재정 운용상황의 주민공개제도」, 『지방행정정보』, 한국지방행정연구원, 1996.

______, 「복식부기용역 시범사업의 과제: 예산과 회계의 연계를 중심으로」,

2000.
강형기, 「지역사회의 장기계획 수립과 주민참여: 일본의 경험이 주는 교훈」, 『지방자치』, 현대사회연구소, 1992.
곽채기, 「분권화시대에 부응한 지방세체계의 재구조화방안」, 『경기 21세기』 제6호, 경기개발연구원, 1996.
김기재, 「지방교부세의 재정효과에 관한 연구」, 동국대학교 대학원 박사학위 논문, 1993.
김대영, 「탄력세율제도의 효율적 운용방향」, 『지방세』 제30호, 한국지방재정 공제회, 1995.
김동건, 「지방재정의 장기전망과 계획적인 재정운용」, 『2000년대를 향한 지방행정 발전방향』, 한국지방행정연구원, 1986.
______, 「선거가 지방재정에 미치는 영향」, 『지방재정』 제56호, 대한지방행정공제회, 1992.
김선구, 「정부회계제도 개혁을 위한 복식부기시스템 도입의 필요성과 추진계획」, 정부회계제도 개혁을 위한 복식부기시스템 도입 토론회 발표 논문, 부천시 경실련 경제정의연구소, 1999.
______, 「지방정부의 결산서로 본 우리 나라 예산회계제도의 문제점과 개선방향」, 한국행정학회 춘계학술대회 발표논문, 2000.
김수근, 「지방재정의 현실과 과제」(지방재정토론회 주제논문), 한국지방행정연구원, 1992.
______, 「지방자치와 재원배분」, 국가발전과 지방자치발전전략 세미나, 한국지방행정연구원, 1993.
김안제, 「지역경제력 측정의 지표와 모형개발에 관한 연구」, 『행정학의 제문제』, 신천사, 1986.
김익식, 「미국의 특별지방자치단체 운영실태」, 『지방행정정보』, 한국지방행정연구원, 1992.
김재훈, 「공공회계의 복식부기도입과 관련한 외국의 사례」, 『지방재정』 제97호, 한국지방재정공제회, 1999.
김정욱, 「지방의회의 예산심의의 발전방향에 관한 연구」, 『한국행정학보』 제27권 제1호, 한국행정학회, 1993.

김종순, 「외국의 지방재정위기와 재정진단제도」, 『지방재정』 제74호, 한국지방재정공제회, 1995a.

______, 「지방재정압박과 재정진단제도의 도입」, 『지방자치와 행정』, 삼영사, 1995b.

김 헌, 「복식부기회계의 실무적 구현: 지방자치단체의 경우를 중심으로」, 『행정리더쉽 개발과 정부회계실무(II)』, 한국행정학회, 2001.

김형식, 「국가예산과 지방예산의 합리적 연계방안」, 예산편성운용 워크숍, 경기도 · 경기개발연구원, 1995.

김형오 외, 「도시진단을 위한 도시지표의 개발 및 적용에 관한 연구」, 『한국지역개발학회지』 제7권 제1호, 한국지역개발학회, 1995.

노기성, 「지방자치제 실시에 따른 재정규모의 변동과 정부기능배분」, 송대희 · 노기성, 『지방자치제 실시에 따른 중앙 · 지방재정기능의 재정립』, 한국개발연구원, 1992.

박문옥, 「지방자치와 지방재정정보공개」, 『지방재정』 제76호, 한국지방재정공제회, 1995.

박승훈, 「지방재정법령해설」, 경기도 지방공무원교육원 교재, 1991.

박완규, 「지방재정규모지표 개발 및 지방교부세배분에의 활용」, 『한국경제연구』 제5권 제2호, 한국경제연구원, 1991.

______, 「도와 시·군 간 행정기능과 재원배분과의 관계」, 『지방행정연구』, 한국지방행정연구원, 1993.

박종구, 「지방정부를 위한 예산이론의 모색」, 『한국행정학보』 제25권 제1호, 한국행정학회, 1991.

박형석, 「서울시 상수도사업의 재정실태」, 『도시공기업의 재무관리』, 법문사, 1994.

박홍식, 「미국 주정부의 내부고발자 보호: 법적 보호를 중심으로」, 『중앙행정논집』 제9권, 중앙대학교 국가정책연구소, 1995.

백승천, 「복식부기제도의 도입방안」, 『지방재정』 제97호, 한국지방재정공제회, 1999.

성광식, 「복식부기도입과 예산회계정보시스템에서 요구되는 회계보고서 실증적 연구」, 『지방재정』 제102호, 한국지방재정공제회, 2000.

손희준, 「지방자치제 도입 이후 지방재정 개혁의 평가」, 『지방행정연구』 제18권 제2호, 한국지방행정연구원, 2004.
안영환, 「일본 지방재정제도의 이해」, 『지방재정』 제88호, 한국지방재정공제회, 1997.
안영훈, 「프랑스의 지방재정구조」, 『지방재정』 제89호, 한국지방재정공제회, 1997.
오연천, 「지방재정자립도 산정방식의 한계와 지방재정력 측정지표의 활용방안」, 『행정논총』 제25권 제1호, 서울대학교, 1987.
______, 「지방양여금제도의 개선방향」, 『지방재정』 제57호, 한국지방재정공제회, 1992.
원윤희, 「도세와 시·군세의 세원조정에 관한 연구」, 『지방행정연구』 제8권 제3호, 한국지방행정연구원, 1993.
______, 「지방세와 세외수입에서의 재정자주권 신장방안」, 『지방행정연구』 제9권 제3호, 한국지방행정연구원, 1994.
유금렬, 「미국의 주 및 지방정부의 판매세제」, 『지방세』 제34호, 한국지방재정공제회, 1996.
유 훈, 「지방자치시대의 지방재정 운용진단제도」, 『지방재정』 제74호, 한국지방재정공제회, 1995.
윤건영, 「한국의 예산결정행태에 관한 연구」, 『행정논총』 제14권 제1호, 서울대학교 행정대학원, 1976.
윤성식, 「예산회계정보시스템의 설계: 효율성 측정의 필요조건」, 『한국행정학보』 제27권 제4호, 한국행정학회, 1993.
윤영진, 「행정수요 변화를 반영하는 재정지출구조의 개선방향」, 『한국행정연구』 제2권 제2호, 한국행정연구원, 1993.
______, 「도와 시·군 간 재정운영의 연계 및 조정방안」, 『경기 21세기』 제6호, 경기개발연구원, 1996.
______, 「지방예산회계제도의 개혁과 복식부기제도」, 『지방재정』 제97호, 한국지방재정공제회, 1999.
______, 「정부회계의 재정보고체계 도입과제: 지방정부 복식부기제도의 도입을 중심으로」, 『행정논총』 제38권 제2호, 서울대학교 행정대학원,

2000.

이계식,「자립재원 확충을 위한 과제와 대응방향」,『지방재정』제52호, 대한지방행정공제회, 1991.

이계식·고영선,「지방자치단체의 경영혁신방안」,『지방재정의 건전성과 효율성 제고방안』, 한국재정학회·한국지방재정공제회, 1997.

이규환,「도시재정의 계획적 운용에 관한 연구」, 중앙대학교 대학원 박사학위논문, 1987.

______,「지방재정운영진단의 필요성과 기능」,『지방재정』제74호, 한국지방재정공제회, 1995.

이내수,「지역특화산업개발」,『지역경제활성화방안』, 내무부 지방행정연수원, 1994.

이상용,「중·장기재정계획과 예산의 효율적 연계방안」, 2000년대를 향한 지방재정의 발전방안에 관한 세미나, 한국재정학회, 1992.

______,「지방채관리제도」,『지방재정』제71호, 한국지방재정공제회, 1994.

______,「강원도 재정지출효율화를 위한 재정개혁과제」,『21C 강원도 기업발전을 위한 지방정부의 역할』, 강원행정학회, 1996.

______,「참여정부의 지방재정 과제와 전망」,『한국자치행정연구』제3권 제3호, 한국자치발전연구원, 2003.

______,「지방재정 인센티브제도의 개편방안」,『한국지방재정논집』제9권 제1호, 한국지방재정학회, 2004.

이상용 외,「지방자치단체의 재정위기관리제도의 도입방안」,『'95 정책연구』, 한국지방행정연구원, 1996.

이수범,「지방예산회계제도의 개혁과 복식부기제도의 도입방안」,『지방재정』제97호, 한국지방재정공제회, 1999.

이승종,「정보공개의 행정책임성에 관한 효과 및 공개방향」,『지방행정연구』제5권 제1호, 한국지방행정연구원, 1990.

______,「지방정부의 행정정보공개: 행정통계론적 접근」,『한국행정학보』제25권 제3호, 한국행정학회, 1991.

이영희,「국세와 지방세의 조정」, 김안제 외,『한국의 지방자치와 지역개발』, 박문각, 1993.

______, 「징수교부금제도의 재원배분 형평화 효과분석」, 한국정책학회 동계 학술대회 발표논문, 1994.

______, 「중앙과 지방 간 부담금재원 배분에 관한 연구」, 『'96 정책연구』, 한국지방행정연구원, 1997.

이원희, 「자치시대 지역 간 재원배분의 형평화와 경기도의 재정력 확충방안」, 『경기 21세기』 제6호, 경기개발연구원, 1996.

이은상, 「정부회계제도의 개선방안」, 『경제위기 극복을 위한 재정개혁』, 서울: 한국개발연구원, 1998.

이재성, 「지방정부의 재정정보체제연구」, 『중앙행정논집』 제3권, 중앙대학교 국가정책연구소, 1989.

______, 「자치시대 행정정보체제의 공개와 통제」, 『지방행정연구』 제5권 제4호, 한국지방행정연구원, 1990.

______, 「지방재정정보 공개의 의의와 필요성」, 『지방재정』 제76호, 한국지방재정공제회, 1995.

이재원, 「시·군 간 재정조정을 위한 징수교부금제도의 개편과제」, 『지역개발과 지방재정의 역할』, 경기개발연구원 · 한국지방재정학회, 1997.

이종구, 「정보공개제도와 기업비밀의 보호」, 『한국행정학보』 제27권 제4호, 한국행정학회, 1993.

이창균, 「일본 자치단체의 복식부기회계제도 도입을 위한 연구 및 동향(I)」, 『지방재정』 제100호, 한국지방재정공제회, 1999a.

______, 「일본 자치단체의 복식부기회계제도 도입을 위한 연구 및 동향(II)」, 『지방재정』 제101호, 한국지방재정공제회, 1999b.

______, 「일본 자치단체의 공회계원칙(시안)」, 『지방재정』 제103호, 한국지방재정공제회, 2000a.

______, 「일본 지방자치단체의 기업회계방식 적용에 대한 이론과 현상」, 한국지방재정학회 학술대회 발표논문, 2000b.

______, 「독일 자치단체의 예산 · 회계제도의 개혁」, 『지방재정』 제106호, 한국지방재정공제회, 2000c.

임성일, 「외국의 지방재정정보공개제도」, 『지방재정』 제76호, 한국지방재정공제회, 1995.

______,「중앙과 지방 간의 재원배분의 외국사례」,『지방재정』 제87호, 한국지방재정공제회, 1997a.

______,「지방재정의 과거변화와 전망 그리고 발전방향」,『지방재정』 제89호, 한국지방재정공제회, 1997b.

______,「지방자치단체 예산회계제도의 혁신방향」,『지방행정연구』 제14권 제1호, 한국지방행정연구원, 2000.

______,「복식부기제도의 도입과 지방자치단체 회계기준의 정립」, 행정리더쉽 개발과 정부회계실무(II) 발표논문, 한국행정학회, 2001a.

______,「지방재정 건전성 제고방안」, 한국지방재정공제회·한국재정학회·한국지방재정학회 세미나 발표논문, 2001b.

______,「우리나라의 재정분권 상태에 대한 분석과 중앙·지방간 재원배분체계의 재구축」,『한국지방재정논집』 제8권 제2호, 한국지방재정학회, 2003.

정순오 외,「도시진단을 위한 도시지표의 개발 및 적용에 관한 연구」,『한국지역개발학회지』 제7권 1호, 1995.

정영수,「지방채 분석 및 효율적 이용방안」,『지방재정』 제88호, 한국지방재정공제회, 1997.

조태형,「지방공기업의 복식부기 운영실태」,『지방재정』 제97호, 한국지방재정공제회, 1999.

한규인,「일본에 있어서 정보공개의 제도화와 한국에서의 제도도입전략」,『한국행정학보』 제27권 제4호, 한국행정학회, 1993.

寄本勝美,「自治體QCと行政管理」,『都市問題』, 東京市政調査會, 1988. 3.

柴崎政俊,「地方公共團體間の事務の共同處理について」,『地方自治』, 地方自治制度硏究會, 1992. 5.

遠藤三郎,「地方財政危機と地方交付税」,『都市問題』 第75巻 4號, 1984.

中馬邦昭,「民間活力の活用と第三セクターの現狀」,『地域開發』 8月號, 地域開發センター, 1989.

和田裕生,「地方消費税の導入に向けての地方團體の取組み等について」,『地方税』, 地方財務協會, 1994. 7.

Bahl, R. and R. Sounders, "Factors Associated with Variations in States and

Local Government Spending," *The Journal of Finance*, Vol. 21, 1965.

Bird, R. M. and M. Smart, "Intergovernmental Fiscal Transfers: International Lessons for Developing Countries," *World Development*, Vo. 30, No. 6, 2002.

Bradbury, Katharine L., "Fiscal Distress in Large U.S Cites," *New England Economic Review*, 1988.

Cabill, Anthony G. and Joseph A. James, "Responding to Municipal Fiscal Distress: An Emerging Issue for State Government in the 1990s," *Public Administration Review*, 52(1), 1992.

Douglas, Roger, "Government Reform in New Zealand: An Outcome and Lessons," 심포지엄 자료, 전국경제인연합회, 1995.

Fox, W. F., "An Evaluation of Metropolitan Area Tax Base Sharing," *National Tax Journal*, Vol. 34, 1981.

Gramlich, Edward M., "Subnational Fiscal Policy," in *Perspectives on Local Public Finance and Public Policy*, 3, 1987.

______, "The Economics of Fiscal Federalism and Its Reform," in *Reading in State & Local Public Finance*, ed. by Dick Netzer and Matthew P. Drennan, Blackwell, 1997.

Grizzle, Gloria A., "Priority-Setting Methods for Plural Policymaking Bodies," *Administration & Society*, 17(3), 1985.

Harlow, Kirk C. and Duane Windsor, "Integration of Cost-Benefit and Financial Analysis in Project Evaluation," *Public Administration Review*, 48(5), 1988.

Holzer, Marc, "Productivity in Local Government," 『지방정부의 생산성 제고를 위한 새로운 방향모색』, 삼성경제연구소, 1996.

Kaufman, George, "Debt Management," Richard Aronson and Eli Schwartz, *Management in Local Government Finance*, ICMA, 1981.

Kolb, Jeffrey A. and Joel D. Scheraga, "Discounting the Benefits and Costs of Environmental Regulations," *Journal of Policy Analysis and Management*, 9(3), 1990.

Manzetti, Luigi, "The Political Economy of Privatization through Divesture in Lesser Developed Economies," *Comparative Politics*, July 1993.

Mascarenhas, R. C., "Searching for Efficiency in the Public Sector: Interim Evaluation of Performance Budgeting in New Zealand," *Public Budgeting & Finance*, 1996.

Parker, David, "Privatization Ten Years On," Nigel M. Healey, ed., *Britain's Economic Miracle*, London: Routledge, 1993.

Rabin, Jack, "Public Debt: A Symposium," *Public Administration Review*, 53 (1), ASPA, 1993.

Ramanadham, "Concluding Review," in V. V. Ramanadham, ed., *Privatization: A Global Perspective*, London: Routledge, 1993.

Rubinfield, Daniel, "Credit Rating and the Market for General Obligation Municipal Bond," *National Tax Journal*, 26, 1973.

Schick, Allen, "The Road to PPB: The Stages of Budget Reform," *Public Administration Review*, 26(4), ASPA, 1966.

Thurow, L. C., "Aid to State and Local Governments," *National Tax Jounal*, Vol. 23, No. 1, 1970.

3. 기　　타

국민고충처리위원회, 『국민고충처리위원회의 운영성과와 발전방안』, 1995.

국세청, 『국세통계연보』, 각 연도.

국회 예산결산특별위원회, 『예산 · 결산심사편람』, 1992.

국회 지방자치제도연구회, 『지방재정확보방안으로서 지방채에 관한 연구』, 1994.

기획예산처, 『각국의 중기재정제도』, 2001.

______, 『예산개요』, 각 연도.

______, 『미국 지방정부의 파산』, 1994a.

______, 『지방세전산화: 실태와 발전과제』, 교육교재, 1994b.

______, 『지방공영기업 및 제3섹터의 경영시책』, 고급간부양성반 일본연수 결과보고서, 1994c.

______, 『미국지방정부의 파산: 그 사례를 중심으로』, 지방행정참고자료, 1994d.
내무부, 『지방재정관련법령집』, 1995a.
______, 『미국의 지방재정위기 관리제도』, 1995b.
______, 『지방재정운영상황 주민공개기본지침』, 1996.
복식부기회계제도연구컨소시엄, 『지방자치단체 복식부기회계 도입을 위한 연구』, 2001.
부산직할시, 『투자심사실무교재』, 1988.
부천시, 『복식부기 회계제도 도입 추진사항』, 2001.
산동회계법인 · 지방행정연구원 · 삼성SDS, 『발생주의 복식부기 도입을 위한 공청회: 지방자치단체 회계기준 및 회계규정(안)에 대한 의견 수렴』, 2000.
정부혁신지방분권위원회, 『지방분권 로드맵』, 2003.
______, 『지방분권 5개년 종합실행계획: 2004~2008』, 2004.
정부혁신지방분권위원회 · 한국지방행정연구원, 『이제는 지방분권 시대: 참여정부 지방분권과제』(연구자료집), 2004.
지방공영개발평가위원회, 『지방공영개발사업경영평가보고서』, 서울: 한국지방재정공제회, 1991.
지방재정발전기획단, 『지방재정발전계획』, 1996.
지방행정연구소, 『비교행정』, 1987. 3.
______, 『지방자치법해설』, 1995.
총무처, 『정보공개법 제정을 위한 공개토론회』 자료, 1994.
통계청, 『한국의 사회지표』, 2004.
한국정책학회, 『21세기 재정운용의 전략과 과제』(정책토론회 자료), 1994.
한국지방행정연구원, 『지방자치단체 회계기준(시안)』, 2000.
행정자치부, 『지방자치단체 예산과목구분과 설정』, 각 연도.
______, 『보통교부세 산정내역』, 각 연도.
______, 『지방공기업 결산 및 경영분석』, 각 연도.
______, 『지방공기업예산편성지침』, 각 연도.
______, 『지방세정연감』, 각 연도.

______, 『지방자치단체 예산개요』, 각 연도.
______, 『지방자치단체 예산편성 메뉴얼』, 2005～2006.
______, 『지방재정투·융자사업 심사지침』, 각 연도.
______, 『지방재정연감』, 각 연도.
______, 『지방채의 이론과 실무』, 2005.
______, 『행정구역 및 인구현황』, 2005.
______, 『지방회계제도 개혁을 위한 복식부기도입방안 연구』(용역 종합보고), 2001.
행정자치부 지방재정세제국, 『지방재정세제현황』, 각 연도.
행정자치부 · 정부혁신지방분권위원회 · 한국지방행정연구원, 『민선 지방자치 10년 평가』, 2005.
東京都 主稅局, 『都稅案內』, 1995.
武藏野市, 『財政情報の作成及び公表』, 1996.
世田谷區, 『情報公開制度 · 個人情報保護制度の手引』, 1992.
日本自治省, 『日本の地方財政制度について』, 1994.
自治省稅務局, 『地方稅關係資料』, 東京, 1994.
總務省, 『日本地方財政白書』, 1983～2003.
Government Accountability Project(GAP), *Whistleblower Protection*, Legislative Briefing Series, No. 12, 1994.
IMF, *Government Finance Statistics*, 2002a.
______, *Supplement to the Government Finace Statistics*, 2002b.
OECD, *Revenue Statistics of OECD Member Countries*, 1992.
Standard & Poor's Coporation, *Municipal Finance Criteria*, New York, 1989.

찾아보기

[ㅂ]

[ㅅ]

저자소개

권형신(權炯信)

연세대학교 경제학과
서울대학교 환경대학원 행정학석사
행정고시 11회(1972)
내무부 세제·세정·재정·행정과장
전라북도 상공국장, 기획관리실장
남원군수, 군산시장
내무부 지방행정연수원 교수부장
내무부 민방위국장, 지방세제국장, 지방재정경제국장
행정자치부 민방위재난통제본부장, 소청심사위원회 위원장
한국소방검정공사 사장 역임

「지방예산제도의 발전과정과 현황」
「지방재정의 건전화방안」 외 다수

이상용(李相龍)

경희대학교 행정학박사
한국지방행정연구원 지방재정연구실장 및 연구(기획)부장
한국지방자치학회 상임이사 및 편집위원
한국지방재정학회 부회장
한국재정학회 이사
내무부 정책자문위원
행정자치부 지방재정진단실무평가단 단장 역임
현 한국지방행정연구원 선임연구위원
정부혁신지방분권위원회 전문위원
감사원 자문위원
행정자치부 지방채심사위원·중앙투자심사위원·지방교부세조정심사위원·지방공기업경영진단위원

『한국의 지방자치와 지역개발』(공저), 박문각, 1993.
『한국형 지방자치의 청사진』(공저), 길벗, 1995.
『지방재정연구방법론』(공저), 광암문화사, 1997.
『한국지방자치론』(공저), 삼영사, 2000.
『참여행정론』(공저), 한남대학교 출판부, 2001.
『지방재정의 책임성 강화방안』, 한국지방행정연구원, 2003.
『지방자치단체 복식부기회계 이론과 실무』(공저), 한국지방행정연구원, 2004.
『지방재정 수요의 전망과 정책대응』(공저), 한국지방행정연구원, 2004 외 다수

이재성(李在聖)

중앙대학교 행정학박사
한국지방행정연구원 연구위원
내무부 중앙투자심사위원
한국지방재정학회 이사
한국지방자치학회 감사
한국행정학회 운영이사
행정자치부 회계제도개선협의회 위원 역임
현 행정자치부 지방혁신인력개발원 교수
한국지방자치학회 이사(편집위원)

『전환기의 정책과 재정관리』(공저), 법문사, 1994.
『지방재정론』, 와이제이, 1995.
『정부 간 관계』(공저), 법문사, 1997.
「지방정부의 재정낭비 및 부조리 실태분석과 정책과제」, 2002.
「Performance Bonus Program fo Local Government in Korea」, 2002.
「보유과세의 정책세제로서의 활용가능성」, 2003.
「지방예산심의 및 결산심사 기법」, 2003.
「주민참여활성화를 위한 주민세 개인균등할의 역할강화」, 2004.
「지방분권과 재정혁신」, 2005.
「지방자치단체 복식부기제도 도입실태 연구」, 2005 외 다수

■ 제3판 한국의 지방재정 — 이론과 실무

1998년 3월 5일 초판 발행
2001년 8월 25일 개정판 발행
2006년 4월 15일 제3판 인쇄
2006년 4월 20일 제3판 발행

저 자 권형신 · 이상용 · 이재성

발행인 노 현 철

발행처 도서출판 해남
서울특별시 종로구 교남동 45-1(202호)
전화 739-4822 팩스 720-4823
e-mail : haenam30@orgio.net
homepage www.hpub.co.kr
등록 1995. 5. 10 제1-1885호

정 가 28,000원 ISBN 89-86703-80-7

저자와
협의하에
인지생략